BERND HERTLE | PETER KIERMEIER | MARION NICKIG

Das große GU PraxisHandbuch

GARTEN BLUMEN

BERND HERTLE | PETER KIERMEIER | MARION NICKIG

Das große GU PraxisHandbuch

GARTEN
BLUMEN

Gestalten
mit Stauden

Gestalten heißt, aus einer Vielfalt reizvoller Pflanzen das
Schönste für den eigenen Garten auszusuchen, mit Muße zu
ordnen und zu einem wohlgelungenen Gartenbild zu formen.
Dazu braucht man Zeit, sich mit dem Wesen der Pflanzen
vertraut zu machen, Mut, sich in der Fülle zu beschränken,
und Geduld, bis sich alles im Garten zu einem kontrastrei-
chen und farbigen Miteinander zusammenfindet. Dazu sollen
die vorgestellten Regeln der Gestaltung und die Planungs-
konzepte helfen, die erhofften Gartenträume zu erfüllen.

Gartenblumen: vielfältig und unterschiedlich

Gartenblumen sind nicht nur in Farbenpracht und Formsprache ausgesprochen vielfältig. Auch das Spektrum an Wuchsarten und Lebensformen ist groß.

| 1 | Wechselflorflächen werden mehrmals im Jahr bepflanzt: Im Frühjahr verzaubern Tulpen, Vergissmeinnicht und Stiefmütterchen.
| 2 | Auf derselben Fläche blühen im Sommer Zinnien und Sonnenhut.

Während Gehölze ein verholztes Zweiggerüst aufbauen und über Jahrzehnte hinweg den Rahmen im Garten bilden, bleiben Gartenblumen als kurzlebige Ein- und Zweijährige oder mehrjährige Stauden überwiegend krautig und deutlich niedriger als Bäume und große Sträucher.

Einjährige Gartenpflanzen

Sonnenblumen, Ringelblumen und andere, auch als Annuelle bezeichnete, einjährige Pflanzen durchlaufen ihren gesamten Vegetationszyklus innerhalb nur einer Vegetationsperiode. In diesem kurzen Zeitraum entwickeln sie Sprosse und Blätter, blühen und bilden Samen. Danach sterben die Pflanzen ab. Durch die Samenbildung sichern sie den Erhalt der Art.

Im Garten sind uns Einjährige Pflanzen gleichermaßen Lust und Frust. Frust, weil sich viele als unerwünschte Gartengäste durch Aussaat auf Rabatten und Beeten ausbreiten. Mit den reichblühenden, farbintensiven und dankbaren Sommerblumen dagegen schmücken wir unsere Gärten gerne.

Nicht alle Sommerblumen sind „echte" Einjährige. Viele wachsen in ihrer Heimat als ausdauernde Pflanzen – Stauden, Halbsträucher oder gar Sträucher. Sie können jedoch unsere kalten Winter nicht überleben und werden daher einjährig kultiviert. Viele dieser Arten lassen sich durch Stecklinge vermehren (→ Seite 62/63), während man die echten Einjährigen aus Samen heranzieht.

Zweijährige Gartenblumen

Zweijährige oder bienne Arten entwickeln im ersten Jahr meist grundständige Blattrosetten, mit denen sie den folgenden Winter überdauern. Im Frühjahr oder Vorsommer des Folgejahres blühen Vergissmeinnicht, Stockrosen und andere Zweijährige dann üppig. Auch sie produzieren reichlich Samen, bevor sich ihre Lebenszeit dem Ende neigt. Da viele „Zweijährige" nicht wirklich zwei Jahre leben, sondern nur einen Winter überstehen müssen, bezeichnet man sie auch als Winterannuelle. Arten wie Maßliebchen oder Stiefmütterchen erfreuen durch einen frühen Flor im Jahr. In Wechselflorpflanzungen nutzt man sie zur Gestaltung des Frühjahrsflors, der ab Ende Mai Platz für den Sommerflor aus Einjährigen macht.

Ausdauernde Stauden

Rittersporn, Phlox und Co. sind mehrjährige, (überwiegend) krautige Pflanzen. Sie bilden am oder unmittelbar unter dem Boden liegende Erneuerungsknospen, aus denen sich Jahr für Jahr neue Triebe entwickeln. Bei vielen Stauden sterben die oberirdischen Triebe zum Ende der Vegetationsperiode oder teilweise schon früher ab. Neben diesen sommergrünen Arten existieren auch zahlreiche wintergrüne und sogar einige immergrüne Varianten. Wintergrüne Arten wie verschiedene Elfenblumen oder Lenzrosen behalten ihr grünes, funktionsfähiges Laub nicht nur

Markante Geophyten wie Steppenkerzen und Lilien ergänzen die Staudenpflanzung im Frühsommer.

über die Vegetationsperiode, sondern auch über den folgenden Winter hinweg. Erst wenn die neuen Blätter austreiben, sterben die alten ab. Bei Immergrünen wie einigen Steinbrech- oder Hauswurz-Arten sind die Blätter in der Lage, über mehrere Jahre hinweg zu assimilieren.

Ausdauernde Gräser, Farne und Wasserpflanzen zählen ebenso zu den Stauden wie Zwiebel- und Knollenpflanzen. Aufgrund äußerer Eigenschaften oder besonderer Lebensrhythmik werden sie häufig als eigene Gruppen behandelt.

Unterschiedliche Lebensdauer

Das Lebensalter der Stauden ist von Art zu Art verschieden und abhängig von den jeweiligen Standortbedingungen (→ Seite 10/11). Während Pfingstrosen weit über 50 Jahre alt werden können, verschwinden Lupinen, Garten-Margeriten oder Feinstrahlastern oft nach wenigen Jahren, wenn sie nicht rechtzeitig vermehrt und an anderer Stelle neu gepflanzt werden (→ Seite 62/63).

Zwiebel- und Knollenpflanzen

Die auch als Geophyten bezeichneten Zwiebel- und Knollenpflanzen sind ebenfalls ausdauernde, krautige Gewächse. Die Austriebsknospen bleiben bei diesen Sonderformen der Stauden unter der Erdoberfläche verborgen. Sie sitzen auf Zwiebeln oder Knollen, in denen Reservestoffe gespeichert sind. Dadurch sind die Geophyten in der Lage, ungünstige Zeiträume – Trockenperioden in Steppen oder die lichtarme Zeit nach dem Austrieb der Bäume in sommergrünen Wäldern – zu überstehen. Neben winterharten Arten wie Schneeglöckchen, Krokus, Tulpen, Narzissen und vielen weiteren verwenden wir in unseren Gärten auch einige Sortimente, wie Dahlien oder Gladiolen, die im Herbst ausgegraben und frostfrei überwintert werden müssen.

Halbsträucher

Lavendel, Heiligenkraut oder Gewürz-Salbei bilden den Übergang von Stauden zu Sträuchern. Wie andere Halbsträucher entwickeln sie im Laufe der Jahre ein niederes, verholztes Zweiggerüst. Aus den darauf befindlichen Knospen gehen alljährlich neue krautige Triebe hervor. Die meisten Halbsträucher sind immergrün belaubt, stammen oft aus warmen Regionen wie dem Mittelmeergebiet und sind in kalten Wintern bisweilen schutzbedürftig.

Die Lebensbereiche von Stauden

Stauden sind in der Natur weitverbreitet – von den Meeresküsten bis weit über die Baumgrenzen hinweg, und selbst im Wasser trifft man sie an.

Nur dort, wo ewiger Schnee und Eis die Erde überziehen, dort, wo das Wasser zu tief ist, auf nackten Felsen oder in den Wüsten, wo lang anhaltende Trockenheit das Überleben für Pflanzen schwer macht, sind im natürlichen Umfeld keine Stauden zu finden.

Heimisch und exotisch

In unseren Gärten beschränken wir uns nicht auf die Verwendung heimischer

Arten, sondern greifen gern auf fremdländische Formen zurück. Sie wurden aus vielen Gegenden der Erde nach Europa gebracht, und auch heute noch werden immer wieder neue Arten in Kultur genommen. Pflanzen aus gemäßigten Regionen, die mit den Wachstumsbedingungen Mitteleuropas vergleichbar sind, wachsen in unseren Gärten naturgemäß gut. Viele stammen aus Südosteuropa und Westasien, Ostasien oder Nordamerika. Wegen der hierzulande ungünstigen klimatischen Bedingungen haben vergleichsweise wenige Formen aus Afrika, Südamerika, Australien und Neuseeland Einzug in unsere Gärten gehalten. Zahlreiche aus tropischen und subtropischen Gebieten stammende Stauden vermögen unsere kalten Winter nicht oder nur mit aufwendigen Schutzmaßnahmen zu überstehen. Einige dieser Varianten kultivieren wir jedoch als Sommerblumen (→ Seite 8/9 und Seite 30/31).

Lebensgemeinschaften

Unabhängig von ihrer geografischen Verbreitung kommen die einzelnen Staudenarten in der Natur immer in ähnlichen Pflanzengesellschaften vor. So wächst die Haselwurz in Westeuropa ebenso in Wäldern wie in Sibirien. Die Strandnelke kommt auf der gesamten Nordhalbkugel immer wieder an Mee-

Die blaue Bereifung der Gräser und das graue Haarkleid von Stauden signalisieren, dass es sich um sonnenhungrige Pflanzen handelt.

resstränden vor, und das Schilf ist als Kosmopolit weltweit an Ufern zu finden. Die einzelnen Pflanzengesellschaften ähneln sich in ihrem äußeren Erscheinungsbild – egal ob sie nun in Japan, den östlichen USA oder in Europa zu finden sind. So zeigt z. B. die Pflanzendecke im Wald meist ein üppig grünes Gewand, während Pflanzengesellschaften in trocken-heißen Regionen oft lückig und mehr grau als grün erscheinen.

Verwendung im Garten

Die Wuchsgemeinschaften, in denen die Stauden in der Natur vorkommen, sind Vorbild für die Verwendung der jeweiligen Arten im Garten. Waldbesiedler sollte man demnach auch im Garten unter Gehölze pflanzen. Und Arten, die am Ufer von Seen und Flussläufen wachsen, gedeihen auch am Rand von Gartenteichen gut.

Um die unerschöpfliche Vielfalt der Stauden übersichtlicher zu gestalten und die Verwendung zu erleichtern, sortiert man alle Stauden in acht Lebensbereiche (→ Info), die auf den Folgeseiten ausführlich vorgestellt werden. Da Stauden eines Lebensbereiches aus vergleichbaren Pflanzengesellschaften stammen, haben sie gleiche oder zumindest ähnliche Ansprüche an den Standort. Im Garten lassen sie sich daher gut zusammen verwenden. In vielen Staudenkatalogen wird zu jeder Staude deren Lebensbereich – meist in abgekürzter Form (→ Info) – angegeben. Anhand dieser Zuordnung zu einem Lebensbereich findet man auch für weniger bekannte Stauden einen passenden Standort im Garten.

Fließende Übergänge

Da die Untergliederung in Lebensbereiche der Vielfalt unterschiedlichster Stauden nur unzureichend gerecht werden kann, werden die acht Lebensbereiche weiter aufgeschlüsselt. Das geschieht einerseits durch ein ausgefeiltes Kennziffernsystem, das eine Vielfalt an Informationen enthält, oder indem man den Buchstabenkürzeln der jeweiligen Lebensbereiche eine Feuchte-Zahl (1: trocken, 2: frisch, 3: feucht, 4: nass etc.) hinzufügt. Viele Stauden weisen eine so große Standortamplitude auf, dass sie für verschiedene Standorte infrage kommen. Für sie werden mehrere Lebensbereiche angegeben. Da die Natur keine schroffen Grenzen zieht, gibt es stets fließende Übergänge zwischen den einzelnen Lebensbereichen.

Wildart oder Züchtung

In den naturnahen Lebensbereichen Gehölz, Gehölzrand, Freiflächen, Alpinum, Wasserrand und Wasser werden vornehmlich Wildstauden – das sind Arten, die züchterisch nicht bearbeitet wurden – verwendet. Auch spontan in der Natur auftretende Abweichungen

Gehölz und Gehölzrand gehen fließend ineinander über. Durch Aussaat erobern sich Fingerhut und Akeleien ihren Platz.

kommen hier zum Einsatz. Wenn es sich nicht gerade um naturnahe Gärten handelt, ist es in der Regel unerheblich, ob diese heimischer oder fremdländischer Herkunft sind.

Prachtstauden, z. B. mit großen, dicht gefüllten Blüten, die durch gezielte Züchtung und Selektion entstanden sind, ordnet man dem Lebensbereich Beet zu und pflanzt sie auf Rabatten. Auch im Steingarten bestimmen viele farbintensive Zuchtsorten die Szenerie. Daneben bietet er jedoch Platz für zahlreiche Arten alpiner Regionen.

Behutsam lenken

Durch die gemeinsame Verwendung von Arten mit gleichen oder weitgehend ähnlichen Ansprüchen wird die Pflege der Pflanzung erleichtert. Man muss dann nicht jede einzelne Pflanze individuell düngen oder bewässern. Selbst wenn wir uns bei der Verwendung der Stauden nach dem Vorbild der

Natur richten und natürliche Prozesse in die Entwicklung von Pflanzengemeinschaften einbinden, ist vor dem Trugschluss zu warnen, dass man ganz ohne Pflege auskommen kann. Zu verschieden sind Konkurrenzkraft und Ausbreitungsdrang der einzelnen Arten, als dass man nicht lenkend oder bremsend eingreifen müsste.

Zudem heißt Pflanzenverwendung im Garten auch Gestalten. Natur und Ästhetik stehen dabei keinesfalls im Widerspruch zueinander. Durch natürliche Vorbilder sind wir so geprägt, dass wir z. B. sonnenhungrige, graulaubige Stauden im Schatten als störend empfinden würden. Aber die Möglichkeiten, mit Farben und Formen zu spielen, sind zu verlockend, als dass wir uns im Garten lediglich auf den Nachbau der Natur beschränken müssten.

Gut angepasst:
Stauden für den Schatten

Schattenstauden geben nicht so leicht auf. Sie sind an ihr lichtarmes Dasein in sommergrünen Laub- oder Mischwäldern bestens angepasst.

Damit sie die dunklen Sommermonate in Laubwäldern überstehen, lassen sich Waldstauden einiges einfallen. Sie treiben z. B. sehr früh aus, um das höhere Lichtangebot vor dem Laubaustrieb zu nutzen und Reservestoffe zu bilden.

Das Licht nutzen

Helligkeit begünstigt auch das Flugverhalten von Insekten. Die meisten Waldstauden blühen daher bereits vor dem Austrieb der Gehölze. Ihre oft hellen weißen oder gelben Blüten werden von den bestäubenden Insekten besonders gut wahrgenommen.

Zwiebeln oder Knollen bildende Arten wie Schneeglöckchen oder Buschwindröschen geben ihr Laub schon im späten Frühjahr auf und überdauern die lichtarme Zeit unterirdisch.

Andere, wie Waldmeister, bleiben lange grün oder sind, wie die Teppich-Waldsteinie oder viele Elfenblumen, sogar wintergrün (→ Seite 8/9). Dadurch können sie die besseren Lichtbedingungen nach dem Laubfall im späten Herbst noch gewinnbringend nutzen.

Damit das wenige Licht im Sommer bestmöglich verwertet werden kann, sind die Blattorgane besonders reich an Chlorophyll und daher saftig-grün. Auch haben viele Arten wie Tafelblatt, Funkien oder Farne besonders große Blätter. Kleinblättrige Arten wie Wald-

Üppiger Blattschmuck unter Gehölzen: Lenzrosen, Schaumblüte und Straußfarn kommen mit dem reduzierten Lichtangebot gut zurecht.

Sauerklee oder Immergrün bilden dafür auffällig viele Blattspreiten.

Wachstumsbedingungen

Bei sommerlichen Spaziergängen schätzen wir die Kühle im Wald. Im Winter hingegen sorgen die Baumkronen dafür, dass weniger Wärme abstrahlt. Ein ausgeglichener Temperaturverlauf ist somit charakteristisch für die Lebensbedingungen von Schattenstauden. Im Garten herrschen zwar nur selten waldähnliche Bedingungen, aber zumindest anpassungsfähigen Arten wie Kaukasus-Beinwell, Ungarwurz oder Lenzrosen kann das nichts anhaben. Ihnen ist es gleichgültig, ob der Schatten von einem Wald, einer lockeren Gehölzgruppe oder nur von einer Hauswand verursacht wird.

Schattenabstufungen

Lichter Schatten unter einem Gehölz bietet den Stauden bessere Möglichkeiten zum Überleben als ein dichter Gehölzbestand, der kaum Licht auf den Boden durchlässt und diesen zudem nahezu vollständig durchwurzelt.
Auch im Gebäudeschatten können Waldstauden gedeihen, z. B. in einem dunklen Innenhof oder an der Nordseite eines Gebäudes. Hier sind sie ohnehin besser geeignet als Rasen, der dort nur lückig wächst und vermoost.

Die Bodenverhältnisse

Schattenpflanzen wachsen am liebsten in lockeren, humosen Böden. An Mauern jedoch sind die Böden humusarm und sollten durch Laub-, Rindenkompost oder andere organische Materialien verbessert werden. Sie speichern Wasser wie Waldböden. Schwere Böden lockert man durch Beimischung strukturstabiler Zuschlagsstoffe (z. B. Hygromull, Bims, feiner Gesteinssplitt).

Das Kleinklima

Um eine ausgeglichen hohe Luftfeuchtigkeit zu erzielen, setzt man Schattenpflanzen nicht an windexponierte Stellen. Bei anhaltend trockener Luft befeuchtet man das Laub anspruchsvoller Arten wie Rodgersie oder Straußfarn ab und zu mit einer Brause. Die Pflanzen leiden sonst, und das verbräunte Laub regeneriert sich nicht mehr.

Ganzjährig attraktiv

Der frühe Flor lässt Schattenpartien schon zu einer Zeit aufleben, zu der viele Prachtstauden noch in der Erde schlummern. Danach bleiben die Flächen durch das abwechslungsreiche Spiel unterschiedlicher Blattformen und Laubfarben lange attraktiv.
Mit wintergrünen Waldstauden lassen sich ganzjährig ansehnliche Bodendecken erzeugen. Der zeitliche Aufwand zur Pflege von Schattenpflanzungen ist dabei in der Regel gering. Haben die Pflanzen den Boden einmal mit ihren Trieben und Blättern vollständig bedeckt, so siedeln sich kaum noch Unkräuter an. Hacken und Graben ist in Pflanzungen mit Waldstauden tabu.

Die Optik wahren

Ein Rückschnitt zur Verbesserung des Aussehens ist nur bei wenigen höheren Arten erforderlich. Meist reicht dafür ein Pflegegang im späten Frühjahr aus. Dabei ist zu entscheiden, ob man win-

tergrüne Arten wie Lenzrose oder Elfenblume zurückschneidet, damit die bald darauf erscheinenden Blüten besser wahrgenommen werden können. Zwingend erforderlich ist das nicht.
Damit man seinen Schattengarten ohne großen Arbeitsaufwand genießen kann, sollte man möglichst gleich stark wachsende Arten pflanzen und schwächere Nachbarpflanzen vor starkwüchsigen, Ausläufer bildenden Arten schützen.

Laub – kein Problem

Der Laubfall der Bäume im Herbst kann Schattenstauden kaum etwas anhaben. Ganz im Gegenteil: Er schützt die meist flach streichenden Wurzeln vor Frost und liefert Nährstoffe nach. Arten wie Ysander, Japan-Segge oder Lungenkräuter sind richtige „Laubschlucker". Das Herausfegen des Laubs ist also fehl am Platz. Nur dort, wo sich Laub in großen Mengen ansammelt oder wo Stauden unter sehr derben, großen Blättern zu ersticken drohen, sollte ein Teil entfernt oder gleichmäßig auf der Fläche verteilt werden.

Der helle Schatten von Mauern offeriert Herzblattlilien ein zusagendes Terrain. Die Kletter-Hortensie fühlt sich hier ebenfalls wohl.

Mal so, mal so –
Stauden im Zwielicht

Wo der Wald allmählich in Wiesen, Äcker oder Heiden übergeht, lässt sich in der Natur oft ein reizvolles Spiel zwischen Licht und Schatten beobachten.

An offenen Waldsäumen trifft man zahlreiche, oft höchst unterschiedliche Stauden an. Manche wie der Balkan-Storchschnabel oder die Pfirsichblättrige Glockenblume bilden Ausläufer, andere wie die Aufrechte Waldrebe oder die Breitblättrige Platterbse klettern im Zweiggerüst der Gehölze. Wieder andere, oft tief wurzelnde Arten wachsen horstartig und behaupten beharrlich ihren Platz zwischen Bäumen und Sträuchern.

Viele dieser Waldrandstauden sind überaus anpassungsfähig. Sie kommen mit Licht und Schatten gleichermaßen zurecht. Häufig werden sie daher auch als Halbschattenpflanzen bezeichnet.

Sonnig & warm

Anders als im Waldinnern ist der Temperaturverlauf am Waldrand weit weniger ausgeglichen. Besonders auf der Süd- oder Westseite von Gehölzen treten erhebliche Schwankungen auf. Da die konkurrenzkräftigen Baum- und Strauchnachbarn viel Wasser für sich beanspruchen, machen sommerliche Trockenperioden den Stauden das Leben besonders schwer.

Der Einfluss des am Bestand entlangstreichenden Windes kommt hier verstärkt zum Tragen. Er fördert die Verdunstung an den Blättern und setzt die Gehölzrandstauden so zeitweiliger Trockenheit aus. Selbst wenn sie nach Tagen der Hitze und Trockenheit schlapp und erschöpft aussehen, meistern viele Arten dennoch die erschwerten Bedingungen und erholen sich nach dem nächsten Regenguss wieder. Es ist daher kein Wunder, dass zahlreiche Formen, die am sonnig warmen Waldrand wachsen, häufig in Trockenrasen vordringen. Diesen fließenden Übergang zwischen Gehölzen und trockenen Freiflächen gibt es ebenso im Garten. Arten wie Graslilie, Blut-Storchschnabel, Hain-Anemone und viele andere fühlen sich in beiden Lebensbereichen wohl. Auch bei den derben, durch dicke Zellschichten vor Austrocknung geschützten Blättern der Bergenie, den behaarten Blättern des Blauroten Steinsamens oder den tief reichenden Wurzeln der Palmwedel-Nieswurz handelt es sich um Anpassungen der Pflanzen an hohe Sonneneinstrahlung, Wärme und zeitweilige Trockenheit.

Kühl & lichtschattig

Wie unterschiedliche Gehölzrandsituationen in der freien Landschaft zeigen, können die jeweiligen Lebensbedingungen für die einzelnen Pflanzen am Waldrand sehr voneinander abweichen.

Am schattigen Gehölzrand herrschen ähnliche Gegebenheiten wie im Wald. Dieser Standort sagt buntlaubigen *Hosta* und Farnen zu.

Auf der Nordseite eines Waldes sind die Verhältnisse anders als auf seiner Südseite. Am Ende des Winters liegt dort oft noch viel Schnee, den die wärmende Sonne auf der Südseite längst geschmolzen hat. Am nördlichen Rand von Gehölzpflanzungen, der aufgrund permanenter Beschattung kühl ist und länger feucht bleibt, wachsen Waldstauden wie Ungarwurz, Elfenblumen oder Kaukasus-Beinwell noch zuverlässig.

Aus dem Bereich der Gehölzrandstauden sind es anpassungsfähige Arten wie Waldgeißbart, Gefleckte Taubnessel, Kaukasusvergissmeinnicht oder Frühlings-Gedenkemein, die sich erfolgreich der Wurzelkonkurrenz von Baum und Strauch erwehren. Auch sie können im Wechsel von Licht und Schatten wachsen. Längere Trockenheit oder Hitze ertragen sie jedoch nicht. Das lässt sich schon an ihrem Aussehen ablesen, das in Ansätzen noch dem der Waldstauden gleicht (→ Seite 14/15).

Verwendung im Garten

Die dem Lebensbereich Gehölzrand zugeordneten Arten und die daraus hervorgegangenen Sorten kann man im Garten nicht nur im Saum größerer Gehölzgruppen oder zwischen locker stehenden Bäumen und Sträuchern platzieren. Wie zahlreiche Frühlingsgeophyten fühlen sie sich unter und vor einzelnen Bäumen und Sträuchern wohl. Ebenso kann im Umfeld von Hecken – gleichgültig ob diese frei wachsen oder durch Schnitt regelmäßig geformt sind – mit Gehölzrandstauden abwechslungsreich gestaltet werden.

Die Ost- und Westseite von Mauern ist als Standort für Wildarten unter den Waldrandstauden ebenfalls geeignet, vorausgesetzt, man möchte diese Flächen nicht als Rabatten mit Prachtstauden anlegen. Der Wechsel von Beson-

nung und Beschattung ist den Pflanzen ja nicht fremd, und wenn die Konkurrenz der Gehölzwurzeln fehlt, ist das für ihr Wachstum sogar förderlich. Mit horstartig wachsenden, toleranten Arten, die andere nicht verdrängen, lassen sich hier wie im Gehölzsaum lebendige, artenreiche Mosaike verwirklichen. Diese Staudenteppiche schmücken dann mit ansehnlichen Blüten und dem Spiel ihres verschiedenartigen Laubs.

Einmal zusammengewachsen, wird nur noch lenkend in das Artengefüge eingegriffen: Zu stark wachsende Typen werden etwas zurückgenommen, überzählige Sämlinge und Unkräuter entfernt. Die Hacke schadet hier mehr, als sie nützt.

Sehr ausbreitungsfreudige Varianten wie der Blaurote Steinsame, das Brandkraut oder die Leberbalsam-Aster lassen Nachbarn in ihrer Umgebung kaum eine Chance. Derartige Formen pflanzt man am besten alleine als Bodendecker oder kombiniert sie mit ihresgleichen. Sind die Flächen eingewachsen, brauchen diese nur noch wenig Pflege.

Blühaspekte übers Jahr

Die größte Blütenfülle stellt sich am Gehölzrand in der Regel von Frühjahr bis zum Vorsommer ein. Bei überlegter Pflanzenwahl braucht man auch zu anderer Zeit nicht auf Blüten zu verzichten.

Bereits nach der Schneeschmelze bieten zahlreiche Zwiebel- und Knollenpflanzen im Umfeld von Baum und Strauch reizvolle Blühaspekte. Im Sommer schmücken Sterndolde, Astilbe, Sibirischer Storchschnabel und einige andere. Im Herbst sorgen nur noch wenige Stauden für Glanzlichter am Gehölzrand. Umso dankbarer sind wir für Scheinbleiwurz, Herbst-Anemonen und einige Gebüsch-Astern.

Auf der warmen Südseite von Gehölzen trotzen zahlreiche Stauden wechselnden Witterungsbedingungen und dem Wurzeldruck von Gehölzen:

| 1 | Der Blaurote Steinsame bildet durch Absenker bald große Bestände – Nachbarn haben es schwer!

| 2 | Der Balkan-Storchschnabel zählt ebenfalls zu den durchsetzungsfähigen Stauden.

| 3 | Horstartig und verträglich verhält sich die Gebüsch-Aster.

Ins Licht gerückt: sonnenhungrige Stauden

Auch wenn ihre Standortansprüche sonst sehr verschieden sind: Wildstauden in Freiflächen haben eines gemeinsam – sie benötigen alle viel Licht.

Im Lebensbereich Freifläche fasst man alle Wildstauden zusammen, die, fern von schattenden Gehölzen, auf offenen Plätzen Wind und meist stark wechselnden, teilweise extremen Temperaturen ausgesetzt sind. Charakteristisch ist ihr hoher Lichtanspruch. Ebenso wenig wollen sie im Garten mit Bäumen und höheren Sträuchern um Wasser und Nährstoffe konkurrieren. Die Partnerschaft mit Zwerg- und Halbsträuchern ist dagegen unproblematisch.

Sonnig, aber keinesfalls trocken soll der Standort für Freiflächenstauden wie den heimischen Wiesen-Knöterich sein.

Bezüglich des Bodens und der Wasserversorgung sind die Ansprüche sehr unterschiedlich. Die Pflanzen stammen sowohl aus sommertrockenen Steppen als auch aus Feuchtwiesen, Trockenrasen oder Mooren, niederschlagsarmen Kurzgrasprärien oder Langgrasprärien niederschlagsreicherer Regionen. Es ist daher sinnvoll, die große Gruppe der sonnenhungrigen Stauden des Lebensbereichs Freifläche entsprechend ihrem natürlichen Vorkommen und den daraus resultierenden Standortansprüchen in drei Gruppen zu untergliedern.

Trockenheit Vertragende

Freiflächenstauden dieser Gruppe wachsen in der Natur an sonnig warmen, bisweilen heißen Standorten. Ihren Weg in unsere Gärten haben sie aus verschiedenen geografischen Regionen gefunden: Eine Vielzahl trockenheitsverträglicher Freiflächenstauden stammt aus kontinentalen Steppen, die sich von Südosteuropa bis nach Zentralasien erstrecken. Sommerliche Trockenperioden verhindern dort den Aufwuchs höherer Gehölze.

Auch die baumfreien Prärien Nordamerikas sind zumindest in ihrer trockeneren Ausprägung natürlichen Ursprungs. Hier handelt es sich ebenfalls um Graslandschaften, die mit vielen attraktiv blühenden Stauden durchsetzt sind.

In den mediterranen Garrigues, aus der neben einigen Stauden auch viele Halbsträucher und Geophyten zu uns gekommen sind, ist ein Aufwuchs von Bäumen nach großflächiger Abholzung in der Antike und starker Bodenerosion nicht mehr möglich. Die oft kargen, steinigen Areale durchzieht ein angenehmer Duft aromatischer Halbsträucher und Kräuter.

In Mitteleuropa gibt es außer Sanddünen keine natürlichen, baumfreien Wuchsorte trockenheitsverträglicher Freiflächenstauden. Durch Waldrodungen und anschließende Beweidung sind jedoch Steppenheiden, Mager- und Trockenrasen entstanden, die zahlreiche Wärme liebende und trockenheitsverträgliche Arten beherbergen.

Anpassung an die Trockenheit

An all diesen sonnigen Standorten tritt zumindest zeitweise Trockenheit auf. Das heißt, es herrscht Wasserknappheit, an die sich die dort wachsenden Pflanzen mit höchst eindrucksvollen Strategien anpassen. So präsentieren sich viele der trockenheitsverträglichen Freiflächenstauden durch behaarte Blattspreiten oder mit einem grauen oder bläulichen Wachsüberzug. Die helle Laubfarbe reflektiert die Sonneneinstrahlung weit besser als dunkles Blattgrün und verringert damit die Erwärmung des Blatts. Haare und Wachs schützen zudem vor starker Verdunstung.

Daneben gibt es einige Arten mit ledrigen, oft lackartig glänzenden Blattspreiten. Sie haben in ihrer Außenhaut

besonders dicke und widerstandsfähige Zellwände, sodass sie trotz brütender Hitze nur wenig Wasser verdunsten. Betrachtet man die Bewohner trockenheißer Standorte, fällt auf, dass sich zahlreiche aromatische Stauden und Halbsträucher unter ihnen befinden. Fast hat es den Anschein, dass die weniger flüchtigen ätherischen Öle die Blattoberflächen besser, vor allem dauerhafter kühlen als Wasser. Kein Wunder, dass Beifuß, Lavendel, Salbei oder Thymian ihren Duft gerade an heißen Tagen besonders reich verströmen.

Die Blattgröße wird bei vielen Arten auf das Nötigste reduziert. Das Spektrum trockenheitsverträglicher Freiflächenstauden beinhaltet daher überwiegend feinlaubige Arten. Häufig zeigen sie schmal lanzettliche oder fiederteilige Blätter. Dabei vermögen sich die kaum drei Millimeter breiten Blätter mancher Federgräser in Dürreperioden zusammenzurollen, sodass die geringe Verdunstungsoberfläche noch weiter reduziert wird. Dass innerhalb dieser Gruppe viele distelartige und einige giftige Pflanzen auftreten, ist wohl vornehmlich als Schutz vor Fraß durch Weidetiere zu verstehen.

Mit oft metertief reichenden Wurzeln erschließen viele Freiflächenstauden der Trockengebiete Wasser aus tieferen Bodenschichten. Andere bilden ausgeprägte Speicherorgane – fleischige Rhizome, Zwiebeln oder Knollen. Wildtulpen, Zwiebel-Iris oder verschiedene Lauch-Arten nutzen die Frühjahrsfeuchtigkeit nach der Schneeschmelze. Sie treiben früh aus, lagern Reservestoffe in ihre Zwiebeln ein, blühen und fruchten. Die sommerliche Trockenheit überstehen sie versteckt und geschützt im Boden – ihr Laub haben sie längst aufgegeben. Fetthennen, Mauerpfeffer und andere sukkulente Arten vermögen Wasser in

Sonnenhungrige Pflanzen wie Kamelhaargras, Wolfsmilch und Lavendel überzeugen in zeitweilig trockenen Freiflächen.

ihren Blättern oder Sprossen zu speichern und so Trockenperioden gut zu überstehen. Eine andere Strategie haben Spornblume, Muskateller-Salbei, Vixiernelke und andere kurzlebige Arten. Bald nach ihrer Keimung blühen sie überreich und bilden viele Samen, bevor sie selbst nach zwei, drei Jahren wieder verschwinden. Da sie anfänglich mehr hergeben als sie später zu halten in der Lage sind, bezeichnet man sie als „Blender". Nur durch reichliche Selbstaussaat sichern sie der Art das Überleben am Naturstandort. Im Garten machen uns ihre zahlreichen Sämlinge bisweilen das Leben schwer. In Neuanlagen zeigen die Frühstarter bereits nach kurzer Zeit Wirkung, sodass man keinesfalls auf sie verzichten sollte.

| 1 | Die Färberkamille zählt zu den „Blendern", die vor allem in den ersten Jahren üppig blühen.

| 2 | Trotz stacheliger Belaubung ist die Kugeldistel ein echtes Schmuckstück. Die Bewehrung schützt vor Fraß durch Vieh.

Geeignete Standorte

Da Pflanzen Nährstoffe nur in wässriger Lösung aufnehmen, kommt ihnen in Trockenperioden selbst das reichhaltige Nährstoffangebot eines gut versorgten Untergrunds kaum zugute. Viele natürliche Trockenstandorte weisen zudem stickstoffarme Böden auf. Für die Gartenverwendung bedeutet das, dass die trockenheitsverträglichen Freiflächenstauden gleichzeitig „Hungerkünstler" sind. Düngung ist also nur in seltenen Ausnahmefällen nötig.

Trotz der ausgeprägten Anpassung an trockene Standorte ist in den Gärten immer wieder zu beobachten, dass sich Stauden aus trocken-warmen Regionen bei etwas günstigerer Wasserversorgung, und damit auch besserer Nährstoffversorgung, wohler fühlen. Es sind eben trockenheitsverträgliche, keinesfalls Trockenheit liebende Arten!

Stark wechselnde Temperaturen und Wind können den Pflanzen wenig anhaben. Wichtig ist jedoch, dass sie auf durchlässigem Untergrund stehen, damit überschüssiges Wasser nach Starkniederschlägen rasch abfließen kann. Viele Arten reagieren nämlich bezüglich hoher Feuchtigkeit oder gar Staunässe höchst empfindlich. Fäulnis führt dann häufig zum Absterben der Pflanzen. Bisweilen im Frühjahr auftretende Schädigungen oder gar Pflanzenausfälle sind meist eine Folge von Winternässe und nur selten auf die mangelnde Frosthärte der betroffenen Stauden zurückzuführen. Steinige, kiesige, sandige Untergründe oder gut durchlässige Lehmböden sind also zu bevorzugen. Wenn die Flächen gemulcht werden, soll dies mit Gesteinssplitt geschehen. Der passt dann nicht nur besser zum Charakter der Pflanzung, er bietet aufgrund von Durchlässigkeit und Wärmerückstrahlung zusätzlich bessere Wachstumsbedingungen für die Pflanzen.

Verwendung im Garten

Im Garten sind trockenheitsverträgliche Freiflächenstauden und die eng mit ihnen in Verbindung stehenden Halbsträucher für warme Süd- und Südwestseiten von Mauern und Hauswänden geeignet. Die Pflanzen profitieren davon, wenn aufgrund des in der einstigen Baugrube verfüllten Baumaterials oder der wandseitigen Dränage das Wasser rasch abläuft und die Wände die Wärme des Tages speichern und in der Nacht wieder abgeben. Auch an sonnig-heißen Südhängen fühlen sich diese Arten wohl. Es sind also Formen, die an vielen exponierten Standorten noch aushalten, wo andere längst versagen. Der Übergang zum sonnig-warmen Gehölzrand ist fließend. Wenn der Boden nicht allzu schwer und feucht ist, sind anpassungsfähigere Arten eine gute Ergänzung zu farbprächtigen Beetstauden, und selbst der Steingarten kommt für Katzenminze oder Gold-Wolfsmilch als Wuchsort infrage. Die aromatischen Varianten sind im Umfeld von Terrassen und im Duftgarten gut aufgehoben. Natürlich sollten diese sonnig, warm und windstill gelegen sein, damit die zahlreichen Duftnuancen unsere Nasen bestmöglich umschmeicheln.

Feuchtigkeit Liebende

Ein ganz anderes Gesicht als die trockenheitsverträglichen Freiflächenstauden zeigen Feuchtigkeit liebende Arten. Sie wachsen in der Natur in Feucht- und Fettwiesen, an Gräben, in Bergwiesen oder an sonstigen feuchten, zeitweise auch nassen Stellen. Meist sind es nährstoffreiche Böden, die die Pflanzen dort besiedeln. Sie brauchen somit weder mit Wasser zu sparen, noch wird ihr Wachstum durch einen Mangel an Nährstoffen oder Licht infolge von Beschattung eingeschränkt – ideale Voraussetzungen also für kräftiges Wachstum!

Und so präsentieren sich die Pflanzen auch im Garten. Es sind oftmals üppige, hochwüchsige Gestalten, die saftig grüne Blätter aufweisen. Großblättrige Arten dominieren, während feingliedrige eher die Ausnahme als die Regel darstellen. Stauden, die über zwei Meter hoch werden können, sind keine Seltenheit. In den feuchteren Hochgrasprärien war der Aufwuchs an Gräsern und Kräutern so hoch, dass sich die vom Osten in den Westen Nordamerikas ziehenden Siedlungspioniere darin gelegentlich auf Pferden sitzend verirrten. Starkwüchsige Formen wie das aus Ostasien stammende Chinaschilf werden mittlerweile großflächig als nachwachsende Rohstoffe angebaut. Natürlich sind nicht alle Feuchtigkeit liebenden Freiflächenstauden Riesen. Auch in der Natur sind die Wiesen unterschiedlich gestuft, und neben höheren Arten wachsen mittelhohe und kleinere Formen. Trotzdem steht das Aussehen der üppigen, saftig grünen Wiesenbewohner in krassem Kontrast zu den meist kleinwüchsigen, grauen Pflanzenkörpern der Hungerkünstler trockener Areale.

Ansprüche an den Standort

Selbst wenn beide Pflanzengruppen dem Lebensbereich Freifläche zugeordnet sind, sollten sie im Garten keinesfalls miteinander kombiniert werden. Zu unterschiedlich sind ihre Ansprüche an den Standort. Die Feuchtigkeit liebenden Arten leiden bei Wassermangel. Häufigeres, durchdringendes Gießen in Trockenperioden tut not. Sie wünschen einen tiefgründigen, gut wasserhaltefähigen Boden, z. B. humosen oder tonigen Lehm. Dieser liefert in der Regel ausreichend Nährstoffe – ansonsten muss durch Düngung für ein gutes Nährstoffangebot gesorgt werden. Das Mulchen der Pflanzflächen begünstigt den Wasserhaushalt des Bodens eben-

falls. Organische Materialien fügen sich hier besser in die Flächen ein als Gesteinssplitt.

Verwendung im Garten

Nahezu alle überdurchschnittlich mit Wasser versorgten, aber nicht dauerhaft überschwemmten Bereiche bieten im Garten gute Voraussetzungen für Feuchtigkeit liebende Freiflächenstauden. Da die Pflanzen bezüglich Winterkälte und -nässe unempfindlich sind, drängt sich ihre Verwendung in feuchten Senken geradezu auf. Mit ihnen lässt sich der Übergang von Rabatten zu Ufern geschickt gestalten. Ja selbst im Umfeld von Teichen, an Wasserbecken oder Bachläufen fühlen sie sich wohl. Zusammen mit Feuchtigkeit liebenden Beetstauden wie den Taglilien oder Zuchtformen der Wiesen-Iris lassen sich üppige Pflanzbilder entwerfen. Sie stören in feuchten Beeten und Rabatten nur dann, wenn sie wie das Goldleistengras oder die Sumpf-Schafgarbe zu den wenigen Ausläufer bildenden Arten innerhalb der Gruppe gehören.

Arten für frische Bereiche

Nicht alle Freiflächen im Garten sind trocken oder nass. So wie es in unseren Landschaften nicht nur Feuchtwiesen oder Trockenrasen, sondern sämtliche Varianten dazwischen gibt, so verhält es sich in vielen anderen Regionen mit gemäßigtem Klima. Letztlich hat die Gruppe der Freiflächenstauden für durchschnittlich mit Wasser versorgte Standorte ihren Ursprung in mehrmals im Jahr gemähten Futterwiesen, bodenfrischen Prärien oder ähnlichen Pflanzengesellschaften. In ihrem Erscheinungsbild stehen sie den Feuchtigkeit liebenden Arten nahe. Sie erreichen jedoch keinesfalls die enormen Höhen der Riesen unter diesen gut mit Wasser

Die Orchideen-Primel ist ein Besiedler feuchter Freiflächen. Dichte und sehr kalkhaltige Böden mag sie nicht.

und Nährstoffen versorgten Stauden, und ihre Blattspreiten bleiben schon etwas kleiner.

Alles in allem sind die Freiflächenstauden aus dem frischen Bereich eine durchschnittliche Pflanzengruppe, die sich nicht durch besonders prägnante Merkmale von anderen abhebt.

Verwendung im Garten

Viele der hier einzuordnenden Arten sind Vorfahren von farbkräftigen Züchtungen, die heute unsere Rabatten beherrschen. Mit ihnen gehen sie die eine oder andere harmonische Liaison ein. So wirken Frauenmantel, Akanthus oder Riesenschirm-Aster im Kontext von Rittersporn, Phlox oder Glattblatt-Astern gut. Anders als die Beetstauden haben die Freiflächenstauden ihren Wildcharakter bewahrt. Sie sind daher überall dort erste Wahl, wo sonnige Standorte eine eher natürliche Pflanzendecke erhalten sollen.

Eindrucksvoll: Stauden für die prächtige Rabatte

Prachtstauden sind das Aushängeschild berühmter Gärten. Das Spiel mit Farben und Formen ist auch in Rabatten des eigenen Gartens möglich.

Im Lebensbereich Beet tummeln sich zahlreiche prachtvoll blühende Stauden. Meist sind es Selektionen und Züchtungen, die den Garten mit besonders großen, oft prall- oder halbgefüllten Blüten schmücken. Viele von ihnen

blühen wochenlang. Die Züchter waren dabei stets und sind noch heute auf einen reichen Flor der Sorten bedacht, und das Besondere, Außergewöhnliche scheint sie zu immer neuen Höchstleistungen anzuspornen.

Berauschende Vielfalt …

Ähnlich den Rosen sind durch züchterische Arbeit inzwischen viele, kaum mehr zu überblicken Sortimente entstanden, die unterschiedlichste Farbtöne und Blüten beinhalten. Kaum

jemand vermag all die vielfältigen Taglilien-, Iris-, Pfingstrosen- oder Chrysanthemen-Sorten noch beim Namen zu nennen, und die Zahl der Auslesen und Züchtungen lässt sich bei manchen Gattungen nur schätzen. Die umfangreichsten Sortimente umfassen oft mehrere Tausend Sorten!
Selbstverständlich existieren in der Natur ebenso prächtig blühende Arten, die man ohne Weiteres in Rabatten einfügen kann. Brennende Liebe, Riesenschleierkraut oder Blut-Weiderich sind eindrucksvolle Beispiele dafür. Diese

In einer gemischten Rabatte kombiniert man Sträucher (Cotinus), Beetstauden (Monarda), Knollenpflanzen (Dahlien) und Einjährige.

Varianten bezeichnet man als „Wildstauden mit Beetstaudencharakter". Repräsentative Rabatten haben ihren Ursprung in England und werden dort als „borders" bezeichnet. Außer reinen Staudenrabatten („perennial borders") gibt es mit Rosen und anderen Blütensträuchern, Zwiebel- und Knollenpflanzen und bisweilen auch Sommerblumen ergänzte Rabatten als sogenannte „mixed borders".

… mit hohem Anspruch

Zu Höchstleistungen angespornt, verlangen Beetstauden eine gute Nährstoffversorgung. Sie sind diesbezüglich wesentlich anspruchsvoller als Wildstauden. Da durch Bodenlockerung Nährstoffe leichter freigesetzt werden, kann das Hacken zwischen den Rabattenstauden die Entwicklung begünstigen. Es ist jedoch darauf zu achten, dass die Wurzeln der Pflanzen nicht geschädigt werden. Bedeckt man den Boden mit Mulch, darf der hohe Nährstoffbedarf der Beetstauden nicht übersehen werden. Beim Gebrauch von Rinde oder Holzhäcksel sind zusätzliche Stickstoffgaben nötig.

Entsprechend der Verbreitung und dem Vorkommen der Ausgangsarten differieren die Züchtungen der Beetstauden in ihren Ansprüchen. Die weitaus meisten Urformen der Rabattenstauden sind den Freiflächenstauden zuzuordnen. Wie diese wollen sie sonnig stehen und bringen nur dann zuverlässig einen reichen Flor. Ihr Wasserbedarf richtet sich

Beetstauden sind gefragt: Klassische Staudenrabatten laden zum Malen mit Pflanzenfarben ein.

nach den Ursprungsarten, deshalb unterscheidet man drei Gruppen für sonnige Rabatten:

- **für frische bis mäßig trockene Böden:** Wärme liebende Pflanzen wie Orientalischer Mohn, Bart-Iris, Salbei oder Gold-Garben für Südseiten von Wänden, die durchlässigen Untergrund fordern, sodass Staunässe nicht zur Wurzelfäulnis führt. Als Begleiter eignen sich horstartig wachsende, trockenheitsverträgliche Freiflächenstauden.
- **für normale, frische und besser wasserversorgte Gartenböden** kommen Pfingstrosen, Sonnenbraut, Sonnenauge, Mädchenauge und viele weitere infrage. Nur ursprüngliche Bergwiesenarten wie Rittersporn bevorzugen kühle Wuchsorte, andere wachsen dagegen an etwas wärmeren, aber keinesfalls heißen Standorten.
- **feuchte Böden** für Taglilien, prachtvolle Auslesen der Wiesen-Iris, Trollblumen-Sorten und andere. Sie bevorzugen schwerere, gut Wasser und Nährstoffe haltende Böden.

Eine weitere Gruppe bilden Zuchtformen, deren Elternarten aus lichten Wäldern oder von Waldrändern stammen. Sie lassen sich an lichtschattigen und absonnigen Standorten verwenden. Mit Astilben, Wald-Glockenblumen, Eisenhut-Sorten oder Silberkerzen sind auf der Nordseite von Gebäuden durchaus prachtvolle Rabatten möglich. Beste Wachstumsbedingungen bieten humose Lehmböden mit guter Nährstoff- und Wasserversorgung.

Konkurrenz zurückhalten

Starke Konkurrenten im Umfeld machen den Prachtstauden das Leben schwer. Auf größere Gehölze oder Ausläufer bildende Wildstauden verzichtet man deshalb bei der Bepflanzung von Rabatten. Man achte auf ausreichend weite Pflanzabstände zu den Nachbarpflanzen, damit sich die oft majestätischen Gestalten bestmöglich entwickeln können, und grenze starkwüchsige, bedrängende Partner durch seitliches Abstechen der Horste ein.

Durch Selbstaussaat entstandene Nachkommen sind zu entfernen. Letztere sind nur selten so schön wie die ursprünglich gepflanzten Sorten.

Grenzbereiche – Stauden am und im Wasser

Wasser ist ein faszinierender Lebensraum. Die dort lebenden Wasser- und Uferpflanzen tragen zu einem Naturerlebnis der besonderen Art bei.

Im und am Wasser herrscht meist lebhaftes Treiben. Dafür sorgen Libellen, Fische, Frösche und zahlreiche andere Tiere. Die Vielfalt der Wasser- und Uferpflanzen ist gleichermaßen beeindruckend. Obwohl sie von sehr unterschiedlicher Gestalt sein können, haben die dort wachsenden Stauden, Gräser und Farne eines gemeinsam: Nur im Feuchtbereich, vollständig untergetaucht oder sogar im Wasser schwimmend sind sie ganz in ihrem Element.

Lebensbereich Wasserrand

Stauden feuchter oder nasser Bereiche um den Gartenteich gehören zum Lebensbereich „Wasserrand". In der Natur kommen diese Arten an Ufern von fließenden oder stehenden Gewässern vor. Hin und wieder, wenn Flüsse und Bäche nach der Schneeschmelze oder Starkniederschlägen über ihre Ufer treten, werden sie überflutet. Das halten sie gut aus, und die durch Überschwemmungen angespülten, nährstoffreichen Sedimente sorgen für eine gute Nährstoffversorgung.

Nomen est omen

Oft deuten bereits die deutschen Namen wie Sumpf-Dotterblume, Sumpf-Schwertlilie sowie Schwanenblume oder Froschlöffel darauf hin, dass diese gerne im Feuchten leben. Neben der Nähe zum Wasser benötigen diese Arten und die daraus ausgelesenen Spielformen auch im Garten eine gute Versorgung mit Nährstoffen. Als saftig grüne, oft hoch- und starkwüchsige Pflanzen signalisieren sie dies bereits durch ihr äußeres Erscheinungsbild. Stehen sie außerhalb der Kapillarsperre von Teichen, die das Absinken des Wasserspiegels verhindert, müssen die Wasserrandpflanzen häufig und ausreichend gegossen werden. Sie sind folglich besser in der dauernd feuchten Uferzone

Nach dem Vorbild der Natur säumen Wasserrandstauden wie Sumpf-Dotterblumen und Sumpf-Schwertlilien den Bachlauf im Garten.

am Rand des Gartenteiches aufgehoben. Anders als die Pflanzen des Lebensbereichs Wasser müssen sie jedoch nicht permanent im Wasser stehen, selbst wenn viele von ihnen es gut im seichten Wasser aushalten. Der Übergang zu den Wasserpflanzen wie zu den Feuchtigkeit liebenden Freiflächenstauden (→ Seite 20/21) ist fließend.

Das Leben im Wasser

Im Lebensbereich Wasser findet man wiederum höchst unterschiedliche Pflanzengestalten. Seerosen und Teichrosen schwimmen mit ihren großen, runden Blättern auf der Wasseroberfläche. Da sie im Teichgrund wurzeln, werden sie und ähnliche Arten als bodenwurzelnde Schwimmblattpflanzen bezeichnet. Sie leben im tieferen Wasser, der sogenannten Schwimmblattzone.

Mal mehr, mal weniger tief

Je nach Art oder Sorte verlangen sie jedoch unterschiedliche Wassertiefen (gemessen wird stets von der Substrat- bis zur Wasseroberfläche – also nicht vom Teichgrund aus!) Einige starkwüchsige Seerosen benötigen z.B. eine Wassertiefe von über einem Meter, sonst strecken sie ihre Blätter zu weit über das Wasser hinaus. Andere kommen im 60–80 cm tiefen Wasser gut zurecht, und manch schwachwüchsige Sorten begnügen sich mit 20–30 cm Wasserstand. Das ist auch eine passende Wassertiefe für Pfeilkräuter, das Herzblättrige Hechtkraut und viele weitere Arten der Flachwasserzone. Pflanzt man bodenwurzelnde Wasserpflanzen nicht direkt in den möglichst lehmigen, aber humusarmen Boden am Grund des Teichs, kann man sie ebenso in spezielle im Fachhandel erhältliche Körbe setzen und ins Wasser stellen. Sie lassen sich dann bei der Reinigung des Teiches leichter herausnehmen oder an eine andere Stelle verfrachten.

Zu den frei schwimmenden Wasserpflanzen zählen Wasseraloe und Froschbiss. Bald nach ihrer Keimung lösen sie sich vom Boden und treiben frei im Wasser umher. Wenn sie sich stark vermehren, kann man sie meist leicht abfischen. Nur die Kleine Wasserlinse breitet sich bisweilen so stark aus, dass sie die ganze Wasseroberfläche wie ein grüner Teppich überzieht. Wie bei den Algen kommt man dann um häufiges Abfischen nicht herum.

Ganz abgetaucht

Unterwasserpflanzen sind oft wenig ansehnlich. Sie bilden in der Regel lange Triebe mit zahlreichen, oft feingliedrigen, glitschigen Blättern. Die meiste Zeit bleiben sie unter der Wasseroberfläche versteckt. Nur zur Blütezeit strecken einige Arten ihre Blüten über das Wasser hinaus. Obwohl Laichkraut-Arten, Hornblatt oder Tausendblatt nicht besonders dekorativ wirken, als Sauerstoffproduzenten und Konkurrenten gegenüber Algen erfüllen sie eine wichtige Funktion im Wassergarten.

Standort und Pflanzenauswahl

Nahezu alle Wasser- und Wasserrandpflanzen wachsen sowohl an sonnigen als auch an halbschattigen Standorten. Selbst im lichten Schatten behaupten sie sich noch, blühen dort jedoch deutlich

weniger. Meist sind die Arten sehr vital und ausbreitungsfreudig. Oft stellt sich nicht die Frage, wie man ihr Wachstum verbessern kann, sondern wie man es zügelt. Die üppigsten Formen durchwuchern innerhalb kurzer Zeit die gesamte Teich- und Uferlandschaft. Will man die Wasseroberfläche als Spiegel für die Pflanzenwelt im Umfeld bewahren und die sanften Bewegungen der Wasseroberfläche noch nach Jahren wahrnehmen, bedarf es einer durchdachten Pflanzenwahl. Auf wuchernde Formen wie Schilf oder einige Rohrkolben-Arten verzichtet man besser. Sie überleben noch im normalen Gartenboden, dringen dennoch ins tiefe Wasser vor. Gerne brechen sie aus Pflanzgefäßen aus, in die man sie zunächst in der Hoffnung gesetzt hatte, eine allzu starke Ausbreitung zu verhindern. Horstige Arten wie Sumpf-Dotterblume, Sumpf-Schwertlilie, Blut-Weiderich oder Sumpf-Wolfsmilch sind hingegen harmlos. Hin und wieder auftauchende Sämlinge stellen kaum eine große Gefahr dar. Gegebenenfalls werden sie einfach herausgenommen.

Wuchskraft nicht unterschätzen

Vorsicht hingegen ist bei einigen starkwüchsigen Wasserpflanzen geboten. So schön die gelben Blüten von Mummeln und Seekanne wirken, so bezaubernd die grafischen Strukturen des Tannenwedels sein mögen, bei einer zu großen Pflanzdichte wachsen diese Pflanzen die Wasseroberfläche komplett zu. Sogar starkwüchsige Seerosen vermögen eine mehrere Quadratmeter große Wasserfläche zu bedecken – der Spiegel der Wasseroberfläche verschwindet dann zusehends. Glücklicherweise gibt es genügend schwachwüchsige Seerosen-Sorten, sodass man selbst in kleinen Teichen oder Wasserbecken nicht auf Seerosen verzichten muss.

| 1 | Die Sumpf-Schwertlilie ist heimisch. Sie wächst an Ufern und feuchten Gräben. Im Garten ist sie wenig empfindlich und sehr ausdauernd.
| 2 | Das Hechtkraut ist eine Wärme liebende Pflanze, die im seichten Wasser größere Bestände bilden kann. Die Art blüht von Juli bis Herbst.
| 3 | Als Königin der Wasserpflanzen ist die Seerose bekannt. Es gibt ein breites Sortiment erlesener Sorten mit weißen, rosafarbenen, roten und gelben Blüten.

Überlebenskünstler: Zwiebel- und Knollenpflanzen

Wie aus dem Nichts tauchen die blühenden Schmuckstücke vom Frühjahr bis zum Herbst an den verschiedensten Standorten im Garten auf.

Die Vorfreude auf prächtige Blüten im Frühjahr ist groß, wenn man im Herbst Zwiebeln und Knollen in die Erde legt. Schneestolz, Blauglöckchen, Tulpen, Lilien und Steppenkerzen sowie viele andere Geophyten sind ebenso faszinierende wie bezaubernde Pflanzen.

Blütenpracht im Jahreslauf

Die frühesten Blüher, Schneeglöckchen, Winterling und erste Krokusse, künden

vom Ende des Winters. Vorfrühling und Frühling sind Hoch-Zeiten der Zwiebel- und Knollenpflanzen. Im Sommer erfreuen uns Montbretien, Gladiolen spät blühende Lauchformen und weitere Arten mit ihren attraktiven Blüten. Herbstzeitlose, Herbst-Alpenveilchen und einige Herbst-Krokusse setzen Akzente am Ende des Gartenjahres.

Unterschiedliche Pflanzzeiten

Ihrer Blütezeit entsprechend, sind Zwiebel- und Knollenpflanzen zu verschiedenen Zeiten im Handel. Die vom Vorfrühling bis zum frühen Sommer blühenden Geophyten pflanzt man von September bis Weihnachten bei offenem Boden.

Sommer- und Herbstblüher erwirbt man im Frühjahr. Damit der Austrieb frostempfindlicher Formen wie Dahlien, Gladiolen oder Blumenrohr nicht durch Spätfröste geschädigt wird, pflanzt man sie erst Ende April. Sie treiben dann nach den Eisheiligen aus und belohnen für die alljährlichen Mühen des Ausgrabens im Herbst, des frostfreien Überwinterns und des erneuten Pflanzens mit einem reichen Flor.

Große Standortvielfalt

Die nahezu lückenlosen Blütenteppiche der Buschwindröschen in unseren Wäldern, das heitere Blühen von Krokussen

Unter sommergrünen Bäumen nutzen Geophyten die Frühjahrshelligkeit für eine verschwenderische Blüte.

und Narzissen in Bergwiesen, die zahlreichen Gelbsternchen und Traubenhyazinthen der Weinberge oder die eigenartigen Schachbrettblumen in Auwiesen lasssen sich an den unterschiedlichsten Standorten erleben. Bezieht man die zahlreichen Zuchtformen mit ein, kristallisieren sich vier Gruppen mit unterschiedlichen Standortansprüchen heraus, die verschiedene Lebensbereiche im Garten besiedeln.

• **Geophyten der Laubwälder** sind hoch spezialisierte Pflanzen, die die lichtarme Zeit vom späten Frühjahr bis zum Herbst und meist auch den darauf folgenden Winter unterirdisch überdauern. Im zeitigen Frühjahr nutzen sie das höhere Lichtangebot zur Assimilation und Bildung von Reservestoffen. Dann blühen sie und bilden rasch Samen. Bald nach dem Austrieb der Bäume vergilbt ihr Laub. Im Garten pflanzt man diese Arten und davon abstammende Formen im Umfeld von Baum und Strauch. Das muss kein großer Gehölzbestand sein, es reicht schon, wenn man sie unter einzeln oder in kleinen Gruppen im Rasen stehende Gehölze setzt. Hier ist der Rasen häufig lückig und vermoost, sodass die Rasengräser keine überstarken Konkurrenten darstellen. Im Sommer darf es an solchen Stellen ruhig warm und trocken sein. Oft bilden Schneestolz, Puschkinie oder Frühlings-Alpenveilchen durch reiche Selbstaussaat allmählich große, bunte Teppiche. Man mäht den Rasen erst, wenn das Laub der Zwiebelpflanzen bereits eingezogen ist.

Indianisches Blumenrohr und Dahlien zählen zu den nicht winterharten Knollenpflanzen, die frostfrei zu überwintern sind.

Etwas kühlere, auch im Sommer nicht zu trockene Pflanzplätze z. B. in hageren Rasenflächen bevorzugen Auwaldarten wie Schneeglöckchen, Märzenbecher oder Blausternchen. Die Konkurrenz dichter Rasennarben, früh austreibender, höherwüchsiger Stauden oder wintergrüner Arten bekommt ihnen nicht. Mit spät austreibenden Farnen, Herzblattlilien oder anderen Arten ergibt sich jedoch eine glückliche Liaison. Diese kaschieren das vergilbende Zwiebellaub, während die früh blühenden Zwiebelpflanzen die Wartezeit auf den Austrieb der Stauden verkürzen.

● **Arten trockener Standorte** überstehen die sommerliche Trockenheit im Boden. Wild-Tulpen, zahlreiche Lauch-Arten und Zwiebel-Iris verwendet man zur Bepflanzung sonnig-warmer Freiflächen. Zierliche Arten, die sich nicht versamen und keine große Laubmasse bilden, finden im Steingarten ebenso

einen zusagenden Pflanzplatz wie Krokusse aus Bergwiesen. Sie alle verlangen einen durchlässigen Boden und sind empfindlich gegen Staunässe.

● **Arten feuchter Berg- und Auwiesen** wie Narzissen, Schachbrettblumen, Knotenblumen oder Prärielilien kommen im Garten an feuchteren, lehmigen Stellen, z. B. in frischen bis feuchten Freiflächenpflanzungen, gut zurecht. Mit ihnen lassen sich Wiesen attraktiv gestalten.

● **Hochzuchtformen** der Tulpen, Narzissen oder Hyazinthen sind die „Beetstauden" unter den Zwiebelgewächsen. In einem kurzen Gastspiel werden sie zusammen mit Vergissmeinnicht oder Stiefmütterchen zu bunten Frühjahrsbildern in Schmuckpflanzungen verwoben. In Staudenrabatten halten sie sich oft über viele Jahre hinweg, wenn die Fruchtbildung verhindert wird und ihr Laub ungestört einziehen kann. Hier

wie da bevorzugen sie nährstoffreiche Böden. Aber selbst die farbintensivsten Sorten können die Herkunft ihrer Eltern nicht ganz verleugnen: So fühlen sich Tulpen in mäßig trockenen bis frischen, warmen Rabatten wohl. Auf schwerem, kaltem Untergrund sind sie meist kurzlebig. Narzissen können dort dagegen Jahrzehnte alt werden.

Da zahlreiche Beetstauden erst später blühen, verhelfen die fröhlichen Frühjahrsboten den Rabatten schon zuvor zu lebhaftem Glanz. Damit die nach der Blütezeit vergilbenden Blätter nicht stören, sollten Zwiebelpflanzen nicht in den Vordergrund, sondern stets zwischen oder hinter Stauden gepflanzt werden, die dann den wenig schönen Anblick verdecken.

Die Grundlagen der Gestaltung

Es gibt viele Möglichkeiten, Sommerblumen und Stauden in einem Beet miteinander zu kombinieren. Das Ziel ist eine attraktive Gesamtkomposition.

Anfänglich sieht die Gestaltung eines Beetes oder einer größeren Pflanzfläche nicht ganz einfach, sondern vielmehr verwirrend aus. Aus so unglaublich vielen Arten und Sorten das Passende auszuwählen und das alles auch noch im richtigen Verhältnis unter Beachtung sämtlicher Spielregeln zu gruppieren, wie soll das zu schaffen sein? Es geht, wenn man sich Schritt für Schritt vorwärtstastet. Von ersten Misserfolgen darf man sich nicht abschrecken lassen.

Um die Sache zu vereinfachen, muss man wissen: Das Heer der Stauden wie der Sommerblumen lässt sich entsprechend ihrer zu erfüllenden Aufgaben in bestimmte Kategorien von Pflanzengruppen einteilen wie Solitär- oder Bodendeckerstauden. Bei der Anlage einer Pflanzung bedient man sich dieser verschiedenen Gruppen wie einer Art Bausteine und fügt sie wie ein Puzzle zusammen, um in der Mischung zu einer vielfältigen Gesamtkomposition zu gelangen.

Solitärstauden

Solitärstauden sind Solotänzer, sie stehen alleine und brauchen keine Partnerpflanzen; sie dienen als Blickfang, als Dominante, die das niedrige Staudenfußvolk überragt. Ihr Ziel ist die Fernwirkung. Man pflanzt sie frei stehend, im vollen Licht, wo ihre Gestalt klar hervortritt und grafische Effekte oder erlesene Farbigkeit gut zu erkennen sind. Das können Rasenflächen sein, ein Ensemble niedriger bodendeckender Pflanzen oder auch Pflasterflächen, als markanter Kontrast von belebter und unbelebter Materie, von Fläche und Grüngestalt, von Licht- und Schattenspiel. Man kann sie auch vor einen ruhigen Hintergrund setzen, beispielsweise vor gleichmäßig geschnittenen, sommer- oder besser noch immergrünen

Hecken oder vor eine Mauer. Zu beachten ist hierbei nur, dass die Blütenfarbe nicht die gleiche Farbe der Mauer aufweist. Voraussetzung für eine optimale Wirkung ist eine überragende Größe. Solitärstauden finden wir in allen Pflanzengruppen, unter den Gräsern z. B. das Chinaschilf, bei den Farnen der Königsfarn, bei Zwiebeln und Knollen die Steppenkerze oder unter den normalen Blütenstauden der Wasserdost.

Auch hochwüchsige Sommerblumen können als Solitärpflanzen gewählt werden, etwa der Wunderbaum oder hohe Sonnenblumen. Unerlässlich ist: Sie alle dürfen nicht schon nach kurzer Zeit im Frühsommer vergilben und ihre Blätter einziehen, sondern müssen bis zum Spätherbst durchhalten und sich außerdem als standfest erweisen. Man setzt sie entweder ins Blickfeld von einem Fenster aus, direkt in einen Winkel zwischen Terrasse und Gartenweg, als Begleitung zu Kleinarchitekturen oder auch an den Teichrand, wo die Spiegelung ihre Wirkung verdoppelt.

Das klassische Staudenbeet

Eine herkömmliche Beetpflanzung setzt sich aus mehreren Gliedern zusammen, die man schrittweise zu einem Bild vereint. Dabei geht man stets von großen zu kleinen Stauden oder von großen zu kleineren Sommerblumen vor.

Leitstauden

Das Thema geben größere Pflanzen vor, die man als Leitstauden bezeichnet, so

In dieser klassischen, pultartigen Anordnung stehen im Vordergrund niedrige, dahinter allmählich immer höher werdende Varianten.

benannt nach ihrer Funktion, den Blick des Betrachters durch die Pflanzung zu lenken, zu leiten. Leitstauden werden grundsätzlich als Erste eingeplant, denn sie stellen das Rückgrat einer jeden Kombination dar. Sie sind im Gegensatz zu den Solitärstauden immer zu mehreren zu verwenden, d. h., sie sollen sich in der Pflanzung wiederholen, möglichst in unregelmäßigen Abständen. Je nach Abmessung der Pflanzfläche können einige wiederholt als Einzelstücke, auch als kleinere oder größere Gruppen oder gar in längeren Streifen verteilt werden. Blütenfarbe, Wuchsform oder Textur der tonangebenden Leitstauden bestimmen den künftigen Charakter der Pflanzung. Bedingung ist, dass sie größer als das Beiwerk sind und gleichmäßige, standfeste Horste aufbauen – ungeeignet sind alle wuchernden Dickichte. Außerdem sollen sie dauerhaft über die gesamte Vegetationsperiode zu sehen sein. Leitstauden können sowohl prächtige Blütenstauden wie Sonnenbraut sein oder in Schattenpflanzungen z. B. der Wurmfarn. In mehr wildstaudenähnlichen Motiven wirkt Pfeifengras in rhythmischer Wiederholung effektvoll.

Die besten Leitstauden findet man unter Spätsommer- und Herbstblühern, da sie bis zum Herbst ordentlich aussehen. Ausnahmsweise kann man Formen wie hohe Rittersporne, die nach einer ersten Vollblüte im Spätsommer ein zweites Mal blühen, ebenfalls als Leitstauden auswählen. Im Wechselflor erfüllt mächtiges Blumenrohr diese Funktion oder auch hohe Dahlien, Spinnenblume und Großer Zier-Tabak. In einem großflächigen Beet muss man sich nicht auf eine Art beschränken: Entweder wählt man wie im Beispiel Sonnenbraut gelbe und rote Sorten und mischt diese, oder man wählt eine Form für Früh- bis Hochsommer, etwa hohe

Taglilien, und eine zweite für den Herbst, z. B. Raublatt-Aster.

Begleitstauden

Begleitstauden ergänzen die Leitstauden nach Farbe, Form und Textur. Entweder weisen sie das gleiche Kolorit auf, sofern Ton in Ton gestaltet wird, oder sie zeigen die Gegenfarbe als Komplementärkontrast. Grundsätzlich müssen sie kleiner als die Leitstauden sein, damit deren Wirkung nicht verloren geht, und wenn möglich, sollten sie eine andere Textur und Struktur aufweisen, um auch hier kontrastreich zu wirken. Man unterscheidet vier Kategorien von Begleitpflanzen:

- **Vorläufer,** die zeitlich vor den Leitstauden blühen
- **Gleichzeitige,** deren Blütenentwicklung zeitlich parallel verläuft
- **Nachzügler,** die den Schlusspunkt im Blütenreigen setzen
- **Neutrale,** die allein durch Wuchs und Belaubung wirken

Begleitstauden werden vor, zwischen und auch hinter den Leitstauden gepflanzt, wenn diese sehr spät austreiben sollten. Erwünschte Wuchsformen sind niedrige und mittelhohe Horste, im Vordergrund auch Polster.

Ausnahmsweise können auch dickichtartig wachsende Pflanzen Verwendung finden, wenn die Fläche regelmäßig gepflegt wird.

Flächenpflanzen

Wurden nur wenige Leit- und Begleitstauden ausgewählt und ist noch reichlich Platz für weiteres Grün, so wird als dritte Kategorie das niedrige „Fußvolk" dazugesetzt, um die Flächen zu füllen, etwa flache Astern aus der Dumosus-Gruppe, Storchschnabel-Sorten oder niedrige Astilben. Im Schattenbeet können das außerdem klein bleibende Gräser oder Farne sein. Auch sie sind nach

| 1 | Pfingstrosen sind im Vordergrund die gleichzeitig blühenden Begleitstauden zum dahinterstehenden Rittersporn.
| 2 | Der Schleier-Frauenmantel ist eine ideale Begleitstaude. Die gelbgrünen Blüten passen bestens zu allen Farben.

Farbe, Form und Textur auf das Thema der Leitstauden abzustimmen. Sie alle werden bevorzugt im Vorder- oder in den Mittelgrund eines Beetes gepflanzt.

Füllpflanzen

Schließlich fügt man noch kurzlebige, nicht ortsfeste Füllpflanzen ein, die mit ihren Sämlingen zwischen den anderen Stauden aufgehen und sozusagen durch die Pflanzung wandern. Typisch sind hierfür Kronen-Lichtnelke, Purpur-Leinkraut, Stockrose oder auch Akelei. Es ist gleichgültig, wo man sie zwischen die anderen Varianten pflanzt, denn sie suchen sich ihren Platz selbst.

Großflächige Pflanzungen verschmelzen durch rhythmische Wiederholung gleicher Pflanzengestalten zu einem einheitlichen Ganzen.

erwarten. Die Pflegearbeit ist etwas geringer als bei der klassischen Gestaltung.

Einartige Pflanzungen

Hierbei wird nur eine einzige Staude oder Sommerblume ausgewählt und der vorgesehene Bereich damit als sogenannte wiesenartige Pflanzung lückenlos bepflanzt. Diese Methode dient dazu, eine Fläche entweder bodendeckend zu begrünen oder um mit einer einzigen Blüten- oder Blattfarbe einen effektvollen Auftritt zu bieten. Bedingung ist auch hier die Dauerwirkung der ausgewählten Pflanzen bis zum Herbst und bei höheren Formen eine ausreichende Standfestigkeit. Besonders uniform wirkt die Fläche mit sehr niedrigen und gleichförmigen Arten, die dann zusätzlich mehrfach im Sommer heruntergeschnitten werden, um eine außergewöhnliche Einheitlichkeit zu erzielen.

Bandartige Pflanzungen

Anstelle von akzentuiert bepflanzten Beeten kann man längere Pflanzstreifen oder umfangreiche Pflanzflächen mit einigen wenigen, nahezu gleich großen Stauden oder Sommerblumen bepflanzen. Das wirkt wie ein harmonisches Band sich abwechselnder Aspekte. Hierfür wählt man Stauden in drei oder vier aufeinander folgenden Blühphasen aus, pflanzt sie gemischt zusammen, keinesfalls in akzentuierten Gruppen, sodass der Eindruck eines fortgesetzten und gleichmäßig verteilten Auf und Ab des Blühens entsteht. Dazu dürfen im Gegensatz zu den klassischen Beeten Aussaatfreudige und Dickichtpflanzen mit einbezogen werden. Erneut sind

Zwiebelpflanzen hinzufügen

Tulpen, Narzissen und Kaiserkronen sind Hochzuchten, sie gelten als Beetstauden (→ Seite 29). Man pflanzt sie zwischen die sich später entwickelnden Leit- und Begleitstauden, denn während des Einziehens der Zwiebeln verdecken die in die Höhe wachsenden Beetstauden die vergilbenden Blätter.

Sommerblumen einstreuen

Arbeitsaufwendiger ist das Einfügen von Sommerblumen als Begleitpflanzen in die Staudenrabatte. Sie werden ebenfalls auf die Leitstauden und möglichen Begleitstauden farblich abgestimmt.

Alternative Pflanzweisen

Neben der hoch entwickelten Form der klassischen Beetgestaltung mit Leit-, Begleit-, Flächen- und Füllstauden sind in den letzten Jahren einige Versionen bekannt geworden, die mit weniger Arbeitsaufwand angelegt werden. Die meisten kommen ohne ein ausgefeiltes Planungskonzept aus. Voraussetzung ist allein die Berücksichtigung der Standortansprüche und die entsprechende Vorbereitung der Pflanzflächen. Das bleibt für alle Varianten gleich.

Reduzierte Artenwahl

Diese Variante gilt als abgemagerte Version der klassischen Beetbepflanzung. Man sucht nur eine Leitstaudenform aus, meistens mit mittlerer Blütezeit, dazu eine einzige, wiederholt eingesetzte Begleitstaude mit früher Blütezeit und nur eine Flächenpflanze mit spätem Blühbeginn. Diese Ausführung lässt sich leichter planen, pflanzen und pflegen, wirkt aber nicht ganz so attraktiv.

Nach dem Zufallsprinzip

Ohne genaue Planung, aber trotz allem unter Berücksichtigung gemeinsamer Standortansprüche und korrekter Abstände setzt man die Pflanzen spontan in die unkrautfreien Flächen. Dabei werden Höhenstaffelungen, ausgesuchte Farbzusammenstellungen und gezielte Benachbarungen nicht weiter beachtet. Von überraschenden Effekten bis flatteriger Ansammlung ist alles zu

Dauerhaftigkeit über die gesamte Vegetationsperiode und Standfestigkeit die unverzichtbare Voraussetzung.

Mosaikpflanzungen

Das Gegenteil von einartigen Beständen stellen Mosaikpflanzungen dar. Sie dienen dem gleichen Zweck, nämlich der Flächenbegrünung, aber eben mit mehreren Arten. Hier fällt eine nicht dazugehörige Pflanze wie der Löwenzahn nicht sonderlich auf, weil die Vielfalt der Wuchs- und Blattformen und die breite Palette an Blüten solche Eindringlinge neutralisieren. Mosaikpflanzungen bieten sich für den Geröllsteingarten, für Steppengärten und Begrünungen unter Gehölzen an, wo es nicht darum geht, mit der klassischen Methode der gestuften Pflanzungen zu gestalten.

Abgesehen von einem zusagenden Standort, ist die Kampfkraft der verschiedenen Partner zu beachten. Zarte, sich langsam entwickelnde Pflanzjuwelen werden sich neben extrem aggressiven, alles überwuchernden Formen nicht behaupten. Bei den Porträts in Kapitel 3 wird nachdrücklich auf unduldsame Wucherer hingewiesen. Mosaikpflanzungen kann man sowohl aus einzelnen Pflanzen als auch aus kleineren Gruppen mischen. Das gilt ebenso für pflegeextensive immergrüne Bodendecken oder einen texturbetonten Blattteppich (→ Seite 42–45).

Stauden- und Gehölzkombination

Selbstverständlich dürfen krautige Pflanzen mit Gehölzen kombiniert werden, wobei auch Letztere zum Standort passen müssen. Ein klassisches Staudenbeet mit erlesenen Leit- und Flächenstauden sollte man nicht mit Wildsträuchern kombinieren, das wäre ein Stilbruch. Zwar vertragen sich zahlreiche Wildgehölze mit Staudenhochzuchten, aber zu diesen passen eben eher die ebenfalls bunten Blütensträucher, Rosen oder auch kletternde Zierformen wie *Clematis*. Ein grundlegend anderer Ansatz beruht auf der Kombination von unverzüchteten Straucharten mit Wildstauden, Gräsern und Farnen, die zweifellos einen ganz besonderen Charme entwickelt.

Blumenansaat

Die im Handel angebotenen Saatmischungen enthalten meistens leicht und schnell keimende Ein-, Zwei- und kurzlebige Mehrjährige. Ein bunter Effekt stellt sich bereits im ersten Jahr ein. Oft blühen alle Blumen zusammen für einige Wochen, dann ziehen sie ein, der Rest wirkt eher bescheiden. Nach zwei bis drei Jahren verschwinden viele, es bleiben nur die wenigen Langlebigen übrig oder diejenigen, die sich regelmäßig aussäen und durchsetzen können. Hier ist eine lenkende Pflege erforderlich, damit nicht die sich spontan ansiedelnden Kräuter aus der näheren Umgebung die Oberhand gewinnen. Vorteil solcher Begrünungen ist ihr naturnäheres, wie ungeordnetes Aussehen.

Übergang zu Rasen und Wiese

Ähnlich wie bei der Verwendung von Wildformen und Kulturvarietäten verhält es sich auch mit der Kombination von Sommerblumen und Stauden mit Rasen- und Wiesenflächen. Ein klassisches, wohlkomponiertes Staudenbeet unmittelbar an eine artenreiche Wiese grenzen zu lassen verwässert zum einen die vorgegebene Ordnung des Staudenbeets, und zum anderen sind viele der Wiesenpflanzen durchsetzungsfähiger als hochgezüchtete Stauden. Die richtige Entsprechung ist der niedrige Rasen, der wie ein Bilderrahmen die künstlerische Pflanzung zum Leuchten bringt. Für die Wildstauden- und Wildsträucherpflanzung ist das geeignete Gegenüber die gelegentlich gemähte Wiesenkräuterfläche. Auch diese Version bildet im Garten einen ansehnlichen Aspekt, folgt jedoch einer völlig anderen Auffassung von Bepflanzung.

Mosaikartige Präriestaudenpflanzungen mit Purpursonnenhut, Gräsern und Perlkörbchen erzeugen oft überraschende Kombinationen.

Bunt & verlockend: Blüten in der Gestaltung

Die Blüten sind die Seele der Pflanzen, in ihnen zeigt sich ihr Charakter: zart, leicht und heiter oder schwer, intensiv und eindringlich.

Blüten zaubern einen Hauch verloren gegangener Paradiese in unser Dasein und bringen Farbigkeit in unseren Alltag. Sie verleihen dem Augenblick der Betrachtung Intensität, Wohlbehagen und sinnliches Erleben. Eigentlich haben Blumen nur einen nüchternen Daseinszweck: Sie dienen der Vermehrung, das Ziel ist die Fruchtbildung und die Reproduktion. Aber wie sie dafür ausgerüstet sind, das ist es, was uns fasziniert: das Anlocken der bestäubenden

Insekten mit ihrer Buntheit, dem Überschwang an Blütenfülle und ihrem Duft. Aber nicht alle Blüten lenken Bienen auf sich, denn viele Formen werden durch Wind bestäubt wie die Gräser; folgerichtig weisen sie weder auffällige Farben noch Düfte auf – dem Wind ist das gleichgültig. Somit sind es die lebhaften Farben, die Vielfalt der Formen, die einzigartigen Konstruktionen und die Fülle ihrer Blütenstände, die uns entzücken und unsere Wünsche zur Auswahl der Pflanzen entscheidend beeinflussen.

Die Farben der Blumen

Am Mut zu Experimenten mit Stauden und Sommerblumen darf es nie fehlen. Auch wenn eine Mischung nach ausgewählten Farben einmal nicht überzeugt,

sollte man ruhig neue Konstellationen ausprobieren. So viel sei vorweg gesagt: Man kann kaum Fehler begehen, denn eherne Regeln gibt es nicht, abgesehen von der genauen Beachtung der Standortansprüche (→ Seite 10/11).

Für die Auswahl steht eine große Vielfalt an Blütenfarben und -formen zur Verfügung: ein- und mehrfarbige Blüten, gestreifte, gemusterte, gefleckte, Blüten mit andersfarbigem Schlund und abweichend getönten Rändern, gekräuselte, zerschlitzte und gekrümmte. In den Blüten der Stauden, des Sommerflors und der Zwiebelpflanzen finden sich nahezu alle Farbnuancen, die das menschliche Auge zu erkennen vermag. Fleißige Züchter streben unermüdlich danach, neue, noch nie da gewesene Tönungen zu entwickeln und die Buntheit der Sortimente zu steigern. In den Porträts (→ ab Seite 70) werden neben den bewährten klassischen Sorten vornehmlich die farblichen Neuheiten der Sortimente berücksichtigt.

Buntes im Sonnenbeet

Die Blütenfarben sind an den Pflanzen nicht zufällig entstanden, sie stellen vielmehr eine Anpassung an ihren natürlichen Wuchsort und die Bestäubungsbiologie dar. Die Blüten südlicher Länder, wie sie uns in afrikanischen, mittelamerikanischen und mediterranen Sommerblumen und exotischen

Sehr wirkungsvoll und gleichzeitig herausfordernd sehen Farbdreiklänge in den Grundfarben Rot, Gelb und Blau aus.

Stauden begegnen, sind zumeist intensiv und besonders feurig gefärbt. Die Sonnenkinder unter den Pflanzen prunken mit bunten, satten oder gar grellen Pigmenten. Im gleißenden Sonnenlicht offener Wiesen, alpiner Matten oder am Uferrand glitzernder Gewässer treten mehr die kräftigen Farben hervor. Zwar entdeckt man auch dort helle Pastelltöne, aber die Farben im Licht sind die intensiven Töne. Vergleichbar ist das für die Pflanzengruppen besonnter Blumenwiesen, Stein- und Geröllsteingärten sowie für Rabattenbeete.

Farbtönungen im Schatten

Eine Grundregel lautet: ins Helle die satten bzw. dunklen Farben, ins Dunkle die lichten Farben. Das bedeutet, sofern eine Pflanzung im Schatten unter Gehölzen angelegt wird, sieht es angenehmer aus, wenn man hellere Blüten- oder Blattfarben auswählt. Denn der

Schatten unter Bäumen wirkt grünlichbläulich, und je dunkler der Schatten sich als solcher darbietet, desto stärker reduzieren sich in der Natur die Blütenfarben zumeist auf die beiden Hauptfarben Weiß und helles Gelb. Andere Pigmente gibt es im Tiefschatten kaum, da die bestäubenden Insekten im Dämmerlicht kräftige Farben wie samtiges Violett, purpurnes Rot oder gar dunkles Blau nicht zu erkennen vermögen. Je mehr der Gehölzbestand in Richtung des lichten Schattens aufgehellt wird, umso eher darf das Kolorit der Unterwuchspflanzen an Vielfältigkeit und Intensität gesteigert werden. Die Farbigkeit der Schattenstauden ist besonders angenehm, wenn diese nicht durch untypische grelle Töne verfälscht wird. Wählen Sie für stärker beschattete Partien aus den Staudensortimenten besser diejenigen Züchtungen aus, die nicht mit glühend roten oder tintigen dunkel-

Kräftige und satte Farben sind den sonnigen Beeten vorbehalten, im Schatten würden sie ihre Leuchtkraft einbüßen.

blauen Variationen aufwarten, sondern die hellsten Sorten, die überhaupt denkbar sind. Dunkle Farben – ob Blüten oder Blätter – machen den Schatten noch dunkler und abweisender.

Kolorit der Jahreszeiten

Obwohl es selbstverständlich alle Pigmente zu jeder Jahreszeit gibt, in der sich Blüten öffnen, so erkennt man doch Schwerpunkte der Farbverteilung. Meistens sind die Blütenfarben des Spätwinters und des Vorfrühlings, in der Zeit von Ende Januar bis etwa Anfang März, hell und pastellfarben getönt als Kontrast zu den noch kurzen und oft dunklen Tagen, wie das Weiß der Christrosen und des Schneeglöckchens,

| 1 | Das kalte Hellviolett, verbunden mit der außergewöhnlichen Blütenform des hochragenden Zier-Lauchs, verlangt nach neutralen Farben bei den Partnerpflanzen.
| 2 | Weiß blühende Prachtscharten stellen dank ihrer neutralen Farbe eine ideale Ergänzung zu anderen intensiv gefärbten Stauden dar.
| 3 | Die Michaelis-Aster 'Lady in Black' mit ihren weichen lila Tönen zeigt das typische sanfte Herbstkolorit spät blühender Stauden.

das zarte Gelb des Winterlings oder das himmlische Blau des Schneestolzes.

Die Farben des Hochsommers zeigen alle denkbaren kräftigen Tönungen, das vibrierende Rot der Zinnien, Dahlien und einiger Phlox-Sorten, das satte Goldgelb des Sonnenauges und das tiefe Blauviolett von Salbei oder Rittersporn. Im Herbst regiert verstärkt das Lila, Violett und Purpurrot der Astern, Vernonien und Garten-Chrysanthemen, begleitet vom bunten Herbstzauber der Bäume und Sträucher.

Es ist reizvoll, die Farbigkeit das ganze Gartenjahr hindurch miteinander zu verknüpfen. Es gilt schon als Kunst, die Blütezeiten so zu staffeln, dass ab der Schneeschmelze bis zu den ersten Frösten immer etwas blüht. Die Voraussetzung ist allerdings, dass man auch entsprechend große Pflanzflächen zur Verfügung hat. In einem winzigen Beet im Vorgarten oder an der Terrasse wird dies stets ein unerfüllter Wunschtraum bleiben. Und vermeintliche Dauerblüher vom Frühjahr bis in den Spätherbst gibt es noch immer nicht.

Gestalten mit Blütenfarben

In der Geschichte der Gartengestaltung haben sich allmählich ganz verschiedene und immer neue Stilrichtungen entwickelt, wie Farben miteinander verwoben werden. Von massiver bis hemmungsloser Buntheit bis hin zur gegensätzlichen Gestaltungsidee: der extrem reduzierten, einfarbigen oder, wie es auch heißt, monochromen Pflanzung.

Einfarbige Kombinationen

Monochrome Pflanzungen stellen einerseits zwar verfremdete, andererseits doch beachtliche Abweichungen vom üblichen Vielfarbenspiel dar. Die Präsentation nur eines einzigen Farbtons erscheint für den kleinen Garten

auf Dauer aber zu langweilig oder, je nach Farbe, zu aggressiv.

Zudem ist es gar nicht so einfach, wie es sich anhört, denn spätestens beim Anblick der Blüten stellt sich heraus, dass beispielsweise Weiß nicht gleich Weiß ist oder, noch schwieriger: Rot ist nicht gleich Rot. Und auch wenn man nur eine einzige Farbe in der Gestaltung verwendet, so ist das Blattgrün als Zweitfarbe fast immer mit dabei.

In einer echten monochromen Pflanzung ist es erklärtes Ziel, nur eine Farbe zu verwenden und diese in gegensätzlichen Helligkeitsstufen und unterschiedlicher Leuchtkraft zu variieren. D. h., in einem gelb blühenden Beet wird von weißlichem Cremegelb bis hin zu dunklem, leuchtenden Goldgelb abgestuft.

So ist es denkbar, ein rotes, ein weißes, ein grünes oder – schwierig genug – ein reinblaues Beet mit lichten und klaren oder gedämpften und dunklen Nuancen anzulegen. Auch wenn die Idee reizvoll sein mag, sollte man doch überlegen, ob man das ganze Jahr auf ein immer gleichfarbiges Beet blicken möchte.

Mehrfarbige Kombinationen

Für gewöhnlich verwendet man mehrere Pigmente nebeneinander. Die Auswahl der einzelnen Tönungen ist meist zufällig verteilt, jeder hat Vorlieben für ein bestimmtes Kolorit und lehnt ein anderes ab. Deswegen können Farbkonzepte für Sommerflor und Staudenpflanzung keine allgemeine Gültigkeit beanspruchen, da die Zusammensetzungen unterschiedlich empfunden werden. Wissenschaftliche Untersuchungen zeigen, dass es zwar keine allgemeingültigen Gesetzmäßigkeiten in der Farbauswahl gibt, wohl aber Übereinstimmung darin, ob eine Mischung angenehm oder eher grell wirkt.

Je mehr Pigmente verwendet werden, desto bunter und desto schwieriger werden die Kompositionen. Je nachdem, wie viele Farbtöne an einer Zusammenstellung beteiligt sind, spricht man von Zwei-, Drei- oder von Vielfarbenklängen. Und immer ist das neutrale Blattgrün mit von der Partie und Teilhaber am Gesamterscheinungsbild.

Viele Pflanzenliebhaber neigen zur bunten Kombination, weil sie sich nicht vorstellen können, dass einige wenige Farbtöne oft wirkungsvoller und angenehmer in der Betrachtung sind als der vereinigte Regenbogen in einem Terrassenbeet. Es empfiehlt sich aber, nicht alle erdenklichen Blütenfarben zu verwenden, denn sonst wird es zu bunt und zu aufdringlich. Besser, man überlegt sich die Richtung oder Farbtemperatur, ob man mehr den warmen Pigmenten den Vorzug gibt, dem Dreigestirn von Rot, Orange und Gelb, oder ob man eher den kalten Farben zugeneigt ist, dem klaren Karminrot, Rosa, Lila und Eisblau. Eine weitere Möglichkeit bietet sich in der Verbindung warmer mit kalten Farben an, wobei eine gewisse Vorsicht anzuraten ist. Speziell die Mischung von Karminrot und Rosa mit Orange und Goldgelb sieht in den seltensten Fällen glücklich aus. Es kommt auf die Zusatzfarben an und vor allem, ob neutrale Grün-, Grau- und Weißtöne mit im Spiel sind, die den Zusammenprall entschärfen.

Zweiklänge

Es gibt hinreißende Kombinationen, in denen nur zwei Farben miteinander verknüpft sind, allerdings wie bei der monochromen Gestaltung durchgespielt mit leuchtenden und matten, hellen und dunkleren Tönen. Einen Versuch ist es wert. Farbzweiklänge gibt es in mehreren Varianten: warme oder kalte Blütenfarben jeweils für sich, aber auch miteinander gemischt. Denkbar sind, um nur einige Beispiele zu nennen,

Zweiklänge aus warmen Farben:
- Rot zu Orange oder Gelb
- Orange zu Gelb
- Violett zu Orange oder Gelb
- Gelbgrün zu Violett
- Braun zu Orange oder Violett

Zweiklänge aus kalten Farben:
- Blau zu Rosa
- Lila zu Karminrot
- Blaugrün zu Weiß

Zweiklänge aus neutralen Farben:
- Weiß zu Grau
- Braun zu mattem Grün
- Schwarz zu Weiß
- Grau zu Bronzefarben

Letztere Zusammenstellungen findet man selten, sie sehen eher fremdartig als ansprechend aus, und besonders bei wolkenverhangenem Himmel wirkt der Anblick bedrückend. Mit solchen Experimenten ist Vorsicht geboten, denn auf Dauer muten sie langweilig an. Ab dem späten Nachmittag oder am Abend verlieren sie an Ausdruck und werden wesen- und gesichtslos.

Die Blütenkerzen des Fingerhuts in karminrosa und weißen Varianten brauchen als Ergänzung nur neutrales Grün.

Zweiklänge kalter und warmer Farben:
- Rot zu reintönigem Blau (die wärmste mit der kältesten Farbe zusammen)
- Orange zu Lila (die leuchtendste mit der mattesten Farbe)
- Gelb zu Blauviolett (die hellste mit der dunkelsten Farbe)
- Gelbgrün zu Karminrot (die weichste mit der härtesten Farbe)

Diese bewährten Gegenüberstellungen von einer warmen, lebhaften Farbe mit einer kalten, distanzierten sind stets spannungsreich und faszinierend.

Dreiklänge

Dreierkombinationen können sowohl neutral, harmonisch, provokativ als auch morbide wirken. Sie sind mit denen der Zweiklänge vergleichbar, nur dass eben eine weitere Tönung hinzutritt. Entweder konzentriert man sich

Reizvoller Schmuck:
Blätter in der Gestaltung

Bunte Blattzeichnungen oder grafische Effekte von Laub haben den Blüten etwas voraus: Sie bleiben den Pflanzen in der Regel viel länger erhalten.

Zeigen die Pflanzen im Beet noch keine Blüten, oder sind es nur bescheidene Farbtupfer? Vielleicht ist auch schon alles verblüht, oder es handelt sich um nicht blühende Sorten? Das ist die Chance, die besonderen Qualitäten attraktiver Blatteigenschaften ins Blickfeld zu rücken: Laubfarben, Blattformen, Texturen und, nicht zu vergessen, die Dauerhaftigkeit der Belaubung. Alle diese Eigenschaften sind für die Gestaltung mit Blattschmuckstauden unverzichtbar, denn in der Regel bleiben die Blätter an den Pflanzen wesentlich länger erhalten als die Blüten.

Die Dauer der Belaubung

Laubblätter haben eine von Art zu Art verschiedene Lebensdauer: Oft vergilbt das gesamte Laub gleich nach der Blüte, die Pflanzen ziehen ein und erscheinen mit ihrem Grün erst im nächsten Frühling wieder. Viele Zwiebelpflanzen reagieren so, aber auch etliche Beetstauden oder Sommerblumen sind nur kurzzeitig vorhanden. Das gilt es bei der Auswahl zu berücksichtigen, denn vorzeitig vertrocknende oder verwelkte Blätter sind keine Zierde im Beet.

Nach der Dauer ihrer Belaubung unterscheidet man drei Varianten: sommergrüne, wintergrüne oder immergrüne Pflanzen.

Eine Kombination von Blattschmuckstauden in verschiedenen Texturen und Farben schafft spannungsvolle Kontraste.

Sommergrüne Stauden

Darunter versteht man Pflanzen, die im Frühjahr ihre Blätter entfalten, ihre Belaubung bis zum Herbst behalten und anschließend einziehen, wobei manche zusätzlich mit einer prächtigen Herbstfärbung überraschen, wie goldgelbe Funkien, orange getönter Storchschnabel oder ziegelrote Bleiwurz. Zwar ist das Gestalten mit Herbstfärbungen nicht so bedeutsam wie bei Gehölzen, es ist aber eine hübsche Dreingabe.

Wintergrüne Stauden

An einigen Formen verändert sich das Blattgrün durch die sinkenden Temperaturen bronzegrün; das stellt keineswegs einen Frostschaden dar, sondern ist nur eine normale Reaktion auf die Kälte. Erst im Frühjahr werden die Blätter unansehnlich und verrotten. Zahlreiche Wildstauden, speziell aus dem Unterwuchs der Wälder, aber auch fremde Gräser, Farne und vor allem Stauden aus südlichen Zonen verhalten sich wintergrün. Sofern das Blattwerk im Winter unter der Schneedecke geschützt oder abgedeckt worden oder der Winter mild verlaufen ist, bleibt das Grün unbeschädigt. In schneelosen, frostigen Wintern erfrieren die Blätter in der Regel. Abgesehen von einigen heiklen Exoten, schadet es den Pflanzen nicht weiter, da sie im Frühjahr neu austreiben.

Immergrüne Stauden

Echte Immergrüne behalten ihr Laub über mehrere Jahre hinweg in grünem Zustand. Auch diese Pflanzen treiben im Frühling mit ihren Blattorganen neu aus, zusätzlich zu den bereits vorhandenen. Streng genommen sind sie nicht für immer grün, sondern nur 3 bis 5 Jahre, selten länger. Blattspezialisten wie Wintergrüne und Immergrüne sind für die Gestaltung von immergrünen Gärten in Kombination mit immergrünen Laub- und Nadelgehölzen unentbehrlich, wenn Flächen das ganze Jahr hindurch attraktiv sein sollen.

Spektrum der Blattfarben

Normalerweise sind Blätter grün gefärbt, zwar in unterschiedlichen Nuancen, aber eben grün. In der Natur kann man auch anders getönte Blattfarben beobachten – Abweichungen, die von den Züchtern durch gezielte Auslesen verstärkt und zusätzlich faszinierend verändert worden sind.

Blaue Blätter

Viele Halbwüsten-, Steppen-, Hochgebirgs- und mediterrane Pflanzen sind blau belaubt. Das Blatt selbst ist normal grün und nur mit einem dicken blauen Wachsüberzug versehen. Damit schützen sie sich vor starker UV-Strahlung, Hitze, Kälte und Trockenheit. Kurz nach dem Austrieb im Frühjahr, wenn die jungen weichen Blätter am empfindlichsten sind, ist der blaue Überzug besonders intensiv getönt. Ab dem

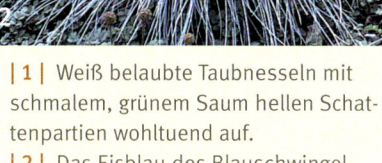

| 1 | Weiß belaubte Taubnesseln mit schmalem, grünem Saum hellen Schattenpartien wohltuend auf.
| 2 | Das Eisblau des Blauschwingelgrases und die feine Blatt-Textur zeigen die Vorliebe für sonnig-trockene Plätze.

| 3 | Die rotlaubigen Züchtungen des Purpurglöckchens behalten ihre kräftige Färbung den ganzen Sommer bei.
| 4 | Während des Austriebs sind die Blätter dieses Storchschnabels zitronengelb getönt, später wirken sie eher hellgrün.

| 1 | Die Weißbunte Breitblatt-Segge bildet mit ihrer feinen Textur einen ansehnlichen Blattteppich, wenn breitlaubige Stauden als Gegensatz hinzukommen.
| 2 | Die roten, herbstfärbenden Bergenien mit ihrer sehr groben Textur sind in Rabatten und in Gehölzrandpflanzungen als kontrastreiche Partner unverzichtbar.
| 3 | Die gefiederten Blätter von Astilben und die rundlichen des Frauenmantels machen das Spiel der Gegensätzlichkeiten feiner und grober Textur sichtbar.

Spätsommer schwächt sich die Farbe ab, da die Wachsschicht verdampft. Manche verlieren ihr blaues Kolorit, wenn sie zu schattig stehen, da wird es ja nicht mehr gebraucht. Bei blauen Züchtungen, z. B. bei Gräsern, werden sich die vormals unterschiedlich blauen Selektionen nach einigen Jahren immer ähnlicher, und die ursprünglichen Abweichungen gleichen sich an.

Eine schöne Ergänzung zu blauen Blättern sind Pflanzen mit gelben, orange- oder rosafarbenen und weißen Blüten.

Weiß- oder graufilzige Pflanzen

Dicht behaarte oder beschuppte Blattoberflächen schimmern im Licht silbrig-weiß glänzend oder weiß- bis graufilzig und fühlen sich samtig an. Auch sie dienen dem Schutz der Blattorgane vor zur starker Sonneneinstrahlung und Verdunstung. Und gleichermaßen verliert sich die dicht filzige Schutzschicht im Verlauf der Sommerwochen. Beim Edelweiß zum Beispiel ist dies in milderen Tallagen der Fall oder auch bei zu starker Beschattung. Man findet diese Tönungen entweder an Hochgebirgspflanzen wie der Spinnweb-Hauswurz oder an Arten extremer Trockenzonen (Wermut-Formen) und Abkömmlingen südlicher Regionen, z. B. dem Wolligen Ziest. Zu diesen Formen passen alle Blütenfarben, die dank der silbrigen Tönungen in ihrer Intensität gesteigert werden (→ Seite 38–40).

Fremdartige Rotfärbung

Im Frühjahr prägt sich während der Blattentwicklung an vielen Stauden eine tiefe Rot- oder Braunrotfärbung aus wie bei den Pfingstrosen. Verursacht wird dies von einem roten Zellfarbstoff, der die neuen, weichen Blätter schützt, ähnlich wie eine Sonnenbrille unsere Augen bei starkem Licht. Wenn die Blätter älter, derber und stabiler sind, vergrü-

nen sie, und das Rot verschwindet. Diese Färbung ist speziell bei Sonnenpflanzen (→ Seite 18–21) zu entdecken. In vielen Züchtungen wurde dieser Roteffekt so verstärkt, dass die Blätter das ganze Jahr hinweg rot, rotbraun oder gar schwarzrot bleiben. Mit Rottönen harmonieren alle Blau-, Silber-, und Graulaubigen, aber sie sind eigentlich nur an voll besonnten Plätzen stimmig. Im Schatten wären sie widersinnig, denn die Blätter benötigen diese Schutzfarben dann nicht mehr. Dauerhafte Rottöne wirken in schattigen Lagen zu düster, und bei Schwarzlaubigen entsteht gar der Eindruck, es hätten sich Löcher in der Pflanzung gebildet.

Bedeutsam sind alle diese Tönungen in ihrer Kontrastwirkung, denn sie steigern Blütenfarben in ihrem Glanz; sogar matte Pigmente beginnen vor dem Hintergrund rot, silbrig-grau und blau beblätterter Pflanzen eine ungeahnte Leuchtkraft zu entwickeln. Unverzichtbar sind sie in der Gestaltung stärkster Hell-dunkel-Kontraste und für monochrome Pflanzungen (→ Seite 38).

Hell gefleckt und gestreift

Weiße und gelbe Flecken oder Streifen in grünen Blattspreiten sind Fehlstellen, in denen zufällig das Blattgrün, das Chlorophyll, ausgefallen ist. Man spricht hier von panaschierten Pflanzen. Seit Jahrhunderten sind solche Abweichungen beliebt und werden als malerische Sorten weiter kultiviert.

An manchen Formen bedecken die Flecken oft das ganze Blatt, meist ist nur noch der Blattrand oder die Mittelader grün. Rosa getöntes Laub entsteht durch die Überlagerung von roter Blattfarbe mit weißen oder cremegelben Fehlstellen. Außerdem gibt es Varianten, in denen das Chlorophyll nicht stellenweise fehlt, sondern über die gesamte Blattfläche geringer verteilt ist. Derartige Blätter sind während des Austriebs zitronengelb, später neigen sie dem Hellgrün zu, da das Blattgrün sich verstärkt.

An schattenlosen, sonnig-heißen Plätzen verbrennen solche Blätter leicht, speziell an den weißen, gelben oder rosa Fehlstellen. Setzt man die Panaschierten stattdessen an zu stark beschattete Stellen, so vergrünen sie. Am besten platziert man die Pflanzen am lichten Gehölzrand oder an Standorten mit Vormittags- oder Nachmittagssonne. Ähnlich wie bei blau- und rotlaubigen oder weißfilzigen Blättern schwächt sich die Farbe im Frühjahr nach einigen Wochen ab, das Kolorit wird sanfter.

Panaschierte Blätter lassen Pflanzengruppierungen freundlicher erscheinen. In Schattenpflanzungen oder neben dunklen Immergrünen erzielen sie einen Effekt, als ob Sonnenflecken durch die Pflanzung wandern würden. Sie machen schattige Bereiche heller und angenehmer. Man kann sowohl einzelne Abweichungen als Blickfang einsetzen oder ausschließlich rotbraune, silbrige, zitronengelbe und bläuliche Formen einsetzen, die dem Arrangement einen künstlich-künstlerischen, allerdings naturfremden Ausdruck verleihen. Ergänzend empfehlen sich weiße, blaue, lila, violette und hellrosa Blütenfarben.

Spiel mit Texturen

Laubeigenschaften bleiben über viele Wochen präsent. In der Gestaltung ohne Blüten wird vor allem die Kontrastwirkung der Blätter berücksichtigt. Man arbeitet mit den sogenannten Texturen. Darunter versteht man die Oberflächenqualität der Belaubung, die in fünf Stufen eingeteilt wird, für die es jedoch keine präzise Differenzierung gibt, sondern eine gefühlsmäßige Unterscheidung. Je nach Feinheitsgrad und Blattgröße kann man mit Texturen schöne Gegensätze herausarbeiten:

- **sehr fein:** filigrane Wirkung (wie bei Gräsern)
- **fein:** kleine, zierliche Blätter (Immergrün)
- **mittel:** etwa handtellergroß (Storchschnabel)
- **grob:** große Blätter (Kaukasusvergissmeinnicht oder Funkien)
- **sehr grob:** riesige Blattspreiten (Mammutblatt)

Dichte-, Textur- und Farbkontrast zugleich: die kompakte Blaublatt-Funkie im Gegensatz zur transparenten Gold-Segge.

Die Einteilung richtet sich dabei nach der Blattgröße, aber diese ist nicht das alleinige Kriterium. Ebenso ist der Zuschnitt des Laubes entscheidend – man denke nur an Farnblätter, die zwar meterlang werden können, aber trotz ihrer Größe ganz stark gefiedert sind und somit eine sehr feine oder feine Textur aufweisen.

Das Gestalten mit Texturen bedeutet, Kontraste zu erzielen. Auch wenn eine sehr feine neben einer sehr groben Textur eindrucksvoll aussieht, sollte man die Zwischenstufen nicht vergessen und nicht nur mit den Extremen arbeiten.

In der Kombination unterschiedlicher Blattgrünstufen von Hell- bis Schwarzgrün und vereint mit Sonderfarben von Blau bis Gelb ergeben derartige Kompositionen aufregende Zusammenstellungen ganz ohne Blüten.

Planen, pflanzen & pflegen

Im Garten hat alles seine Zeit – und jede hat ihren besonderen Reiz. Im Winter schon Pläne für neue Beete zu schmieden ist ebenso schön wie die Vorfreude auf die ersten zarten Sprosse im Frühjahr. Auch die Auswahl der Gartenblumen, das Umgestalten und Pflanzen am neuen Platz bereiten Vergnügen, denn sie dienen dem einen Ziel: einer gelungenen Komposition, die sich im Lauf des Gartenjahres zeigt. Damit das so bleibt, greift man immer wieder behutsam ein – durch gezielte Pflege, die das Wachstum fördert und lenkt.

Konzept und Planung eines Beetes

In Abhängigkeit von Standort und Größe fordert jede Pflanzung ein gutes Konzept und einen Entwurf zur Anordnung der ausgewählten Pflanzen.

Um die favorisierten Pflanzen im Beet stimmig anzuordnen, folgt man einem für alle Beettypen weitgehend ähnlichen Schema. Dabei versucht man, höhenmäßig gestufte Gruppierungen, die sich aus früh und spät blühenden Pflanzen zusammensetzen und nach einem bevorzugten Farbschema ausgesucht wurden, miteinander in Einklang zu bringen. Voraussetzung ist in jedem Fall eine standortgerechte Pflanzenaus-

wahl (→ Seite 10/11). Dabei stellt sich auch die Frage nach dem Ausmaß der Pflege, das man zu leisten gewillt ist. Ein Stelldichein farbbetonter, erlesener Sortenzüchtungen macht sicher mehr Arbeit als der urtümliche Charakter einer Wildstaudenpflanzung.

In günstigen Lagen kann man es mit heiklen, schwierig zu kultivierenden Arten versuchen, an ungünstigen Plätzen bleiben nur robuste Formen für eine Zusammenstellung übrig. Hat man die Standortfaktoren analysiert, wählt man Pflanzen aus dem dazu passenden Lebensbereich aus (→ Seite 12/13).

Richtige Pflanzenauswahl

Bevor Sie die ausgewählten Pflanzen besorgen, sollten Sie sich die Umgebung des geplanten Beetes anschauen. Liegt es dicht am Haus, an der Terrasse oder weiter entfernt im Blickfeld der Fenster? Je näher es sich beim Betrachter befindet, desto kleinteiliger kann die Pflanzung werden, d. h. umso mehr verschiedene Arten kann man zusammenpflanzen. Je größer die Entfernung, umso weniger Einzelgestalten sollte man arrangieren, der Anblick wird sonst zu unruhig. Hier kombiniert man besser Gruppen von drei bis fünf größeren und deutlich über fünf bis sieben kleineren Exemplaren, vorausgesetzt, der Platz reicht aus. Es ist zu prüfen, ob die

Für das Auslegen der Stauden ist es hilfreich, das Raster des Pflanzplans mit Schnüren in Meterabständen auf das Beet zu übertragen.

Bepflanzung mit entsprechender Höhe raumbildend wirken soll oder ob man noch im Sitzen über die Pflanzen hinwegschauen möchte.

Beetgröße berechnen

Zunächst ist die Fläche des künftigen Beetes zu ermitteln, denn daraus ergibt sich die Anzahl der benötigten Pflanzen. Nach einer Faustzahl plant man ca. fünf Exemplare pro m² ein. Bei Sommerblumen rechnet man doppelt so viele, etwa zehn Pflanzen pro m². Als Beispiel: Ein etwa vier Meter langes und eineinhalb Meter breites Beet umfasst sechs Quadratmeter; hierfür wären 30 Stauden notwendig. Mehr dürfen es auf keinen Fall sein, sonst bedrängen sich die Pflanzen in zunehmendem Maße. Zwiebelpflanzen werden hier nicht mit eingerechnet, da sie eine Sonderrolle spielen. Die Faustzahl ist ein Durchschnittswert für alle vorgesehenen Leit-, Begleit-, Füllstauden und Polsterpflanzen des Vordergrunds. Als Richtzahlen gelten:

- **hohe Solitär- und Leitstauden:**
1 bis 3 Stück/m²
- **mittelhohe Begleitstauden:**
4 bis 6 Stück/m²
- **niedrige Begleitstauden:**
5 bis 8 Stück/m²
- **bodendeckende und zwergige Stauden:** zumeist 9 bis 16 Stück/m²

Die Anzahl hängt auch von der Bodenqualität ab. Leichtere und magere Böden können etwas mehr Individuen vertragen, schwere, fette Böden eher weniger. Die allgemeine Erfahrung

zeigt, dass die Pflanzen anfänglich zu dicht nebeneinander gesetzt und zu hohe und zu viele Arten und Sorten gewählt werden.

Man berücksichtigt bereits vorhandene Pflanzen, denn diese haben längst ein intaktes Wurzelsystem entwickelt, mit dem Neuankömmlinge zurechtkommen müssen. Entsprechend größere Abstände sind zu wählen, und umso

INFO

Fertigen Sie am besten eine Zeichnung an, die die künftige Pflanzfläche in Länge mal Breite darstellt. Günstig ist der Maßstab 1 : 20, dabei entsprechen fünf Zentimeter in der Zeichnung einem Meter in der Wirklichkeit. Darüber zeichnet man ein Raster mit Hilfslinien, wobei ein Kästchen einen Quadratmeter umfasst, sodass es bei einem Maßstab von 1 : 20 eine Kantenlänge von 5 cm aufweist.

mehr Pflege brauchen die neuen Pflanzen, damit sie von den bereits vorhandenen nicht unterdrückt werden.

Wunschliste erstellen

Anschließend verschafft man sich einen Überblick über das Sortiment, z. B. im Internet, in traditionellen Stauden- und Sommerblumenkatalogen oder in Staudengärtnereien. Man listet die Pflanzen auf, die man sich wünscht, und sortiert sie am besten nach Blütezeit und Größe. Erfahrungsgemäß ist diese meist zu umfangreich, deshalb sollte man die Aufstellung in einem zweiten Schritt noch mal überarbeiten.

Pflanzen nach Plan

Ein Pflanzplan (→ Info) ist ein gutes Hilfsmittel, um sich die Pflanzung besser vorstellen zu können. Wenn man darin die Pflanzen in Aufsicht einzeich-

Größere Stauden plant man in geringerer Anzahl im Hintergrund, kleinere Stauden in größeren Stückzahlen mehr vorne ein.

nen, ist ihr Platzbedarf leichter abzuschätzen und ihre Verteilung besser festzulegen. Damit vermeidet man, dass z. B. hinterher drei bis fünf Riesenstauden wie der Purpur-Dost auf einem Quadratmeter stehen.

Man beginnt beim Verteilen immer mit den größten Pflanzen, zunächst in der Skizze oder gleich ins vorbereitete Beet. Nach ihrer Anordnung richtet sich die Zuweisung der kleineren Varianten. Die niedrigen Polster und die Kurzlebigen werden zuletzt gesetzt.

Leitstauden anordnen

Es empfiehlt sich, Blickpunkte bei der Aussicht aus dem Fenster oder den Anblick vom Sitzplatz aus zu berück-

51

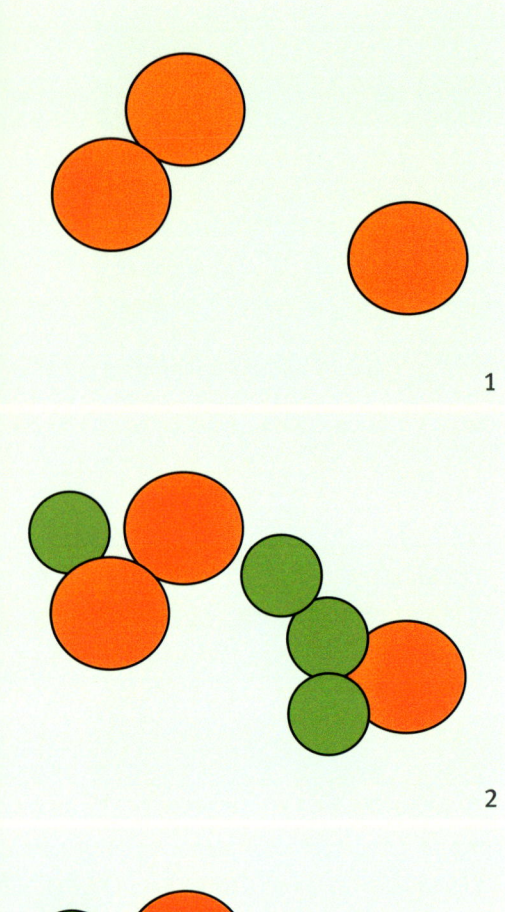

Der Ausschnitt von einem Pflanzplan zeigt Schritt für Schritt, wie allmählich eine Kombination von Stauden zustande kommt:

| 1 | Die Leitstauden verteilt man in unregelmäßigen Gruppen.

| 2 | Begleitstauden, die vor den Leitstauden blühen und bald einziehen, werden im Mittelgrund angeordnet.

| 3 | Begleitstauden, die gleichzeitig blühen, setzt man teils zu den Leitstauden, teils davor.

sichtigen, denn Leitstauden stechen durch formschöne Gestalt, prächtige Blüten und auffallende Größe hervor.

Ist eine Pflanzung von mehreren Seiten einsehbar, sind die Leitstauden im mittleren Bereich der Fläche zu platzieren, keinesfalls aber zu nahe am Weg- oder Rasenrand, wo sie mit allmählichem Breitenwuchs oder gelegentlicher Standschwäche zusehends beim Entlanggehen oder auch Mähen stören würden.

Betrachtet man das Beet nur von vorn, etwa von einem Terrassensitzplatz, so setzt man die Leitstauden teils in die Mitte und teils in den Hintergrund – dadurch wirken sie raumbildend. Wichtig ist, dass zwischen den Leitstauden immer genügend Platz für ergänzende Pflanzen bleibt. Denn nicht die Masse macht die Wirkung der Leitstauden im Beet aus, sondern ihre Größe und herausragende Stellung.

Begleitstauden gruppieren

Für die Anordnung der Begleitstauden ist deren Blütezeit ausschlaggebend. Man achtet darauf, dass Begleitstauden, die schon im Spätfrühling oder Frühsommer unmittelbar nach der Blüte einziehen, nie direkt im Vordergrund stehen, denn sonst entstehen im Lauf des Blütenjahres Löcher in der Pflanzung. Günstiger ist es, wenige Exemplare im Mittelgrund des Beetes zu verteilen. Großflächige Garten-Mohn- oder Lupinen-Bestände z. B. bilden sonst ab Juli Kahlstellen in der Fläche.

In gleicher Weise ordnet man die zweimal blühenden Formen an. Hain-Salbei oder Feinstrahlaster, die einmal im Juni und nach kräftigem Rückschnitt ab Ende August nochmals blühen, sehen als große zusammenhängende Flächen in der Zeit nach dem Rückschnitt wenig vorteilhaft aus. Da ist es günsti-

ger, sie nur in kleinen Gruppen oder sogar einzeln in den mittleren Bereich des Beetes zu platzieren.

Zwiebelpflanzen integrieren

Genauso geht man bei den prächtigen Züchtungen von Tulpen, Kaiserkronen, Narzissen, Steppenkerzen, Zier-Lauch und Lilien vor. Sie sind ebenfalls im mittleren Beetbereich vorzusehen, denn ihr Laub zieht bald nach dem Flor oder sogar schon mit dem Aufblühen ein.

Platz für Herbstblüher

Spät einziehende Begleitstauden, meist Sommer- und Herbstblüher, finden ihren Platz mehr im Vordergrund. Dafür gibt es wieder eine Faustregel: Je später die Blütezeit, desto weiter setzt man die Pflanzen nach vorne.

Die verzögerte Entwicklung ist ein großer Vorteil der Spätblüher, denn sie verdecken dahinterstehende, schnell vergilbende und früh einziehende Pflanzen mit zunehmender Größe ihres Blatthorstes. Hochwüchsige Herbst-Astern zählen dagegen zur Gruppe der Leitstauden und gehören mehr in den Hintergrund.

Blattschmuck in den Vordergrund

Pflanzen wie Pfingstrosen oder frühe Taglilien, die zwar früh blühen, deren Laub aber bis zum Herbst grün bleibt, können durchaus in zusammenhängenden Gruppen im Vordergrund des Beetes stehen. Viele niedrige und kompakte Stauden behalten ihre Belaubung trotz früher Blüte bis zum Herbst, z. B. Bergenien-Sorten oder die Gold-Wolfsmilch. Sie machen sich gut im unmittelbaren Beetvordergrund. Das Gleiche gilt für dauerhafte Blattschmuckstauden wie rotlaubige Purpurglöckchen oder zitronengelben Majoran, bei denen es mehr auf Blattfarbe, -muster und -textur ankommt.

Einjahrsblumen ergänzen

Unter den Einjährigen fügen sich Sommer- bis Herbstblüher am besten in ein Staudenbeet ein, denn sie füllen die Rabatten mit lang anhaltendem Flor, bis im Herbst die ersten Fröste den Schlusspunkt setzen. Ähnlich wie Stauden rückt man hohe Sommerblumen mehr in den mittleren Bereich oder in den Hintergrund des Beetes, z. B. Rizinus, Spinnen- und Sonnenblumen. Halbhohe wie größere Zinnien und Löwenmaul gesellen sich als Begleitpflanzen dazwischen, und niedrige Dauerblüher wie Pracht-Salbei, Studentenblume oder Verbene säumen den Vordergrund.

Wildstaudenpflanzungen

Im Gegensatz zu den statischen Prachtbeeten stellt eine Wildstaudenpflanzung eine dynamische Gemeinschaft dar. Darin wachsen Pflanzen, die ihren Aspekt alljährlich verändern, mithilfe von Absenkern und Ausläufern wandern, sich aussäen oder sich auf Kosten anderer breitmachen. Ihr Ausbreitungsdrang bleibt ungeregelt, und das wahllose Durcheinanderwachsen wird durch Pflegemaßnahmen, abgesehen von starken Wucherern, kaum gebremst. Man greift in den Bestand allenfalls lenkend ein.

Wildstauden pflanzt man mosaikartig in kleineren Gruppen und keineswegs exakt geplant. Sie suchen sich die Stellen selbst, die ihnen zusagen oder die konkurrenzstarke Partner ihnen übrig lassen. Vom Aussehen her darf man nicht die gleichen Erwartungen wie an ein geordnetes Prachtbeet stellen, wobei Wildstaudenpflanzungen ihren eigenen Reiz entwickeln, der mit bunten Züchtungen nicht vergleichbar ist.

Aus Naturschutzgründen dürfen für den Garten keine Pflanzen aus der freien Flur entnommen werden. Durch die Verletzungen, die man ihnen dabei zufügt, wird der Pflanzerfolg fraglich. Außerdem gräbt man dabei unbeabsichtigt auch andere Arten mit aus und bringt sie in den Garten ein. Besser ist es, fachgerecht kultivierte Wildpflanzen bei einschlägigen Gärtnereien zu besorgen.

Mögliche Variationen

Die Verwendung von Wildstauden ist auf verschiedene Weise möglich: Entweder beschränkt man sich ausschließlich auf heimische Arten, die bei den Porträts in Kapitel 3 (ab Seite 70) als solche gekennzeichnet sind, oder man mischt heimische mit fremden Formen, was nebenbei außerhalb von Siedlungen nicht gestattet ist.

Denkbar ist ebenso eine Art Übergangspflanzung von Wildstauden und deren Züchtungen – meist ausgesuchte Farbauslesen oder auch einmal gefüllt blühende Sorten – sowie von Übergangsformen zwischen Wildstauden und Beetstauden. Pflegeleicht sind diese Varianten aber nicht.

Das Verteilen der Pflanzen

Eine Planskizze ist hauptsächlich für größere Beete sinnvoll. Sofern man den Entwurf mit einem Rastergitter versehen hat, kann man diese Hilfslinien entweder mit Sägespänen oder mit hellem Sand direkt ins Gelände übertragen und dann die Pflanzcontainer – noch nicht ausgetopft – nach den gezeichneten Abständen und vorgesehenen Gruppierungen verteilen. Ein letztes Überprüfen der Abstände, wenn nötig, Vertauschen oder Verschieben, und dann wird ausgetopft und sofort gepflanzt (→ Seite 54/55). Wenn gewünscht, wird die Pflanzung anschließend mit organischem oder mineralischem Mulch (→ Seite 58/59) säuberlich abgedeckt.

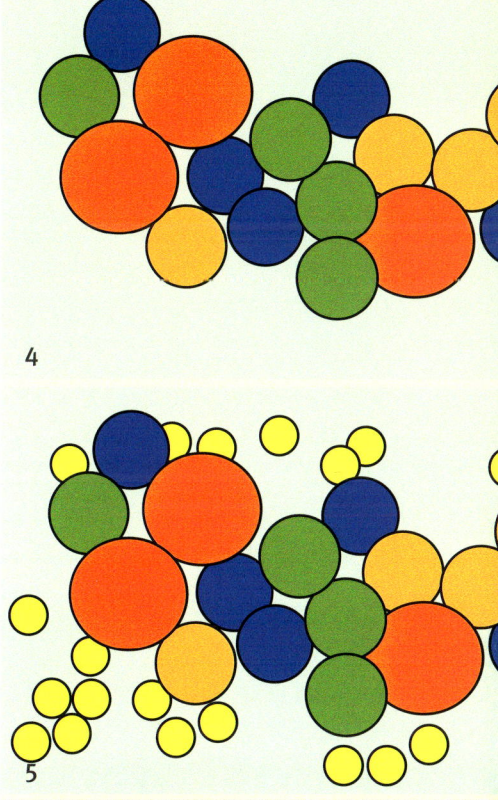

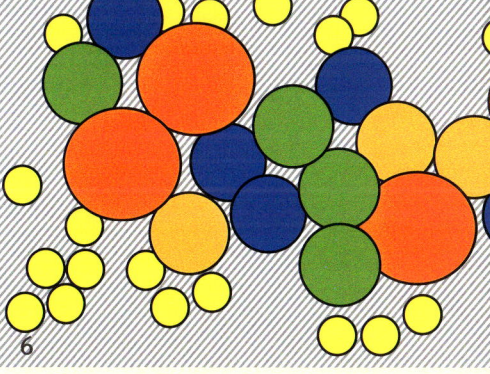

| 4 | Begleitstauden, die nach den Leitstauden blühen, rückt man hauptsächlich in den Vordergrund, da sie lange Zeit ordentlich aussehen.

| 5 | Füll- und Ergänzungsstauden werden zusätzlich eingestreut. Das sind Stauden, die sich aussäen und durch die Pflanzung wandern.

| 6 | Zuletzt setzt man die Flächenstauden an den Rand, um das Beet lückenlos zu bepflanzen. Für kleinere Beete wählt man nur eine einzige spät blühende.

Ein Schritt zum Erfolg: richtig pflanzen

Neben geeigneten Standortverhältnissen sind die optimale Pflanzzeit und richtiges Pflanzen für ein langfristig gutes Wachstum unerlässlich.

Das vielfältige Angebot an Gartenpflanzen macht es möglich, die Pflanzenauswahl auf den vorhandenen Standort abzustimmen (→ Seite 10/11). Umfangreiche Veränderungen des Bodens sind daher selten notwendig. Trotzdem ist eine gute Bodenvorbereitung ein wesentlicher Schritt zum dauerhaften Gartenerfolg. Ungeduld ist bei Stauden- und Gehölzpflanzungen, die über Jahre hinweg wirkungsvoll bleiben sollen, fehl am Platz.

Bevor gepflanzt wird, sind zunächst lästige Dauerunkräuter wie Quecke, Winde, Giersch, Brennnessel, Schachtelhalm, Ackerdistel und andere Wurzelunkräuter sorgfältig aus der Fläche zu entfernen.

Oft befinden sich Verdichtungen in tieferen Schichten des Bodens. Staunässe und eingeschränkter Wurzelraum verursachen noch Jahre nach der Pflanzung Probleme, wenn zuvor keine tiefgründige Bodenlockerung erfolgt. Stehen dazu keine geeigneten Geräte wie Tiefgrubber oder Tiefenpflugschar zur Verfügung, ist nach dem Umgraben eine Ansaat mit tief wurzelnden Gründüngungspflanzen wie Ölrettich oder Ackerbohne zu empfehlen. Erst wenn ein gutes und gleichmäßiges Wachstum der Gründüngungspflanzen signalisiert, dass eine gute Bodenstruktur vorhanden ist, werden die Flächen pflanzfertig vorbereitet. Dazu werden die Gründüngungspflanzen eingearbeitet und der Boden oberflächlich mit Greil, Fräse oder Hacke gelockert.

Geeignete Pflanzzeiten

Stauden können vom zeitigen Frühjahr bis zum späten Herbst gepflanzt werden. Anfang Juni, wenn sich der Boden schon erwärmt hat, und im frühen Herbst, wenn es nicht mehr so heiß, aber noch genügend Zeit zum Einwurzeln vorhanden ist, sind besonders günstige Zeiträume. Der frühe Herbst ist vor allem für die Pflanzungen im Umfeld von Bäumen und Sträuchern eine gute Zeit, da die Wurzelaktivität der Gehölze dann bereits nachlässt und diese weniger in Konkurrenz zu den noch schwachen Stauden treten.

Nicht getopfte, wurzelnackte Stauden setzt man vor dem Austrieb grüner Triebe oder nach ihrem vollständigen Rückschnitt. Nur wenige Varianten wie die Bart-Iris haben spezielle Ansprüche an die Pflanzzeit. Sie bringt man nach der Blüte in die Erde. Für Pfingstrosen und Steppen-Iris ist der Herbst am günstigsten.

Viele Halbsträucher sind nicht völlig frosthart oder empfindlich gegenüber Frosttrocknis. Damit sich Lavendel, Sal-

Da die Stauden den Boden noch nicht bedecken, ist das Mulchen unmittelbar nach der Pflanzung am wirkungsvollsten.

bei und Co gut etablieren können, sollten sie möglichst in der ersten Jahreshälfte gepflanzt werden. Dies gilt ebenso für einige im Jugendstadium frostgefährdete Stauden (z. B. Herbst-Anemone, Chrysantheme) oder gegenüber Winternässe empfindliche Arten (Fackellilie, Berg-Aster) sowie für die meisten Gräser und Farne. Ab Ende April beginnt die Pflanzzeit für sommer- und herbstblühende Zwiebel- und Knollenpflanzen (Montbretien, Gladiolen, Dahlien). Frühjahrsblühende Geophyten setzt man im Herbst. Dann lassen sich auch zweijährige Arten wie Stiefmütterchen oder Vergissmeinnicht einbringen. Bisweilen entwickeln sich diese jedoch besser, wenn sie erst während günstiger Witterungsperioden ab März ins Freie kommen.

Wenn der Frühlingsflor gerodet ist und die Flächen für die Sommerpflanzung vorbereitet wurden, setzt man die Sommerblumen. Dies sollte erst nach den Eisheiligen geschehen, wenn nicht mehr mit Spätfrösten zu rechnen ist.

Der Pflanzvorgang

Gepflanzt wird, wenn der Boden oberflächlich abgetrocknet ist, idealerweise bei bedecktem Himmel, aber trockener Witterung. Wird nach Plan gepflanzt, legt man alle Arten und Sorten zunächst

INFO

Zwiebeln oder Knollen werden dreimal so tief in die Erde gelegt, wie ihr Durchmesser beträgt. Auf leichten Böden kann etwas tiefer, auf schweren Böden etwas höher gepflanzt werden. Wenn die Zwiebeln nicht schon aus der Erde spitzen, ist eine zu hohe Pflanzung weniger problematisch als eine tiefe. Folgezwiebeln arbeiten sich im Laufe der Zeit ohnehin tiefer in den Boden.

| 1 | Dauerunkräuter sind sorgsam auszugraben, sie regenerieren sich aus kleinsten Wurzelteilen.
| 2 | Das Lockern der Flächen mit der Grabegabel empfiehlt sich speziell auf schweren, lehmigen Böden.

| 3 | Mit dem Dreizahn kann man oberflächlich verschlämmte Böden aufreißen und im selben Arbeitsgang Unkraut jäten.
| 4 | Das Angießen nach erfolgter Pflanzung dient vor allem der besseren Verbindung zwischen Pflanze und Boden.

an der für sie vorgesehenen Stelle aus (→ Seite 51–53). Beim Einpflanzen arbeitet man sich von der Mitte der Fläche an ihre Ränder vor. Die hinterlassenen Trittspuren können so gleich wieder gelockert und beseitigt werden.

Bevor die Pflanzen in die Erde kommen, sollte man sie durchdringend gießen. Kleinere Töpfe kann man dazu so lange in einen mit Wasser gefüllten Eimer halten, bis keine Luftblasen mehr aufsteigen. Mit dem Pflanzspaten – bei größeren Containern nimmt man den Spaten oder eine Spitzschaufel – gräbt man ein Pflanzloch, in das man die ausgetopfte Pflanze setzt. Ist der Wurzelbal-

len der Pflanzen stark verfilzt, reißt man zuvor die äußeren kreisförmig gewachsenen Wurzeln einfach mit der Hand ab. Der Wurzelballen sollte nur etwa 2 cm mit Erdreich überdeckt werden. Damit die Wurzeln einen guten Anschluss an den Boden finden und schnell weiterwachsen, wird mit der Hand seitlich Erde an die Wurzelballen herangedrückt. Bei größeren Containerpflanzen nimmt man dazu den Fuß zu Hilfe. Sind alle Pflanzen ausgebracht, verwendet man zum Angießen eine Gießkanne mit Brausekopf. Das Angießen dient vornehmlich dem Umspülen der Wurzelballen mit Erdreich.

Erhalten – steuern – lenken: Pflege tut not

Wie sich eine Pflanzung über Jahre hinweg entwickelt, hängt entscheidend von der Pflege der Flächen und der einzelnen Pflanzen ab.

Pflanzflächen erfordern je nach Pflanzenauswahl und Konzeption differenzierte Pflegemaßnahmen und unterschiedliche Zuwendung. Wechselflorpflanzungen z. B. kommen nicht ohne hohen Betreuungsaufwand aus. Es gilt schließlich, die Flächen mindestens zweimal jährlich zu bepflanzen und zuvor die üblichen Vorbereitungen dafür zu treffen. Wurden diese sorgfältig bewerkstelligt, ist die Pflanzung später leichter zu pflegen. Eine gewisse Grund-

pflege wie gleichmäßige Wasserversorgung, gegebenenfalls Düngen, Jäten und von Zeit zu Zeit das Lockern des Bodens sind regelmäßig notwendig. Wiederholtes Ausschneiden welker Blüten ist unerlässlich, damit sich die Pflanzung stets in idealem Zustand präsentiert.

Pflege dauerhafter Kombinationen

Pflegestrategien, bei denen exakt festgelegt ist, welche Pflanzen wo erwünscht sind und welche nicht, erfordern zwar viel Zeit, sind jedoch leicht umzusetzen. Sämlinge werden zielstrebig entfernt und sich zu stark ausbreitende Stauden immer wieder eingegrenzt. Verkahlende Varianten verjüngt man durch Teilung, und mit Ersatz- oder Ergänzungspflanzungen erreicht man das angestrebte Bild. Auf Prachtstaudenbeeten lassen sich so überzeugende Farb- und Formarrangements verwirklichen.

In naturnahen Lebensbereichen, etwa im Umfeld von Gehölzen oder in Freiflächenpflanzungen, räumt man dem Zufall mehr Spielraum ein.

Eine dynamische, nicht immer genau vorhersehbare Entwicklung ergibt sich durch die Aussaat von Stauden oder die Ausbreitung durch Ausläufer (unterirdisch) oder Absenker (oberirdisch sich bewurzelnde Triebe). Bisweilen tauchen

So nicht! Um die Ausbreitung von Krankheiten nicht zu fördern, sollte das Gießen möglichst so erfolgen, dass die Blätter trocken bleiben.

spontan Pflanzen auf, die zum Charakter der Fläche passen. Wenn sie andere Arten nicht bedrängen oder stören, brauchen sie nicht als Unkraut entfernt zu werden. Es obliegt dem Pflegenden, zu entscheiden, an welcher Stelle Sämlinge belassen oder entnommen werden, wo sich eine Staude weiter ausbreiten darf und wo es gilt, konkurrenzschwache Partner vor starkwüchsigen Arten zu schützen. Eine derartige Pflegestrategie, die natürliche Entwicklungsprozesse einbezieht und die eine Pflanzung nicht in festgelegte Bahnen lenken will, erfordert einen geringeren Zeitaufwand. Sie setzt jedoch gute Pflanzenkenntnisse voraus.

Zwiebel- und Knollenpflanzen pflegen

Will man Tulpen, Narzissen, Krokusse oder andere Geophyten über Jahre hinweg im Garten erhalten, sollte ihr Laub nach der Blüte ungestört einziehen können. Oft lässt sich das Vergilben der Blätter durch die Kombination mit spät austreibenden Stauden oder Farnen geschickt kaschieren (→ Seite 32–35). Das Entfernen verblühter Blumen ist nur bei Zuchtformen von Lilien, Narzissen oder Tulpen sinnvoll, um die kraftzehrende Samenbildung zu verhindern. Kleinblumenzwiebeln säen sich oft willig selbst aus und bilden, wenn sie in Ruhe gelassen werden, mit der Zeit große, attraktive Bestände. Die Blühfreudigkeit lässt sich durch eine mineralische Düngung der Zwiebelbestände zum Austrieb der Zwiebeln noch ver-

bessern. 20 g/m² eines Mehrnährstoff-
düngers reichen dafür aus.

Unkraut erfolgreich bekämpfen

Unkräuter stören nicht nur die Optik
der Pflanzung, sie konkurrieren mit den
Kulturpflanzen um Wasser und Nährstoffe. Oft bieten sie Schädlingen Unter-
schlupf oder sind Zwischenwirt für
Krankheiten. Doch Unkraut ist nicht
gleich Unkraut: Sämlingsunkräuter lassen sich relativ leicht bekämpfen. Hier
kommt es darauf an, sie noch vor der
Samenbildung zu jäten, da viele Acke-
runkräuter widerstandsfähige Samen
bilden, die über Jahrzehnte hinweg
keimfähig bleiben. Mehrere kurze Pfle-
gedurchgänge sind somit sinnvoller, als
wenige, dafür aufwendige.

Weit problematischer sind dauerhafte
Wurzelunkräuter. Quecken, Winden
oder andere Problemarten müssen in
mehreren Arbeitsgängen mithilfe der
Grabegabel ausgemerzt werden. Jedes
im Boden verbleibende Rhizomstück
treibt sonst aufs Neue aus. Eine andere
Alternative ist, die grünen Teile der Pro-
blemunkräuter so früh wie möglich
abzureißen und so die Pflanzen allmählich auszuhungern. Diese Strategie
erfordert Pflegegänge in kurzen Abständen und viel Geduld. Erst nach Jahren
wird man die unerwünschten Kräuter
los. Unkrautvernichtungsmittel (Herbi-
zide) sind daher mitunter eine verlo-
ckende Alternative, in Pflanzungen mit
Gartenblumen jedoch fehl am Platz.

Angemessene Bodenpflege

Es ist wichtig, die Pflege des Bodens auf
die jeweilige Bodenart und Pflanzung
abzustimmen.

• **Leichte, sandige Böden** verschläm-
men auch nach Starkniederschlägen

Um die Keimung von Unkräutern im Steingarten zu reduzieren, eignet sich das Mulchen mit Steinmaterialien.

nur wenig. Lockern durch Graben und
Hacken ist daher kaum nötig. Sie halten
Wasser und Nährstoffe weniger lange,
sodass das Einarbeiten organischer
Substanz durch Gründüngung oder
Kompostgaben oft sinnvoll ist. Stick-
stoff sammelnde Pflanzen wie Bitter-
Lupine oder Inkarnatklee leisten als
Einsaaten gute Dienste.

• **Schwere, lehmige oder tonige Böden**
neigen zur Verdichtung. Hier sind tief
wurzelnde Gründüngungspflanzen wie
Gelbsenf oder Ölrettich gefragt. Durch
Umgraben der Flächen im Herbst
lockert man schweren Boden. Frost und
Wind wandeln die groben Schollen
zum feinkrümeligen Erdreich.

Bodenlockerung durch Hacken

Der Spaten kann zur Vorbereitung des
Pflanzbeets eingesetzt werden. In bestehenden Pflanzungen hat er jedoch
nichts zu suchen. Die Gefahr, dass Stauden in ihrer Entwicklung gestört werden, weil kaum sichtbare Feinwurzeln

damit abgestochen werden, ist viel zu
groß. Aber speziell diese versorgen die
Pflanze mit Wasser und Nährstoffen.

In Sommerblumenpflanzungen ist die
oberflächliche Lockerung des Bodens
durch Hacken sinnvoll. Die Kapillarbil-
dung im Boden wird dadurch unter-
bunden und somit die Verdunstung von
Bodenwasser verringert. Gleichzeitig
fördert man durch die Lockerung die
Freisetzung von Nährstoffen.

Hacken und Jäten können in einem
Arbeitsgang verknüpft werden. Die Vor-
teile dieses Vorgehens lassen sich gleichfalls in nicht gemulchten Beet-
staudenflächen nutzen. Andere Stau-
denpflanzungen stört man durch das
Hacken, weil der Boden danach keine
geschlossene Pflanzendecke mehr aufweist und man Samenunkräutern somit
ein neues Saatbett bereitet.

Rückschnitt von Stauden und Halbsträuchern

Die Gartenschere ist ständiger Begleiter bei der Blumenpflege. Dabei kommt sie aus verschiedenen Gründen und auf unterschiedliche Weise zum Einsatz.

Oft sind es nur kosmetische Verbesserungen, die durch das Entfernen welker Blüten, vergilbter oder verbräunter Triebe erzielt werden. Häufig verfolgt man mit Schnittmaßnahmen jedoch ganz spezielle Ziele.

Fruchtbildung verhindern

Pflanzenarten erhalten sich in der Natur meist durch Aussaat. Es ist ein vorrangiges Bestreben von Pflanzen, Früchte, die Samen enthalten, zu bilden. Häufig werden Reservestoffe von der Pflanze für den Prozess der Fruchtbildung abgebaut. Die Folgen sind oftmals schwächeres Wachstum und verringerte Blütenbildung im nächsten Jahr. Bei Iris-Arten, Pfingstrosen und vielen anderen mehr ist es infolgedessen sinnvoll, alle abgeblühten Blüten zu entfernen und so die Fruchtbildung zu verhindern. Man schneidet dabei einfach welkende Blüten oder Blütenstängel heraus, ohne dass man die Blattmasse stark reduziert. Andere Arten wie Katzenminze oder Spornblume schwächt die Samenbildung weniger. Sie versamen sich bisweilen jedoch überreich und verursachen in der Folge einen hohen Aufwand, die Sämlinge zu entfernen. Vermag man bei der Katzenminze durch einen vollständigen, bodennahen Rückschnitt zum Ende der Blütezeit das Gröbste noch zu verhindern, gestaltet sich dies bei der Spornblume weitaus schwieriger. Sie blüht über einen so langen Zeitraum, dass sich längst Samen gebildet haben, wenn einem die letzten Blüten noch entgegenstrahlen.

Besonders ärgerlich ist die Versamung bei Sorten. Die Nachkommen zeigen nur selten das Aussehen der Mutterpflanze. Oft ist dies jedoch erst dann zu bemerken, wenn der Sämling blüht. Man wundert sich dann, dass das einst so prächtig azurblau blühende Lungenkraut eine trübe purpurfarbene Tönung zeigt oder eine ursprünglich karminrot strahlende Kissen-Aster lilablau blüht. Die Aussaat zu verhindern ist also ein wesentlicher Beitrag, um die Sortenechtheit zu erhalten.

Neuaustrieb erzeugen

Viele aus Wiesen stammende Vorsommerblüher werden nach ihrer Blüte unansehnlich. Ihr Laub wird dann fleckig, und die Pflanzen fallen in sich zusammen. Es ist daher das Beste, diese Pflanzen unmittelbar nach der Blüte bodennah abzuschneiden. Frauenmantel, Storchschnabel-Arten und einige weitere treiben anschließend rasch durch und gefallen dann wieder durch frisch wirkendes Laub.

Pracht-Storchschnabel und Frauenmantel schneidet man zum Ende ihrer Blütezeit vollständig zurück. Sie treiben bald wieder aus.

In Freiflächenpflanzungen und am Gehölzrand lassen sich derartige Stauden bisweilen geschickt miteinander kombinieren, sodass man die Pflanzen nicht einzeln mit der Hand abzuschneiden braucht, sondern die ganze Fläche einfach abmäht. Man kann das mit einem Freischneidegerät, aber auch mit einem hochgestellten Rasenmäher tun. Das Schnittgut wird dadurch zerkleinert und kann als Mulchschicht (→ Seite 58) gleich auf den Flächen verbleiben. Dass dadurch auch mancher Sämling aufgeht, sollte in diesem Fall nicht weiter stören.

Rittersporn, Feinstrahlaster, Margerite und einige weitere vermögen zweimal jährlich zu blühen. Dieses sogenannte Remontieren setzt einen vollständigen Rückschnitt zum Ende des ersten Flors voraus. Die Pflanzen treiben dann wieder aus und blühen noch ein weiteres Mal. Gute Ernährung und ausreichende Wasserversorgung vorausgesetzt, fällt die zweite Blüte kaum schwächer aus als die erste.

Kompakten Wuchs erzielen

Ohne Rückschnitt bilden zahlreiche Halbsträucher, aber auch viele Steingartenstauden lange Triebe. Die Pflanzen fallen bald auseinander und werden in der Mitte lückig. Sie präsentieren dann ein wenig ansehnliches, diffuses Wuchsbild. Bald vergreisen sie vollends und sterben ab. Diese Entwicklung lässt sich durch regelmäßigen Schnitt verhindern. Die Polster von Blaukissen, Gänsekresse, und vielen weiteren Steingartenstauden bleiben kompakt und blühen in den Folgejahren reich, sofern sie nach dem Flor kräftig gestutzt werden. Es sollte dabei nicht zu zaghaft vorgegangen werden. Ein jährlicher Rückschnitt auf die Hälfte der ursprünglichen Pflanzengröße hat sich bewährt. Manche

Polsterstauden können so Jahrzehnte alt werden.

Salbei, Lavendel und weitere Halbsträucher schneidet man nach dem Winter kräftig zurück. Oft hat der Winter seine Spuren an den mediterranen Pflanzen hinterlassen, und man kann die geschädigten Triebe gleich mit einkürzen. Nach der Blüte erfolgt ein zweiter, sanfterer Rückschnitt. Mit den verblühten Blütenstängeln kürzt man die obersten Triebe leicht ein. Der Einfachheit halber lässt sich das mit einer Heckenschere erledigen.

Bei höheren, gelegentlich standschwachen Stauden hilft es, wenn man sie frühzeitig vor der Blütenbildung um ein Drittel oder gar die Hälfte zurückschneidet. Die dann kompakteren Pflanzen blühen etwas später, bleiben aber besser stehen.

Rückschnitt nach der Vegetationszeit

In einigen Gärten ist es noch üblich, alle Stauden am Ende des Gartenjahrs abzuschneiden. Die Flächen sehen danach oft leer und öde aus. Lässt man das Gerüst einiger, noch im Winter standfester Stauden stehen, ergeben sich oft reizvolle Bilder. Raureif und leichter Pulverschnee verleihen den Halmen und Rispen von Ziergräsern ein attraktives Aussehen. Stauden wie Brandkraut, Edeldistel und viele andere mehr beleben gleichermaßen den winterlichen Garten. Man tut gut daran, sie erst im zeitigen Frühjahr abzuschneiden. Dann kann man gleich prüfen, inwieweit bei wintergrünen Arten ein Rückschnitt notwendig ist. Das heißt nicht, dass der Rückschnitt von Stauden im Herbst überflüssig wäre. Im Winter wenig standfeste und sich leicht versamende Arten schneidet man spätestens im November ab.

| 1 | Kosmetische Maßnahme: Entfernt man welke Blüten kontinuierlich, sehen Gartenblumen über Wochen hinweg attraktiv aus.

| 2 | Die Blütezeit lässt sich verzögern, wenn Stauden vor der Ausbildung von Blütenknospen kräftig zurückgeschnitten werden.

| 3 | Ein kompletter Rückschnitt im Herbst empfiehlt sich bei Stauden, die sich stark versamen oder im Winter unansehnlich werden.

Vermehrung von Gartenpflanzen

Oft reichen etwas Saatgut oder Spaten und Messer sowie eine Fensterbank, um die Favoriten unseres Gartens erfolgreich vermehren zu können.

Viele Pflanzen lassen sich sowohl generativ über Aussaat als auch vegetativ durch Teilung, Stecklinge oder Wurzelschnittlinge vermehren. Bei der vegetativen Vermehrung erzeugt man Nachkommen, die völlig identische Eigenschaften der Mutterpflanze aufweisen. Leider werden durch Teilstücke oder Stecklinge auch Krankheiten der Mutterpflanze auf die Nachkommen übertragen. Günstigerweise verwendet man nur gesunde, vitale Ausgangspflanzen.

Bei der generativen Vermehrung werden nur selten Krankheiten übertragen. Durch das Verschmelzen des Erbguts von Pollenspender und Mutterpflanze kommt es zur Neukombination von Genen. Die Sämlingspflanzen sind bezüglich ihrer Blütenfarbe, Gestalt und anderer Eigenschaften nicht immer einheitlich und können von der Ursprungspflanze abweichen. Bei Arten – also züchterisch nicht bearbeiteten Pflanzen – ist das nicht nachteilig. Vermehrt man jedoch Sorten, die durch langjährige Züchtungs- und Auslesearbeit entstanden sind, zeigen die Nachkommen nicht immer die guten Eigenschaften der Mutterpflanzen. Bei Stauden fallen nur einige „durchgezüchtete" Saatsorten weitgehend „echt" aus Samen. Typische Sorteneigenschaften kann man bei vielen Staudensorten nur über vegetative Vermehrung erhalten. Bei den einjährigen Pflanzen gibt es aufgrund strenger züchterischer Selektion viele Sorten, die nach der Aussaat eine (nahezu) einheitliche Nachkommenschaft erzeugen.

Aus eins mach zwei

Die einfachste Methode, Stauden im Garten zu vermehren, ist die Teilung. Diese kann im zeitigen Frühjahr und im späten Herbst durchgeführt werden, bei einigen (z. B. Funkien) auch mitten in der Vegetationszeit. Andere wie Storch-

Mit einem scharfen Messer und einem ziehenden Schnitt schafft man gute Voraussetzungen, dass Stecklinge schnell Wurzeln bilden .

schnabel oder Rittersporn lassen sich nach der Blüte ganz zurückschneiden und teilen. Man sticht dazu mit einem Spaten ein Stück der Staude ab und pflanzt es an anderer Stelle ein.

Um mehrere Teilstücke zu erhalten, gräbt man die Stauden aus. Anhaftende Erde schüttelt man aus oder spritzt sie mit Wasser ab, um die Erneuerungsknospen (Augen) gut zu erkennen, aus denen die Pflanzen später wieder austreiben. Mithilfe von scharfen Messern teilt man die Horste in kleine Stücke. Aus einer Funkie lassen sich so über zehn neue Pflanzen erzielen. Jedes Teilstück sollte aber mindestens ein gut entwickeltes Auge aufweisen. Nach mehrfacher Teilung eines Horstes sollten die Teilstücke zur Wurzelbildung erst in einen Topf gesetzt werden, bevor man sie in den Garten pflanzt. Größere Teilstücke kann man sofort auspflanzen.

Stecklinge bewurzeln

Die Stecklingsvermehrung hat den Vorteil, dass man ausgepflanzte Stauden in ihrer Entwicklung kaum stört und man sie nicht ausgraben muss. Die Mutterpflanzen sollten wüchsig, gesund und gut ernährt sein, aber keine Blütenknospen aufweisen. Bei vielen krautigen Pflanzen bietet sich das Frühjahr, bei Halbsträuchern auch der Herbst für den Stecklingsschnitt an. Zur Gewinnung von Kopfstecklingen schneidet man mit einem scharfen Messer zeitig am Morgen etwa 5–10 cm lange Triebspitzen von den Pflanzen. Diese sollten mindestens zwei Blattpaare besitzen. Das untere wird abgestreift. Danach steckt man die Stecklinge in ein durchlässiges, sandig-torfiges Substrat, das nur wenige Nährstoffe enthält. Als Gefäße eignen sich flache, etwa 5–10 cm hohe Schalen. Sie sollten am Boden Löcher aufweisen, damit überschüssiges Wasser ablaufen kann. Um für ausreichend hohe Luftfeuchte zu sorgen, empfiehlt es sich, die Gefäße nach dem Gießen der Stecklinge mit einem kleinen Folientunnel zu überbauen, der zur Kontrolle der Pflanzen und zum Gießen abgenommen werden kann. Steht kein Kleingewächshaus zur Verfügung, stellt man die Gefäße auf einen Fenstersims, wo der darunterliegende Heizkörper für „Fußwärme" sorgt, was die Bewurzelung beschleunigt. Haben die Stecklinge ausreichend Wurzeln gebildet, werden sie in größere Töpfe gesetzt und vor dem Auspflanzen allmählich an Freilandbedingungen gewöhnt.

Wurzelschnittlinge

Um Pflanzen über Wurzelschnittlinge zu vermehren, gräbt man die Pflanzen im frühen Winter aus. Die fleischigen Wurzeln schneidet man in etwa 5 cm lange Teile und steckt sie in Blumentöpfe mit durchlässigem Substrat. Bei Arten wie dem Orientalischen Mohn ist darauf zu achten, dass das untere Ende der Wurzel auch im Topf nach unten zeigt. Wurzelschnittlinge anderer Arten (z. B. Herbst-Anemonen) kann man auch waagerecht ins Substrat legen. Die Wurzelschnittlinge sollten etwa 2 cm mit Substrat überdeckt sein. Bis die Wurzeln grüne Triebe bilden, kann man die Töpfe bei ca. +10 °C in einen kühlen Raum stellen. Nach Austriebsbeginn sollten die Pflanzen dann hell und warm (15–18 °C) gestellt werden. Nach guter Durchwurzelung des Substrats

| 1 | Will man Stauden stark teilen, um möglichst viele Jungpflanzen zu erhalten, gräbt man die Mutterpflanzen aus.
| 2 | Nachdem die Erde von der Mutterpflanze entfernt wurde, lassen sich viele Stauden bereits mit der Hand teilen.

| 3 | Die Ernte von Kopfstecklingen erfolgt vor der Bildung von Blütenknospen von gut ernährten und gesunden Pflanzen.
| 4 | Zur Teilung benötigt man ein scharfes Messer. Ein Teilstück muss mindestens eine austriebsfähige Knospe besitzen.

und Gewöhnung an das Licht im Freien kann gepflanzt werden.

Durch Aussaat vermehren

Leicht keimende Gartenblumen ermöglichen rasche Vermehrungserfolge. Man sät in flache, mit feinfaserigem Torfkultursubstrat gefüllte Gefäße. Das Substrat wird vor der Aussaat mit einem Brettchen leicht angedrückt. Bei der Aussaat achtet man darauf, dass die Samen gleichmäßig und nicht zu dicht über die Fläche verteilt werden. Größere Samenkörner werden dann mit einer dünnen Substratschicht übersiebt. Fei-

nes Saatgut wird nur leicht mit dem Brettchen ins Erdreich gedrückt. Nach dem Aussaatvorgang gießt man mit feinem Brausekopf an, sodass die Erdmischung gut durchfeuchtet, aber nicht verschlämmt wird. Jetzt können die Aussaatschalen an die Fensterbank gestellt werden. Bei 18–20 °C und gleichmäßiger Feuchtigkeit sprießen bald die Keimblätter. Nachdem die ersten Laubblätter erschienen sind, sollten die Sämlinge in Töpfe vereinzelt (pikiert) werden. Wenn die Gefäße durchwurzelt sind, werden die Pflanzen allmählich an Freilandbedingungen gewöhnt.

Erkrankungen und Mangelerscheinungen

Leider wird die Freude an schönen Blüten, schmückenden Blättern oder einem perfekten Wuchsbild immer wieder durch Krankheiten und Schädlinge getrübt. Doch sind Schadsymptome nicht immer gleich auf Krankheiten oder Schädlingsbefall zurückzuführen. Sie resultieren auch aus falscher oder mangelhafter Ernährung oder Fehler bei der Standortwahl. Nur wo sich Gartenblumen wirklich wohlfühlen, werden sie sich in voller Pracht zeigen. Am rechten Platz gepflanzt, sind Gartenblumen wesentlich widerstandsfähiger gegenüber Krankheiten, und selbst Schädlinge vermögen die Pflanzen dann weniger zu schwächen.

Wählt man neben geeigneten Arten noch widerstandsfähige Sorten, kommt man im Hausgarten bei günstigem Witterungsverlauf nahezu ohne Pflanzenschutzmittel aus. Wenn häufige Niederschläge oder rascher Wechsel von trocken-warmer mit nass-kalter Witterung dennoch zu Krankheitsbefall führen, muss angemessen gehandelt werden. Um effektive Maßnahmen durchführen zu können, ist zunächst zu klären, welcher Schaderreger für das missliche Bild verantwortlich ist. Eine Diagnose ist anhand von Schadsymptomen leider nicht immer zuverlässig möglich. Oft sind Laboruntersuchungen nötig, um die Schadursache einwandfrei zu klären. In diesem Falle helfen Ihnen Pflanzenschutzdienste weiter.

Brennfleckenkrankheit

Schadbild: grau-braune, rundliche Flecken mit dunklerem Rand, die später verschmelzen können; an Lupinen verdrehte Blattspitzen; Welke und Absterben von Trieben und ganzen Pflanzen

Ursache: Pilzbefall, gefördert durch feuchtwarme Witterung

Vorbeugen: gebeiztes Saatgut verwenden; weite Pflanzabstände wählen; Laub trocken halten

Bekämpfen: befallene Pflanzen und abgestorbenes Material entfernen; Fungizid-Spritzungen

Echter Mehltau

Schadbild: weißer, mehlartiger Belag an Blattober- und -unterseite, Trieben und Blüten; befallenes Gewebe verbräunt und stirbt ab

Ursache: Pilzbefall, begünstigt durch Hitze, Trockenheit und hohe Sonneneinstrahlung

Vorbeugen: widerstandsfähige Arten und Sorten bevorzugen; Vermeidung zu sonnenexponierter Plätze

Bekämpfen: Spritzungen mit Fungiziden; als Alternative zu den herkömmlichen Wirkstoffen Natriumhydrogencarbonat- oder Rapsölpräparate einsetzen

Falscher Mehltau

Schadbild: unregelmäßige Flecken an Blattoberseiten, durch Blattadern begrenzt; unterseits weißgrauer Schimmelrasen; später Braunfärbung und Absterben

Ursache: Pilzbefall bei hoher Luftfeuchtigkeit und Lichtmangel

Vorbeugen: luftig und sonnig, mit ausreichend Abstand pflanzen; widerstandsfähige Sorten verwenden; morgens wässern, Blattnässe vermeiden

Bekämpfen: Spritzung mit Fungiziden möglichst früh; auch vorbeugende Behandlung möglich

Grauschimmel

Schadbild: Verbräunen, Fäulnis und grauer Schimmelrasen an Blättern, Blüten und Zwiebeln; bei Pfingstrosen Welke junger Sprosse
Ursache: Pilzbefall, gefördert durch hohe Luftfeuchte
Vorbeugen: Pflanzen trocken halten; heller, luftiger Wuchsort; Über- oder Unterernährung vermeiden
Bekämpfen: befallene Pflanzen und totes Material entfernen; Stelle mindestens 2 Jahre nicht für die gleiche Art nutzen; bei Pfingstrosen ist Fungizideinsatz zu prüfen

Rostpilze

Schadbild: ab Frühsommer Blattoberseiten gelb- bis rostbraun fleckig; später unterseits bräunliche, rötliche oder orangefarbene Pusteln
Ursache: Pilzbefall, begünstigt durch niederschlagsreiche Witterung
Vorbeugen: resistente Arten und Sorten; gebeiztes Saatgut verwenden; lange Blattnässe vermeiden
Bekämpfen: möglichst früh mehrmalige Spritzungen mit Fungizid, auch vorbeugend; nur bei Mehrjährigen lohnend; die Entfernung befallener Blätter ist nicht sinnvoll

Septoria-Blattflecken

Schadbild: runde oder unregelmäßige, scharf begrenzte, dunkle Flecken; Blätter verbräunen und sterben ab; Befall beginnt von unten; bei Pfingstrosen auch an Trieben
Ursache: Pilzbefall bei hohen Niederschlägen und Temperaturen über +10 °C
Vorbeugen: luftiger Standort, ausreichende Pflanzabstände wählen; Blätter möglichst trocken halten
Bekämpfen: meist reicht gründliche Entfernung abgestorbener Pflanzenteile; Fungizid-Anwendung ist nur bei Päonien ratsam

Stängelgrundfäule

Schadbild: Vergilben und Blattfall von unten; Fäulnis mit Umknicken der Stängel, Zwiebelfäule; gelblicher, watteartiger Pilzbelag am Stängelgrund
Ursache: bodenbürtiger Pilz; in zu feuchten Substraten teils massiver Befall
Vorbeugen: Aussaat nur in sterilem Substrat; Stauden nicht zu tief pflanzen, Erdoberfläche lockern; mäßig wässern; evtl. pH-Wert erhöhen (Kalkung)
Bekämpfen: befallene Pflanzen mit anhaftender Erde entfernen; für zwei bis drei Jahre andere Pflanzen auf die Stelle setzen

Welkekrankheit

Schadbild: ab Spätsommer Welke und Vertrocknen einzelner Triebe trotz ausreichender Wasserversorgung
Ursache: Pilz dringt über Wurzeln in die Triebe ein und verstopft die Wasserleitbahnen
Vorbeugen: widerstandsfähige Sorten, v. a. von Sommer- und Herbst-Astern
Bekämpfen: keine chemische Bekämpfung möglich; befallene Pflanzen mitsamt Wurzelwerk und anhaftender Erde entfernen und vernichten; Stelle anschließend über einige Jahre für andere Pflanzen nutzen

Wurzelfäule

Schadbild: Welke und Verbräunung, oft an den Triebspitzen beginnend, bis hin zum Absterben der Pflanze; Wurzeln und Wurzelhals sind verbräunt und faulen
Ursache: Pilzbefall bei vernässtem, verdichtetem Boden
Vorbeugen: dem Boden groben Kies untermischen; Mulchen fördert das schnelle Abtrocknen; nässeempfindliche Arten meiden
Bekämpfen: befallene Pflanzen entfernen und vernichten; im Garten kommt als einzig sinnvolle Maßnahme nur Vorbeugung infrage

Augustakrankheit (Tulpe)

Schadbild: Blätter verbeult, verkrüppelt, das abgestorbene Gewebe zeigt sich hell fleckig
Ursache: Virusbefall durch infiziertes Pflanzmaterial, Übertragung durch saugende Insekten oder verseuchten Boden
Vorbeugen: Qualitätszwiebeln kaufen; geflammte Formen nicht neben einfarbige setzen (gestreifte Tulpen wurden gezielt mit einem anderen Virus infiziert)
Bekämpfen: befallene Pflanzen mitsamt Zwiebeln ausgraben und vernichten; Stelle für einige Zeit nicht mit Tulpen bepflanzen

Bakterienschwärze

Schadbild: ab Mai unregelmäßige, schwarze Blattflecken (z. B. bei Rittersporn) ; bei starkem Befall Eintrocknen der Blüten
Ursache: Bakterieninfektion bei Regen und über +20 °C
Vorbeugen: wenig anfällige Sorten pflanzen; Bewässerung morgens
Bekämpfen: befallene Pflanzen entfernen und vernichten; bei Befallsgefahr ab April mehrmals mit einem Kupferfungizid behandeln (Abstand 2 bis 3 Wochen), dies dient nur der Eindämmung, vollständige Bekämpfung ist nicht möglich

Rhizomfäule bei Iris

Schadbild: vertrocknende Blattspitzen; Rhizome zerfallen zu Brei und riechen unangenehm
Ursache: Befall mit Bakterien
Vorbeugen: keinen frischen Stallmist ausbringen, keine Kopfdüngung; stattdessen im Herbst Hornspäne oder Hornmehl einarbeiten
Bekämpfen: befallene Rhizome sofort entfernen; kranke Teile bis weit ins gesunde Gewebe zurückschneiden, einige Tage trocknen lassen und mit Holzkohle einpudern; Pflanzen an anderer Stelle einsetzen

Stauchekrankheit (Dahlie)

Schadbild: mosaikartige Blattflecken, deformierte Blätter; Zwergwuchs; kaum Blütenansatz
Ursache: Virusbefall; Übertragung durch saugende Insekten (Blattläuse, Wanzen), infizierte Schneidwerkzeuge und andere Kontakte mit virushaltigem Pflanzensaft
Vorbeugen: bei einzelnen erkrankten Pflanzen übertragende Insekten bekämpfen; Scheren gründlich reinigen
Bekämpfen: befallene Pflanzen mit Knolle entfernen und vernichten; Platz für andere Pflanzen nutzen

Chlorose

Schadbild: im Frühjahr junge Blätter blassgelb, Blattadern bleiben zuerst grün; Pflanze zeigt Kümmerwuchs, entwickelt kaum Blüten
Ursache: Eisenmangel, d. h., die Aufnahme von Eisen ist behindert; auch durch Stickstoffmangel, Staunässe oder Frostschäden im Holz
Vorbeugen: Boden lockern; ausgewogen düngen; bei Trockenheit wässern
Bekämpfen: Eisendünger oder Blattdünger spritzen (Fachhandel); mit abgelagertem Kompost, Hornspänen oder Mist düngen

Lichtmangel

Schadbild: Vergeilen der Pflanzen mit lang gestreckten, standschwachen Trieben, blass-gelbgrüne Blätter
Ursache: Pflanzen bekommen zu wenig Sonne, der Wuchsort eignet sich nur für schattenverträgliche Stauden
Vorbeugen: bei der Pflanzung von Stauden auf Standortansprüche achten; sonnenhungrige Freiflächen- und Beetstauden nicht in den Schatten setzen
Bekämpfen: vergeilte Pflanzen können ausgegraben und nach Rückschnitt an einem passenden Standort neu gepflanzt werden

Lichtüberschuss

Schadbild: rot oder gelb verfärbte Blätter und Blattschäden, Verbräunung und abgestorbene Partien
Ursache: Verbrennungen des Pflanzengewebes durch zu intensive Einstrahlung; Wuchsort nur für sonnenhungrige Pflanzen
Vorbeugen: bei der Pflanzung von Stauden auf Standortansprüche achten; lichtempfindliche Wald- und Gehölzrandstauden nicht in die volle Sonne pflanzen
Bekämpfen: geschädigte Pflanzen an schattigere Stellen umsetzen

Wurzelfäule (Staunässe)

Schadbild: Kümmerwuchs bis zu Totalausfall trockenheitsverträglicher, nässeempfindlicher Gewächse
Ursache: faulende Wurzeln und Zwiebeln in schwerem, dauerfeuchtem Boden; zu hohe Winternässe
Vorbeugen: nässeverträgliche Pflanzen verwenden; in zu dichten, strukturarmen Böden lässt sich der Wasserabzug durch Untermischen von Kies oder Splitt verbessern
Bekämpfen: regengeschützte Stelle wählen oder regelmäßiges Nachpflanzen in Kauf nehmen

Ameisen

Schadbild: Gräserhorste oder Polsterstauden durchsetzt von Ameisenhaufen; die Ameisen benagen Wurzelhals und Triebe, Wuchskraft stagniert
Ursache: Nester gelber Wiesen- und schwarzer Wegameisen um und zwischen Stängeln; sie schützen Blattläuse, sodass sich diese besonders schnell vermehren
Vorbeugen: kaum möglich
Bekämpfen: Backpulver in Wasser auflösen und über Nester und Laufwege gießen; Pflanzen großzügig ausgraben und vernichten

Blattläuse

Schadbild: Missbildungen, gekräuselte Blätter; schwarze Rußtau-Pilze auf klebrigen Ausscheidungen
Ursache: Saugtätigkeit und giftiger Speichel der Läuse; Übertragung von Viren ist möglich; Trockenheit und Wärme fördern Massenbefall
Vorbeugen: Trockenstress und Stickstoffüberdüngung vermeiden
Bekämpfen: Pflanzen mit starkem Wasserstrahl abspritzen; mit Schmierseifenlösung besprühen; nur bei starkem Befall nützlingsschonendes Insektizid anwenden

Blattminierfliegen

Schadbild: auffallend geschlängelte, silbrige Fraßgänge in den Blättern; weiße Punkte
Ursache: Minierfliege saugt Pflanzensaft und legt Eier ins Blattgewebe ab; Larven fressen sich durch die Blätter und verpuppen sich dort
Vorbeugen: vor allem bei Chrysanthemen weniger anfällige Sorten wählen; Gelbtafeln zur Kontrolle aufstellen
Bekämpfen: im Freiland selten chemische Bekämpfung nötig; Entfernung einzelner befallener Blätter genügt meist zur Schadensbegrenzung

Blattnematoden

Schadbild: gelb-braune oder rötliche Blattflecken, meist scharf durch Blattadern begrenzt; mosaikartiges Bild; Schwarzfärbung und Vertrocknen der Blätter
Ursache: winzige Älchen dringen v. a. bei Feuchtigkeit ins Blatt ein, saugen Zellsaft; Verbreitung durch befallene Pflanzen, Wasserspritzer
Vorbeugen: gesunde Stauden pflanzen; von unten wässern
Bekämpfen: totes Laub entfernen; bei starkem Befall Pflanzen vernichten; Stelle neu bepflanzen

Blattwanzen

Schadbild: gelbliche Sprenkel, v. a. an jungen Pflanzenteilen; durchlöcherte, verkrüppelte Blätter oder Absterben von Blattteilen
Ursache: saugende Wanzen, deren Speichelabsonderungen giftig auf die Pflanzen wirken
Vorbeugen: gute Wasserversorgung, eher schattigen Standort wählen; bei Dahlien weniger anfällige dunkellaubige Sorten bevorzugen
Bekämpfen: bei starkem Befall mit nützlingsschonendem Insektizid; Behandlung sollte am frühen Morgen erfolgen

Blattwespen/Afterraupen

Schadbild: Mai bis Juni; Loch- und Randfraß, Rippen bleiben stehen; oder ovale, aufplatzende Blattminen von 10–12 mm
Ursache: Blattwespenlarven fressen an Blattrand und -spreite (u. a. bei Akelei, Salomonssiegel) oder wachsen in Blattminen heran
Vorbeugen: nicht möglich, sorgfältig beobachten
Bekämpfen: mit geeigneten Insektiziden, bei minierenden Arten systemische Mittel; *Bacillus thuringiensis*-Präparate sind unwirksam

Dickmaulrüssler

Schadbild: buchtenförmige Fraßstellen am Blattrand; Wachstum stockt, Topfpflanzen verkümmern
Ursache: nachtaktive Käfer fressen am Blatt; deren Larven fressen an Wurzeln und Stängelgrund
Vorbeugen: am Wurzelstock weiße Larven mit schwarzer Kopfkapsel suchen, Larven entfernen
Bekämpfen: nachts Absammeln der Käfer; eine bewährte biologische Methode ist Bekämpfung der Larven mit parasitierenden Nematoden (Nützlingsfachversand)

Erdraupen/Eulenraupen

Schadbild: teils erhebliche Fraßschäden an Blättern in Bodennähe
Ursache: Raupen der Eulenfalter, die nachts fressen und sich tagsüber am oder im Boden verstecken
Vorbeugen: bei Befallsverdacht Kontrolle durch Nachgraben im Boden; einzelne Raupen entfernen; Boden regelmäßig bearbeiten
Bekämpfen: nur bei starkem Befall mit Insektiziden im Gießverfahren; Boden sollte gut feucht sein, um die Raupen zu erreichen, sie ziehen sich bei Trockenheit in ihre Wohnröhren zurück

Lilien-, Zwiebelhähnchen

Schadbild: längliche Fraßstellen und Löcher am Laub von Lilien, Kaiserkronen und Salomonssiegel
Ursache: gelb- oder leuchtend rote Käfer fressen ab April an den Blättern; im Mai schlüpfen Larven aus den blattunterseits abgelegten Eiern
Vorbeugen: anfällige Pflanzen beobachten; mit dem Absammeln einzelner Käfer und Larven kann man größere Schäden verhindern
Bekämpfen: bei starkem Befall Spritzungen mit Insektizid; als natürliche Alternative Neem-Präparate verwenden

Schaumzikaden

Schadbild: im Juni bis Juli schaumartige Gebilde an Trieben und Knospen („Kuckucksspeichel")
Ursache: grünliche Zikadenlarven saugen im Schutz des Schaums an der Pflanze
Vorbeugen: betroffene Pflanzen im Herbst zurückschneiden; Eier an den Trieben werden dabei mit entfernt und neuem Befall vorgebeugt
Bekämpfen: nicht nötig; um das Aussehen zu verbessern, lassen sich Schaum und Larven mit einem scharfen Wasserstrahl entfernen

Schnecken

Schadbild: Löcher oder Totalfraß an Blüten und Blättern; Schleimspuren
Ursache: niederschlagsreiches Wetter fördert das Auftreten; speziell Rittersporn, *Tagetes* und Funkien ziehen Schnecken regelrecht an
Vorbeugen: Versteckmöglichkeiten unter Pflanzenteilen oder Unkraut beseitigen; regelmäßig den Boden lockern; Aufbringen von Rindenmulch (etwa 5 cm Schichtstärke)
Bekämpfen: regelmäßiges Absammeln der Schnecken; wiederholt Schneckenkorn streuen

Spinnmilben

Schadbild: zunächst silbrig-helle Sprenkel auf den später vergilbenden Blättern; Pflanzen mit feinem Gespinst überzogen, v. a. an den Blattunterseiten
Ursache: kaum sichtbare Milben saugen Zellen aus; die Spinnentiere treten v. a. bei trockener Luft und warmer Witterung auf
Vorbeugen: kühlere Standorte bevorzugen; für ausreichende Bodenfeuchte sorgen; Stickstoffüberdüngung vermeiden
Bekämpfen: frühzeitig Behandlung mit Akarizid; unbedingt auch die Blattunterseiten gut benetzen

Stock-, Stängelnematoden

Schadbild: verkrümmte, verdickte, aufgeplatzte Stängel; auch Missbildungen der Blüten und Blätter sowie allgemeine Wuchsdepression
Ursache: Älchen dringen in den Stängel ein und saugen Zellsaft; Verbreitung durch befallene Pflanzen und Wasserspritzer
Vorbeugen: gesunde Stauden pflanzen; von unten gießen
Bekämpfen: befallene Pflanzen vernichten (nicht kompostieren); Stelle mindestens zwei Jahre frei lassen oder anders bepflanzen

Taglilien-Gallmücken

Schadbild: stark verdickte und verkürzte Blütenknospen; deformierte Blütenblätter, unvollständiges Aufblühen; bei frühem Befall Welke, Verbräunen der Knospen
Ursache: ab Mai Eiablage in die Knospen, daraus entwickeln sich zahlreiche weißliche Maden
Vorbeugen: spät blühende Sorten (ab Juni) bleiben befallsfrei
Bekämpfen: befallene Knospen abpflücken und entsorgen; bei starkem Befall die jungen Knospen mit Insektizid behandeln

Weichhautmilben

Schadbild: Blätter und Blüten verkrüppelt, Wachstum stockt
Ursache: mit bloßem Auge nicht erkennbare Milben saugen Zellen aus, v. a. am jungen Blattgewebe; hohe Luftfeuchte fördert die Vermehrung der Spinnentiere
Vorbeugen: ausreichende Pflanzabstände; Totalrückschnitt im Herbst
Bekämpfen: junge Triebknospen kontrollieren; bei Befall wiederholte Spritzungen mit Akarizid; intensive Benetzung der Pflanzen ist wichtig, die Milben sitzen versteckt in Knospen und Blattfalten der Pflanze

Wühlmäuse

Schadbild: stagnierendes Wachstum bis hin zu Totalausfällen; deutlich sichtbare Wühlgänge und Erdhaufen
Ursache: Mäusefraß an Wurzeln, Zwiebeln, Knollen und Rhizomen
Vorbeugen: Blumenzwiebeln in Pflanzkörben einsetzen; mäuseabweisende Pflanzen wie Knoblauch, Wolfsmilch oder Kaiserkronen zwischen die Stauden setzen
Bekämpfen: Fallen aufstellen; Giftköder mit Bedacht einsetzen, sie können auch andere Tiere schädigen; mehrere leere Weinflaschen schräg im Beet eingraben

Porträts

Ein Porträt zu erstellen heißt, ein Abbild zu schaffen. Im Folgenden werden unbekannte Pflanzen in Wort und Bild sichtbar, und bereits bekannte erscheinen in einem neuen Licht. Im Mittelpunkt stehen Herkunft, typische Merkmale und die wichtigsten Standortansprüche. Pflegemaßnahmen, passende Begleiter, geeignete Verwendung sowie verwandte Arten und Abkömmlinge runden die Steckbriefe ab. So entsteht ein plastisches Bild der Gewächse, ein abgerundetes Charakteristikum ihres Wesens.

Das Pflanzenporträt – ein Steckbrief

Ausführliche Porträts regen Gartenfreunde zum Studieren der Beschreibungen von Arten und Sorten an und wecken den Wunsch zum Ausprobieren.

Das Spektrum der genannten Arten umfasst normalerweise diejenigen Formen, die im Handel erhältlich sind. Gelegentlich werden auch Typen beschrieben, die sicherlich an Aktualität gewinnen werden.

Um möglichst viele verschiedene Arten vorstellen zu können, mussten manche attraktiven Varianten, speziell bei umfangreichen Gattungen, deren Sortimente in die Hunderte gehen, ausgelassen werden.

Aufbau der Porträts

Alle Porträts sind nach dem gleichen Muster aufgebaut: jeweils am Beginn zeigt ein Foto typische Merkmale der Pflanze, darunter sind vor allem die Symbole als Hinweise für eine Schnellsuche zu finden, anschließend folgt stichwortartig eine ausführliche Beschreibung der Pflanze.

Die Abbildungen

Die Aufnahmen der Pflanzen zeigen stets nur einige wenige Eigenschaften der Pflanzen, längst nicht alle; zumeist nur die Blüten in Form und Farbe und bei Blattschmuckstauden die Besonderheit der Blätter, mitunter auch eine exklusive Wuchsform, die spezielle Pflanzen in besonderem Maße aus-

zeichnet. Nicht in jedem Fall sind Porträt und Abbildung identisch. Gelegentlich werden stattdessen attraktivere Sorten oder besonders herauszustellende Verwandte dargestellt. Die Bildunterschriften geben den exakten Namen der abgebildeten Pflanze an.

Der Kopf der Porträts

Die Porträts folgen einem vorgegebenen Schema, damit man beim Querlesen bestimmte Eigenschaften sofort auffinden kann.

Deutscher Name: Die deutschen Bezeichnungen, auch volkstümliche Namen genannt, sind für eine Pflanze nicht immer einheitlich. Sie können regional und historisch gesehen äußerst unterschiedlich sein. Häufig gibt es mehrere volkstümliche Namen für ein und dieselbe Pflanze, hier werden jeweils der bekannteste oder zwei der wichtigsten Begriffe genannt. Manche, speziell exotische Pflanzen haben hingegen überhaupt keinen deutschen Namen.

Botanischer Name: Die Aufzählung der Porträts folgt, alphabetisch geordnet, den botanischen Namen. Diese sind der lateinischen Sprache entlehnt und entsprechen einem international vereinbarten Regelwerk. Botanische Namen sind über alle Ländergrenzen hinweg die gleichen, zudem werden sie stets in den Pflanzenkatalogen bevorzugt auf-

Bei *Euphorbia polychroma* weist der botanische Name bewusst auf die Vielfarbigkeit dieser Wolfsmilchart hin.

gelistet und wie hier im Buch in alphabetischer Ordnung vorgestellt. Für den Pflanzeneinkauf sollte man sie sich notieren. Viele Verkaufsverzeichnisse, auch im Internet, verzichten von vornherein auf den volkstümlichen Namen.

Blütezeit: Mit der Blütezeit wird nur der Zeitraum angegeben, in dem eine Pflanze blühen kann. Das bedeutet nicht, dass sich die Blüten monatelang in einem üppigen Blütenflor zeigen. Wetter und Ernährung können die Blütezeiten erheblich beeinflussen. Einzelblüten öffnen sich meist in deutlich kürzeren Fristen, manche Blüte sogar nur für einen Tag innerhalb des angegebenen Zeitabschnitts.

Höhe und Breite: Die hier genannten Werte bezeichnen das durchschnittliche Ausmaß der Pflanzen, das aber je nach Standort variieren kann. Bei vielen Gräsern ragen Blüten- und Fruchtstände über die Blatthorste hinaus, deshalb gibt es dort zwei durch Schrägstrich getrennte Höhenangaben. Die erste bezeichnet die Höhe der Blatthorste, die zweite die Höhe der Blütenstände. An der Breite sollte man sich für die richtigen Pflanzabstände orientieren.

Die Beschreibungen

Herkunft: Jede Pflanze hat ein spezielles, geographisches Heimatgebiet, in dem sie in bestimmten Bereichen, etwa im Tiefland oder in Berglagen, schwerpunktmäßig vorkommt.

Wuchs: Die Pflanzen folgen stets einem vorgegebenen Bauschema. Das Wuchsbild ist genetisch festgelegt, es wird indessen ebenso wie alle übrigen Eigenschaften durch klimatische Bedingungen beeinflusst.

Blüte: Mit ergänzenden Beschreibungen werden die Blüteneigenschaften, die in den oben stehenden Bildern zu sehen sind, weiter charakterisiert oder ergänzt.

Blatt: Hier finden sich Darstellungen zu den Blattformen, zur Blattfarbe in den diversen Grüntönen, zum Blattglanz sowie zur Belaubungsdauer, ob sich die Pflanzen sommer-, winter- oder immergrün verhalten. Dazu kommen Hinweise zum Austrieb oder gegebenenfalls zur Herbstfärbung.

Standort: Diese Daten geben die Bedürfnisse der Pflanzen wieder: die Lichtansprüche, die Temperaturen, bei denen sie sich wohl fühlen, die Widerstandsfähigkeit gegen Frost, die Feuchtigkeitsstufen, in denen sie gut gedeihen und die Bodeneigenschaften. Auf letztere wird besonderes Augenmerk gelegt. Soll der Boden leicht oder schwer sein, mineralisch oder eher humos, nährstoffarm oder -reich? Auch sonstige, für die Gartenkultur bedeutungsvolle Eigenschaften werden genannt, z. B. die Windempfindlichkeit.

Pflege: Die Fingerzeige zur Pflege sind keinesfalls ein Muss. Sie sollen nur Empfehlungen darstellen, um ein ansehnliches Pflanzen- oder Wuchsbild zu erzielen. Manche Pflanzen bevorzugen es, wenn man sie in Ruhe lässt, andere wiederum brauchen ständig Zuwendung, um dauerhaft blühen zu können.

Vermehrung: Für Pflanzenliebhaber, die ihre Pflanzen selbst vermehren oder ihre Nachbarn mit Ablegern bedenken wollen, sind das nur Tipps, wie man am besten zu neuen Gewächsen kommt. Oft jedoch ist die Vermehrung sogar für Profis so aufwendig, dass man besser den Gärtnern das Feld überlässt.

Verwendung: Aus der Fülle der Verwendungs- und Gestaltungsmöglichkeiten werden jeweils nur die Erfolg versprechenden genannt. Der Fantasie sind fast keine Grenzen gesetzt, wie man Pflanzen anderweitig einsetzen kann. Jede Pflanze lässt sich auch unter einem anderen Blickwinkel verwenden. Nur

sollte man die Experimentierlust nicht zu sehr übertreiben, die Anforderungen an den Standort legen uns entsprechende Beschränkungen auf.

Partner: Die Pflanzen kommen dann besonders zur Geltung, wenn man ihnen Partner hinzu gesellt, die sie nach Wuchsform, Blütenfarbe und -zeit unterstützen und ergänzen. Voraussetzung sind jeweils die gleichen Standortbedingungen der Partnerpflanzen, damit sich die Gegenspieler besser vertragen. In dieser Rubrik sind immer nur einige wenige der möglichen Begleiter genannt, sie sollen nur Anhaltspunkte darstellen.

Sorten/Verwandte: Fast zu allen Pflanzenarten gibt es Sorten, d. h. Abweichungen von der Normalform. Dies können Farb- oder Wuchsvarianten sein, ebenso Abweichungen des Laubwerks und veränderte Verhaltensweisen. Die Auswahl berücksichtigt zumeist die Ergebnisse der Staudensichtung des Bundes deutscher Staudengärtner.

Hinweise: Hier werden Eigenschaften genannt, die sich in keine der vorhergehenden Kategorien einreihen lassen.

VERWENDETE SYMBOLE

 Die Pflanze mag es sonnig, zumindest aber hell.

 Die Pflanze verträgt auch Halbschatten.

 Die Pflanze gedeiht auch bei stärkerer Beschattung.

 Die Pflanze ist als Schnittblume geeignet.

 Die Pflanze enthält giftige oder hautreizende Stoffe.

 Die Blüte zeichnet sich durch einen besonderen Duft aus.

Die Blätter der Pflanze entfalten ein spezielles Aroma.

Ein- und Zweijährige

EINJÄHRIGE PFLANZEN finden sich zwar schon seit dem Mittelalter in den Heilkräuter- und Küchengärten. Aber

Endloses Blühen und bunte Farben: der Sommerflor – ein Glanzstück des Gartenjahres

erst mit der Entdeckung Amerikas wurden die europäischen Gärten mit einer neuartigen Buntheit und Vielfalt bislang noch nie gesehener Pflanzen überflutet. Heute gehören sie zum unverzichtbaren Repertoire von Gartenschauen und städtischen Anlagen. Für diese Pflanzengruppe gibt es viele Bezeichnungen – Einjahrsblumen, Ein- und Zweijährige, Sommerblumen, Sommerflor, Wechselflor. Sie meinen alle dasselbe: kurzlebige bunte Gewächse für Beet, Kübel und Balkon. Als echte Einjährige gelten nur jene Pflanzen, die in einer Vegetationsperiode ihre gesamte Entwicklung durchlaufen und im Herbst absterben, etwa die Sommeraster und die Spinnenblume. Das Etikett Sommerblumen ist ein übergeordneter Begriff, denn dazu zählen auch ausdauernde Pflanzen aus südlichen Ländern: tropische Bäume, exotische Sträucher, Stauden und Kletterpflanzen, die sich in ihren Heimatländern als langlebig präsentieren. Hierzulande ist ihr Dasein angesichts ihrer Frostempfindlichkeit in unseren ausgeprägten Wintern zwangsläufig einjährig. Manche sterben sogar schon ab, wenn es zwar kalt, aber noch nicht frostig ist, wie Rizinus. *Ageratum*, *Lantana* oder Heliotrop entdeckt man in ihrer mittelamerikanischen Heimat als strauchartige Gewächse, die südamerikanische *Lobelia fulgens* oder *Verbena bonariensis* stellen den Übergang zu normalen Stauden her.

Ageratum houstonianum 'Blue Horizon'

Alcea rosea

Leberbalsam
Ageratum houstonianum

BLÜTEZEIT: Mai – Oktober
HÖHE: 15–80 cm, **BREITE:** 20–40 cm

Herkunft: subtropisches und tropisches Mexiko und Mittelamerika; an Felshängen
Wuchs: halbkugelförmig, gedrungen oder aufrecht, vieltriebige Staude
Blüte: doldenähnlich, mit runden, fedrigen Blütenköpfchen; in lilablauen, weißen, rosa oder purpurroten Variationen; die Blütezeit dauert bis zum ersten Frost
Blatt: rautenförmig bis rundlich
Standort: sonnig bis schattig; warm; Pflanze nicht frosthart; in durchlässiger, frischer, aber nicht zu nasser und zu schwerer Gartenerde
Pflege: bei längerer Trockenheit gießen; verblühte Blütenstände ausschneiden
Vermehrung: Aussaat, Stecklinge
Verwendung: für Wechselflor; für Töpfe, Kästen, Staudenrabatten, Grabbepflanzung; als Schnittpflanze
Partner: Beetstauden, andere Wechselflorarten und -sorten
Sorten/Verwandte: ca.15–30 cm hohe Beetsorten, meist mit gedrungenem Wuchs:
• 'Anja White', weiße Schnittsorte
• 'Blaue Donau', lavendelblau
• 'Hawaii'-Serie in Rosa, Weiß und Blau
• 'Hellas', mittelblau mit weißem Auge 45–70 cm hohe Sorten für Beet und Schnitt, mit langen festen Stielen:
• 'Blue Horizon', mittelblau
• 'Red Sea', purpurrot bis rosa
• 'Schnittperle', tief dunkelblau

Stockrose, Stockmalve
Alcea rosea

BLÜTEZEIT: Juli – September
HÖHE: 60–250 cm, **BREITE:** 60–90 cm

Herkunft: ursprünglich in Wermut-Federgras-Steppen Zentralasiens, in Mitteleuropa in Ruderalflächen verwildert
Wuchs: hoch aufragend, meist zweijährig oder als kurzlebige Staude
Blüte: weit geöffnete, becherförmige Malvenblüte, in vielen bunten Farbtönen, einfach oder ballförmig gefüllt
Blatt: langgestielte, etwas gelappte, bis 20 cm große Blattspreiten; mattgrün
Standort: sonnig, warm; windgeschützt; tiefgründiger, frischer, nicht zu trockener Gartenboden; durchlässiger, sandiger Lehm; Pflanze ist mäßig frosthart
Pflege: hochwüchsige Sorten stützen; weiter Pflanzabstand von 60–90 cm, sonst Gefahr durch Befall mit orangerotem Malvenrost, der die Blätter rasch vergilben lässt, Nachbarpflanzen sollten deutlich niedriger sein, damit Luft an die Blütenschäfte kommt, befallene Pflanzenteile stets absammeln; Rückschnitt der Triebe Ende September, bevor sich die letzten Blüten öffnen, fördert den Neuaustrieb im kommenden Jahr; vorkultivierte Pflanzen im April für den Sommerflor oder im Spätsommer für die nächstjährige Blühsaison setzen
Vermehrung: Aussaat direkt ins Freiland, sät sich dann immer wieder selber aus und blüht jeweils im Folgejahr
Verwendung: im Bauerngarten, am Gartenzaun, als Wechselflor, in Rabatten; als Schnittblume

Partner: alle Sommerblumen, *Anthemis* 'Wargrave', *Centranthus ruber*, *Geranium*-Sorten, *Phlox paniculata*, *Sedum* 'Herbstfreude' und Rosen
Sorten/Verwandte: Formen mit kompletter, perfekter Blütenfüllung:
• 'Chater's Double' (Prachtmalven), alte Bauerngartensorte mit pomponartiger Blütenfüllung in vielen Farbtönungen
• 'Chater's Double Mixed', eine Serie mit vielen bunten Farben
• 'Majorette', 60–80 cm hoch; nostalgisch bunte Spielformen; halbgefüllt
• 'Newport Pink', silbrig rosa
• 'Nigra Plena', schwarzpurpur, gefüllt
• 'Scarlet', leuchtend karminrot, Schalenblüten einfach
• 'Indian Spring', Mischung mit weißen, rosa und roten Tönungen
• 'Lemon Light', hellgelb; robust
• 'Nigra', samtig schwarzpurpur
• *Alcea* Ficifolia-Gruppe (Feigenblatt-Stockmalven), Zweijährige oder kurzlebige Stauden, 150–200 cm; Formen mit großen schalenförmigen Blüten, oft nur in Mischungen mit vielen Farben angeboten; Blätter tief handförmig gelappt, mattgrün, weniger anfällig gegen Malvenrost, säen sich gerne aus
• *Alcea* 'Parkallee',160 cm; cremegelb, lange blühend; ausdauernd, sehr gesund
• *Alcea* 'Parkrondell', 140 cm; rosa, halbgefüllt; ausdauernd, sehr gesund
• *Alcea rugosa* (Gelbe Stockrose), Wildform aus Südrussland; meist nur 120–170 cm hoch, eintriebig; schöne Trichterblüten, zitronengelb, Blütezeit Juli bis August/Anfang September

Begonia semperflorens 'Super Olympia Rosa'

Eis-Begonie, Sommer-Begonie
Begonia Semperflorens-Gruppe

BLÜTEZEIT: Mai – Oktober
HÖHE: 15–40 cm, **BREITE:** 20–40 cm

Herkunft: die Elternarten stammen aus feuchtwarmen Regenwäldern Brasiliens
Wuchs: tropische Staude, hierzulande einjährig; je nach Sorte niedrig buschig oder locker aufrecht, mit brüchigen, verästelten Trieben und Blütenstängeln
Blüte: fast scheibenförmig, meist einfach blühend oder auch gefüllt; weiß, verschiedene Rosa- und Rottöne; Dauerblüher
Blatt: brüchig; asymmetrisch herzförmig; glänzend grün oder braun
Standort: lichtschattig bis halbschattig, nur bei gleichmäßig feuchtem Boden in voller Sonne möglich; in jedem nährstoffreichen, nicht zu schweren Gartenboden, Pflanze ist nicht frosthart
Pflege: bei Trockenheit wässern
Vermehrung: Aussaat
Verwendung: als Flächenpflanze, für Topfkultur, für die Grabbepflanzung, im Wechselflor

Partner: niedrige *Cosmos bipinnatus, Impatiens walleriana, Iresine herbstii, Lobelia × speciosa, Torenia fournieri*
Sorten/Verwandte: grünlaubige Sorten:
• 'Juwel', Serie mit großen Einzelblüten, früh blühend, ein- oder zweifarbig
• 'Super Olympia', Serie mit glänzend grünem Laub, dicht und gleichmäßig bestockte Pflanzen; große Blüten in Weiß, diversen Rosatönen, Lachsorange und Rot; niedrige, meist nur 15–20 cm hohe Formen, die als sehr robust gelten
Sortimente mit brauner Belaubung:
• 'Eureka Bronze', Serie mit glänzend braunen Blättern; Blüten weiß bis rot
• 'Globe', braunlaubig; bis 20 cm
• 'Senator', kompakt kugeliger Wuchs; Blätter fast schwarzbraun, 20 cm
*Begonia Elatior-*Gruppe (Großblumige Begonien), gedrungene, fleischig wirkende Begonien, üppige, meist gefüllte Blüten in vielen Farben, auch zweifarbig; nur an Plätzen mit lichtem Schatten, da Formen sonnenempfindlich:
• 'Charisma', meist 20–25 cm hoch, grünlaubige Serie mit intensiven Farben, rosa, scharlachrot, lachsorange
Begonia Tuberhybrida-Gruppe (Knollen-Begonien), die großblütigen Sortimente unterscheiden sich sowohl nach Blütenfüllung (einfach, halbgefüllt, vollgefüllt) als auch nach Wuchseigenschaften (gedrungen aufrecht oder locker überhängend), Vermehrung durch Teilen der Knollen möglich:
• 'Illumination', prachtvolle Hänge-Begonien, ideal für Ampeln, kaskadenartig überhängend, Blüten locker halbgefüllt, überreich blühend
• 'Nonstop', Serie mit dicht gefüllten, fast ballförmigen Blüten, meist weiß, rosa und rot gefärbt, zudem gelbe, orange und lachsfarbene sowie zweifarbige Typen
• 'Ornament', dunkellaubig, kräftige Farben in Goldgelb, kupfrig Orange, Rosa, leuchtend Rot und dunkel Scharlachfarben
• 'Panorama', schöne, starkwüchsige Ampelbegonie; halbgefüllte Blüten
• 'Pin Up', Höhe 20–25 cm; großblütige, zweifarbige Sorten in Weiß mit karminrosa Saum oder Gelb mit orangerotem Rand, Blütenblätter leicht gekräuselt

Bellis perennis

Bidens ferulifolia 'Golden Star'

Calendula officinalis

Maßliebchen, Tausendschön
Bellis perennis

BLÜTEZEIT: März – Juni
HÖHE: 10–20 cm, **BREITE:** 15–25 cm

Herkunft: die Ausgangsform, das Gewöhnliche Gänseblümchen, kommt hierzulande überall als Wiesenpflanze vor
Wuchs: zweijährig, locker rosettenartig wachsende Pflanze mit zahlreichen aufrechten Blütenstängeln
Blüte: Strahlenblüten, je nach Sorte mehr oder weniger dicht gefüllt, in Weiß, Rosa und Karminrot
Blatt: spatelförmig; dunkelgrün
Standort: sonnig; warm; für frische, nährstoffreiche, sandig-lehmige Böden; Pflanze nur mäßig frosthart
Pflege: in kalten Lagen am besten im zeitigen Frühjahr pflanzen, sonst Herbstpflanzung; bei Frühjahrstrockenheit regelmäßig gießen, an extrem kalten Plätzen im Winter abdecken
Vermehrung: Aussaat oder Teilung
Verwendung: als Beeteinfassung, für Grabbepflanzungen, im Frühlingsgarten und im Frühjahrswechselflor, in Töpfen
Partner: *Myosotis* und *Viola*-Varianten, *Narcissus*- und *Tulipa*-Sorten
Sorten/Verwandte: es gibt Sortimente mit einfachen Strahlenblüten oder mit pomponartig dicht gefüllten Blüten, alle rot, rosa oder weiß, z.B.:
- 'Habanera', großblütige Sorten mit gefüllten, strahlenförmigen Blüten
- 'Pomponette', Serie reichblühender Sorten, ballförmige Pomponblüten
- 'Super Enorma', mit kugeligen Riesenblüten

Gold-Zweizahn, Goldmarie
Bidens ferulifolia

BLÜTEZEIT: Juli – September
HÖHE: 25–60 cm, **BREITE:** 50–100 cm

Herkunft: südliche USA und Mexiko; in Halbwüsten, grasig-steinige Hänge
Wuchs: subtropische Staude, hierzulande einjährig; breitwüchsig bis locker überhängend
Blüte: margeritenähnlich, Randblüten hellgelb, Mitte dunkler; duftend; auf drahtartigen, dünnen, reichblütigen Blütenstielen
Blatt: immergrüne, farnartig gefiederte Blättchen mit transparenter Wirkung
Standort: sonnig; warm; mäßig trocken bis frisch, nicht nass; Boden durchlässig, sandig-lehmig, aber nicht zu schwer; Pflanze nicht frosthart
Pflege: erste Blütenknospen auskneifen, um buschigen Wuchs mit mehr Blüten zu erzielen; Verblühtes regelmäßig ausschneiden; große Pflanzen vertragen Rückschnitt bis auf gut die Hälfte
Vermehrung: Stecklinge; Aussaat
Verwendung: im Wechselflor, als Flächenpflanzung in Rabatten, in Töpfen
Partner: *Ageratum houstonianum*, *Lobelia erinus*, *Salvia farinacea*, *Tagetes patula*, *Verbena peruviana*- und *Zinnia*-Sorten
Sorten/Verwandte:
- 'Peter's Gold Carpet', ausgebreitet und schön flach wachsend; orangegelb
- 'Pirate's Treasure', halbgefüllt
- 'Smiley', bis 60 cm hoch; goldgelb
- 'Yellow Glow', flach- und breitwüchsig, 25–35 cm; Blüten groß, sattgelb

Garten-Ringelblume
Calendula officinalis

BLÜTEZEIT: Juni – Oktober
HÖHE: 20–50 cm, **BREITE:** 30–40 cm

Herkunft: nur in Kultur bekannt, wird schon seit 800 Jahren als Heilpflanze angebaut
Wuchs: locker buschig aufrecht, einjährig oder gelegentlich zweijährig; Stängel oft schiefwüchsig und brüchig
Blüte: scheibenförmige Blütenköpfe, nachts geschlossen; Randblüten hellgelb, goldgelb oder orangefarben, Mitte braunviolett oder fast schwarz gefärbt, einfach oder gefüllt
Blatt: oval bis lanzettlich; mattgrün
Standort: Sonne bis lichter Schatten; warm; auf frischen, nährstoffreichen, nicht zu schweren Böden
Pflege: Blühdauer nur 4–6 Wochen, durch regelmäßige Nachpflanzungen verlängert sich die Blütezeit bis Oktober; abgeblühte Blütenstände ausschneiden; unerwünschte Sämlinge entfernen
Vermehrung: Aussaat
Verwendung: Wechselflor, in Töpfen, im Bauerngarten, in Rabatten
Partner: *Campanula medium*, *Heliotropium arborescens*, *Salvia*-Sorten
Sorten/Verwandte:
- 'Calypso', kleinwüchsige, aber großblütige Serie mit gefüllten Blüten, Mitte schwarz
- 'Little Ball', besonders niedrige Sorten
- 'Princess', hochwüchsige Formen mit großen halbgefüllten Blüten, Mitte scheibenförmig, schwarz oder grünlich
Hinweis: alle Pflanzenteile aromatisch

Callistephus chinensis 'Standy Hellblau'

Campanula medium 'Karminrosa'

Sommeraster
Callistephus chinensis

BLÜTEZEIT: Juni – Oktober
HÖHE: 30–80 cm, **BREITE:** 20–40 cm

Herkunft: China; in schütteren Wiesen
Wuchs: locker buschig; oft standschwach
Blüte: scheibenförmige Blütenköpfe,
feinstrahlige oder zungenförmige Randblüten, meist halbgefüllt oder halbkuge-
lig gefüllt, auch einfach margeritenähnlich in Weiß, Gelb, Apricot, Blau, Lila,
Violett, Rosa und Karmin- sowie Purpurrot, Mitte gelb oder grünlichgelb
Blatt: lanzettlich; dunkelgrün
Standort: sonnig; warm; Boden frisch
bis feucht, nährstoffreich, lehmig-
humos, aber nicht zu schwer; Pflanze
nicht frosthart
Pflege: Verblühtes ausschneiden, um
die Verzweigung und den Blütenreichtum zu fördern; hochwüchsige Sorten
stützen; anfällig für Asternwelke, deshalb jedes Jahr den Pflanzort wechseln;
Pflanzabstand 20–40 cm
Vermehrung: Aussaat direkt ins Beet
Verwendung: für Wechselflor, Rabatten,
Töpfe und Schalen; als Schnittblume
Partner: *Ammi majus, Antirrhinum
majus, Cleome spinosa, Cosmos bipinnatus, Pennisetum villosum, Penstemon,
Verbena bonariensis, Verbena-* und *Zin-
nia-*Sorten
Sorten/Verwandte: niedrige Sorten,
meist 15–35 cm hoch, speziell für die
Topfkultur zu empfehlen:
• 'Colour Carpet', bis 20 cm, kugeliger
  Wuchs; Blüten groß, gefüllt, in klassi-

schen Sommeraster-Farben Weiß,
Rosa, Karminrot und Blauviolett
• 'Mylady', 25–30 cm, Sortiment mit
  kugeligen, dicht gefüllten Blüten
• 'Pinocchio', 20–25 cm; Blüten klein,
  halbgefüllt, spät blühend, Mitte gelb
• 'Starlight', bis 30 cm, kompakter
  Wuchs; feine strahlenförmige, fast
  fadenförmige Randblüten, elegante
  Blütenform; Sorte ist sehr widerstands-
  fähig gegen Asternwelke
Halbhohe Sorten, 40–70 cm, vieltriebig:
• 'Amadeus', 55–70 cm, größere Serie
  mit halbgefüllten Blüten in kupfrigem
  Orange, Hellgelb, dunkel Purpurrot, mit
  gelber Mitte
• 'Matsumoto', dicht buschig, aufrecht,
  50–60 cm; halbgefüllt, Mitte gelb
• 'Nevita', meist 50–60 cm hoch; feste
  Blütenstängel, gefüllt, in vielen Farben;
  widerstandsfähig gegen Asternwelke
• 'Paeonie'-Aster, 50–60 cm hoch, reich
  verzweigt; dicht gefüllt, Mitte weiß
• 'Uni', 55–65 cm; einfache Blüte, margeritenähnlich, in klassischen Farben
Hohe Sortimente, 80–120 cm Höhe,
häufig langstielige Sorten, die oft eine
Stütze brauchen:
• 'Germania', 90–100 cm, langstielig,
  straff aufrecht; spät blühend
• 'Nadel'-Serie, 80 cm; späte Blüte, fast
  fadenförmige dünne Randblüten;
  widerstandsfähig gegen Asternwelke
• 'Mona', 80 cm; halbgefüllt, viele Farben; widerstandsfähig gegen Asternwelke
• 'Standy', 70–80 cm, gefüllt, in vielen
  rosa und blauen Tönungen, Mitte weiß
  und gelb, resistent gegen Asternwelke

Marien-Glockenblume
Campanula medium

BLÜTEZEIT: Juni – Juli
HÖHE: 50–90 cm, **BREITE:** 40–50 cm

Herkunft: Südeuropa, seit über 500 Jahren in der europäischen Gartenkultur
Wuchs: zweijährige Pflanze mit aufrechten, sich rau anfühlenden, locker beblätterten, buschigen Blütentrieben
Blüte: große bauchige Blütenbecher, oft
seitwärts gerichtet, z.T. mit großen, doppelten Blütenglocken; violettblau, aber
auch rosa und weiße Variationen bekannt; gefüllte Formen sind selten
Blatt: breitblättrige Grundrosette, Stängelblätter lanzettlich; dunkelgrün
Standort: sonnig bis halbschattig;
warm, windgeschützt; Boden frisch bis
feucht, aber nicht nass, nährstoffreich,
lehmig, neutral bis alkalisch; Pflanze
meist frosthart
Pflege: Herbstpflanzung empfehlenswert, im Spätherbst mit Reisig abdecken; bei Frühjahrspflanzung blühen die
Pflanzen nicht zuverlässig; hohe Sorten
stützen
Vermehrung: Aussaat im Sommer für
die Blüte im nächsten Jahr
Verwendung: im Wechselflor, im Bauerngarten, in Rabatten oder in Töpfen;
als Schnittblume
Partner: zu Beet- oder Alten Rosen,
*Calendula officinalis, Dianthus barbatus,
Matthiola incana, Salvia splendens*
Sorten/Verwandte:
• 'Champion', kleine Serie, vielfach ver-
  zweigt, blüht bereits im ersten Jahr
• 'Calycanthema', mit doppelten Blüten

Cleome spinosa 'Helen Campbell'

Cobaea scandens

Cosmos bipinnatus 'Sonata White'

Spinnenblume
Cleome spinosa

BLÜTEZEIT: Juli – Oktober
HÖHE: 60–150 cm, **BREITE:** 70–95 cm

Herkunft: tropisches Südamerika, Westindische Inseln und Hawaii, in feuchten Wiesen und an Ackerrändern
Wuchs: transparent und hochragend, einjährig, mit großen, ständig länger werdenden Blütenköpfen
Blüte: breit traubenförmige, lockere Blütenstände mit weißen, rosa, karminroten oder violetten Blüten, weit herausragende Staubgefäße; duftend
Blatt: fingerförmig zerteilt; mattgrün, stark drüsig klebrig, an der Unterseite stachelig
Standort: sonnig; warm, sommerliche Kälte hemmt das Wachstum; Boden gleichmäßig frisch, aber nicht nass, schwach sauer bis schwach alkalisch, nährstoffreich, humos, sandig-lehmig
Pflege: hohe Sorten stützen, da alle Pflanzenteile brüchig sind
Vermehrung: Aussaat
Verwendung: im Wechselflor mit niedrigen Partnern, in Staudenrabatten
Partner: *Callistephus chinensis, Cosmos bipinnatus, Crinum powellii, Dahlia*-Sorten, *Pennisetum villosum* und *Zinnia elegans*
Sorten/Verwandte:
• 'Helen Campbell', reinweiß
• 'Kirschkönigin', intensiv karminrosa
• 'Rosakönigin', rosa, im Verblühen weiß
• 'Violettkönigin', tiefviolett
• 'Sparkler', gedrungen wachsende Sorten, 45–60 cm

Glockenrebe
Cobaea scandens

BLÜTEZEIT: Juli – Oktober
HÖHE: 300–500 cm

Herkunft: Mexiko, Auenwälder
Wuchs: mehrjährige tropische Liane, in gemäßigten Zonen nur einjährig als rankende Kletterpflanze gezogen, an Wänden und Gehölzen dicht mattenartig wachsend, überdeckt weite Wandflächen
Blüte: große nickende Glocken; zuerst hell bläulichgrün, später violett
Blatt: immergrün; gefiedert, das Endblatt ist in eine gegabelte Ranke umgewandelt; dunkelgrün, gelegentlich bronzebraun
Standort: voll sonnig bis lichtschattig; idealerweise nachmittags im Schatten; warm, windgeschützt; Boden frisch bis feucht; Pflanze ist empfindlich gegen Trockenheit; Substrat humus- und sehr nährstoffreich, lehmig
Pflege: regelmäßig wässern und düngen
Vermehrung: Aussaat, Stecklinge
Verwendung: klettert ohne Spalier an rauem Putz, sonst an Zäunen, Pergolen, an Spalieren mit dünnen massiven Streben; im temperierten Wintergarten auch als mehrjährige Pflanze
Partner: Zierbäume als Unterlage
Sorten/Verwandte:
• 'Alba', Blüten anfangs grünlich weiß, später reinweiß aufblühend
• 'Violette Glocken', purpurviolette Blüten, reichblühend
Hinweis: die Blüten der Glockenrebe werden in den Tropen von Fledermäusen bestäubt

Schmuckkörbchen, Kosmee
Cosmos bipinnatus

BLÜTEZEIT: Juli – Oktober
HÖHE: 30–120 cm, **BREITE:** 50–80 cm

Herkunft: südliche USA, Mexiko bis Mittelamerika, Wiesen, Flussufer, Äcker
Wuchs: breit- und hochwüchsige Einjährige mit kräftigen Trieben
Blüte: scheibenförmig, handtellergroß; intensive, kalte Farben, Mitte gelb
Blatt: filigranes, fedrig fadenförmiges, dunkelgrünes Laub mit sehr feiner Textur
Standort: sonnig, aber auch heller Schatten; warm, windgeschützt; Boden frisch bis feucht, schwach sauer bis schwach alkalisch, eher mageres, gut dräniertes sandig-lehmiges Substrat
Pflege: hohe Sorten stützen; ständiges Ausknipsen verblühter Blütenstände verlängert die Blütezeit bis zum Frost; nicht zu kräftig düngen, sonst blühen die Pflanzen nicht
Vermehrung: Aussaat
Verwendung: niedrige Sorten in Töpfen, für Wechselflor und Staudenrabatten
Partner: *Antirrhinum majus, Callistephus chinensis, Penstemon*-Sorten, *Verbena bonariensis, Zinnia elegans*-Sorten
Sorten/Verwandte:
• 'Daydream', zweifarbig, weiß, Mitte rosa
• 'Deep Rose', auffallend karminrot
• 'Picotee', Zungenblüten weiß, Saum rosa
• 'Sea Shells', mittlere Höhe, 70–90 cm, Serie mit tütenförmigen Blütenblättern
• 'Sonata', kompakte Typen, 30–60 cm
• 'Unschuld', reinweiß, großblütig

Heliotropium arborescens

Hordeum jubatum

Impatiens walleriana

Vanilleblume
Heliotropium arborescens

BLÜTEZEIT: Mai – September
HÖHE: 30–80 cm, **BREITE:** 25–40 cm

Herkunft: Peru, küstennahe steinige Abhänge und Bergwiesen in den Anden
Wuchs: breit, buschig, immergrüner Halbstrauch, hierzulande einjährig kultiviert; wird auch als Hochstämmchen gezogen
Blüte: doldenähnlicher, halbrunder Blütenstand; helllila, dunkelblau bis violett; duftet stark nach Vanille
Blatt: dunkelgrüne, gerunzelte Blätter
Standort: sonnig; warm, geschützt, da Pflanze windempfindlich; gleichmäßig feucht, da Pflanze sehr empfindlich gegen Trockenheit und Nässe ist; nährstoffreiche, durchlässige sandig-lehmige Gartenböden; Pflanze ist nicht frosthart (geht bereits bei +5 °C ein)
Pflege: verblühte Dolden ausschneiden
Vermehrung: Aussaat, Stecklinge
Verwendung: für Wechselflor; als Topfpflanze
Partner: *Argyranthemum frutescens, Cosmos sulphureus, Gazania rigens, Tagetes-* und *Zinnia*-Sorten
Sorten/Verwandte:
• 'Blaues Wunder', dunkelblau, niedrig
• 'Gruppenkönigin', hochwüchsige Sorte, bis 60 cm, samtig dunkelviolett
• 'Mini Marine', violettblau, kompakt
• 'Schloss Ahrensburg', helleres Bla
weiß blühende Sorten sind nicht empfehlenswert, da sie beim Verblühen schmutzig aussehen
Hinweis: in allen Teilen giftig

Mähnen-Gerste
Hordeum jubatum

BLÜTEZEIT: Juni – August
HÖHE: 40–70 cm, **BREITE:** 40–50 cm

Herkunft: Nordamerika; steinig-kiesige Bergwiesen, in Prärien, an Wegrändern
Wuchs: in der Heimat als horstartiges Gras, buschig aufrecht mit einer Fülle großer, farbiger Ähren, hierzulande meist als Einjährige verwendet, Halme bis oben beblättert
Blüte: nickende, bis 10 cm lange Ähren; anfänglich grünsilbrig, mit zunehmender Reife färben sich die langen Grannen gelblich-rosa bis bronzeviolett
Blatt: schmale und flache, linealische, mattgrüne, weichhaarige Blattspreiten
Standort: sonnig; warm; Boden mäßig trocken bis frisch, neutral bis alkalisch, durchlässiger, sandig-steiniger Lehm; salzverträglich; Pflanze ist wenig frosthart
Pflege: überdauern die Grasschöpfe einen milden Winter, muss man die Horste ab März bis zum Boden zurückschneiden, sie treiben wieder gut durch und bringen viele neue Ähren
Vermehrung: Teilung, Aussaat
Verwendung: in Gruppen, für Wechselflor, im Steingarten, Gräsergarten, Steppengarten, in Rabatten; getrocknete Ähren lassen sich einfärben und floristisch verwenden
Partner: *Amaranthus caudatus, Bassia scoparia, Centhranthus ruber, Cosmos sulphureus, Penstemon-*Sorten, *Rudbeckia hirta,* hohe *Sedum*-Arten, *Verbena bonariensis*

Fleißiges Lieschen, Garten-Balsamine
Impatiens walleriana

BLÜTEZEIT: Mai – Oktober
HÖHE: 10–30 cm, **BREITE:** 20–40 cm

Herkunft: vom tropischen Afrika bis zu den indonesischen Inseln, Neuguinea; in Tiefland-Regenwäldern
Wuchs: breitwüchsige, gedrungene tropische Staude mit fleischigen Trieben
Blüte: scheibenförmig, in leuchtenden Farben wie Weiß, Rosa, verschiedene Rottöne, auch Orange, Lila und Violett, mitunter innen sternförmig weiß gefleckt oder mit Auge
Blatt: matt- oder frischgrün
Standort: halbschattig; warm; Boden frisch bis feucht, nicht zu trocken, nährstoffreiches, durchlässiges Substrat
Pflege: regelmäßiges Entspitzen der Triebe fördert gedrungenen Wuchs
Vermehrung: Aussaat, Stecklinge
Verwendung: Wechselflor, Topfpflanze
Partner: *Begonia-* und *Fuchsia*-Sorten, *Torenia fournieri, Mimulus*-Sorten
Sorten/Verwandte:
• 'Accent Star', Serie mit gesternten Blüten
• 'Cajun', Serie reichblühender, niedrig wachsender Sorten, prächtiges Kolorit
• 'Expo', hübsche Sorten, z.T. mit Auge
• 'Fiesta', gefüllt blühende Sorten
• 'Impuls', großblumig; buntes Sortiment
• *Impatiens* Neu-Guinea-Gruppe (Edellieschen), tropische Stauden mit großen, einfachen oder gefüllten Blüten in leuchtenden Farben von Weiß, Rosa bis Rot und Violett; die Blätter sind glänzend dunkelgrün oder bronzerot getönt

Ipomoea tricolor 'Heavenly Blue'

Iresine herbstii

Lathyrus odoratus

Purpur-Trichterwinde

Ipomoea purpurea

BLÜTEZEIT: Juni – September
HÖHE: 200–500 cm

Herkunft: tropisches Amerika; in Auengebüschen und feuchtem Ödland
Wuchs: kletternde Staude, hierzulande nur einjährig verwendbar; schnellwüchsig schlingend
Blüte: weit geöffnete Trichter, die sich morgens öffnen und mittags schon wieder schließen; in vielen Farben, häufig mit weißem Schlund
Blatt: herzförmig, weichhaarig; mattgrün
Standort: sonnig, warm, geschützt, da Pflanze windempfindlich; Boden frisch bis feucht, nicht zu trocken; nährstoffreich, humos, sandig-lehmig bis lehmig; Pflanze ist nicht frosthart
Pflege: in Trockenperioden regelmäßig gießen; nicht zu oft düngen, sonst bilden sich keine Blüten, sondern ausschließlich Blätter
Vermehrung: Aussaat
Verwendung: an Zäunen, Pergolen und Spalieren, in Töpfen mit Kletterhilfen
Sorten/Verwandte:
• 'Crimson Rambler', karminrot mit Weiß
• 'Star of Yelta', intensiv dunkelviolettblau, Schlund karminrosa, Mitte weiß
• *Ipomoea tricolor* (Prunkwinde) mit vielfarbigen Trichterblüten
• 'Grandpa Ott', violett, dunkel gestreift
• 'Heavenly Blue', klares, leuchtendes Blau
• 'Scarlett O'Hara', karminrot, Mitte weiß
Hinweis: alle Pflanzenteile sind giftig

Papageienblatt, Blutblatt

Iresine herbstii
(= *Pharbitis purpurea*)

BLÜTEZEIT: entfällt
HÖHE: 20–45 cm, **BREITE:** 20–30 cm

Herkunft: Brasilien, tropische Wälder
Wuchs: immergrüne exotische Staude oder mittelhoher Strauch, hierzulande als niedrige einjährige Blattschmuckpflanze
Blüte: unscheinbar in grünlich-weißen Rispen; selten bis nie
Blatt: Triebe, Blattstiele und -adern karminrot, die herzförmigen bis breit elliptischen Blattspreiten sind glänzend grün, oft rosa überhaucht
Standort: in der Sonne färben die Blätter am besten aus, günstig ist jedoch etwas Schutz vor der Nachmittagssonne; warm, Pflanze nicht frosthart, luftfeucht; Boden frisch bis feucht, nicht zu trocken, Substrat sauer bis neutral, nährstoffreich, humos, durchlässig und lehmig
Pflege: regelmäßige Düngung, häufiges Einkürzen der Triebe bringt dicht buschige, üppig belaubte Pflanzen hervor
Vermehrung: durch Stecklinge
Verwendung: Wechselflor, für Töpfe
Partner: *Begonia-, Cosmos bipinnatus-, Impatiens-, Solenostemon scutellarioides-* und *Torenia fournieri*-Sorten
Sorten/Verwandte: Blätter mit fantastisch buntem Farbspektrum:
• 'Aureo-reticulata', grün, Adern gelb
• 'Blazin Rose', ziegelrot, helle Adern
• 'Brillantissima', rot mit karminfarbenen Adern
• 'Purple Lady', einheitlich schwarzviolett

Duft-Wicke

Lathyrus odoratus

BLÜTEZEIT: Juni – September
HÖHE: 200–300 cm

Herkunft: Südeuropa; in der Macchie, am Waldrand
Wuchs: einjährige Kletterpflanze, auch niedrig, buschige Sorten
Blüte: Schmetterlingsblüten in zartem Weiß, Lilablau, Rosa, Lachsorange, Karminrot und Violett; angenehmer Duft
Blatt: oval; mattgrün; endet in gegabelter, sich spiralig aufrollender Ranke
Standort: sonnig bis halbschattig; warm; frisch bis feucht; nährstoffreiche lehmige Böden
Pflege: regelmäßig düngen und gießen, aber Vorsicht vor zu kaltem Wasser; um Samenbildung zu vermeiden, Verblühtes ausschneiden; nie an gleicher Stelle aussäen, sondern Platz wechseln; dünne Rankhilfen anbringen
Vermehrung: Aussaat in 20–40 cm Abstand, mehrere Samen pro Loch
Verwendung: an Zäunen, kleinem Spalier, im Duftgarten und Bauerngarten
Partner: gut zu Kletterrosen oder an Riesenstauden emporranken lassen
Sorten/Verwandte: buschige, nicht kletternde Varianten für Töpfe:
• 'Florian', eine Serie auffällig gefärbter großblumiger Sorten, reichblühend
• 'Kleiner Liebling', bis 40 cm hoch
• 'Mammut', großblütig; viele Farben kletternde, hochwüchsige Sorten:
• 'Lilac Ripple', in Lila und Creme
• 'Wiltshire Ripple', zweifarbig, purpurrot und weiß gesprenkelt und gestreift

Lavatera trimestris 'Silver Cup'

Lobelia erinus 'Kaiser Wilhelm'

Lobelia fulgens

Bechermalve, Buschmalve
Lavatera trimestris

BLÜTEZEIT: Juli – Oktober
HÖHE: 50–120 cm, **BREITE:** 40–80 cm

Herkunft: Nordafrika, Südosteuropa bis Westasien; in Federgrassteppen, an trockenen Bachrändern und an Sandstränden
Wuchs: buschige, aufrecht locker verzweigte Einjährige mit vielen Blüten
Blüte: weit geöffnete Trichter in Weiß, Rosa und Karminrot, oft dunkelrosa gestreift
Blatt: breit herzförmig, etwas gelappt, leicht behaart, matt- bis frischgrün
Standort: sonnig; warm; Boden mäßig trocken bis frisch, nicht zu nass, durchlässig, nur mäßig nährstoffreich; Pflanze ist nicht frosthart
Pflege: dichter Stand ungünstig, am besten einen Abstand 60–80 cm wählen; mäßig düngen, zu hohe Nährstoffgaben mindern den Blütenansatz
Vermehrung: Aussaat
Verwendung: im Wechselflor, Bauerngarten, in Rabatten, in Töpfen
Partner: *Ammi visnaga, Cleome spinosa, Penstemon*-Sorten, *Verbena bonariensis, Verbena rigida, Zinnia angustifolia* und *Zinnia elegans*
Sorten/Verwandte:
• 'Beauty', reichblühende Serie in verschiedenen weißen und rosa Farben
• 'Dwarf Pink', niedrige Sorte in Rosa
• 'Mont Blanc', bis 50 cm, makellos weiß
• 'Ruby Regis', 80 cm, karminrosa
• 'Silver Cup', hell-, dunkelrosa gestreift
• 'White Cherub', weiß, grünes Auge

Männertreu, Teppich-Lobelie
Lobelia erinus

BLÜTEZEIT: Mai – Oktober
HÖHE: 10–15 cm, **BREITE:** 15–25 cm

Herkunft: Südafrika; grasige Felshänge
Wuchs: kurzlebige exotische Staude, als ein- bis zweijährige, dicht belaubte und blütenreiche, bodendeckende Hänge- oder Polsterpflanze kultiviert
Blüte: viele flach lippenartig ausgebreitete Blütchen mit intensiven Farben, meist in Blau in vielen Abstufungen, oft mit einem auffälligen weißen Auge
Blatt: frisch- oder bronzegrün, rundlich
Standort: am besten nur zeitweise besonnt, kühl-luftfeucht, nicht zu heiß und trocken; Boden frisch bis feucht, durchlässig, nährstoffreich
Pflege: nach Hitze- oder Trockenschäden weit zurückschneiden, ebenso nach jedem Vollflor; Topfpflanzen regelmäßig gießen
Vermehrung: Aussaat, Stecklinge
Verwendung: Wechselflor, in Töpfen, Hängeschalen und gemischten Rabatten
Partner: niedrige *Antirrhinum majus, Argyranthemum frutescens, Sanvitalia procumbens, Zinnia elegans*-Sorten
Sorten/Verwandte: man unterscheidet teppichförmige und überhängende Varianten:
• 'Cambridge Blue', hellblau, kompakt
• 'Kristallpalast', dunkelblau, Laub bronze
• 'Riviera', früh blühende und kompakt wachsende Serie mit außergewöhnlichen Farben
• 'Schneeball', weiß mit blauen Tupfen
Hinweis: alle Pflanzenteile sind giftig

Mexikanische Lobelie
Lobelia fulgens

BLÜTEZEIT: Juli – Oktober
HÖHE: 60–120 cm, **BREITE:** 35–50 cm

Herkunft: südliche USA bis Mexiko; an Uferrändern, Feuchtwiesen und Auen
Wuchs: hochragende, mehrtriebige, frostempfindliche, subtropische Staude, hierzulande einjährig
Blüte: orchideenähnliche, lippenartige, flache Blüten, meist in leuchtendem Rot
Blatt: locker angeordnete Blattrosette, Stängelblätter lanzettlich; glänzend grün oder bronzerot
Standort: sonnig; warm, zeitweise auch heiß, windgeschützt; Boden gleichmäßig frisch bis feucht, nicht zu trocken, schwach sauer bis schwach alkalisch, sandiger Lehm
Pflege: hochwüchsige Sorten stützen; bei Trockenheit wässern
Vermehrung: Aussaat, Teilung
Verwendung: im Wechselflor, in Rabatten, Sumpfbeeten, am Teichrand
Partner: *Ammi majus, Hemerocallis*-Sorten, *Solenostemon scutellarioides*
Sorten/Verwandte:
• 'Elmfeuer', brillantrot, braunes Laub
• *Lobelia × speciosa* (Hohe Lobelie), mehrere Serien, schlank aufrecht
• 'Fan', 50–60 cm hoch, buschige Sorten in klarem Rosa, Rot, Violettblau
• 'Kompliment', vielfarbige, großblütige Serie in Rosa, Rot, Karminrot, Violett
• 'Queen Victoria', fast schwarzlaubige Kreuzung, Blüten in fantastischem Rot
Hinweis: die Mexikanische Lobelie ist in allen Teilen giftig

Lobularia maritima 'Snow Chrystals'

Duft-Steinrich, Strand-Silberkraut

Lobularia maritima

BLÜTEZEIT: Mai – Oktober
HÖHE: 8–25 cm, **BREITE:** 10–25 cm

Herkunft: West- und Südeuropa; an Felsküsten und Sandstränden, in Mauerfugen
Wuchs: niedrige, polsterförmige Staude, in Kultur als Einjährige gezogen, dünne, liegende bis bogig aufragende Stängel
Blüte: kleine, ovale Kronblätter in kurz gestielten, halbkugeligen Trauben, weiß, rosa oder violett; starker Honigduft
Blatt: lanzettlich; silbrig graugrün behaart
Standort: sonnig; warm; Boden mäßig trocken bis frisch, schwach sauer bis stark alkalisch, durchlässiger nährstoffarmer, sandig-steiniger Lehm; Pflanze ist frostempfindlich
Pflege: nach erster Blüte Rückschnitt auf halbe Höhe, um neuen Flor anzuregen; unerwünschte Sämlinge entfernen
Vermehrung: Aussaat
Verwendung: im Wechselflor, in Töpfen, in Mauerfugen, im Steingarten
Partner: *Ageratum, Salvia farinacea, Verbena rigida, Zinnia elegans*
Sorten/Verwandte:
• 'Alice', früh blühende Serie mit flachem Wuchs, weiß, apricot, rosa, rot
• 'Easter Bonnet', kompakte Sorten in intensiven Farben, lila, rosa, purpurrot
• 'Orientalische Nächte', dunkelviolett
• 'Snow Crystals', sehr gute weiße Sorte
• 'Wonderland', kompakt, zitronengelb, blau, lila, purpurviolett und kupferrot
Hinweis: Pflanze ist giftig

Matthiola incana

Garten-Levkoje

Matthiola incana

BLÜTEZEIT: Juni – September
HÖHE: 30–90 cm, **BREITE:** 30–50 cm

Herkunft: Mittelmeergebiet, an Berghängen und in steinigen Wiesen
Wuchs: mehrtriebiger, meterhoher Strauch oder Halbstrauch, hierzulande als Einjährige kultiviert; teils buschig kompakt, teils locker aufrecht; oft nicht standfest
Blüte: scheibenförmig in aufrechten Trauben, einfach oder gefüllt in Weiß, Cremegelb, Lilablau, Rosa, Karminrot oder Violett; duftet intensiv süßlich
Blatt: schmal lanzettlich; graufilzig
Standort: sonnig bis hell schattig; warm; Boden mäßig trocken bis frisch, durchlässig, kalkhaltig; Pflanze ist frostempfindlich
Pflege: hohe Sorten an Stäben stützen; sparsam düngen, da die Pflanzen sonst weich und standschwach werden
Vermehrung: Aussaat (nicht einfach)
Verwendung: Duftgarten, im niedrigen Wechselflor, in Rabatten und Töpfen
Partner: *Heliotropium arborescens, Lobularia maritima, Zinnia elegans*
Sorten/Verwandte: man unterscheidet zwergwüchsige und langstielige Sorten:
• 'Cinderella', bis 25 cm; kompakte Serie; gefüllte Blüten in vielen Farben
• 'Dresdner Immerblühende Sommer-Levkoje', bis 60 cm; Serie mit langstieligen Rispen in bunten Farben
• 'Mammut-Excelsior', bis 90 cm; Mischung mit langen, gefüllten Blütentrauben

Myosotis sylvatica

Wald-Vergissmeinnicht

Myosotis sylvatica

BLÜTEZEIT: April – Juni
HÖHE: 15–25 cm, **BREITE:** 20–30 cm

Herkunft: Europa; krautreiche Auen- und Laubmischwälder und Gebüsche
Wuchs: polsterförmige, zweijährige Pflanze oder buschige kurzlebige Staude
Blüte: mehrfach verzweigte, doldenartige oder rispenähnliche Blütenstände, mit zierlichen scheibenförmigen Blütenkronen, meist himmelblau, auch weiß oder rosa mit weißem oder gelbem Auge
Blatt: undeutliche Blattrosette; Blatt meist lanzettlich, rauhaarig; mattgrün
Standort: sonnig bis halbschattig; warm, auch kühl, keinesfalls heiß; Boden frisch bis feucht, nicht zu trocken; nährstoffreicher, humoser Lehm; Pflanze ist nur mäßig frosthart
Pflege: bei Spätfrostgefahr abdecken; unerwünschte Sämlinge entfernen; in Trockenperioden gießen, da sonst mehltauanfällig
Vermehrung: Aussaat
Verwendung: Wildform für Naturgarten, Teichrand, Blumenwiesen; Sorten für Töpfe, Wechselflor und Einfassung
Partner: *Bellis perennis, Erysimum cheiri, Fritillaria imperialis-, Hyacinthus-, Narcissus-, Tulipa-* und *Viola*-Sorten
Sorten/Verwandte:
• 'Blaue Kugel', kompakt, himmelblau
• 'Blauer Strauß', 30 cm, Schnittsorte
• 'Compindi', kompakt, bis 15 cm, härter als andere Sorten, indigoblau
• 'Rosylva', 20 cm, intensiv rosa
• 'Weiße Kugel', 15 cm, weiß, gedrungen

Nicotiana × sanderae

Nicotiana sylvestris

Osteospermum ecklonis 'Orange Glory'

Zier-Tabak
Nicotiana × sanderae

Großer Zier-Tabak, Berg-Tabak
Nicotiana sylvestris

Kapmargerite
Osteospermum ecklonis
(= Dimorphoteca ecklonis)

BLÜTEZEIT: Juni – Oktober
HÖHE: 25–75 cm, **BREITE:** 30–50 cm

Herkunft: Elternarten sind Stauden, die aus Südbrasilien stammen; Klippen, steinige Ufer und Wegränder
Wuchs: aufrecht, vieltriebig, einjährig
Blüte: rispenähnlicher Blütenstand, Kronblätter breit sternförmig auf langen Röhren, in vielen Farben, duftet abends
Blatt: elliptisch; klebrig; frischgrün
Standort: sonnig; warm; Boden mäßig trocken bis frisch, nährstoffreich, durchlässig; Pflanze ist nicht frosthart, windgeschützt pflanzen
Pflege: Pflanzabstand 20–30 cm; nach erstem Vollflor Abgeblühtes absammeln; regelmäßig gießen, hohe Sorten stützen
Vermehrung: Aussaat
Verwendung: im Wechselflor, in Rabatten, für Töpfe und Kästen
Partner: *Cosmos bipinnatus, Dahlia-, Petunia-, Verbena-* und *Zinnia-*Sorten
Sorten/Verwandte:
• 'Domino', Serie, mit reichblühenden Typen, weiß, hellgrün, rosa und rot
• 'Havanna', blühfreudig, kompakt
• 'Merlin', kompakt, weiße, lachsrosa, lindgrüne, purpurviolette Varianten
• *Nicotiana alata* (Flügel-Tabak), nahe verwandt mit vorigen Sorten
• 'Dynamo', Gruppe niedriger Sorten, weiß, hellgrün, rosa, lachs, karmin, purpurrot blühend
• 'Saratoga', früh blühendes Sortiment in vielen Farben
Hinweis: die ganze Pflanze ist giftig

BLÜTEZEIT: Juni – Oktober
HÖHE: 1,2–1,8 m, **BREITE:** 80–100 cm

Herkunft: Argentinien, Bolivien; in den Bergtälern der Anden
Wuchs: hochwüchsige exotische Staude, hier als Einjährige kultiviert, als aufrechter breit ausladender, mächtiger Busch
Blüte: weiße, lange, trompetenähnliche, hängende Blütenröhren in lockeren doldenähnlichen Rispen am Ende langer Triebe; bei voller Sonne geschlossen, nur bei bedecktem Himmel voll geöffnet; morgens und abends mit süßlichem, intensivem Duft
Blatt: große, elliptische Blattspreiten; frisch- oder dunkelgrün; leicht klebrig
Standort: sonnig bis halbschattig; warm, Windschutz empfehlenswert; Boden mäßig trocken bis feucht, nicht zu trocken; durchlässig, sehr nährstoffreich, sandig-lehmig; Pflanze ist nicht frosthart
Pflege: bei Trockenheit regelmäßig gießen; hohe Pflanzen stützen; weite Pflanzabstände von 80–100 cm wählen
Vermehrung: Aussaat
Verwendung: als Strukturpflanze einzeln oder in Gruppen; im Apothekergarten, gut im Duftgarten, im Wechselflor, in Rabatten, auch als einjährige Hecke
Partner: *Cosmos bipinnatus, Cleome spinosa, Heliotropium arborescens, Lavatera trimestris, Rudbeckia hirta, Verbena rigida*
Hinweis: alle Pflanzenteile sind giftig

BLÜTEZEIT: Mai – September
HÖHE: 30–50 cm, **BREITE:** 30–50 cm

Herkunft: Südafrika; in steinigen Bergwiesen
Wuchs: horstartige, halbhohe Staude oder Halbstrauch, hierzulande einjährig kultiviert
Blüte: margeritenähnlich; Randblüten in vielen Farben, Mitte mit gelben Röhrenblüten, violettbraun oder blau; am Abend oder bei schlechtem Wetter schließen sich die Blüten
Blatt: oval oder lanzettlich; matt- oder frischgrün; in milden Lagen wintergrün
Standort: sonnig; warm; mäßig trocken bis frisch, durchlässig, in jedem nährstoffreichen Gartenboden; Pflanze ist nicht frosthart
Pflege: Pflanzabstand 30–50 cm; Stängel für buschigen Wuchs nach erster Blüte einkürzen; Verblühtes regelmäßig entfernen
Vermehrung: Stecklinge, Aussaat
Verwendung: im Wechselflor, in Rabatten, im Steingarten und in Töpfen
Partner: *Ageratum houstonianum, Antirrhinum majus, Pennisetum villosum, Tagetes patula, Zinnia elegans*
Sorten/Verwandte:
• 'Flower Power', kompakter Wuchs, Sortiment intensiv gefärbter Typen
• 'Nasinga Purple', eingerollte Randblüten; intensiv violett, Mitte blau
• 'Passion Mix', kompakte Sorten
• 'Sunadora', rosa-, lachs-, apricot-, orangefarben und gelb, Mitte braun

Pelargonium zonale 'Survivor White Improved'

Balkon-Geranie, Pelargonie

Pelargonium × hortorum
Pelargonium Zonale-Gruppe

Pennisetum setaceum 'Kupfer'

Afrikanisches Federborstengras

Pennisetum setaceum

BLÜTEZEIT: Mai – Oktober
HÖHE: 30–50 cm, **BREITE:** 40–60 cm

Herkunft: Südafrika; steinige Wiesen
Wuchs: exotische Stauden, Halbsträucher oder Sträucher; meist einjährig kultiviert; buschig aufrecht, dicht belaubt
Blüte: in langgestielten, ballförmigen Dolden, Einzelblüten fast scheibenförmig, weiß, rosa, lachsfarben, karminrot, violett, hellrot und dunkelrot; einfach, halb- oder vollgefüllt; oft mit hellerem oder dunklerem Auge
Blatt: rundlich mit einem bräunlichen Ring in der Blattmitte; mattgrün, auch weißlich panaschiert; duftet aromatisch
Standort: sonnig; warm, Pflanze nicht frosthart; Substrat mäßig trocken bis frisch, nicht nass, normaler Gartenboden
Pflege: Abgeblühtes und Samenstände ausschneiden, vergilbte Blätter entfernen
Vermehrung: Stecklinge
Verwendung: für Wechselflor, Töpfe, als Hochstämmchen; für Rabatten wegen der grellen Farben nicht empfehlenswert
Partner: *Ageratum houstonianum, Canna indica, Heliotropium arborescens, Salvia farinacea, Zinnia elegans*-Sorten
Sorten/Verwandte: das ständig wachsende Sortiment weist eine große Sortenvielfalt auf:
- 'Avanti', großblütige Serie, ungefüllt
- 'Black Magic Rose', rosa mit heller Mitte, Blätter schwarzrot, grüner Saum
- 'Florever', Blüten ohne Staubgefäße und Samenansatz, in den Farben Rosa, Lachs, Karmin und leuchtend Rot

- 'Maverick', kompakter Wuchs; in vielen Farben, manche Sorten mit Auge
- 'Multibloom', früh und reich blühende Sorten, sehr kompakt, bis 25 cm hoch
- 'Orange Appeal', reintönig orange
- 'Pulsar', niedriger Wuchs, außergewöhnliche Farben wie Lavendellila, Lachsorange und Karminrot
- 'Raspberry Ripple', Blüten rosa gestreift
- 'Ringo', Serie mit vielen prächtigen Farben, Blätter mit ausgeprägtem dunkelgrünem Ring
- *Pelargonium* Peltatum-Gruppe (Efeu-Pelargonien), Heimat Südafrika, flach überhängend wachsend, Triebe in Ampeln bis zu 1 m lang, dünn und brüchig, windgeschützter Platz, Höhe 30–50 cm; kleine Blüten in lockeren Dolden, zahlreiche leuchtende oder zarte Farben; Blätter in glänzendem Grün, z. T. mit ringförmigem Muster
- 'Summer Showers', Serie mit teils aufrechten, teils überhängenden Trieben; schöne kräftige Farben in Mischung
- 'Tornado', starkwüchsig, Sortiment in neun verschiedenen Farben, Blüten teilweise mit angedeutetem Auge
Pelargonium-Arten (Duft-Pelargonien), halbstrauchige Arten, deren stark aromatische Blätter bei leichtem Reiben diverse Duftnoten entwickeln
- 'Brunswick', Blüten karminrosa; Blätter frischgrün; nach Obst duftend
- 'Clorinda', aromatisch nach Eukalyptus duftend; Blüten hell karminrosa
- 'Graveolens', bis 60 cm hoch und breit; Blüten helllila; würziges Aroma
- 'Orange Fiz', Zitronenaroma, Blüten hellviolett mit purpurrotem Auge

BLÜTEZEIT: August – Oktober
HÖHE: 90–120 cm, **BREITE:** 80–100 cm

Herkunft: Südeuropa, Nordafrika, in Halbwüsten, trockene felsige Hänge
Wuchs: mediterranes Staudengras, das einen dicht belaubten Horst mit vielen übergeneigten, langen Ähren bildet; hierzulande als einjähriges Gras kultiviert
Blüte: in gestreckten, seidig wirkenden Ähren, silbrig rosa bis bronzefarben
Blatt: schmale, bogenförmig übergeneigte Blätter; mattgrün, im Herbst gelblich bis orange
Standort: sonnig; warm, auch heiß, geschützt, da Pflanze nicht frosthart, Boden trocken bis frisch, durchlässig, sandig-lehmig
Pflege: Topfkultur im Wintergarten ist durch Ausgraben vor dem ersten Frost möglich
Vermehrung: Aussaat, Teilung
Verwendung: filigrane Strukturpflanze, in Gruppen im Geröllsteingarten, Steppengarten, Gräsergarten, zum Wechselflor, in Töpfen und in Rabatten
Partner: *Amaranthus caudatus, Bassia scoparia, Verbena bonariensis, Zinnia*
Sorten/Verwandte:
- 'Purpureum', über 150 cm, dunkelrotbraune Blätter und Halme, Ähren weinrot
- 'Rubrum', dunkelrote Blätter und Halme, Ähren fuchsrot bis rosarot
- 'Rubrum Compactum', 40–60 cm hoch
Hinweis: mehrjährige Formen → S. 235

Salbei *Salvia*

Die Gattung Salbei zählt zur großen Pflanzenfamilie der Lippenblütler. Man kennt etwa 700–800 Arten. Die meisten Salbeipflanzen kommen in den wärmeren Gegenden der Erde vor, in Europa z. B. im Mittelmeergebiet, während man in unseren Breiten nur wenige heimische Varianten im Unterwuchs krautreicher Mischwälder, in trockenen Wiesen, an Wegrändern und an Feldrainen findet. Sehr viele Arten gibt es in den südwestlichen USA und im zentralen Mittelamerika, speziell in trockenen Gebirgen, in Canyons, Halbwüsten und Prärien. In den tropischen Wäldern Südamerikas wachsen sie in feuchten Zonen. In Zentral- und Ostasien besiedeln sie Steppen und Wüsten, trockene Berghänge und warmtemperierte Mischwälder.

Äußerlich variabel

Die Gattung Salbei ist sehr vielgestaltig. Neben ein- und zweijährigen Arten, die gerne als Sommerblumen gepflanzt werden, gibt es unzählige prächtige Staudenarten, zudem eine große Zahl höherwüchsige Halbsträucher und sogar echte Sträucher.

Die Lippenblüten der Salbeiarten sind oft schmal röhrenförmig, aber auch breit geöffnet. Die Blüten stehen häufig an langen vierkantigen Trieben, die in rispen- oder ährenähnlichen Blütenständen enden. Das Kolorit ist heute sehr vielfältig und wurde dank intensiver Züchtungsarbeit in Farbtönungen und Strahlkraft verbessert.
Die Blätter sind zumeist schmal oder breit elliptisch, gelegentlich herzförmig, oftmals gerunzelt, grau- oder mattgrün, viele fühlen sich klebrig an. Etliche Blattschmucksorten sind weiß panaschiert oder gelb gemustert, andere zeigen sich auffällig rosa gefleckt, manche sogar intensiv bronze- bis purpurrot getönt.
Aber allen ist ein teils schwacher, teils intensiver Geruch gemeinsam: würzig oder unangenehm streng, leicht aromatisch oder intensiv obstartig nach Roten Johannisbeeren, Äpfeln oder Ananas. Da die Blätter reich an ätherischen Ölen sind, wurde Salbei schon im Altertum als Heilpflanze geschätzt, noch heute wird der Salbei in verschiedenen Verarbeitungsformen gegen Erkältungskrankheiten verwendet.

Salbei – ein besonderer Schmuck für den Garten

Für viele Salbeiarten ist die oft lange währende Blütezeit eine typische Eigenschaft. Sie lässt sich durch rechtzeitigen scharfen Rückschnitt nach dem ersten Flor oder regelmäßiges Ausknipsen der verblühten Triebe um einiges ausdehnen. Sorten mit bunten Blattfarben sollten mehrmals im Jahr zurückgeschnitten werden, da sich die neuen Triebe und Blätter nicht nur intensiver in der Farbe entwickeln, sondern auch kompakter im Wuchs sind.
Die Salbeiarten bewähren sich in zahlreichen Verwendungsmöglichkeiten: Entweder man setzt sie in Duft- und Aroma- oder Apothekergärten oder pflanzt sie in Staudenrabatten. Auch als bunter Bestandteil naturnaher Blumenwiesen kommen sie infrage. Manche Trockenheit ertragende Salbei-Formen passen besser für Prärie- oder Steppengärten, während sich die tropischen Formen mehr für den Wechselflor oder als Kübelpflanzen eignen. Einige machen sich auch besonders hübsch als Schnittblumen in der Vase.

Salvia farinacea 'Victoria'

Salvia splendens

Sanvitalia procumbens

Mehliger Salbei
Salvia farinacea

BLÜTEZEIT: Juni – Oktober
HÖHE: 50–80 cm, **BREITE:** 40–60 cm

Herkunft: südliche USA und Mexiko; Wüsten, trockene Prärien und Steppen
Wuchs: frostempfindliche Staude oder Halbstrauch; vieltriebig und horstartig
Blüte: ährenähnliche Blütenstände mit zahlreichen intensiv blauen Lippenblüten
Blatt: an vierkantigen Stängeln; graugrün bis grauweiß; flaumig behaart; unangenehm aromatisch
Standort: sonnig; warm, auch heiß; Boden mäßig trocken bis frisch, nicht nass, nährstoffreich, alkalisch, durchlässig, sandig-lehmig
Pflege: Verblühtes ausschneiden
Vermehrung: Aussaat, Stecklinge
Verwendung: Wechselflor, in Töpfen, Steppengarten, Bauerngarten, Rabatten
Partner: *Cosmos sulphureus, Gazania rigens, Osteospermum ecklonis, Rudbeckia hirta, Tagetes patula, Zinnia elegans*-Sorten
Sorten/Verwandte:
• 'Mauritius', niedrig, tiefdunkelblau
• 'Silber', silbrig grauweiß mit Weiß
• 'Strata', zweifarbig blau und weiß
• 'Victoria', vieltriebig, dunkelblau
• *Salvia patens* (Enzian-Salbei), Staude, 50–70 cm, einjährig kultiviert, frostempfindlich; enzianblaue Blüten
• 'Blue Angel', ultramarinblau, großblütig, hochwüchsig
• 'Guanajuato', neue Sorte, tiefdunkelblau, lange Blütezeit
• 'White Trophy', blüht reinweiß

Feuer-Salbei
Salvia splendens

BLÜTEZEIT: Mai – September
HÖHE: 20–30 cm, **BREITE:** 25–35 cm

Herkunft: Brasilien, tropische Bergwälder, an Waldrändern
Wuchs: frostempfindlicher, exotischer Strauch, hierzulande einjährig kultiviert; buschig aufrecht
Blüte: üppige Blütenähren, dicht mit langen, röhrenförmigen Blüten besetzt, intensive Farben, meist rote Töne
Blatt: elliptisch; frisch- bis dunkelgrün
Standort: sonnig; warm; mäßig trocken bis frisch, durchlässige Gartenböden
Pflege: Abgeblühtes ausschneiden
Vermehrung: Aussaat
Verwendung: im Wechselflor, in Staudenrabatten und in Töpfen
Partner: *Antirrhinum majus, Callistephus chinensis, Solenostemon scutellarioides, Tithonia rotundifolia, Zinnia*
Sorten/Verwandte:
• 'Cleopatra Violett', purpurviolett
• 'Fuego', feuerrot
• 'Salsa', früh blühend, dichte, rote, rosa, violette und weiße Blütenstände
• 'Scarlet King', scharlachrot, dunkles Laub, niedriger Wuchs
• 'Sizzler', dunkellaubige bunte Sorten
• *Salvia coccinea* (Scharlach-Salbei), 40–80 cm hoch, frostempfindlicher Halbstrauch aus USA, Mexiko; leuchtend rote, schlanke Blütenähren
• 'Coral Nymph', korallenrosa
• 'Forest Fire', brillantrote Blüten an dunklen Trieben, kompakter Wuchs
• 'Lady in Red', lockerwüchsig, feuerrot

Husarenknopf, Zwergsonnenblume
Sanvitalia procumbens

BLÜTEZEIT: Juli – Oktober
HÖHE: 10–15 cm, **BREITE:** 30–45 cm

Herkunft: südliche USA, Mexiko, in Dornbuschgesellschaften, Ödland
Wuchs: als Einjährige kultivierte Staude; flach, mattenförmig ausgebreitet
Blüte: Miniatur-Sonnenblumen, Randblüten gelb oder orange, Mitte meist dunkel, einfach, halbgefüllt oder gefüllt
Blatt: klein, elliptisch, mittelgrün
Standort: sonnig; warm, auch heiß; Boden mäßig trocken bis frisch; humos, durchlässig, sandig-lehmig; Pflanze ist nicht frosthart
Pflege: Abgeblühtes ausschneiden
Vermehrung: Aussaat
Verwendung: Steingarten, Steppengarten, einjähriger Bodendecker, im Wechselflor, Rabatten, Ampeln und Töpfe
Partner: *Bassia scoparia, Salvia patens, Tagetes patula-* und *Zinnia*-Sorten
Sorten/Verwandte:
• 'Irish Eyes', nur 10 cm hoch; Blüten halbgefüllt oder gefüllt, mit grüner Mitte
• 'Mandarin Orange', Blüten einfach
• 'Orange Sprite', 20–25 cm, halbgefüllt, gelborange, Mitte schwarzbraun
• 'Yellow Sprite', 20–25 cm, gelb, einfache Blüte
• *Sanvitalia speciosa* (Gold-Husarenknopf), neu entdeckte Art aus Mexiko; locker breitwüchsig bis überhängend, 20–25 cm hoch; Blüten gelb mit gelbgrüner Mitte
• 'Aztekengold', gelb, Mitte grün

Solenostemon scutellarioides 'Hero' und 'Brightness'

Buntnessel
Solenostemon scutellarioides (= Coleus blumei)

BLÜTEZEIT: Juni – September
HÖHE: 20–60 cm, **BREITE:** 20–50 cm

Herkunft: Südostasien und westliches Nordaustralien, in küstennahen Feuchtwäldern, in den Tropen verwildert
Wuchs: hoch- und breitwüchsige Staude, teilweise halbstrauchig; vielfach verzweigt mit brüchigen, vierkantigen Stängeln; im Schatten nicht standfest
Blüte: lang gezogene, ährenähnliche Blütenstände, etwas verästelt, mit unscheinbaren, matt gefärbten, winzigen Lippenblüten; hellviolett oder auch lila
Blatt: breit elliptisch bis herzförmig, kurz zugespitzt, teils tief eingeschnitten, Blattränder auch gekräuselt und andersfarbig; in vielen prächtigen Tönungen mit hellen und dunklen Schattierungen, einfarbig oder zwei- und dreifarbig
Standort: nur kurzzeitig sonnig, besser hellster Schatten, in voller Sonne wie im dunklen Schatten bleichen die Farben aus; Boden mäßig trocken bis frisch, nicht zu

trocken, aber auch nicht staunass, nährstoffreich, humos, durchlässig sandig-lehmig oder lehmig
Pflege: für buschigen Wuchs Triebe öfter einkürzen, Blütenstände entfernen
Vermehrung: Aussaat, Stecklinge
Verwendung: klassische Blattschmuckpflanze für besondere Farbeffekte; Schaupflanzungen, Wechselflor, Flächenpflanzungen, Staudenrabatten und in Töpfen
Partner: *Ageratum houstonianum*, *Amaranthus caudatus*, *Lobelia × speciosa*, *Osteospermum ecklonis*, *Tithonia rotundifolia*, *Tagetes patula*-, *Verbena canadensis*- und *Zinnia elegans*-Sorten
Sorten/Verwandte: dunkelpurpur, schwarzrot oder -violett belaubt:
• 'Black Knight', gelappt, braun, Saum gelb
• 'Black Prince', nahezu schwarzlaubig
• 'Burgundy Columns', samtig schwarzrot
• 'Dan', dunkel weinrot, Adern karminrot
• 'Dark Red', schwarzrot, Saum gekräuselt
• 'Kong Mix', Blätter unterschiedlich purpurviolett, dunkel- oder hellrote Adern, Saum hell- oder dunkelgrün
• 'Saturn', dunkelrot, Mitte gelb

rotlaubige Sorten, teilweise gemustert:
• 'Dipt in Wine', dunkelrot mit gelber Blattbasis, schmaler gelber Saum
• 'Kingswood Torch', leuchtend karminrot, Blattrand samtig dunkelrot
• 'Red Ruffles', weinrot, Adern hellrot
Blätter orange oder lachsorange:
• 'Copper Glow', kupfrig orange
• 'Freckles', orange mit unregelmäßig verteilten dekorativen grünen Flecken
Blätter gelb oder zitronengelb:
• 'Big Blond', gelb und zitronengelb
• 'Line', leuchtend gelb, Adern braunrot
• 'Pineapple', gelbgrün mit rotem Saum
Blätter in grünen Variationen:
• 'Bipolar', tiefgrün, purpurne Punkte
• 'Bronzed Olive', matt olivgrün
• 'Caribbean Nights', grün, rote Adern
• 'Dada Daddy', hellgrün, gelbe Adern
mehrfarbige Sortimente:
• 'Amora', weißlich rosa, Rand grün, Basis rosa
• 'Chocolate', schokoladenbraun, rundblättrig, grün gesäumt oder gemustert
• 'Kingwood', Serie mit zweifarbigem Laub
• 'Wizard', Serie bunter, niedriger Sorten

Tagetes erecta 'Gold Sovereign'

Tagetes patula 'Honey Comb'

Hohe Studentenblume, Samtblume
Tagetes erecta

BLÜTEZEIT: Juli – Oktober
HÖHE: 25–75 cm, **BREITE:** 40–60 cm

Herkunft: Hochland von Mexiko, Mittel- und Südamerika; steinige Bergwiesen, vor 500 Jahren aus Amerika eingeführt und durch die Züchtung komplett verändert
Wuchs: mit kräftigen Stielen aufrecht wachsende, dicht belaubte Einjährige
Blüte: vornehmlich große, ballförmige Blütenköpfe, meistens gelb oder orange, nur noch in gefüllten Formen im Handel
Blatt: stark fiederförmig eingeschnitten; dunkelgrün, herb aromatisch duftend
Standort: sonnig, warm, auch heiß; Pflanze windempfindlich und nicht frosthart; Boden mäßig trocken bis feucht, nicht staunass; durchlässig und mäßig nährstoffreich
Pflege: zu reichliche Düngergaben vermindern den Blütenansatz; für Dauerblüte bis zum Herbst Verblühtes regelmäßig ausschneiden; hohe Sorten stützen
Vermehrung: Aussaat
Verwendung: Wechselflor, in Rabatten und Töpfen, zu sommerblühenden Sträuchern; speziell hohe Tagetes dienen der Entseuchung von Gartenböden zur Bekämpfung von Älchen, dazu die vorgesehenen Flächen dicht bepflanzen oder ansäen
Partner: *Heliotropium arborescens, Salvia farinacea, Verbena bonariensis, Verbena canadensis, Zinnia*-Sorten
Sorten/Verwandte: im Handel sind sowohl ursprünglich hohe als auch niedrige, gedrungene Formen:
- 'Antigua', 30–40 cm, hohe, kompakte Sorten, zitronengelb, goldgelb, orange

- 'Gold Coin', Höhe 75–90 cm; kugelförmige Riesenblüten in leuchtendem Hell- bis Goldgelb oder Orange
- 'Vanilla', 35–50 cm, fast weiß blühend; eine ungewöhnliche, neuere Sorte
- *Tagetes patula* (Kleinblütige Studentenblume), niedrige oder halbhohe, dicht buschige Einjährige; üppig blühend, Blüten einfach oder gefüllt, gelb, orange, braunrot, oft zweifarbig; Blatt tief eingeschnitten, dunkelgrün, aromatisch duftend; für größere Gruppen oder Flächen, als Einfassungen, im Wechselflor und in Rabatten; als Partner eignen sich *Ageratum houstonianum, Antirrhinum majus, Callistephus chinensis, Heliotropium arborescens, Osteospermum ecklonis, Rudbekkia hirta, Salvia patens*
zahlreiche Sortimente unterschiedlicher Größen und faszinierender Farbtönungen:
- 'Aurora', 20–25 cm, niedrige Sorten mit gefüllten, nelkenähnlichen Blüten, hellgelb, goldgelb, orange, intensiv zimtrot und braunrot; wetterbeständig
- 'Bonanza', früh blühende Serie mit gefüllten, teils einfarbigen, teils zweifarbigen Varianten, gelb bis braunrot
- 'Boy', bis 15 cm, niedrige Sorten mit großen gefüllten Blüten, früh und reich blühend, gelb, orange, rot mit gelber Mitte
- 'Disco', einfach blühende Typen, mit breiten Randblüten, gelb bis dunkelrot
- 'Granada', einfache, scheibenförmige Blüten, leuchtend gelb mit roter Mitte
- 'Hero', Gruppe gedrungener Sorten, dicht gefüllt blühend, gelb, goldgelb und braunrot mit gelber Mitte
- 'Jacket Orange', neuere Sorte, gefüllt, eine der besten orangefarbenen *Tagetes*

- 'Jacket Yellow', prämierte, gelbe Sorte
- 'Lemon Drop', bis 25 cm, gefüllte Blüten, hellgelb
- 'Red Marietta', einfache Blüten, braunrot, klar gezeichneter, gelber Saum
- 'Safari', 30 cm, Gruppe mit dicht gefüllten, großblumigen Blüten in intensiven Tönungen von Gelb, Orange bis Rot
- *Tagetes patula × Tagetes erecta*, Kombination zwischen niedrigen und hohen Studentenblumen, Höhe 25–30 cm; meist gefüllt; sterile Sorten ohne Samenansatz, das Ausbrechen verblühter Blumen entfällt somit
- 'Trinity Mix', nelkenförmige Blüten
- 'Zenith', Serie mit einfarbigen oder zweifarbigen Varianten, gelb bis rot
- *Tagetes tenuifolia* var. *pumila* (Gestreifte Studentenblume), statt der hohen Wildform wird die niedrig bleibende Varietät verwendet: Wuchs gedrungen, dicht buschig und vieltriebig, 20–35 cm; Blüten einfach, wenige Randblüten, dafür besonders reichblütig, Juli bis Oktober; zarte, filigrane, dunkelgrüne Blättchen, tief eingeschnitten; für großflächige Pflanzungen, Wechselflor und Rabatten
- 'Gem', besonders dichtbuschige Sorten, zitronengelb, goldgelb und orange
- 'Gnom' hellgelb, winzige Blüten
- 'Lulu', 25–30 cm hoch, reingelb getönt
- 'Luna', 20–25 cm, einheitliche, früh blühende Sorten, hellgelb bis rotbraun
- 'Orange Gem', goldorange, aromatisch nach Mandarinen duftend
- 'Ornament', rot, schmaler gelber Saum
- 'Starfire', bunte Mischung, oft zweifarbig, goldgelb, kupfrig orange und samtig rot, Basis dunkelrot, Mitte gelb

Tithonia rotundifolia

Mexikanische Sonnenblume
Tithonia rotundifolia

BLÜTEZEIT: Juli – Oktober
HÖHE: 75-175 cm, **BREITE:** 60-120 cm

Herkunft: südliche USA, Mexiko, Karibik, steinige Prärien und Gebüsche
Wuchs: exotischer Halbstrauch oder Staude, hierzulande nur einjährig kultiviert; locker aufrecht mit am Grund verholzenden Trieben; etwas brüchig
Blüte: sonnenblumenähnlich mit ziegelroten, orangefarbenen oder gelben Zungenblüten und gelber Mitte
Blatt: elliptisch bis herzförmig gelappt; leicht filzig behaart; grau- bis mattgrün
Standort: sonnig; warm, auch heiß; mäßig trocken bis frisch, nicht nass; durchlässiger, mäßig nährstoffreicher, alkalischer Boden; Pflanze ist nicht frosthart
Pflege: hohe Sorten stützen, nur mäßig düngen, sonst bilden sich keine Blüten
Vermehrung: Aussaat
Verwendung: im Wechselflor, in Töpfen, in Rabatten oder zu Ziersträuchern
Partner: *Ageratum houstonianum, Osteospermum ecklonis, Salvia farinacea, Tagetes patula, Verbena bonariensis, Zinnia elegans*-Sorten
Sorten/Verwandte:
- 'Fackel', orangerot, hochwüchsig
- 'Fiesta del Sol', nur 40 cm hoch werdende, kompakte und reichblühende Büsche, leuchtend orange, eignet sich gut für Töpfe
- 'Goldfinger', halbhohe, etwas standfestere Sorte, 60–75 cm, orangegelb
- 'Yellow Torch', zitronengelbe Blüten

Torenia fournieri 'Large Blue'

Blauflügelchen, Clowngesicht
Torenia fournieri

BLÜTEZEIT: Juli – September
HÖHE: 15–25 cm, **BREITE:** 10–15 cm

Herkunft: Vietnam, in Regenwäldern
Wuchs: tropische, bodendeckende Staude
Blüte: weit geöffnete Blütenröhren, ähnlich Löwenmäulchen, Randlippen violettblau, weiß oder rosa, Schlund heller
Blatt: herzförmig bis elliptisch; leicht glänzend; frischgrün
Standort: keine pralle Sonne, besser Halbschatten, warm, luftfeucht; Pflanze kümmert in kalten Lagen, ist windempfindlich und nicht frosthart; Boden humusreich, nicht zu trocken, nährstoffreich
Pflege: Pflanzung 2–3 cm hoch mulchen, um Austrocknen zu verhindern
Vermehrung: Aussaat
Verwendung: im Wechselflor, Rabatten, Steingarten und in Töpfen
Partner: *Begonia*- und *Impatiens*-Sorten
Sorten/Verwandte:
- 'Clown', kompakt kugeliger Wuchs, viele Farben, früh blühend
- 'Grandiflora', großblütige Sorten
- 'Summer Wave', Serie mit kräftigen Farben, verträgt auch kühlere Plätze
- 'Susie Wong', hellgelb, braune Kehle
- *Mimulus × hybridus* (Gauklerblume), exotische Staude mit niedrig buschigem Wuchs; blüht von Juni bis Oktober gelb, orange und rot, meist gefleckt; für lichten, feuchten Schatten; Boden frisch bis feucht, humos, nährstoffreich
- 'Magic', früh blühend, buntfarbig

Tropaeolum majus 'Tip Top Alaska Mix'

Kapuzinerkresse
Tropaeolum majus

BLÜTEZEIT: Juli – Oktober
HÖHE: 200–300 cm

Herkunft: Südamerika, am Rand der Bergwälder in den Anden
Wuchs: kletternde exotische Staude, hierzulande als bodenbedeckende oder blattstielrankende Sommerblume
Blüte: weit geöffnet, trichterförmig mit langem Sporn; gelb, orange, lachsfarben und rot, einfach oder gefüllt blühend, essbar
Blatt: schildförmig und rund; mattgrün
Standort: sonnig; warm; Boden frisch bis feucht, mäßig nährstoffreich; Pflanze ist windempfindlich und extrem frostempfindlich
Pflege: wenig düngen, zu hohe Düngergaben bewirken dichte Blattbildung und wenig Blüten
Vermehrung: Aussaat
Verwendung: als Sommerbodendecker, an Zäunen, Spalieren und in Töpfen, als Hängepflanze auf Mauerkronen
Partner: für nicht kletternde Sorten, *Lobelia × speciosa, Zinnia elegans*
Sorten/Verwandte:
- 'Alaska', Mix niedriger, buschiger Varianten, weiß panaschiertes Laub
- 'Empress of India', scharlachrot, niedriger Wuchs, bis 30 cm, dunkellaubig
- 'Nanum', gedrungen, 25–30 cm, Farbmischung, nicht kletternd
- 'Whirlybird Mix', kompakt, gefüllt
- *Tropaeolum peregrinum* (Schlingende Kapuzinerkresse), stark windend, bis 400 cm hoch, gelb, Juli bis Oktober

Verbena 'Splash Purple'

Verbena bonariensis

Kissen-Verbenen, Garten-Verbenen
Verbena-Sorten

BLÜTEZEIT: Juni – Oktober
HÖHE: 25–40 cm, **BREITE:** 20–40 cm

Herkunft: Elternarten aus tropischem Südamerika; steinige Bergwiesen, am Rand trockener Flussläufe und an Wegen
Wuchs: Stauden oder Halbsträucher; niederliegend bis polsterförmig, hierzulande einjährig kultiviert
Blüte: flache, doldenähnliche Ähren mit kleinen, kreisförmigen Blütchen in prächtigen Farbabstufungen; oft weißes oder cremefarbenes Auge
Blatt: elliptisch bis eilänglich; stark gezähnt oder tief fiederförmig eingeschnitten; matt- oder dunkelgrün; immergrün
Standort: sonnig; warm; Boden frisch bis feucht, durchlässig und nur mäßig nährstoffreich; Pflanze ist nicht frosthart
Pflege: Rückschnitt zu großer und auseinanderfallender Polster ratsam, aber nicht zu tief ansetzen, da Verbenen sonst zu lange brauchen, um sich zu regenerieren; abgeblühte Blütenstände ausschneiden
Vermehrung: durch Aussaat, Stecklinge oder Teilung
Verwendung: in Gruppen; als Einfassungen, im Wechselflor und Rabatten, auch in Ampeln und Töpfen
Partner: *Antirrhinum majus, Gazania rigens, Heliotropium arborescens, Lobelia fulgens, Salvia farinacea, Zinnia*
Sorten/Verwandte: zahlreiche Sortimente mit prächtigen Farbvariationen:
- 'Aztec', 25–35 cm hoch, breitwüchsig, kräftige Farben, lavendelblau, leuchtend rot, scharlachrot und violett
- 'Lanai', eher gedämpfte Farben, lila, rosa, pfirsichfarben
- 'Obsession', 15–20 cm hoch und bis 40 cm breit; Serie früh blühender Sorten, uniform im Wuchs, in vielen Farben, meistens mit einem weißen Auge
- 'Olympia', farbintensive Mischung
- 'Peaches and Cream', apartes Kolorit in Apricot, Lachs und Hellgelb
- 'Quarz', eine Serie gedrungen wachsender Varianten in leuchtenden Tönungen, oft mit weißem oder hellgelbem Auge
- 'Romance', Gruppe höher und stärker wachsender Formen bis 25–30 cm
- 'Splash', starkwüchsig, 30–40 cm, ungewöhnliche Färbung, Blütchen sind weiß oder rosa gesternt oder gefleckt
- 'Temari', großblütig, farbintensiv, blau, weinrot, intensiv rosa, robust
- *Verbena speciosa* (Hänge-Verbene), locker ausgebreitet bis überhängend; Blütenstände in Blautönen, Juni bis September, Blätter feingliedrig und tief gelappt, frischgrün; sonnig bis lichtschattig; frisch bis feucht
- 'Imagination', intensiv blauviolett
- 'Moon River', einheitlich lavendelblau; Steingärten, Wechselflor, Bodendecker, in Rabatten, gut in Töpfen
- *Verbena tenera* (Felsen-Verbene), ausgebreitet, flach kriechend, aufrechte, dünne Stängel; Blüten in flachen Köpfchen, blau, rosa, weiß oder purpur; Blätter tief gelappt; sonnige, feuchte Plätze, nicht frosthart
- 'Elegans', grelles Karminrosa
- 'Sissinghurst', hell korallenrosa

Brasilianische Verbene
Verbena bonariensis

BLÜTEZEIT: Juni – Oktober
HÖHE: 70–150 cm, **BREITE:** 30–50 cm

Herkunft: Südamerika, in Feuchtwiesen
Wuchs: exotische Staude mit straff aufrechten, rauen, vierkantigen, dünnen Stängeln, wenig verzweigt und beblättert
Blüte: dicht gedrängte flache Blütenköpfe, lila bis purpurviolett, doldenähnlich
Blatt: dunkelgrün, schmal lanzettlich
Standort: sonnig; warm; Boden frisch bis feucht, nicht zu trocken; Substrat durchlässig, mäßig nährstoffreich, lehmig; Pflanze ist windempfindlich und wenig frosthart
Pflege: Haupttrieb ausschneiden, um buschigen Wuchs zu erhalten; bei längerer Trockenheit regelmäßig gießen, sonst anfällig für Mehltau
Vermehrung: Aussaat
Verwendung: stets in Gruppen im Wechselflor und in Rabatten, zu Rosen
Partner: *Cleome spinosa, Rudbeckia hirta, Tagetes patula, Zinnia elegans*
Sorten/Verwandte:
- *Lantana camara* (Wandelröschen, Strauchverbene), tropisches Amerika; 30–50 cm hoch, buschig aufrechter exotischer Strauch, häufig als Hochstämmchen gezogen; Blüten in flachen Körbchen, Juni bis September; sonnig bis lichtschattig, warm, geschützt; Boden trocken bis frisch, mäßig nährstoffreich, durchlässig
- 'Cream Carpet', weiß, Schlund hellgelb
- 'Kolibri', prächtig ziegelrot, Mitte gelb
- 'Sonja', lilarosa mit gelbem Schlund

Verbena rigida 'Polaris'

Purpur-Verbene, Starres Eisenkraut
Verbena rigida

BLÜTEZEIT: Juni – Oktober
HÖHE: 25–35 cm, **BREITE:** 30–40 cm

Herkunft: subtropische Regionen Argentiniens, Brasiliens, in steppenartigen Wiesen, Weideunkraut
Wuchs: bodendeckende, breit- und hochwüchsige, vieltriebige Staude
Blüte: in kurzen Ähren; purpurviolett
Blatt: elliptisch, gezähnt, leicht stechend; mattgrün
Standort: sonnig; warm, auch heiß; Boden mäßig trocken bis frisch, nicht nass; Substrat durchlässig, mäßig nährstoffreich; Pflanze ist frostempfindlich
Pflege: struppig gewordene Pflanzen bis auf halbe Höhe zurückschneiden
Vermehrung: Aussaat, Stecklinge
Verwendung: Sommerbodendecker, in größeren Gruppen im Wechselflor, im Vordergrund von Rabatten, in Töpfen
Partner: *Antirrhinum majus, Cosmos sulphureus, Osteospermum ecklonis, Tagetes tenuifolia, Zinnia elegans*
Sorten/Verwandte:
• 'Fliederblau', purpur, reichblühend
• 'Polaris', lavendelfarben
• 'Santos', hellviolett, dichte Ähren
• *Verbena canadensis* (Polster-Verbene), gedrungen; zahllose dichte Ähren, weiß, rosa, violett, karminrot und purpurrot, blüht von Juni bis Oktober; vollsonniger Standort, warm; Boden mäßig trocken bis frisch; nicht frosthart; Einkürzen hält Wuchs kompakt
• 'Perfecta', tiefviolett
• 'Toronto', gedrungener Wuchs, lila

Viola × *wittrockiana* 'Pirnaer Sachsenland'

Garten-Stiefmütterchen
Viola Wittrockiana-Gruppe

BLÜTEZEIT: März – Mai oder Herbst
HÖHE: 15–30 cm, **BREITE:** 10–25 cm

Herkunft: Kreuzungen europäischer und asiatischer Arten, Wildformen in Wiesen, Brachen und sonnigen Hängen
Wuchs: vieltriebige, zweijährige, reichblühende, niedrig-buschige Pflanzen
Blüte: scheibenförmig in unzähligen Farbnuancen, einheitlich gefärbt oder purpurschwarz gefleckt, auch zwei- oder gar dreifarbig, mit hübschen „Gesichtern", unermüdlich blühend; mit süßlichem Duft
Blatt: schmal bis breit elliptisch; leicht gekerbt; mittel- bis dunkelgrün
Standort: sonnig bis schattig; warm oder kühl, frische bis feuchte Plätze, in jedem einigermaßen nährstoffreichen, sandig-lehmigen Gartenboden
Pflege: Herbstpflanzung ist möglich, um ab März reiche Blüte zu erzielen; an kalten Plätzen ist Winterschutz empfehlenswert
Vermehrung: Aussaat
Verwendung: für Massenpflanzungen in Beeten, im Wechselflor, in Rabatten und Töpfen
Partner: mit Zwiebelpflanzen wie *Hyacinthus-, Fritillaria imperialis-, Narcissus-* und *Tulipa*-Sorten; im Wechselflor mit *Bellis perennis, Erysimum cheiri, Myosotis sylvestris*
Sorten/Verwandte:
• 'Carneval', große Serie ein- und zweifarbiger, großblumiger Sorten
• 'Cats', Gruppe zweifarbiger Typen mit hellem, dunkel gestreiften Inneren
• 'Delta', Sortiment mit über zwei Dutzend Farbschattierungen, einfach und gefleckt, großblumig und früh blühend
• 'Fancy', Serie besonders kurzstieliger Sorten, kompakter Wuchs, 10–12 cm
• 'Frizzle Sizzle', Serie mit rokokoartig gekrausten, stark gewellten Blüten, gelb, blau, violett, purpur und lila, am Rand oft heller, Blütenmitte mit schwarzen Flecken und Streifen
• 'Joker', Varianten mit bunten „Gesichtern", Blütenblattrand dunkel getönt, Mitte andersfarbig hell, in der Mitte dunkle Flecken und Streifen
• 'Schweizer Riesen', gedrungener Wuchs, reinfarbig oder mit schwarzem Mittelfleck, großblumige Züchtungen, blühen im Herbst und Frühjahr
• *Viola cornuta* (Horn-Veilchen), kriechende Staude, 10–15 cm; Sortiment durch Kreuzung entstanden, ein- oder zweijährig oder ausdauernd; Blüten klein, scheibenförmig, viele bunte Tönungen, ein-, zwei- oder dreifarbig, auch gestreift oder gefleckt; angenehm duftend; lange Blütezeit; sonnig bis lichter Schatten; frosthart; in jedem Gartenboden
• 'Angel Tiger Eye', kuriose Züchtung, gelb mit braunschwarzen Streifen
• 'Callisto', viele Sorten mit reintönigem klaren Kolorit, auch zweifarbig, oft angedeutete Streifen in der Mitte
• 'Magnifico', 10 cm hoch, große Serie in fast allen Farben und Variationen
• 'Sorbet', zumeist mehrfarbige Sorten, Spektrum von reinem Weiß bis zu intensivem Schwarzviolett

Zinnia elegans 'Froggy'

Schöne Zinnie
Zinnia elegans

BLÜTEZEIT: Juli – Oktober
HÖHE: 20–100 cm, **BREITE:** 20–50 cm

Herkunft: südliche USA und Mexiko; Halbwüsten und steinige Grasländer
Wuchs: aufrechte, wenig verzweigte Stauden oder Halbsträucher; traditionell als Einjährige kultiviert
Blüte: margeritenähnlich mit Randblüten in
vielen schönen Farben, die Mitte ist braun
oder gelb, häufig halb- oder auch vollgefüllt
blühend
Blatt: breit elliptisch; matt- oder dunkelgrün, rau wie Sandpapier
Standort: sonnig; warm, auch heiß; Boden
unbedingt durchlässig, mäßig trocken bis
frisch, nicht zu feucht; am besten nährstoffreiche lehmige Böden; Pflanze ist nicht
frosthart
Pflege: hohe Sorten stützen; die erste
Blüte ausknipsen, um einen buschigen,
blütenreichen Wuchs zu erzielen
Vermehrung: Aussaat
Verwendung: Wechselflor, Rabatten

Partner: *Ageratum houstonianum, Antirrhinum majus, Cleome spinosa, Cosmos bipinnatus, Cosmos sulphureus, Penstemon*-Sor-
ten, *Salvia farinacea, Verbena bonariensis*
Sorten/Verwandte: im Handel gibt es viele
unterschiedliche Sortimente niedriger bis
hochwüchsiger Varianten mit einfachen,
halbgefüllten, gefüllten oder ballförmigen
Blüten:
- 'Dahlienblütige Riesen', hochwüchsig,
 70–90 cm; in rosa, hellgelben, orange,
 roten und violetten Tönungen
- 'Dreamland', 20–25 cm, sehr niedrige,
 aber großblumige, gefüllte Sorten
- 'Envy', sensationelle Blütenfarbe, hellgrün, im Verblühen hell grünlich gelb
- 'Froggy', 80 cm, lindgrün getönt
- 'Oklahoma', gut verzweigt, 60–70 cm
 hoch, Formen mit pomponartigen, nahezu
 perfekt kugelförmigen Blüten
- 'Ruffles', vieltriebig mit großen, gefüllten
 Blumen in Gelb, Rosa und Rot
- 'Zinnita', 15–25 cm, extrem gedrungen
 wachsende Sorten in vielen Farben, halb-
 kugel- bis kugelförmig gefüllt
- *Zinnia angustifolia* (Schmalblättrige Zin-

nie), 25–70 cm; hübsche, farbenreiche
Zinnie mit zierlichen Blüten, reichblühend, einfach oder gefüllt, weiß, gelb,
orange und rot, manche zweifarbig, Juni
bis Oktober; Blätter schmal-lanzettlich,
matt dunkelgrün
- 'Amulette', hübsche Zwerg-Zinnien, nur
 15–20 cm groß; einfache Blüten
- 'Old Mexico', mittelhohe, meist zweifarbige halb- bis vollgefüllte Typen, Spitzen der
 Randblüten sind oft andersfarbig, rot mit
 Gelb oder Weiß
- 'Profusion', 25–30 cm, niedrig, einfache,
 margeritenähnliche Blütchen, weiß, gelb,
 orange und kirschrot
- 'Star', lockerer, wenig kompakter Wuchs,
 30–40 cm hoch, vielblütig, weiß, gelb und
 orange, blühwillig
- *Zinnia haageana* (Mexikanische Zinnie),
 ähnlich *Zinnia angustifolia,* sonne- und
 wärmebedürftig, mäßig trockene Böden
- 'Aztec Sunset', bis 15 cm, kompakteste
 niedrige Zinnie, zweifarbig gelb und
 braunrot, gefüllt, vielblütig
- 'Perserteppich', fröhlich-bunte Mischung
 in Gelb- und Rottönen

Stauden

STAUDEN SIND mehrjährige, krautige, also nicht verholzende Pflanzen, im Gegensatz zu den Einjahrsblumen, die

Stauden – welch eine Fülle von Lebensformen: von nobler Zurückhaltung bis zum Showeffekt

zwar ebenfalls krautig sind, aber nur eine einzige Vegetationsperiode leben. Der Lebenszyklus der Stauden in einer Vegetationsperiode, also vom Frühjahr bis zum Herbst, ist der gleiche wie bei den Gehölzen: Austrieb, Blüten- und

Samenbildung sowie anschließendes Verwelken der Blätter, oft mit einer ansehnlichen Herbstfärbung verbunden, verlaufen parallel. Aber sie werden nicht so groß wie Gehölze: Maximal drei bis fünf Meter sind erreichbar.

Ähnlich den Gehölzen aus der immergrünen Laubwaldzone gibt es neben den üblichen sommergrünen Stauden winter- und immergrüne Formen mit genau den gleichen Empfindlichkeiten gegenüber Frost, Wintersonne und kalten Ostwinden.

In Abhängigkeit von der Blühdauer spricht man von kurzzeitig Blühenden

oder von Dauerblühern, die wochen-, ja monatelang blühen können.

Für die Gestaltung ist wichtig, dass manche Formen, die im Frühling oder Frühsommer blühten, kurz danach einziehen und für den Rest des Jahres wirkungslos sind. Andere wiederum behalten ihre Blätter bis zum Herbst. Manche Stauden mögen es gar nicht, wenn man sie zu oft verpflanzt, sie wollen in Ruhe gelassen werden. Andere verbrauchen die Nährstoffe an ihrem Wuchsort so stark, dass sie nach wenigen Jahren kümmern und deshalb öfters versetzt werden müssen.

Acaena microphylla

Achillea filipendulina

Kleines Stachelnüsschen
Acaena microphylla

BLÜTEZEIT: Mai – Juni
HÖHE: 8–15 cm, **BREITE:** 40–60 cm

Herkunft: Neuseeland, steinige Wiesen
Wuchs: teppichförmig, bedeckt den Boden mit Absenkern lückenlos
Blüte: unscheinbare grünweiße Köpfchen; Früchte auffällig stachelig, rostrot
Blatt: klein, zart und dünn, gefiedert; olivgrün bis bronzerot; immergrün
Standort: sonnig bis lichter Schatten; kühl; Pflanze mäßig frosthart und gegen Winternässe empfindlich; Boden mäßig trocken bis frisch, schwach sauer bis alkalisch, unbedingt durchlässig, humos, sandig-lehmig
Pflege: in schneefreien Lagen bei starken Frösten im Winter abdecken; Lücken im Blattteppich mit Komposterde nachfüllen
Vermehrung: Teilung, bewurzelte Absenker, Stecklinge oder Aussaat
Verwendung: Bodendecker, im Stein- und Steppengarten, in Plattenfugen
Partner: *Prunella grandiflora, Sedum*-Arten, *Veronica incana, Teucrium*-Sorten
Sorten/Verwandte:
• 'Läufer', niedrig; rotbraun
• 'Dichte Matte', grün und braun
• 'Grünschnabel', Laub grün, Früchte rot
• 'Roter Kupferteppich', zierlich braunrot
• *Acaena buchananii,* dichte, bis 10 cm hohe Teppiche; silbrig blaugrün
• *Acaena inermis,* Früchte stachellos; Blätter olivgrün bis bräunlichrot
• 'Purpurea', intensiv kupfrig rot, flammend rote Herbstfärbung

Gold-Garbe
Achillea filipendulina

BLÜTEZEIT: Juni – August
HÖHE: 90–140 cm, **BREITE:** 60–80 cm

Herkunft: Vorder-, Klein- und Mittelasien, auf Bergwiesen und Weiden, felsigen Hängen und an Ufern
Wuchs: horstartig; aufrechte Stängel über grundständigen Blatthorsten
Blüte: kleine Einzelblüten in schirmartigen Blütenständen; goldgelb; blüht über einen längeren Zeitraum
Blatt: fiederschnittig; stumpfgrün; aromatisch, mit würzig-strengem Geruch
Standort: sonnig; warm, Pflanze verträgt Hitze; frisch bis mäßig trocken; Boden durchlässig, sandig- oder steiniglehmig bis lehmig-humos, kalkhaltig; Pflanze ist frosthart
Pflege: Rückschnitt im Frühjahr, standschwache Pflanzen stäben
Vermehrung: Teilung oder Risslinge im Frühjahr
Verwendung: Rabatten, Südwände und -hänge; Schnitt- und Trockenblume
Partner: *Anthemis tinctoria, Echinops, Salvia nemorosa,* Gräser wie *Festuca mairei, Stipa calamagrostis*
Sorten/Verwandte:
• 'Parker's Variety' (= 'Parker'), hohe Sorte, 100–140 cm; Blüten goldgelb
• *Achillea* 'Coronation Gold', ausgezeichnete, niedrige Sorte, 60–80 cm, Blüten leuchtend goldgelb
Aus *Achillea filipendulina* × *Achillea millefolium* sind zahlreiche Sorten entstanden (→ Tab.)
Hinweis: Fruchtstände wirken gut im Winter, Blütenstände kann man trocknen

DIE BESTEN *ACHILLEA*-SORTEN

SORTE	HÖHE	BLÜTE	WEITERE INFOS
'Credo'	100 cm	hellgelb	horstartig, gut standfest
'Feuerland'	110 cm	rotbraun	im Verblühen lachsrosa; bisweilen standschwach
'Hannelore Pahl'	90 cm	cremefarben	vielfältig zu kombinieren
'Hella Glashoff'	70 cm	creme- bis braungelb	sehr reich blühend, noch schön im Verblühen
'Lachsschönheit'	90 cm	lachsrosa	verblasst im Verblühen, wird dann hellrosa
'Moonshine'	50 cm	zitronengelb	graulaubig; Abkömmling von *Achillea clypeolata*
'Terracotta'	70 cm	orange- bis rostrot	zeigt einen reizvollen Farbverlauf
'Wesersandstein'	50 cm	kräftig altrosafarben bis hellrosa	mit kurzen Ausläufern; mehrfarbige Blüten

Aster *Aster*

Ein Garten im Herbst ohne Astern ist kaum denkbar! Dabei beschränken sich die über 600 Astern-Arten und deren unzählige Sorten keinesfalls auf ein herbstliches Blütenfeuerwerk. Der Blütezeitraum innerhalb der Gattung ist viel größer: Bereits im Frühling blühen Alpen- und Vorsommer-Aster *(Aster alpinus, Aster tongolensis)*. Sie bringen einzelne Blüten auf kaum verzweigten Stängeln hervor. Im Sommer folgen Gebüsch- und Kalk-Aster *(Aster divaricatus, Aster amellus)* und einige weitere Arten, deren Blüten auf verzweigten Blütenstielen sitzen. Eine wahrhaft überschäumende Fülle großer und kleiner Blütensterne offeriert die Gattung für den herbstlichen Garten.

Typischer Blütenbau

Wie bei anderen Pflanzen aus der Familie der Asterngewächse bildet jeder einzelne Blütenstern einen ganzen Blütenstand. Das mittige, in der Regel gelb oder bräunlich gefärbte Körbchen setzt sich aus zahlreichen kleinen Röhrenblüten zusammen. Es wird von meist andersartig gefärbten Zungenblüten umgeben. Bei ungefüllten „Blü-

ten" bilden diese nur einen Kranz. Bei halbgefüllten und gefüllten „Blüten" sind mehrere Reihen der auffällig gefärbten, lanzettlichen Zungenblüten erkennbar. Ihre Farbpalette beinhaltet lilablaue, violette, purpurfarbene, karminrote, rosafarbene und weiße Tönungen in unterschiedlichen Schattierungen. Nur bei der Goldhaar-Aster *(Aster linosyris)* gesellt sich reines Gelb hinzu.

Vielfältige Verwendung

Seit Langem werden Astern als Pflanzen der Rabatten und Schnittblumenbeete geschätzt. Ihren guten Ruf haben sich die Pflanzen aufgrund ihrer Reichblütigkeit und Farbwirkung zweifelsfrei zu Recht erworben. Doch verursachen Krankheiten wie Echter Mehltau, Asternwelke oder andere pilzliche Erkrankungen immer wieder Probleme. Diese vermeiden Sie am besten, wenn Sie einen geeigneten Standort und widerstandsfähige Sorten wählen. Das gilt für die großblütigen Astern (Raublatt-, Glattblatt- und Kissen-Astern) in gleicher Weise wie für die vielen kleinblütigen Formen (Myrten-, Herzblatt- oder Himmels-Aster).

Bei der Dominanz der Beetstauden unter den Astern wird häufig vergessen, dass die Gattung weitere exzellente Pflanzen zur Verwendung am Gehölzrand *(Aster divaricatus, Aster ageratoides)*, auf trockenen *(Aster amellus, Aster linosyris)* oder feuchten Freiflächen *(Aster glehnii, Aster umbellatus)* oder im Steingarten *(Aster alpinus)* bietet. Gerade im Umfeld von Bäumen und Sträuchern sind die im Spätsommer und Herbst blühenden Astern eine wahre Bereicherung, weil die meisten anderen Gehölzrandstauden meist schon im Frühjahr oder Vorsommer blühen.

Entsprechend der unterschiedlichen Blütezeiten und der verschiedenen Standortansprüche der einzelnen Astern-Arten ergibt sich eine Vielzahl von attraktiven Kombinationen mit anderen Gartenpflanzen. Im Zusammenspiel mit herbstfärbenden Gehölzen, anderen herbstblühenden Stauden und farbintensiven Gräsern verwandeln die Herbst-Astern den Garten dann ein letztes Mal in ein prachtvoll leuchtendes Farbenmeer, bevor der Winter dem bunten Treiben ein Ende bereitet.

Aster ageratoides 'Asran'

Aster alpinus 'Albus'

Aster amellus 'Sternkugel'

Leberbalsam-Aster
Aster ageratoides 'Asran'

BLÜTEZEIT: August – Oktober
HÖHE: 70–100 cm, **BREITE:** 50–90 cm

Herkunft: Auslese der in Ostasien beheimateten *Aster ageratoides* var. *ovatus,* die an Berghängen und Gebüschrändern wächst
Wuchs: aufrecht, stark Ausläufer bildend, dickichtartig; verdrängt schwächere Partnerpflanzen
Blüte: große Blütensterne; violettrosa; sehr reichblütig
Blatt: breit lanzettlich bis schmal eiförmig, Rand grob gesägt; grasgrün
Standort: sonnig bis halb- und lichtschattig; kühl bis warm; frisch bis mäßig trocken; jeder normale Gartenboden ist geeignet; Pflanze ist frosthart
Pflege: Rückschnitt im Spätherbst, bei zu starker Ausdehnung Teile mit dem Spaten abstechen
Vermehrung: Teilung im Frühjahr
Verwendung: am Gehölzrand, zwischen Sträuchern, als Bodendecker
Partner: am besten mit Sträuchern kombinieren; als krautige Partner haben ausschließlich konkurrenzkräftige Arten wie *Phlomis russeliana* oder *Buglossoides* eine Chance
Sorten/Verwandte:
• 'Adustus Nanus', 20–25 cm; hellviolett, Juli bis August, bildet Ausläufer
• 'Ashvi', 70–80 cm, Ausläufer bildend; Blüten weiß
• *Aster radula* 'August Sky', 50–60 cm, Blüten hellviolett, bildet nur kurze Ausläufer, daher weniger verdrängend

Alpen-Aster
Aster alpinus

BLÜTEZEIT: Mai – Juni
HÖHE: 15–30 cm, **BREITE:** 15–25 cm

Herkunft: Gebirge Europas, Asiens, westliches Nordamerika, Matten, Felsbänder, Schotterflächen
Wuchs: polsterförmig
Blüte: zahlreiche Blütenköpfchen auf unverzweigten Stielen; lilablaue, violette, selten rosafarbene oder weiße Strahlenblüten, Mitte stets gelb
Blatt: länglich spatelförmig und zum Stiel hin verschmälert, grundständige Blätter in Rosetten; rau behaart; matt dunkelgrün
Standort: sonnig; kühl; frisch; Boden gut durchlässig, steinig, sandig- oder schottrig-lehmig, nährstoffarm; Pflanze ist frosthart
Pflege: bei großer Trockenheit gießen; Rückschnitt der Blütenstiele nach dem Verblühen; neigt zur Kurzlebigkeit, daher alle 3 bis 4 Jahre teilen und neu pflanzen
Vermehrung: Teilung nach der Blüte; auch durch Aussaat
Verwendung: Steingarten, Trockenmauern und Terrassenbeete, im Vordergrund von Rabatten
Partner: *Antennaria dioica, Dianthus, Geranium cinereum, Gypsophila repens, Globularia, Iberis, Festuca glauca*
Sorten/Verwandte:
• 'Albus', 30 cm; reinweiß
• 'Dunkle Schöne', 30 cm; dunkelviolett
• 'Happy End', 25 cm; rosafarben
• 'Sabine', 25 cm; lilafarben, Blüten gefüllt; sehr schöne Sorte

Berg-Aster, Kalk-Aster
Aster amellus

BLÜTEZEIT: August – September
HÖHE: 30–80 cm, **BREITE:** 30–50 cm

Herkunft: Europa bis Kleinasien, Kalktrockenrasen, sonnige Waldränder
Wuchs: buschige Horste
Blüte: am Ende locker verzweigter Stängel; lila, violettblaue oder rosa Strahlenblüten umgeben die Mitte mit gelben Röhrenblüten
Blatt: lanzettlich; rauhaarig; stumpfgrün
Standort: sonnig; warm; mäßig trocken bis frisch; Boden durchlässig, mäßig nährstoffreich, aber kalkhaltig; Pflanze ist frosthart
Pflege: nur im Frühjahr pflanzen, bei Herbstpflanzung oft Ausfälle; mäßig düngen; wegen Tendenz zur Kurzlebigkeit etwa alle 3 Jahre teilen und neu pflanzen; bei Bedarf stützen, Rückschnitt im Herbst
Vermehrung: durch Teilung oder Stecklinge bei beginnendem Austrieb
Verwendung: Naturgarten, Steppenheiden und andere Freiflächen; die Sorten in Rabatten, als Schnittblumen
Partner: *Achillea filipendulina, Anaphalis, Aster linosyris, Liatris spicata, Sedum telephium, Stipa arundinacea*
Sorten/Verwandte:
• *Aster × frikartii* (Kreuzung *Aster amellus* mit *A. thomsonii*), Wuchs locker
• 'Mönch', 90 cm; helllila, großstrahlig
• 'Jungfrau', 75 cm; violett, mit breiten Strahlenblüten
• *Aster pyrenaeus* 'Lutetia', 60–70 cm, blass violettrosa, lange reichblühend

DAS SORTIMENT VON *ASTER AMELLUS*

SORTE	HÖHE	BLÜTE	WEITERE INFOS
'Blue King'	45–55 cm	dunkel blauviolett, früh und sehr reich blühend	hervorragende Farbwirkung; sehr gute Sorte
'Breslau'	35–45 cm	blauviolett, überschäumende Blütenfülle	ausgezeichnet standfest, etwas schwächer wachsend
'Brilliant'	60–70 cm	hell purpurrosa, früh, Stängel rot getönt	lockerer Habitus, mitunter nicht ganz standfest
'Glücksfund'	55–65 cm	helles Lilablau, früh, viele Blüten in einer Ebene	reichblütig; standfest; sehr gute Sorte
'Grunder'	70–80 cm	lilablau, mittel bis spät, sehr groß	gute Schnittblume, wahrer Schmetterlingsmagnet
'Kobold'	30–40 cm	zart fliederfarben, mittel	niedriger, etwas wuchsschwach; nicht immer gesund
'Lady Hindlip'	45–55 cm	helles Rosalila, mittel, lange Blütezeit	nicht immer standfest; mäßig vital
'Mira'	40–50 cm	lilafarben, mittel, sehr reich blühend	kompakt, standfest; gesund, sehr gute Sorte
'Rosa Erfüllung'	40–55 cm	violettrosa, früh, reichblühend	gut standfest; meist gesund
'Silbersee'	55–65 cm	silbrig violettblau, sehr früh und reich blühend	regelmäßig aufgebaute, große Sternblüten
'Sonora'	70–80 cm	blauviolett, mittel, sehr reich blühend	sehr vital, gesund, sehr gute Sorte
'Sternkugel'	45–55 cm	fliederfarben, mittel, lange blühend	schmale Zungenblüten; sehr gute Sorte
'Veilchenkönigin'	50–60 cm	dunkel blauviolett, mittel, lange blühend	beste Sorte, tolle Farbwirkung; gesund und wüchsig

Aster divaricatus

Gebüsch-Aster, Wald-Aster
Aster divaricatus

BLÜTEZEIT: August – September
HÖHE: 70–80 cm, **BREITE:** 40–60 cm

Herkunft: Nordamerika, von Kanada bis nach USA (Georgia, Alabama und Tennessee); in lichten Wäldern, an Waldrändern, in Kahlschlägen
Wuchs: horstartig, Triebe mit grundständigem Blattschopf, verzweigte Blütenstände
Blüte: zahlreiche Blütensterne in lockeren Blütenschirmen; weiß, Mitte gelb, im Abblühen braun, Fruchtstände wollig weiß
Blatt: herz- bis eiförmig; dunkelgrün, leicht glänzend
Standort: sonnig bis halbschattig, Gehölze stellen keine Konkurrenz dar; frisch bis mäßig trocken; Boden sandigoder lehmig-humos
Pflege: nur geringer Pflegeaufwand nötig, da die Gebüsch-Aster sehr anpassungsfähig ist; Rückschnitt im späten Herbst

Vermehrung: Teilung oder Aussaat im Frühjahr
Verwendung: am Gehölzrand, vor und zwischen licht stehenden Sträuchern, vor Ost- und Westwänden, in Freiflächen; Pflanze ist gut mit anderen Arten zu kombinieren
Partner: *Carex montana, Geranium wlassovianum, Heuchera, Phuopsis stylosa, Prunella grandiflora*
Sorten/Verwandte:
• 'Tradeskant', 60 cm; wächst etwas schwächer als die Art; weiße Blüten kontrastieren gut zu braunroten Stängeln
• *Aster × herveyi* 'Twilight', 70–80 cm, zeigt ein lockeres Wuchsbild; Blüten blauviolett; wird häufig als *Aster macrophyllus* 'Twilight' angeboten
• *Aster schreberi* (Schrebers-Aster), 50–80 cm, Blüten weiß, klein, Juli bis August, grundständige Blätter herzförmig, bildet kurze Ausläufer, guter Bodendecker. In den Gärtnereien meist unter der Bezeichnung *Aster macrophyllus* 'Albus' angeboten

Aster dumosus 'Rosenelf'

Aster ericoides 'Snowflurry'

Kissen-Aster

Aster Dumosus-Gruppe
(= Aster Dumosus-Hybriden)

Myrten-Aster

Aster ericoides

BLÜTEZEIT: September – Oktober
HÖHE: 15–45 cm, **BREITE:** 20–50 cm

Herkunft: Kulturformen, kleinwüchsige Astern, die unter Beteiligung von *Aster novi-belgii* entstanden sind
Wuchs: bildet durch dicht stehende, aufrechte Stängel niedrige Kissen; Pflanzen breiten sich durch kurze Ausläufer allmählich aus
Blüte: im schirmartigen Blütenstand auf gleicher Höhe, sodass sie zur Blütezeit eine geschlossene, farbige Fläche bilden; je nach Sorte violett, hellblau, purpurfarben, karminrot, rosa oder weiß
Blatt: schmal lanzettlich; grasgrün
Standort: sonnig bis absonnig; kühl bis mäßig warm, keinesfalls heiß, da sich sonst leicht Echter Mehltau einstellt; frisch bis feucht; Boden lehmig oder lehmig-humos, nährstoffreich; Pflanze ist frosthart
Pflege: regelmäßige Kompostgaben verlängern die Lebenszeit; zeigen sich Kahlstellen in der Mitte, sollten die Pflanzen im Frühjahr ausgegraben und geteilt werden, danach werden sie an anderer Stelle wieder gepflanzt; Rückschnitt sofort nach der Blüte, damit sich die Sorten nicht aussäen
Vermehrung: Teilung im Frühjahr
Verwendung: im Vordergrund von Rabatten, mehrere Sorten gemischt in bunten Teppichen
Partner: andere Astern, *Dahlia, Molinia, Panicum, Sedum* 'Herbstfreude'
Sorten/Verwandte: → Tab. Seite 116

BLÜTEZEIT: September – Oktober
HÖHE: 15–150 cm, **BREITE:** 40–80 cm

Herkunft: Nordamerika; Prärien, Wegränder, lichte Gebüsche
Wuchs: horstartig, aufrecht-buschig, Stängel reich verzweigt
Blüte: zahlreiche kleine Sternblüten bilden wolkenartige Blütenstände; je nach Sorte weiß, zartlila oder zartrosafarben, Mitte gelb oder braun
Blatt: schmal linealisch bis fast nadelförmig; dunkel- oder stumpfgrün
Standort: sonnig; kühl bis warm, an trocken-heißen Standorten droht Mehltaubefall; frisch, kurzzeitige Trockenheit wird ertragen; Boden lehmig, lehmig-humos oder sandig-lehmig; Pflanze ist frosthart
Pflege: Rückschnitt im Spätherbst
Vermehrung: Teilung, Risslinge oder Stecklinge im Frühjahr
Verwendung: Rabatten, frische Freiflächen, Schnittblumenbeete; schöne Pflanzbilder ergeben sich, wenn die schleierartigen Blütenstände mit kräftigeren Blütenformen kombiniert werden; auch die optische Nähe herbstfärbender Gehölze lässt die Myrten-Astern gut zur Geltung kommen
Partner: *Aster* Dumosus-Gruppe, *Aster novae-angliae, Chrysanthemum, Paeonia, Panicum virgatum*-Sorten, *Solidago, Sorghastrum avenaceum*
Sorten/Verwandte:
• 'Blue Star', 60–90 cm; Blüten zart blaulila

• 'Esther', 70 cm; Blüten zart violettrosa, sehr reich blühend und meist gesund
• 'Herbstmyrte', 100 cm; weiß
• 'Lovely', 80 cm; Blüten hell rosalila; ausgezeichnete Sorte, die in den Gärtnereien auch unter der Bezeichnung *Aster vimineus* 'Lovely' angeboten wird
• 'Pink Cloud', 110 cm; Blüten violettrosa, äußerst reichblütig; gut standfest und gesund
• 'Schneetanne', 140 cm; wächst straff aufrecht, gut standfest; Blüten weiß; gesunde, ausgezeichnete Sorte
• 'Snowflurry', 15 cm, zeigt ein gänzlich anderes Wuchsbild als die anderen Sorten, die reichblühenden Pflanzen wachsen teppichartig; Blüten weiß; eignet sich für den Vordergrund von Rabatten und für Steingärten, hübsche Aspekte, wenn die Pflanzen locker über Steine oder Mauerbrüstungen herabhängen; die exzellente Sorte ist auch unter dem Namen *Aster pansus* 'Snowflurry' im Handel
• 'Weißer Zwerg', 40 cm, wächst buschig aufrecht; Blüten weiß, sehr reichblütig
weitere kleinblütige Astern → Tab. auf Seite 116
Hinweis: die bodennahen Blätter vergilben bei einigen hochwüchsigen Sorten im Laufe der Vegetationszeit, sodass das unterste Stängeldrittel zur Blütezeit unbelaubt ist. Das ist keinesfalls krankhaft, sondern eine Anpassung an den Naturstandort, wo hohe Gräser den Fuß der Pflanzen beschatten. Durch die Kombination der Pflanzen mit mittelhohen Partnern lassen sich die Aufkahlungen geschickt kaschieren.

DIE BESTEN RAUBLATT-ASTERN (SORTEN VON *ASTER NOVAE-ANGLIAE*)

SORTE	HÖHE	BLÜTE	WEITERE INFOS
'Alma Pötschke'	80–120 cm	leuchtend pink mit lachsfarbener Tönung; früh bis mittel	sehr gesund; mäßig standfest; insgesamt sehr gute Sorte
'Andenken an Paul Gerber'	120–150 cm	purpurrosa; reichblütig; früh und lang blühend	sehr gesund; gut standfest; bewährte und weitverbreitete Sorte
'Barr's Blue'	130–160 cm	hell blauviolett; mittlere Blütezeitgruppe	sehr gesund und besonders großblumig, aber nicht immer standfest
'Barr's Pink'	130–160 cm	hell violettrosa; sehr reichblütig; früh und lang blühend	sehr gesund; gut standfest; beste rosa blühende Sorte
'Herbstschnee'	120–140 cm	reinweiß; reichblütig; früh bis mittel	gesund; gut standfest; im Verblühen verbräunen die Blüten, trotzdem sehr gute Sorte
'Purple Dome'	60–80 cm	dunkel purpurviolett; nur in warmen Jahren reichblütig; sehr spät	sehr kompakt; gesund; sehr gut standfest
'Rosa Sieger'	130–140 cm	zartes klares Rosa; mittlere Blütezeitgruppe	gesund und reichblühend; muss mitunter gestützt werden
'Rubinschatz'	140–150 cm	leuchtend purpurfarben; blüht überaus lange	sehr auffällige Erscheinung; sehr gesund, aber nicht immer standfest
'Rudelsburg'	120–140 cm	helles, gedämpftes Magentarot; mittel bis spät	sehr gesund; gut wüchsig; nicht immer standfest
'Violetta'	130–140 cm	dunkel violett; sehr reichblütig; mittel bis spät	gesund; gut standfest; sehr gute und verlässliche Sorte; dunkelste Blütenfarbe aller Raublatt-Astern

DIE BESTEN GLATTBLATT-ASTERN (SORTEN VON *ASTER NOVI-BELGII*)

SORTE	HÖHE	BLÜTE	WEITERE INFOS
'Blütenmeer'	50–60 cm	hellviolett, mit schmalen Zungenblüten; sehr reichblütig; mittel	kompaktwüchsig, gut standfest; gesund
'Bonningdale Blue'	80–100 cm	blauviolett; halbgefüllt; reichblütig; früh bis mittel	schöne Blüten; standfest, aber leider krankheitsanfällig
'Dauerblau'	120–140 cm	lilablau; sehr reich; spät und lang blühend	gut standfest; wenig Mehltaubefall; sehr gute Sorte
'Jugendstil'	110–130 cm	hell violettrosa, großblütig; einfach; früh bis mittel	sehr schön; gesund, aber oft standschwach; gute Schnittblume
'Karminkuppel'	90–110 cm	leuchtend purpurrosa; sehr reichblütig; mittel	sehr gut standfest; gesund; sehr gute Sorte
'Patricia Ballard'	90–110 cm	dunkel purpurrosa; gefüllt; früh und lange blühend	leider etwas krankheitsanfällig, sonst schöne Sorte
'Porzellan'	70–110 cm	zart silbrig blau; einfach; mittel bis spät	insgesamt wenig auffällig, da etwas blühfaul, aber meist gesund
'Rosa Perle'	90–110 cm	intensiv rosa mit lila Hauch; sehr reichblütig; früh bis mittel	gut standfest; gesund; gut zum Schnitt geeignet
'Rosenhügel'	80–110 cm	hell purpurrosa; einfach; früh	meist gesund, aber nicht immer standfest
'Rosenpompon'	80–90 cm	violettrosa; gefüllt; mittel bis spät	gesund; muss meist gestützt werden
'Rosenquarz'	90–110 cm	silbrig rosa; gefüllt, feinstrahlige Zungenblüten; sehr reichblütig; mittel	gut standfest; gesund; sehr gute Sorte
'Royal Ruby'	60–70 cm	leuchtend purpurrot; halbgefüllt; früh bis mittel	leider etwas krankheitsanfällig; schwachwüchsig
'Royal Velvet'	80–100 cm	purpurviolett, großblütig; halbgefüllt; früh bis mittel	sehr schön, aber nicht immer gesund
'Sailor Boy'	100–120 cm	blauviolett, sehr großblütig; halbgefüllt; mittel bis spät	sehr attraktive Blüten, aber bisweilen krank
'Schneeberg'	90–110 cm	weiß, Mitte gelb, feinstrahlige Zungenblüten; einfach; früh bis mittel	standfest, aber leider nicht immer gesund
'Schöne von Dietlikon'	100–120 cm	blauviolett, Mitte gelb; sehr reichblütig; früh bis mittel	sehr gut standfest; sehr gut zum Schnitt geeignet
'Violetta'	90–100 cm	violettblau, Mitte gelb; reichblühend; früh bis mittel	etwas dunkler als 'Schöne von Dietlikon', aber weniger gesund
'Zauberspiel'	80–100 cm	reinweiß, im Abblühen mit rosa Hauch; einfach; früh bis mittel	schmale Zungenblüten erscheinen zottig; standfest; nicht immer gesund; beste weiße Sorte

Prachtspiere, Astilbe *Astilbe*

Astilben sind Prachtgestalten des lichten Schattens. Kaum eine andere Pflanzengattung schafft es, ähnlich prunkvolle Blütenszenarien im wandernden Licht hoher Bäume oder im hellen Schatten von Wänden zu entwerfen. Die fedrigen Blütenrispen der zauberhaften Gestalten schmücken den Garten über einen langen Zeitraum. Geschickte Sortenwahl vorausgesetzt, ist es möglich, den ganzen Sommer über blühende Prachtspieren zu präsentieren.

Unterschiedliche Gruppen

Die frühesten Formen findet man innerhalb der Japonica-Gruppe. Die dazu zählenden Sorten zeigen bereits ab Juni Farbe. Aufgrund ihres frühzeitigen Flors werden die Japanischen Astilben gerne im Gewächshaus verfrüht. Bereits im April werden dann erste Schnittblumen und blühende Topfpflanzen zum Kauf angeboten. Viele der Japanischen Prachtspieren sind nach deutschen Städten oder Landschaften benannt, das haben sie dem großen deutschen Züchter Georg Arends aus Wuppertal zu verdanken. Er beschäftigte sich intensiv und

erfolgreich mit der Züchtung neuer gartentauglicher Varianten.

Georg Arends zu Ehren wurde die im Anschluss an die Japanischen Astilben blühende, überaus formenreiche Arendsii-Gruppe benannt. Sie beinhaltet die wichtigsten Sorten für den Garten und sämtliche Farbschattierungen, die innerhalb der Gattung zu finden sind. Ihre Blütenstände sind lockerer und eleganter als die der Japanischen Prachtspieren.

Ebenfalls im Hochsommer blühen die Sorten der Thunbergii-Gruppe. Diese etwas höher wachsenden Wald-Astilben sind an den locker überhängenden Rispenästen ihrer Blütenstände gut zu erkennen.

Dagegen erscheinen die dichten Blütenkegel der Teppich-Astilben sehr viel straffer und strenger. Die von *Astilbe chinensis* abstammenden Varianten blühen bis zum September. Anders als andere Formen bilden sie kurze Ausläufer und dadurch allmählich größere Bestände. Es sind Prachtspieren, die in Gebieten mit trockenerer Luft noch am besten gedeihen. Die anderen Astilben bevorzugen hingegen luftfeuchte

und niederschlagsreiche Regionen. Dort wachsen sie auf nährstoffreichem, lehmigem Untergrund am besten.

Dies gilt auch für die im Hochsommer blühenden Sorten aus der Simplicifolia-Gruppe. Aufgrund ihres glänzenden Laubs können diese Sorten auch als Glanzblatt-Astilben bezeichnet werden.

Die Formen der Crispa-Gruppe haben ihren Namen Zwerg-Astilben aufgrund ihres niedrigen Wuchses erhalten. Diese Prachtspieren eignen sich am besten für einen Platz im absonnigen Steingarten.

Ansprechende Verwendung

Die meisten Astilben fühlen sich auf frischen bis feuchten Beeten im lichten Schatten von Baumhainen oder Wänden wohl. Sie lieben nährstoffreiche Böden und hohe Luftfeuchtigkeit. Schöne Kombinationen ergeben sich, wenn man mehrere Astilbe-Sorten mit unterschiedlichen Farbnuancen zusammenpflanzt. Aber auch in Kombination mit Eisenhut, Silberkerzen, Herbst-Anemonen und Purpurglöckchen lassen sich überzeugende Pflanzbilder schaffen.

Astilbe 'Glut' (Arendsii-Gruppe)

Garten-Prachtspiere, Garten-Astilbe

Astilbe Arendsii-Gruppe

Astilbe chinensis var. pumila

Teppich-Prachtspiere, Teppich-Astilbe

Astilbe chinensis

Astilbe 'Deutschland' (Japonica-Gruppe)

Japanische Prachtspieren

Astilbe Japonica-Gruppe

BLÜTEZEIT: Juli – September
HÖHE: 70–110 cm, **BREITE:** 50–70 cm

Herkunft: Züchtungen
Wuchs: horstartig, buschig
Blüte: kleine Einzelblüten, je nach Sorte in zahlreichen Schattierungen von rosa-, violettrosa-, karmin-, purpur-, blutroten oder weißen, kegelförmigen Rispen
Blatt: doppelt gefiedert, Rand gesägt; bei hell blühenden Sorten in der Regel dunkelgrün, bei dunkel blühenden Sorten oft, vor allem beim Austrieb, rötlich; Herbstfärbung gelblich
Standort: absonnig bis lichtschattig; kühl; luftfeucht, frisch bis feucht; Boden lehmig-humos oder lehmig, nährstoffreich; Pflanze ist spätfrostgefährdet
Pflege: in Trockenperioden durchdringend gießen; Rückschnitt erst im Frühjahr, da die braunen Fruchtstände über den Winter hinweg gut aussehen
Vermehrung: Teilung im Frühjahr
Verwendung: Rabatten, Nord- und Ostseite von Mauern im wandernden Licht wurzeltoleranter Bäume
Partner: *Actaea, Aconitum, Anemone × hybrida,* andere *Astilbe*-Sorten
Sorten/Verwandte:
- 'Amethyst', 90 cm; fliederrosa
- 'Brautschleier', 80 cm; weiß, lockere Rispen; ausgezeichnete Sorte
- 'Cattleya', 100 cm; karminrosa
- 'Feuer', 80 cm; leuchtend karminrot
- 'Glut', 80 cm; leuchtend rot
- 'Spinell', 70 cm; Blüten feurig rot, rotbraunes Laub

BLÜTEZEIT: August – September
HÖHE: 20–110 cm, **BREITE:** 30–80 cm

Herkunft: Ostasien; feuchte Wälder, Waldlichtungen und Feuchtwiesen
Wuchs: buschig-aufrecht; bildet Ausläufer und dadurch kleine Bestände
Blüte: dichte kegelförmige Rispen mit steil oder schräg aufwärtsstrebenden Rispenästen; je nach Sorte rosa, karmin-, violett- oder purpurrosa
Blatt: doppelt gefiedert, am Rand gesägt; behaart; stumpfgrün
Standort: absonnig bis lichtschattig, bei ausreichender Wasserversorgung auch sonnig; mäßig trocken bis feucht; Boden lehmig-humos bis sandig-lehmig; Pflanze ist frosthart und verträgt Lufttrockenheit
Pflege: geringer Pflegeaufwand, da Pflanze anpassungsfähig; bei starker Ausbreitung Randbereiche mit Spaten abstechen; Rückschnitt im Frühjahr
Vermehrung: Teilung im Frühjahr
Verwendung: Gehölzrand, Nord- und Ostseite von Wänden, unter wurzeltoleranten Bäumen; als Bodendecker
Partner: *Bergenia, Geranium × oxonianum, Polygonatum × hybridum*
Sorten/Verwandte:
- 'Finale', 50 cm; lachsrosa
- 'Purpurlanze',110 cm; purpurviolett, straff aufrechte Rispen; sehr gute Sorte
- 'Spätsommer', 80 cm; violettrosa
- var. *pumila* (Zwerg-Teppichastilbe), 25 cm; Blüte violettrosa; guter Bodendecker

---

BLÜTEZEIT: Juni – Juli
HÖHE: 40–60 cm, **BREITE:** 40–50 cm

Herkunft: Züchtungen
Wuchs: horstartig, buschig
Blüte: kleine Einzelblüten; je nach Sorte rosa-, violettrosa-, karmin-, purpurrote oder weiße, streng kegelförmige Rispen
Blatt: doppelt gefiedert, Rand gesägt; bei hell blühenden Sorten meist dunkelgrün, bei dunkel blühenden Sorten oft und vor allem beim Austrieb rötlich
Standort: absonnig bis lichtschattig; kühl; luftfeucht, frisch bis feucht; Boden lehmig-humos oder lehmig, nährstoffreich; Pflanze ist frosthart
Pflege: in Trockenperioden durchdringend gießen; Rückschnitt erst im Frühjahr, da die braunen Fruchtstände über den Winter hinweg gut aussehen
Vermehrung: Teilung im Frühjahr
Verwendung: Rabatten, Nord- und Ostseite von Mauern, im wandernden Licht locker stehender, wurzeltoleranter Bäume
Partner: *Aconitum napellus, Astrantia, Molinia caerulea,* andere *Astilbe*-Sorten
Sorten/Verwandte:
- 'Deutschland', 50 cm; weiß
- 'Europa', 50 cm, hellrosa
- 'Koblenz', rosafarben; 50 cm
- 'Mainz', 50 cm; violettrosa
- 'Red Sentinel', 50 cm; leuchtend rot
- *Astilbe glaberrima* 'Sprite', 35 cm; rosafarben, Juli bis August, fast waagerecht abstehende Rispenäste; Blättchen bräunlich grün, kraus, glänzend

Astilbe 'Straußenfeder' (Thunbergii-Gruppe)

Wald-Prachtspiere, Wald-Astilbe
Astilbe Thunbergii-Gruppe

BLÜTEZEIT: Juli – August
HÖHE: 80–120 cm, **BREITE:** 60–80 cm

Herkunft: Züchtungen
Wuchs: horstartig, buschig
Blüte: lockere, kegelförmige Rispen mit stark überhängenden Rispenästen; rosa-, lachsrosafarben oder weiß
Blatt: doppelt gefiedert, Rand gesägt; grün, bei rosa blühenden Sorten bronze
Standort: absonnig bis lichtschattig; kühl; luftfeucht, frisch bis feucht; Boden lehmig-humos oder lehmig, nährstoffreich; Pflanze ist frosthart
Pflege: in Trockenperioden durchdringend gießen; für Humusgaben dankbar
Vermehrung: Teilung im Frühjahr
Verwendung: Rabatten, Nord- und Ostseite von Wänden, im wandernden Licht locker stehender, wurzeltoleranter Bäume
Partner: *Astilboides, Carex pendula, Hosta, Rodgersia,* andere *Astilbe*-Sorten
Sorten/Verwandte:
• 'Straußenfeder', 90 cm; purpurrosa
• 'Van der Wielen', 120 cm; milchweiß
• *Astilbe* Simplicifolia-Gruppe, etwa 40–60 cm hohe Sorten, mit auffallend glänzendem Laub und doppelt gesägten Blatträndern; bilden lockere Rispen im Juli und August:
• 'Atrorosea', 40 cm; purpurrosa; kompakte Blütenrispen
• 'Aphrodite', 50 cm, violettrosa, reichblühend, ausgezeichnete Sorte
• 'Henry Graafland', 40 cm; hellrosa
• 'Praecox Alba', 50 cm; weiß

Astilboides tabularis

Tafelblatt
Astilboides tabularis
(= *Rodgersia tabularis*)

BLÜTEZEIT: Juni – Juli
HÖHE: 120-150 cm, **BREITE:** 90-150 cm

Herkunft: Ostasien; in Schluchtwäldern, in Bambuswäldern, an Bachufern
Wuchs: mächtige Blattschmuckstaude von üppiger Erscheinung mit hochragenden Blütenständen
Blüte: schaum- oder federartige, leicht nickende, cremeweiße Blütenrispen, Einzelblütchen sternförmig, leichter Duft
Blatt: riesige, nahezu runde, schildförmige Blätter mit einem Durchmesser von 50–80 cm; etwas gelappt; frischgrün, im Herbst gelb
Standort: lichter Schatten bis Halbschatten; kühl und luftfeucht; Boden frisch bis feucht, sauer bis schwach alkalisch, humushaltig, lehmig oder tonig; Pflanze ist meist frosthart, spätfrostgefährdet und empfindlich gegen Austrocknen
Pflege: Abgeblühtes ausschneiden, um die Blattschmuckwirkung nicht zu beeinträchtigen; weite Pflanzabstände wählen, da die Staude allmählich breit ausladend wird und andere Pflanzen verdrängt
Vermehrung: durch Teilung
Verwendung: Gruppenstaude oder Solitär im Waldgarten, schattige Teich- oder Bachufer, Schattenrabatten; exzellenter Kontrast zu kleinlaubigen Stauden
Partner: Farne, Waldgräser, *Aconitum napellus, Campanula lactiflora, Dicentra*-Arten, *Filipendula rubra, Hosta*-Sorten, *Thalictrum delavayi, Tiarella*-Sorten

Astrantia major 'Claret'

Große Sterndolde
Astrantia major

BLÜTEZEIT: Juni – Juli
HÖHE: 40–60 cm, **BREITE:** 30–40 cm

Herkunft: Europa; lichte, bodenfrische Wälder, nordexponierte Waldränder, feuchte Bergwiesen, Hochstaudenfluren
Wuchs: horstartig; buschig
Blüte: silbrig, grünlich, rosafarben; knopfartig bis sternförmig
Blatt: tief handförmig gelappt; grasgrün
Standort: absonnig oder licht- bis halbschattig; kühl; frisch bis feucht; Boden lehmig-humos, nährstoffreich; Pflanze ist frosthart
Pflege: Entfernung abgeblühter Stängel oder vollständiger Rückschnitt nach dem Abblühen
Vermehrung: Teilung im Frühjahr
Verwendung: Lichtungen, Naturgarten, absonnige Wiesen und feuchte, nord- oder ostexponierte Rabatten
Partner: *Aruncus dioicus, Campanula latifolia, Carex grayi, Dryopteris, Geranium sylvaticum, Fritillaria meleagris*
Sorten/Verwandte:
• 'Claret', 50 cm; Blüten purpurfarben
• 'Rosensymphonie', 50 cm; Blüten kräftig rosafarben
• 'Ruby Wedding', 50 cm; Blüten tief purpurfarben
• 'Snowstar', 50 cm; Blüten weiß
• 'Sunningdale Variegated', 50 cm; Blätter mit cremefarbenen Rändern
• *Astrantia maxima* (Kaukasus-Sterndolde), 50–60 cm; kurze Ausläufer, kleinere Bestände; altrosafarbene Blütensterne

Aubrieta 'Cascade Purpur'

Blaukissen
Aubrieta-Sorten

BLÜTEZEIT: März – Mai
HÖHE: 10–15 cm, **BREITE:** 30–60 cm

Herkunft: Gartenformen
Wuchs: bildet flache, polsterartige Teppiche
Blüte: je nach Sorte lila, blauviolett, purpurfarben oder weiß; kreuzförmig
Blatt: klein; spatelförmig bis lanzettlich; stumpfgrün bis graugrün
Standort: sonnig bis absonnig; frisch; Boden durchlässig, sandiger oder steiniger Lehm, Pflanze ist anpassungsfähig und frosthart
Pflege: nach der Blüte Rückschnitt auf etwa die Hälfte der ursprünglichen Pflanzenhöhe; Schutz vor Schneckenfraß
Vermehrung: Teilung, Risslinge oder Stecklinge im Herbst
Verwendung: im Steingarten, auf Mauerkronen, in Mauerfugen
Partner: *Euphorbia myrsinites, Festuca glauca, Geranium cinereum, Phlox* Subulata-Gruppe, kleine Wildtulpen
Sorten/Verwandte:
• 'Blaumeise', blauviolett, spät blühend; ausgezeichnete Sorte
• 'Blue Emperor', violett, blüht früh und lang; sehr gute Sorte
• 'Hamburger Stadtpark', sehr kompakt; gut wüchsig; tief blauviolett
• 'Rosenteppich', purpurrosa; grau-grünes Laub
• 'Silberrand', blauviolett; Blättchen mit weißem Rand
• 'Tauricola', hell lilafarben, wüchsig
• 'Vesuv', karminrot

Aurinia saxatilis

Felsen-Steinkraut

Aurinia saxatilis
Aurinia saxatilis
(= Alyssum saxatile)

BLÜTEZEIT: April – Mai
HÖHE: 20–40 cm, **BREITE:** 40–60 cm

Herkunft: Mittel- und Südeuropa; Felsfluren, steinige Alpenwiesen
Wuchs: polsterförmige Staude oder auch Halbstrauch mit tief gehender Pfahlwurzel
Blüte: in üppigen, kopfartigen Blütentrauben; goldgelb mit starkem, angenehmen Duft
Blatt: lanzettlich; silbergrau; teils wintergrün, teils nur sommergrün
Standort: sonnig; warm; Boden mäßig trocken bis frisch, keinesfalls staunass; Substrat schwach sauer bis alkalisch, durchlässig, sandig-steiniger, auch humoser Lehm; Pflanze ist frosthart
Pflege: scharfer Rückschnitt nach der Blüte, um Selbstaussaat zu vermeiden und um einen gedrungenen, polsterförmigen Wuchs zu fördern
Vermehrung: Stecklinge, Selbstaussaat
Verwendung: im Steingarten, auf Mauerkronen und Fugen
Partner: *Aubrieta*-Sorten, *Euphorbia myrsinites, Iberis sempervirens, Iris*-Sorten, *Nepeta faassenii, Phlox subulata*
Sorten/Verwandte:
• 'Citrinum', hellgelbe Blüten, bis 20 cm
• 'Compactum', gedrungen, 20 cm
• 'Plenum', 30 cm, goldgelb, gefüllt
• *Alyssum montanum* (Berg-Steinkraut), niedrige Polster, 10–20 cm; doldige Blütenstände, goldgelb, leicht duftend; für den Steingarten, auf Mauerkronen
• 'Berggold', niederliegend

Baptisia australis

Indigolupine
Baptisia australis

BLÜTEZEIT: Juli – August
HÖHE: 90–150 cm, **BREITE:** 60–80 cm

Herkunft: Nordamerika; an Waldrändern und in feuchten Prärien, an Bachufern
Wuchs: tiefwurzelnde, Stickstoff sammelnde Staude, hochwüchsige, lockere Horste mit aufrechten Blütenstielen, treibt mitunter Ausläufer, dadurch breitwüchsig
Blüte: lupinenähnliche, lang gezogene Blütentrauben; hell- bis violettblaue Schmetterlingsblüten; leichter Duft
Blatt: dreiteilig; blaugrün, im Herbst grau oder fast schwarz
Standort: sonnig; warm; Boden trocken bis frisch, sauer bis schwach alkalisch; Substrat durchlässig, steinig- oder sandig-lehmig; Pflanze meist frosthart
Pflege: Pflanzen stützen; um Selbstaussaat zu vermeiden, Verblühtes sofort herausschneiden
Vermehrung: Aussaat, Teilung
Verwendung: in kleinen Gruppen zu Präriestaudenpflanzungen, in Rabatten
Partner: *Erigeron, Helenium bigelovii, Helenium hoopesii, Oenothera fruticosa, Penstemon hirsutus, Phlox maculata*
Sorten/Verwandte:
• 'Caspian Blue' blüht leuchtend blau
• *Baptisia tinctoria* (Gelbe Färberhülse), Nordamerika, lockere Horste, 30–80 cm hoch; kurze, creme- oder hellgelbe Blütenstände; in voller Sonne, trockene, sandige Böden; für Präriegärten und Blumenwiesen
Hinweis: schwach giftig

Bergenia 'Morgenröte'

Boltonia asteroides

Brunnera macrophylla 'Jack Frost'

Bergenie, Riesensteinbrech
Bergenia-Sorten

Sternwolkenaster, Scheinaster
Boltonia asteroides

Kaukasusvergissmeinnicht
Brunnera macrophylla

BLÜTEZEIT: März – Mai
HÖHE: 20–50 cm, **BREITE:** 40–60 cm

Herkunft: Gartenformen
Wuchs: durch langsam kriechende Rhizome breite Teppiche bildend
Blüte: rosafarbene, karminrote oder fast weiße Einzelblüten in gedrungenen Rispen am Ende fleischiger Stiele
Blatt: groß, rundlich; fleischig bis ledrig; dunkelgrün, bei rot blühenden Sorten ist Laub oft rötlich, ab Spätherbst bisweilen flammend rot getönt; wintergrün
Standort: absonnig bis halbschattig, auch lichtschattig, bei tieferer Beschattung blühen die Pflanzen weniger, in wintermilden Regionen und bei guter Wasserversorgung auch sonnig, normaler Gartenboden; Pflanze ist anspruchslos, aber spätfrostgefährdet
Pflege: Ausputzen der Horste, Entfernung der abgeblühten Rispen
Vermehrung: Teilung im Herbst
Verwendung: Blattschmuckpflanzungen, Gehölzrand, im Vordergrund von Rabatten, Blätter für die Floristik
Partner: *Anemone sylvestris, Carex montana, Geranium renardii, Phuopsis*
Sorten/Verwandte:
• 'Abendglocken', 20–40 cm; Blüten purpurrot; Blatt rotbraun getönt
• 'Admiral', 25–45 cm; sehr wüchsig; Blüten rosafarben
• 'Herbstblüte', 40 cm; rosa, Nachblüte im Herbst
• 'Silberlicht', 20–30 cm; Blüten weiß mit rosa Schimmer

BLÜTEZEIT: September – Oktober
HÖHE: 130-180 cm, **BREITE:** 80-100 cm

Herkunft: Nordamerika; kiesige Ufer, sonnige Waldsäume und Waldlichtungen
Wuchs: horstartig; vieltriebige, aufrechte und dicht belaubte Staude; bisweilen etwas standschwach
Blüte: kleine, weiße, sternförmige Blüten mit gelber Mitte; reichblütig, bildet wolkenartige Blütenstände
Blatt: lanzettlich; ganzrandig; stumpfgrün bis graugrün
Standort: sonnig; frisch bis feucht; Boden sandig-lehmig oder lehmighumos, nährstoffreich; Pflanze ist frosthart
Pflege: Rückschnitt im Spätherbst oder zeitigen Frühjahr; Pflanze stützen; Sämlinge rechtzeitig entfernen
Vermehrung: Teilung im Frühjahr
Verwendung: Rabatten, Freiflächen, schön vor immergrünem Hintergrund oder herbstfärbenden Gehölzen
Partner: *Aster glehnii, Aster novi-belgii, Chrysanthemum indicum*-Sorten, *Helianthus decapetalus, Leucanthemella serotina, Miscanthus sinensis, Panicum virgatum, Vernonia crinita*
Sorten/Verwandte:
• 'Pink Beauty', 100–120 cm, zartrosa, leider nicht ganz standfest
• 'Snowbank', 120–140 cm; wächst kompakter als die Art und ist wesentlich standfester; blüht weiß, reichblütige und ausgezeichnete Sorte mit besten Eigenschaften

BLÜTEZEIT: April – Mai
HÖHE: 30–40 cm, **BREITE:** 40–50 cm

Herkunft: Kaukasus bis Westsibirien und nordöstliche Türkei; lichte Fichtenwälder, Bergwiesen
Wuchs: bildet breite, grundständige Blatthorste, über die die kuppelförmigen Blütenstände hinausragen
Blüte: himmelblau, ähnlich den Blüten des Vergissmeinnichts
Blatt: groß, herzförmig; stumpfgrün; treibt früh aus und zieht spät ein
Standort: absonnig, halbschattig oder lichtschattig, bei guter Wasserversorgung auch sonnig; frisch bis feucht; Boden lehmig oder lehmig-humos; Pflanze ist frosthart
Pflege: unerwünschte Sämlinge entfernen, sonst anspruchslos und langlebig
Vermehrung: Teilung außerhalb der Blütezeit, Wurzelschnittlinge und Aussaat
Verwendung: Gehölzrand, vor Nord- und Ostwänden, lichter Gehölzbestand
Partner: *Aquilegia, Convallaria, Dryopteris, Epimedium,* Narzissen, *Symphytum grandiflorum, Waldsteinia*
Sorten/Verwandte:
• 'Betty Bowering', 35 cm; blüht weiß
• 'Hadspen Cream', 30 cm; Blätter mit schmalem cremegelben Rand
• 'Jack Frost', 35 cm; bis auf einen schmalen Rand und einzelne Nerven sind die Blattspreiten nahezu silbrig weiß gefärbt; Blüten hellblau
• 'Variegata' ('Dawson's White'), 30 cm; Blätter breit weiß umrandet

Buglossoides purpureocaeruleum

Blauroter Steinsame

Buglossoides purpureocaeruleum
(= Lithospermum purpureocaeruleum)

BLÜTEZEIT: April – Mai
HÖHE: 30–60 cm, **BREITE:** 40–60 cm

Herkunft: Mittel- bis Südeuropa; lichte Mischwälder und an Waldrändern
Wuchs: niederliegende, bogenförmige, unverzweigte Triebe, bildet durch zahlreiche Absenker breitwüchsige und dichte, bodendeckende Bestände
Blüte: Knospen purpurrot, offene Blüten enzianblau; weiße, runde und harte Samen
Blatt: lanzettlich, rauhaarig; graugrün
Standort: licht- bis halbschattig; warm, auch heiß; Boden mäßig trocken bis frisch, neutral bis stark alkalisch, nährstoffreich, steiniger Lehm oder Ton; Pflanze ist frosthart
Pflege: scharfer Rückschnitt nach dem Winter fördert den Blütenansatz und hält den Bestand flach und lückenlos
Vermehrung: Teilung, durch Absenker
Verwendung: als Bodendecker, im Waldgarten und im Naturgarten, unter Sträuchern
Partner: früh blühende Sträucher; entweder einartig pflanzen oder mit konkurrenzstarken Partnern kombinieren wie *Geranium macrorrhizum*
Sorten/Verwandte:
Lithodora diffusa 'Heavenly Blue' (Zwerg-Steinsame), Westeuropa, Mittelmeergebiet; flacher Wuchs; reichblühend; Blätter immergrün, klein, lanzettlich; in sonnigen Lagen; Boden sauer, sandig-humos, empfindlich gegen Kalk und Winternässe, wenig frosthart

Calamintha nepeta

Kleinblütige Bergminze

Calamintha nepeta

BLÜTEZEIT: Juni – September
HÖHE: 25–40 cm, **BREITE:** 30–40 cm

Herkunft: Mittel- bis Südeuropa; Kalkschutthalden, in Mauerfugen
Wuchs: kleine, lockere, aufrechte Horste
Blüte: viele winzige Lippenblüten in Scheinquirlen; blasslila; aromatisch
Blatt: kleine, elliptische Blätter, dicht drüsig mit intensivem Pfefferminzgeruch
Standort: sonnig; warm; Boden mäßig trocken bis frisch; durchlässig, kalkhaltig, steinig-schottrig; Pflanze ist frosthart
Pflege: Rückschnitt nach der Erstblüte, um Selbstaussaat und das Auseinanderfallen zu vermeiden
Vermehrung: Teilung, Aussaat
Verwendung: im Duft- und Aromagarten, in Halbtrockenrasen, im Geröllsteingarten, Steppengarten, als extensive Dachbegrünung
Partner: *Cerastium tomentosum, Dianthus carthusianorum, Geranium dalmaticum, Linum perenne, Sedum*-Arten, *Thymus serpyllum, Veronica spicata*-Sorten
Sorten/Verwandte:
• *Calamintha nepeta* ssp. *nepeta,* 40 cm, aufrecht; reinweiß
• 'Blue Cloud', Blütchen violettblau
• 'White Cloud', blüht weiß
• *Calamintha grandiflora* (Waldquendel), Mittelmeergebiet bis Westasien; dichte Horste, bis 60 cm hoch, bildet Ausläufer; Blüten groß, karminrosa; Blätter elliptisch, aromatisch; Halbschatten oder Schatten; mäßig trocken bis feucht, Boden humos; frosthart

Caltha palustris

Sumpf-Dotterblume

Caltha palustris

BLÜTEZEIT: März – Juni
HÖHE: 20–60 cm, **BREITE:** 30–60 cm

Herkunft: Europa; heimische Staude der Auenwälder, Bachufer und Überschwemmungsbereiche, an Quellen
Wuchs: niedrige, flach ausgebreitete bis aufrechte, lockere Horste
Blüte: glänzend gelbe Schalenblüten
Blatt: herzförmig; glänzend grün
Standort: sonnig; halbschattig; kühl; Boden frisch bis nass, auch an überfluteten Stellen; humoser Lehm oder Ton; Pflanze ist frosthart
Pflege: bei Trockenheit wässern
Vermehrung: Aussaat
Verwendung: an Bach- und Teichrand, im Flachwasserbecken und im Sumpfbeet sowie in nassen Gebüschen
Partner: *Euphorbia palustris, Filipendula ulmaria, Iris pseudacorus, Leucojum vernum, Myosotis sylvatica*-Sorten
Sorten/Verwandte:
• 'Alba', elfenbeinweiße Schalenblüten, Mitte gelb, in allen Teilen kleiner als die Art und später blühend, April bis Mai, 10–15 cm
• 'Goldschale', Blüten satt goldgelb, Blätter und Blütenstiele bronzegrün
• 'Plena', ballförmige gefüllte Blüten
• *Caltha polypetala* (Große Sumpf-Dotterblume), breitwüchsige Staude mit großen goldgelben Blüten, 30–60 cm hoch; Blütezeit April bis Mai, Blätter glänzend dunkelgrün, wächst im Wasser bis zu 30 cm Tiefe
Hinweis: in allen Teilen giftig

Glockenblumen *Campanula*

Verträumtes Blau. Das ist die Vorstellung, die wir mit Glockenblumen in Verbindung bringen. Doch die große, etwa 300 Arten umfassende Gattung *Campanula* beschränkt sich keinesfalls auf lichtblaue Farbschattierungen. Weiße, zart oder kräftig violettblaue, rosafarbene und purpurrote Tönungen erweitern die Farbpalette. Selten und nur bei einigen Wildarten (*Campanula thyrsoides*) kommen auch mal gelbe Töne zum Vorschein.

Vielfalt der Blütenformen

Trotz ihres Namens weisen die Glockenblumen nicht nur glockenförmige Blüten auf. Auch wenn diese keinesfalls selten sind, gibt es doch einige Arten und Sorten, die trichter- (Knäuel-Glockenblume) oder gar sternförmige Blüten (Hängepolster-Glockenblume) zeigen. Unterschiedlich sind auch die Blütengrößen. Den eindrucksvollen, wuchtigen Glocken der Gepunkteten Glockenblume (*Campanula punctata*) stehen beispielsweise zierliche Blüten von Arten wie der Zwerg-Glockenblume (*Campanula cochleariifolia*) gegenüber.

Unterschiedliche Lebensbereiche

Noch weit vielfältiger als die Blütenfarben, -formen und -größen sind die Wuchsorte, denen die Glockenblumen entstammen. Die vorwiegend in Europa und Vorderasien beheimateten Pflanzen wachsen im Gebirge, in lichten Wäldern, frischen oder mäßig trockenen Wiesen. Dem entsprechen als Pflanzplätze im Garten Steinbeete, lockere Gehölzbestände und lichter Mauerschatten sowie wiesenartige Pflanz- oder andere Freiflächen. Die schönsten Formen lassen sich natürlich auch auf Rabatten ansiedeln. Hier bilden sie schöne Gemeinschaften mit anderen Stauden.

Überzeugende Pflanzbilder

Aufgrund ihrer verträglichen Blütenfarben sind Glockenblumen in einer Vielzahl von Möglichkeiten mit anderen Gartenblumen zu kombinieren.
Mit Rosen – unabhängig ob es sich um Strauch-, Kletter- oder Beetrosen handelt – ergeben sich immer höchst zufriedenstellende Partnerschaften. Das lichte Blau der Glockenblumen oder deren kräftige Violett-

tönungen ergänzen die Farbpalette der Königin der Blumen in nahezu idealer Weise. Zusammen mit den zahlreichen Rosa- oder Purpurtönen der Alten Rosen lassen sich harmonische Pflanzbilder malen. Prägnante Kontraste entstehen dagegen bei der Kombination mit gelben Rosen. Und vom leuchtenden Weiß einiger *Campanula*-Sorten grenzen sich alle dunklen Rosenblüten besonders schön ab. Auch in monochromen, weißen Gärten dürfen weder Rosen noch Glockenblumen fehlen.

Ärger mit Schnecken

Die Begeisterung über Glockenblumen müssen sich viele Gartenliebhaber leider mit den Schnecken teilen. Für die lästigen Mollusken scheinen die anmutigen Gartengewächse wahre Leckerbissen zu sein. Ohne vorbeugenden Schutz vor Schneckenfraß lassen sich Neupflanzungen daher kaum etablieren. Aber auch wenn die Pflanzen eingewachsen sind, sollten Sie sie immer im Auge behalten, regelmäßig auf Fraßschäden achten und notfalls wirkungsvolle Gegenmaßnahmen ergreifen.

Clematis × jouiniana

Clematis recta 'Purpurea'

Convallaria majalis

Teppich-Waldrebe
Clematis × jouiniana

BLÜTEZEIT: August – September
HÖHE: 20 cm, **BREITE:** 80–120 cm

Herkunft: Kreuzung zwischen der heimischen Waldrebe *Clematis vitalba* und *Clematis heracleifolia*
Wuchs: breite Teppiche durch niederliegende Triebe, klettert nur schwach
Blüte: zartblaue Trompetenblüten
Blatt: gefiedert; dunkelgrün, bleibt lange bis in den Spätherbst hinein grün
Standort: halbschattig bis lichtschattig, wenn nicht zu trocken, auch sonnig; frisch bis mäßig trocken; Boden humos
Pflege: Rückschnitt im Frühjahr
Vermehrung: Stecklinge im Frühjahr
Verwendung: als Bodendecker vor und zwischen Gehölzen, besonders wirkungsvoll, wenn Pflanzen an Mauerbrüstungen gesetzt werden und ihre Triebe vorhangartig überhängen
Partner: *Bergenia, Ceratostigma, Geranium renardii, Geranium sanguineum, Helleborus foetidus, Muscari armeniacum, Tulipa sylvestris*
Sorten/Verwandte:
- 'Praecox', 20 cm hoch und sehr in die Breite wachsend, Blüten hellblau bis fast weiß, etwas früher blühend als die Art und häufiger im Handel; wüchsige, zuverlässige Sorte
- *Clematis heracleifolia* 'Crepuscule', 80–120 cm; aufrecht buschiger Halbstrauch mit hell violetten Blüten; für den sonnigen Gehölzrand
- *Clematis heracleifolia* 'Mrs Robert Brydon', 90–120 cm; Blüten hellblau

Aufrechte Waldrebe
Clematis recta

BLÜTEZEIT: Juni – Juli
HÖHE: 90–140 cm, **BREITE:** 90-110 cm

Herkunft: Europa, heimische Wildstaude; vorwiegend an Wald- und Gebüschrändern sowie Böschungen
Wuchs: horstartig, aufrecht, aber häufig standschwach, bisweilen als Spreizklimmer in Sträuchern kletternd
Blüte: zahlreiche weiße, sternförmige Blüten in lockeren Doldenrispen am Ende der Stängel
Blatt: gefiedert; grasgrün
Standort: sonnig bis halbschattig; warm; frisch bis mäßig trocken; Boden durchlässig sandig-lehmig oder lehmighumos
Pflege: Pflanzen stützen oder so einsetzen, dass sie sich an Sträucher anlehnen können; Rückschnitt im Spätherbst
Vermehrung: Stecklinge oder Teilung im Frühjahr
Verwendung: naturnahe Gärten, Gehölzrand
Partner: *Euphorbia amygdaloides, Geranium sanguineum, Helleborus foetidus, Phlomis russeliana*
Sorten/Verwandte:
- 'Purpurea', 120 cm; Blüten weiß; Laub ist besonders nach Austrieb und im sonnigen Stand purpurfarben getönt; Pflanzen sind auf Rabatten schöne Partner zu Alten Rosen
- *Clematis integrifolia*, 40–60 cm; buschige, nicht kletternde Staude mit tief violetten, glockenförmigen Blüten; für etwas frischere Standorte

Maiglöckchen, Maiblume
Convallaria majalis

BLÜTEZEIT: April – Mai
HÖHE: 10–20 cm, **BREITE:** 8–12 cm

Herkunft: heimische Waldstaude; in staudenreichen Laubmischwäldern
Wuchs: aufrecht, bildet durch zahlreiche Ausläufer lockere bis dichte Kolonien
Blüte: in nickenden Blütentrauben, Einzelblüten glöckchenartig; weiß; angenehmer weit streichender Duft, Früchte sind leuchtend rote, giftige Beeren
Blatt: jeweils zwei, elliptisch, etwas zugespitzt, parallelnervig; frischgrün, gelbe Herbstfärbung
Standort: licht- bis halbschattig; warm; Boden mäßig trocken bis frisch, nährstoffreich, sandiger Lehm bis Lehm; Pflanze ist frosthart
Pflege: Laubanhäufungen unter Gehölzen im zeitigen Frühjahr beseitigen
Vermehrung: Teilung
Verwendung: als flächiger Unterwuchs unter Gehölzen, im Naturgarten, im Waldgarten, lässt sich gut mit anderen Schattenstauden kombinieren; im Duft- und Aromagarten, in Töpfen
Partner: Farne, Waldgräser, *Aquilegia vulgaris, Asarum europaeum, Euphorbia amygdaloides, Lathyrus vernus, Omphalodes verna, Pulmonaria, Waldsteinia*
Sorten/Verwandte:
- 'Grandiflora' mit größeren, weiter geöffneten Blütenglöckchen
- 'Plena', gefüllte knopfartige Blütchen
- 'Rosea', weißlich rosa
- 'Striata', Blatt mit gelben Streifen
Hinweis: alle Pflanzenteile stark giftig

Coreopsis grandiflora 'Schnittgold'

Großblumiges Mädchenauge
Coreopsis grandiflora

BLÜTEZEIT: Juli – September
HÖHE: 40–90 cm, **BREITE:** 40–60 cm

Herkunft: Nordamerika; Baumsavannen, Gebüsch- und Wegränder, Wiesen
Wuchs: horstartig; mit grundständigen Blattschöpfen und weit darüber hinausragenden Blütenstängeln
Blüte: gelb, scheiben- bis radförmig, am Ende unbeblätterter, drahtiger Stiele
Blatt: grundständige Blätter fiederteilig, sonst spatelfömig bis lanzettlich; stumpfgrün
Standort: sonnig; frisch; Boden lehmig, lehmig-humos oder sandig-lehmig, nährstoffreich; Pflanze ist meist frosthart
Pflege: Rückschnitt verwelkter Blüten
Vermehrung: Teilung im Frühjahr oder Aussaat
Verwendung: Sorten eignen sich für den Mittelgrund von Rabatten und für Schnittblumenbeete
Partner: *Calamagrostis × acutiflora, Coreopsis verticillata, Delphinium, Helenium, Oenothera*
Sorten/Verwandte:
- 'Badengold', 80 cm; goldgelbe Blüten, reich und lange blühend
- 'Early Sunrise', 50 cm; gedrungener Wuchs; Blüten gefüllt gelb
- 'Schnittgold', 60 cm; goldgelb; hält sich gut in der Vase
- *Coreopsis lanceolata* 'Sterntaler', 35 cm, zweifarbige Körbchenblüten sind gelb mit braunroter Mitte; für den Vordergrund von Rabatten
Hinweis: es sind nur Sorten im Handel

Coreopsis verticillata 'Zagreb'

Quirlblättriges Mädchenauge
Coreopsis verticillata

BLÜTEZEIT: Juni – August
HÖHE: 60–70 cm, **BREITE:** 40–60 cm

Herkunft: Nordamerika; lichte Wälder und Kahlschläge
Wuchs: vieltriebig, aufrecht; wird durch kurze Ausläufer allmählich breiter, ohne jedoch lästig zu werden
Blüte: goldgelbe, sternförmige Körbchenblüten; blüht sehr reich und lange
Blatt: fiederartig mit schmalen, nadelartigen Blattabschnitten; frischgrün, im Herbst gelblich getönt
Standort: sonnig; frisch; Boden lehmig, nährstoffreich; Pflanze ist frosthart
Pflege: kaum Pflege nötig; Rückschnitt im zeitigen Frühjahr; wenn Pflanzen zu breit werden, Teile mit dem Spaten abstechen
Vermehrung: Teilung im Frühjahr
Verwendung: sonnige Rabatten
Partner: *Coreopsis grandiflora, Delphinium, Gaillardia, Helenium, Heliopsis, Panicum, Salvia farinacea, Solidago*
Sorten/Verwandte:
- 'Moonbeam', 40 cm; Blüten hell mondgelb; verträgt mehr Trockenheit
- 'Zagreb', 30 cm; wächst kompakt; Blüten goldgelb
- *Coreopsis rosea* 'American Dream', 50 cm; Blüten blass rosa; nur in warmen Regionen ausdauernd; durchlässiger, frischer, nährstoffreicher Boden
- *Coreopsis tripleris*, 180 cm; gelb; Großstaude mit lockerem Wuchs für Freiflächen und den Hintergrund von Rabatten

Corydalis lutea

Gelber Lerchensporn
Corydalis lutea
(= Pseudofumaria lutea)

BLÜTEZEIT: Mai – September
HÖHE: 20–30 cm, **BREITE:** 25–40 cm

Herkunft: Südalpen, in Mitteleuropa stellenweise verwildert; in felsreichen Wäldern und beschatteten Mauerfugen
Wuchs: locker polsterförmig, dicht belaubt mit zahlreichen Blütentrauben
Blüte: winzige, gelbe Blütenröhren in kleinen, vielblütigen Trauben
Blatt: zart, farnartig gefiedert; mattgrün, unterseits hell bläulich grün
Standort: licht- bis halbschattig; kühl; Boden frisch bis feucht; neutral bis alkalisch, humusreich, sandiger Lehm; Pflanze ist frosthart
Pflege: nur bei zu starker Selbstaussaat nach der Erstblüte scharf zurückschneiden; eingewurzelte Pflanzen lassen sich wegen des wenig verzweigten Wurzelsystems nur schwer versetzen
Vermehrung: Aussaat
Verwendung: im schattigen Steingarten, in Mauerspalten, in Fugen von Gehwegplatten oder Plattenflächen
Partner: Farne, Waldgräser, *Campanula*
Sorten/Verwandte:
- *Corydalis ochroleuca* (Balkan-Lerchensporn), in felsreichen Wäldern; locker buschiger Horst, Höhe und Breite 25–40 cm; Blüten weißlich bis hellgelb, Blütezeit Mai bis September; Blätter fein und farnartig gefiedert, in auffälligem Blaugrün; Pflanze ist Wärme liebend; Boden frisch bis feucht, humos, steinig; versamt kaum und wird nie lästig; meist frosthart; für schattige Mauern

Crambe cordifolia

Riesenschleie

Crambe cordifoli

BLÜTEZEIT: Mai –
HÖHE: 150-200 cm

Herkunft: südöstli
asien; Grassteppen
Wuchs: breitmächti
de mit vielästigen B
Blüte: wolkenartige
Einzelblüten klein;
Blatt: groß, rhabarl
herzförmig und derl
bald nach der Blüte
Standort: sonnig;
bis frisch, nicht sta
lässig, nährstoffreic
Lehm; Pflanze ist m
Pflege: an windiger
ältere Exemplare las
len noch verpflanze
Vermehrung: Aussa
Verwendung: impo
für Staudenrabatter
zungen
Partner: zu Rosen,
na 'Silver Queen', C
Cortaderia selloana,
Giant', *Verbascum l*
Sorten/Verwandte
• *Crambe maritima*
an sandig-kiesiger
buschiger Horst, 4
Blütenstände, wei
ge, fleischige Blätt
Blau; nur für sonn
Boden sandig, kie
sig; für den Geröll
beeten; Pflanze ist

Digitalis purpurea

Roter Fingerhut

Digitalis purpurea

BLÜTEZEIT: Juni – Juli
HÖHE: 100-180 cm, **BREITE:** 40–50 cm

Herkunft: heimische Art; Waldränder,
Lichtungen und farnreiche Feuchtwiesen
Wuchs: meist zweijährige Pflanze oder
kurzlebige Staude; aus einer Grundrosette erheben sich hohe Blütenschäfte
Blüte: trichterförmig, fingerhutähnlich,
in dichten, lang gestreckten Trauben;
karminrot, innen rotbraune, weiß umran-
dete Flecken
Blatt: lang gestielt, schmal elliptisch;
rau und mattgrün, unterseits graufilzig;
wintergrüne Blattrosette
Standort: sonnig, absonnig bis halbschattig; kühl, luftfeucht; Boden frisch
bis feucht, stark sauer bis neutral, humusreich, mäßig nährstoffreicher, sandiger Lehm; Pflanze ist meist frosthart
Pflege: frühzeitiges Ausschneiden von
verblühten Stängeln verlängert die
Lebensdauer; Auflage aus Falllaub entfernen, sonst ersticken die Blattrosetten;
unerwünschte Sämlinge entfernen
Vermehrung: Aussaat
Verwendung: Natur- und Waldgarten,
Apothekergarten, beschattete Rabatten
Partner: Gräser und Farne, *Aquilegia
vulgaris, Alchemilla mollis, Geranium ×
oxonianum*-Sorten, *Hosta plantaginea*
Sorten/Verwandte:
• 'Alba', reinweiß ohne innere Flecken
• 'Gloxiniiflora', großblumig, rot, rosa,
weiß, für den Schnitt
• 'Mertonensis', apricot bis lachsrosa
Hinweis: in allen Teilen erheblich giftig

Doronicum orientale

Kaukasus-Gämswurz

Doronicum orientale

BLÜTEZEIT: April – Mai
HÖHE: 30–50 cm, **BREITE:** 40 cm

Herkunft: Süd- und Südosteuropa bis
Kaukasus und Kleinasien; lichte Wälder,
Waldränder, Bergwiesen
Wuchs: horstartig; niedere halbkugelför-
mige Blattschöpfe, über die die aufrech-
ten Blütenstängel hinausragen
Blüte: leuchtend gelbe Körbchen aus
Zungen- und Röhrenblüten
Blatt: rundlich bis herzförmig; Rand
gekerbt; stumpf hellgrün; Blätter ziehen
nach der Blüte weitgehend ein
Standort: sonnig bis halbschattig,
frisch, kühl, Boden durchlässig, sandig-
lehmig bis lehmig-humos; Pflanze ist
frosthart
Pflege: Schutz vor Schneckenfraß, Entfernung der abgeblühten Stängel
Vermehrung: Aussaat oder Teilung
Verwendung: als Einzelpflanze im Mit-
tel- oder Hintergrund von Rabatten, wo
die nach der Blütezeit unscheinbaren
Pflanzen nicht ins Auge fallen, Gehölzrand, frische Freiflächen, Schnittblumenbeete, Frühlingsgarten
Partner: *Brunnera macrophylla*-Sorten,
Dicentra spectabilis 'Alba', *Muscari
armeniacum*, Narzissen, orangefarbene,
gelbe und weiße Tulpen
Sorten/Verwandte:
• 'Frühlingspracht', 40 cm, leuchtend
gelb, mit breiten Strahlenblüten
• 'Goldzwerg', 15 cm; sehr kompakt
• 'Magnificum', 35 cm; goldgelb, groß-
und reichblütig

Draba bruniifolia

Kaukasus-Hungerblümchen

Draba bruniifolia

BLÜTEZEIT: April
HÖHE: 2–5 cm, **BREITE:** 7–10 cm

Herkunft: Kaukasus; im Gesteinsschutt
Wuchs: rasenartige Polster, flach über
dem Boden mit winzigen Blütentrieben
Blüte: in vielen doldenähnlichen Blütenständen; gelb
Blatt: in kleinen Rosetten, die dicht bei-
sammen stehen; frischgrün; immergrün
Standort: sonnig, Pflanze ist meist
frosthart; Boden frisch, unbedingt durch-
lässig, sandig, steinig, die Polster sind
empfindlich sowohl gegen stauende
Nässe als auch gegen Trockenheit
Pflege: bei Frühjahrstrockenheit wäs-
sern
Vermehrung: Aussaat, Teilung
Verwendung: auf porösen Tuffbrocken
im Steingarten, auf Mauerkronen, gerne
in Fugen und Gesteinsspalten
Partner: *Aubrieta*-Sorten, *Iberis saxati-
lis, Saxifraga*- und *Sempervivum*-Sorten,
Wildkrokus und -narzissen, *Iris reticulata*
Sorten/Verwandte:
• *Draba aizoides* (Immergrünes Felsen-
blümchen), kleine starre, halbkugelige
Polster aus immergrünen Rosetten, nur
5–10 cm; Blüten gelb in kleinen Dol-
den, März bis April; auf Kalkschutt
• *Draba sibirica*, rasenartig, blüht später
und länger als die übrigen Formen;
Blütendolden goldgelb, April bis Juni;
Boden nicht zu nährstoffreich, sonst
wuchernd
• 'Suendermannii', rasenartig; 3–5 cm;
blüht weiß; wintergrün

Dryas octopetala

Echinacea purpurea

Echinops ritro

Matten-Silberwurz
Dryas octopetala

BLÜTEZEIT: Mai – Juni
HÖHE: 10–20 cm, **BREITE:** 20–50 cm

Herkunft: polare Bereiche, Hochgebirge; in Schotterflächen, flussnahen Kiesbänken, Magerrasen
Wuchs: staudenähnlicher Zwergstrauch, entwickelt dichte Matten
Blüte: schalen- oder sternförmig; weiß mit gelber Mitte; später viele federartige, silbrig schimmernde Samenstände
Blatt: klein, elliptisch, am Rande gekerbt; oberseits dunkelgrün und runzelig, unterseits weißfilzig; immergrün
Standort: sonnig bis absonnig; kühl; Pflanze ist extrem schattenunverträglich und frosthart; Boden mäßig trocken bis frisch, neutral bis alkalisch, durchlässig, sandig-steiniger Lehm
Pflege: gelegentliches Einkürzen zu lang gewordener oder verkahlter Triebe
Vermehrung: Teilung, Stecklinge
Verwendung: als Bodendecker im Steingarten, auf Mauerkronen, für extensive Dachbegrünung
Partner: *Festuca*-Sorten, *Campanula garganica*, *Potentilla × crantzii*, *Pulsatilla vulgaris*, *Saponaria ocymoides*, *Thalictrum minus* 'Adiantifolium'
Sorten/Verwandte:
• 'Silberteppich', Laub silbergrau
• *Dryas drummondii* (Gelbe Silberwurz), Nordamerika; mattenförmig; primelgelb; Blätter glänzend, immergrün
• *Dryas × suendermannii*, starkwüchsige Hybride, besonders groß, 15–20 cm; Blüten cremeweiß bis -gelb

Purpursonnenhut
Echinacea purpurea

BLÜTEZEIT: Juli – September
HÖHE: 60–110 cm, **BREITE:** 40–60 cm

Herkunft: Nordamerika; Prärien und Baumsavannen
Wuchs: horstartig, mit grundständigem Blatthorst und steif aufrechten, beblätterten Stängeln
Blüte: purpurfarbene Zungenblüten um braunorange, kegelförmige Blütenmitte
Blatt: eiförmig, am Rand leicht gezähnt; dunkelgrün, rau
Standort: sonnig bis absonnig; frisch; Boden nährstoffreich, sandig-lehmig, lehmig-humos oder lehmig; Pflanze ist frosthart
Pflege: Rückschnitt der Fruchtstände im zeitigen Frühjahr; Pflanzen versamen sich auf zusagendem Standort, unerwünschte Sämlinge sind zu entfernen
Vermehrung: Teilung im Frühjahr
Verwendung: Schmetterlingsmagnet, Rabatten, Schnittblumenbeete, Präriestaudenpflanzungen
Partner: *Liatris spicata*, *Monarda*, *Persicaria (Bistorta) amplexicaulis*, *Physostegia virginiana*, *Sorghastrum nutans*
Sorten/Verwandte:
• 'Magnus', 90 cm, tief purpurrosa
• 'Art's Pride' (ORANGE MEADOWBRITE), 80 cm, lachsorangefarben
• 'Rosenelfe', 90 cm, hell rosalila
• 'Rubinstern', 100 cm, Blüten kräftig rubinrot, sehr gute Sorte
• 'Sunrise', 70 cm; gelb; Hybride mit *Echinacea paradoxa*
• 'White Swan', 80 cm, milchweiß

Kugeldistel
Echinops ritro

BLÜTEZEIT: Juli – August
HÖHE: 70–110 cm, **BREITE:** 80–90 cm

Herkunft: Südeuropa bis Türkei und Zentralasien; auf steinigen Hängen, Schotterflächen, Weiden, Gehölzrand
Wuchs: horstartig, buschig-aufrecht, Stängel reich beblättert
Blüte: blauviolette, kugelförmige Blütenköpfe am Ende wenig verzweigter Stiele; Bienen-, und Schmetterlingsmagnet
Blatt: distelartige, fiederschnittige, tief eingeschnittene Blätter; oberseits stumpfgrün, unterseits weißlich
Standort: sonnig; warm, auch heiß; trocken bis frisch; Boden durchlässig, steinig- oder sandig-lehmig; Pflanze ist frosthart
Pflege: vollständiger Rückschnitt nach der Blüte, Pflanzen treiben wieder aus und bringen noch einige wenige Blüten auf kurzen Stielen; hohe Sorten stützen
Vermehrung: Teilung im Frühling oder polarisierte Wurzelschnittlinge
Verwendung: mäßig trockene Freiflächen, Südwände und südexponierte Böschungen, sonnig-warme Rabatten, Schnittblumenbeete, Trockensträuße
Partner: *Achillea*, *Anthemis tinctoria*, *Eryngium*, *Festuca mairei*, *Helictotrichon*
Sorten/Verwandte:
• 'Veitch's Blue', 80 cm; tief violett-blau, reichblühend, blüht nach; standfest
• *Echinops bannaticus* 'Blue Globe', 160 cm; großblütig, tiefblau
• 'Taplow Blue', 120 cm; blauviolett, reichblühend

Elfenblume, Sockenblume *Epimedium*

Elfenblumen – welch zarter Name für eine Pflanzengattung, die zwei höchst unterschiedliche Gruppen umschließt. Da sind zum einen die überaus wüchsigen Arten, die kaum mit anderen zu kombinieren sind. Für „zarte Elfenblumen" sind sie eigentlich viel zu wuchtig und unbeherrscht. Sie sind so konkurrenzkräftig, dass sie schwächere Partner rücksichtslos überwachsen und letztlich verdrängen.

Verlässliche Bodendecker

Gerade die ihnen eigene Vitalität macht diese Arten aber zu überaus wertvollen und gefragten Stauden für Gärten und Grünanlagen. Als anpassungsfähige **Bodendecker** vorgesehen, vermögen sie selbst unwirtliche Plätze im Schatten sicher zu begrünen. Und sie bilden wahrlich schöne, einheitliche Pflanzflächen. Da viele Arten wie *Epimedium perralderianum, E. pinnatum* subsp. *colchicum, E. pubigerum* und Hybriden wie *Epimedium × perralchicum, E. × versicolor* oder *E. × warleyense* wintergrün sind, ergeben sich ganzjährig ansehnliche Teppiche. Lässt man die Pflanzen ohne Ein-

griffe wachsen, erstreckt sich der Blütenschmuck im April nur wenig über die Blattflächen. Wer jedoch Wert auf einen hübschen Frühlingsflor legt, der schneidet oder mäht die Blätter am Ende des Winters einfach ab. Die keinesfalls spektakulären, aber bei näherer Betrachtung attraktiven und farbenfrohen Blütenstände sind dann dem Auge besser zugänglich. Zur Blütezeit bilden sich erste Blattspreiten, die bald schon wieder dichte Bestände formen. Dies gilt auch für die **sommergrünen Arten** *(Epimedium alpinum)* und Hybriden *(Epimedium × rubrum)* innerhalb dieser Gruppe. All die wüchsigen Varianten stammen vornehmlich aus Südeuropa bis Vorder- und Westasien.

Schmuckvolle Blüten

Aus östlicheren Regionen stammt die zweite Gruppe, die sehr viel zahmere Arten und Sorten einschließt. Die aus Japan und China zu uns gekommenen Varianten bilden keine Ausläufer. Sie wachsen **horstartig**. Ihre Nachbarn bedrängen sie also kaum, sodass sie sich gut für artenreiche Pflanzungen im lichten Schatten von Mauern oder

toleranten Gehölzen eignen. Sie bevorzugen kühle, luftfeuchte Standorte und sind keinesfalls so anpassungsfähig wie die robusten Vertreter der südeuropäisch-vorderasiatischen Gruppe.

Die zahlreichen ostasiatischen Formen verlangen einen durchlässigen, humosen, leicht sauren Boden. Hohe Kalkgehalte vertragen sie nicht. Eine gleichmäßig gute Wasserversorgung und hohe Luftfeuchtigkeit fördern ihr Gedeihen, aber Staunässe führt zum Verlust der Pflanzen. Hohe Ansprüche also – doch bezüglich ihres **Blütenschmucks** sind die ostasiatischen Arten und die daraus entstandenen Kreuzungen zweifelsfrei die attraktiveren. Die Einzelblüten von *Epimedium grandiflorum, E. davidii* oder *E. × youngianum* sind wesentlich größer als die der wuchskräftigen Bodendecker. Durch Weiß, Rosa-, Lila- oder Violetttöne erweitern sie das Farbspektrum der Elfenblumen, das sonst überwiegend gelbe und rostrote Nuancen zeigt. Die den Elfenblumen ähnliche *Vancouveria hexandra* blüht weiß. Sie ersetzt die Gattung *Epimedium* in Nordamerika.

Epimedium × rubrum

Epimedium grandiflorum 'Lilafee'

Epimedium pinnatum subsp. colchicum

Wintergrüne Elfenblume

Epimedium pinnatum
subsp. colchicum

Alpen-Sockenblume

Epimedium alpinum

BLÜTEZEIT: April – Mai
HÖHE: 25–35 cm, **BREITE:** 30–40 cm

Herkunft: Südalpen bis Südosteuropa und Mittelitalien; im Unterwuchs von Wäldern, in Gebüschen
Wuchs: bildet durch reichlich Ausläufer teppichartige Bestände
Blüte: sternartig, in lockeren Trauben, wenig auffällig; rostrot, Mitte gelb
Blatt: doppelt dreiteilig, Blättchen oval, Rand stark bewimpert, früh austreibend und lange grün, im Herbst bronzefarben
Standort: halbschattig bis schattig; mäßig trocken bis feucht, Boden durchlässig humos, insgesamt sehr anpassungsfähig; Pflanze ist frosthart
Pflege: bei zu starker Ausdehnung Teile mit dem Spaten abstechen, sonst kaum Pflege notwendig
Vermehrung: Teilung, Risslinge
Verwendung: Bodendecker unter Gehölzen und vor Wänden
Partner: Sträucher oder höhere, konkurrenzkräftige Stauden wie *Aruncus dioicus* oder *Rodgersia*-Arten, schwachwüchsige Partner werden verdrängt
Sorten/Verwandte:
• *Epimedium pubigerum*, Blüten milchweiß, sehr trockenheitsverträglich
• *Epimedium × rubrum*, Rote Elfenblume, 20–35 cm; Blüten attraktiv rot, in der Mitte hellgelb; Blattaustrieb rötlich, Blattspreiten später frischgrün mit bräunlichem Rand, im Herbst rotbraun; breitet sich etwas weniger stark aus als *E. alpinum*, trotzdem keinesfalls zahm

Großblumige Elfenblume

Epimedium grandiflorum

BLÜTEZEIT: April – Mai
HÖHE: 20–25 cm, **BREITE:** 20–30 cm

Herkunft: Japan und Korea; feuchte Bergwälder, lichte Wälder
Wuchs: horstartig, kissenförmig
Blüte: groß, sternförmig, in Trauben; weiß oder hellrosa
Blatt: zusammengesetzt, meist doppelt dreiteilig, Blättchen klein und zart; bronzefarbener Austrieb, im Herbst rotbraun; sommergrün
Standort: lichtschattig; kühl; frisch bis feucht; Boden durchlässig, humos, lehmig- oder sandig-humos, neutral bis leicht sauer; Pflanze ist meist frosthart
Pflege: Säubern der Horste im Frühjahr; in Trockenperioden gießen
Vermehrung: Teilung, Risslinge
Verwendung: im Unterwuchs locker aufgebauter Gehölzgruppen, vor Nordwänden, Innenhöfe
Partner: *Asarum, Cardamine trifolia, Carex plantaginea, Erythronium, Podophyllum, Saxifraga cortusifolia*
Sorten/Verwandte:
• 'Elfenkönigin', 20 cm; Blüten weiß
• 'Lilafee', 20 cm; Blüten violett
• 'Rose Queen', 20 cm; Blüten rosa
• *Epimedium × youngianum* 'Niveum', 20 cm; Blüten reinweiß; Blättchen klein, schwachwüchsig, gut für artenreiche Pflanzungen
• 'Roseum', 20 cm; Blüten hellviolett
• *Epimedium davidii*, 25 cm, Blüten groß, gelb, Blättchen breit lanzettlich; leichter Winterschutz ratsam

Wintergrüne Elfenblume

Epimedium pinnatum
subsp. colchicum

BLÜTEZEIT: April – Mai
HÖHE: 25–35 cm, **BREITE:** 30–40 cm

Herkunft: Nordosttürkei bis Westkaukasus; Kiefernwälder, Gebüsche
Wuchs: bildet durch reichlich Ausläufer teppichartige Bestände
Blüte: sternartig, in Trauben; kräftig gelb
Blatt: drei- bis fünfteilig, Blättchen rundlich; Rand glatt, derb; glänzend dunkelgrün; wintergrün; gut für Schnittzwecke
Standort: halbschattig bis schattig; mäßig trocken bis feucht; Boden humos bis lehmig, insgesamt sehr anpassungsfähig; Pflanze ist frosthart
Pflege: bei zu starker Ausdehnung Teile mit dem Spaten abstechen; für eine bessere Blütenentwicklung empfiehlt sich ein bodennaher Rückschnitt zum Ende des Winters
Vermehrung: Teilung, Risslinge
Verwendung: Bodendecker unter Gehölzen oder im Mauerschatten
Partner: Sträucher oder höhere, konkurrenzkräftige Stauden wie *Aruncus dioicus* oder *Rodgersia*-Arten
Sorten/Verwandte:
• *Epimedium × perralchicum* 'Frohnleiten', 25–35 cm; Blüten gelb; Blättchen eiförmig; sehr gute Sorte
• *Epimedium × versicolor* 'Sulphureum', 30–40 cm; Blüten schwefelgelb, Mitte gelb; Blättchen eiförmig, Rand oft kupferfarben
• *Epimedium × warleyense* 'Orangekönigin', 30–40 cm; Blüten auffällig orangefarben, ebenfalls wüchsig

Wolfsmilch *Euphorbia*

Die Gattung *Euphorbia* ist ungeheuer formenreich. Weltweit sind beinahe 2000 Arten, darunter viele kakteenartige Sukkulenten, bekannt. Neben Einjährigen, Stauden und Halbsträuchern gehören auch Gehölze wie der bekannte Weihnachtsstern *(Euphorbia pulcherrima)* dazu. Auch wenn er hierzulande als Topfpflanze kultiviert wird, wächst er in seiner Heimat in Mexiko zu einem stattlichen Strauch heran. Wie zahllose andere subtropische und tropische Arten lässt er sich bei uns leider nicht im Freien halten.

Attraktive Hochblätter

Der Weihnachtsstern ist ein gutes Beispiel dafür, was Wolfsmilchgewächse so reizvoll macht. Noch mehr als bei anderen Arten der Gattung wird bei ihm deutlich, dass viele Wolfsmilcharten weniger durch ihre nahezu unscheinbaren kleinen Blüten als vielmehr durch ihre prächtigen Hochblätter wirkungsvoll in Erscheinung treten. Dieser Effekt wird durch Züchtung noch verstärkt. Die auffällig gefärbten, in der Fachsprache als Brakteen bezeichneten Organe sind es auch, die die Pflanzen weit über ihre eigentliche Blütezeit hinaus attraktiv erscheinen lassen. Die daraus resultierende, nur vermeintlich lange „Blütezeit" ist auch für die Wolfsmilcharten typisch, die wir als Stauden im Garten kultivieren. Kein Wunder, dass sich die verschiedenen Arten und Sorten neuerdings einer steigenden Beliebtheit erfreuen. Anders als beim Weihnachtsstern und dem ebenfalls als Topfpflanze kultivierten Christusdorn *(Euphorbia milii)* sind die Hochblätter nur selten rot pigmentiert. In der Regel zeigen sie vielmehr einen sanften lindgrünen oder honiggelben Ton.

Verschiedene Lebensbereiche

Die meisten Wolfsmilch-Arten bevorzugen sonnige Standorte. An der Höhe der Pflanzen lässt sich bereits erahnen, wie viel Wasser und Nährstoffe die einzelnen Varianten benötigen. Die für den Steingarten vorzusehenden Formen bleiben in der Regel niedrig und kompakt. Auch die Arten, die aus sommertrockenen Regionen des Mittelmeers und der Steppen den Weg in unsere Gärten gefunden haben, werden kaum mehr als kniehoch. Häufig ist ihr Laub zum Schutz vor starker Verdunstung mit einer bläulichen Wachsschicht überzogen. Besiedler feuchter Wiesen oder Uferbereiche hingegen wachsen zu stattlichen Gestalten heran. Die Arten aus sommergrünen Wäldern dagegen bleiben wieder niedriger. Eine dunkelgrüne, häufig auch immergrüne Belaubung ist für sie nicht ungewöhnlich. Mitunter bilden sie auch Ausläufer.

Die Möglichkeiten, *Euphorbia* in unseren Gärten zu verwenden, hängen bei einzelnen Arten stark von den gegebenen (klein)klimatischen Bedingungen ab. So halten die äußerst eindrucksvollen, halbstrauchigen Formen von *Euphorbia characias* in Weinbauklimaten gut aus, während sie in winterkalten Regionen häufig nicht überleben.

Giftiger Milchsaft

Alle Wolfsmilch-Arten enthalten einen weißlichen Milchsaft. Dieser ist giftig und kann bei empfindlichen Hauttypen erhebliche Ausschläge verursachen. Beim Umgang mit den Pflanzen ist also das Tragen von Handschuhen zu empfehlen.

Euphorbia amygdaloides

Euphorbia cornigera

Euphorbia dulcis 'Chamaeleon'

Mandelblättrige Wolfsmilch
Euphorbia amygdaloides

BLÜTEZEIT: März – Mai
HÖHE: 40–60 cm, **BREITE:** 40–70 cm

Herkunft: heimisch, Südeuropa bis südliches Mitteleuropa, Nordafrika und Vorderasien; in lichten Wäldern
Wuchs: halbstrauchig, bildet aufrechte bis halbkugelförmige Büsche
Blüte: in lockeren aufrechten Trauben; honiggelb; Schmuckwirkung durch farbige, lange Zeit attraktive Hüllblätter
Blatt: lanzettlich bis verkehrt eiförmig; dunkelgrün, im Frühjahr häufig rötlich überlaufen; wintergrün
Standort: absonnig bis halb- oder lichtschattig; warm, frisch bis mäßig trocken; Boden durchlässig, schotterreich oder lehmig-humos, kalk-, nährstoffreich; Pflanze ist mäßig frosthart
Pflege: verblühte Triebe am Boden abschneiden, um Selbstaussaat zu verhindern und die Entwicklung grüner Triebe zu erleichtern
Vermehrung: Aussaat, Stecklinge
Verwendung: Gehölzrand oder lichtungsartige Gehölzbereiche, Rabatten, naturnahe Gartenbereiche
Partner: *Carex, Dryopteris, Helleborus*
Sorten/Verwandte:
• 'Purpurea', Blätter besonders zum Austrieb stark purpurfarben getönt
• var. *robbiae,* dunkel- und immergrün belaubt, vor allem in milden Regionen mit zahlreichen Ausläufern
Hinweis: enthält giftigen Milchsaft; häufig kurzlebig, erhält sich durch Selbstaussaat

Horntragende Wolfsmilch
Euphorbia cornigera

BLÜTEZEIT: Mai – Juli
HÖHE: 50–90 cm, **BREITE:** 50–80 cm

Herkunft: Kaschmir, Pakistan; auf schotterreichen Hängen in niederschlags- und schneereichen Regionen
Wuchs: aufrecht, buschig
Blüte: in schirmartigen Blütenständen am Ende wenig verzweigter Stiele; lichtgelb; Schmuckwirkung durch farbige, lange Zeit attraktive Hüllblätter
Blatt: lanzettlich; matt dunkelgrün, mit deutlichem, weißen Streifen in der Mitte
Standort: sonnig bis absonnig; frisch; Boden durchlässig, lehmig-humos; Pflanze ist meist frosthart
Pflege: Pflanzung im Frühjahr; Rückschnitt im zeitigen Frühjahr
Vermehrung: Stecklinge, Teilung
Verwendung: Freiflächen, Rabatten
Partner: *Delphinium, Polemonium caeruleum, Trollius, Veronica longifolia*
Sorten/Verwandte:
• 'Goldener Turm', 80–100 cm; Blüten lichtgelb; sehr gute Sorte mit ausgeprägtem weißen Streifen in der Blattmitte und attraktivem mehrfarbigem Austrieb, reichblühend
• *Euphorbia palustris* (Sumpf-Wolfsmilch), heimische Art; 80–140 cm; Blüten gelb, Mai bis Juni, schöne gelbe bis orangerote Herbstfärbung; für die Pflanzung an Teichen, Bächen, Freiflächen und Rabatten
Hinweis: Vorsicht, Pflanze führt giftigen Milchsaft, der Hautreizungen auslösen kann

Wandel-Wolfsmilch
Euphorbia dulcis 'Chamaeleon'

BLÜTEZEIT: April – Juni
HÖHE: 40–60 cm, **BREITE:** 40–50 cm

Herkunft: in Südfrankreich gefundene buntlaubige Form der in Europa weitverbreiteten Süßen Wolfsmilch
Wuchs: horstartig, buschig
Blüte: lockere Scheindolden; lichtgelb
Blatt: spatelförmig bis lanzettlich; im Austrieb kräftig purpurfarben, später zunehmend vergrünend, im Herbst flammend orangegelb
Standort: sonnig bis absonnig oder halbschattig; frisch oder mäßig trocken; Boden lehmig-humos; Pflanze ist meist frosthart
Pflege: die oft kurzlebigen Pflanzen versamen sich stark, die Sämlinge sind nicht immer so farbintensiv wie die Ausgangspflanzen, deshalb unerwünschte Sämlinge entfernen; bei Trockenheit gießen, da sonst Befall mit Mehltau droht
Vermehrung: Aussaat
Verwendung: Rabatten, Freiflächen
Partner: gelbbunte Gräser, Tulpen
Sorten/Verwandte:
• *Euphorbia cyparissias* (Zypressen-Wolfsmilch), heimische Art der Magerrasen, die zur starken Ausläuferbildung neigt, 20–30 cm; Blüten lichtgelb, April bis Mai; für naturnahe Gärten, extensive Dachbegrünung; nur mit starkwüchsigen Partnern
• *Euphorbia cyparissias* 'Fens Ruby', 20 cm, gelb; Laub purpurfarben; so ausbreitungsfreudig wie die Art
Hinweis: enthält giftigen Milchsaft

Euphorbia griffithii 'Fireglow'

Euphorbia myrsinites

Euphorbia polychroma

Feuer-Wolfsmilch, Himalaja-Wolfsmilch
Euphorbia griffithii

Walzen-Wolfsmilch
Euphorbia myrsinites

Gold-Wolfsmilch
Euphorbia polychroma
(Euphorbia epithymoides)

BLÜTEZEIT: Mai – Juli
HÖHE: 60–100 cm, **BREITE:** 60–80 cm

Herkunft: Himalaja; auf Kahlschlagsflächen, in lichten Wäldern und Bergwiesen
Wuchs: aufrecht, vieltriebig, aber wenig verzweigt; bildet Ausläufer
Blüte: in schirmförmigen Trugdolden; orangefarben, durch farbige Hüllblätter lange Zeit attraktive Schmuckwirkung
Blatt: lanzettlich; stumpfgrün, mit weißer bis rötlicher Mittelrippe, im Herbst gelborange bis rot
Standort: sonnig bis halbschattig; frisch; Boden locker, lehmig-humos bis sandig-lehmig, durchlässig, nährstoffreich; Pflanze ist meist frosthart
Pflege: Pflanzung möglichst im Frühjahr; im Pflanzjahr ist in rauen Lagen ein leichter Winterschutz durch trockenes Laub ratsam; bei starker Ausläuferbildung Pflanzen eingrenzen; Rückschnitt erst im zeitigen Frühjahr
Vermehrung: Teilung und Risslinge
Verwendung: Rabatten, Freiflächen, am sonnigen Gehölzrand
Partner: *Hemerocallis, Heuchera, Inula ensifolia, Kniphofia, Salvia nemorosa,* Lilien, späte Tulpen
Sorten/Verwandte:
• 'Dixter', 60–80 cm; rötliches Laub
• 'Fireglow', 70–100 cm; Blüten intensiv orange gefärbt
Hinweis: Stängel färben sich im Herbst intensiv rot, sie bleiben bis weit in den Winter hinein standfest und attraktiv; Pflanze enthält giftigen Milchsaft

BLÜTEZEIT: April – Juni
HÖHE: 20–25 cm, **BREITE:** 40–50 cm

Herkunft: Südeuropa bis Mittelasien und Nordafrika; an Felshängen und in Schotterfluren
Wuchs: horstartig, bildet niederliegende fleischige Triebe, die spiralartig beblättert sind und walzenförmig aussehen
Blüte: in dichten Trugdolden; honiggelb, durch gefärbte Hüllblätter über lange Zeit ansehnlich
Blatt: dreieckig, derb ledrig; blaugrün, wintergrün
Standort: sonnig; warm; frisch bis mäßig trocken, Boden durchlässig, kalkhaltig, schotterreich oder steinig-lehmig bis sandig; Pflanze ist meist frosthart
Pflege: ältere Stängel verkahlen von der Basis aus; um Pflanzen kompakt und vital zu erhalten, sollte unmittelbar nach der Blüte Rückschnitt der älteren Triebe am Boden erfolgen
Vermehrung: Aussaat, Stecklinge
Verwendung: Steingarten, Trockenmauern, vor Südwänden, in Geröllflächen, Trogbepflanzung
Partner: *Aubrieta, Aurinia, Iberis sempervirens, Nepeta, Iris* Pumila-Gruppe, *Phlox* Subulata-Gruppe, Wild-Tulpen
Sorten/Verwandte:
• *Euphorbia seguieriana* (Steppen-Wolfsmilch), 40–70 cm, aufrecht, vieltriebig; bringt von Juni bis Juli zahlreiche lichtgelbe Blüten; Laub blaugrün; für Südwände und -hänge
Hinweis: enthält giftigen Milchsaft

BLÜTEZEIT: April – Mai
HÖHE: 30–50 cm, **BREITE:** 50–60 cm

Herkunft: Mittel- bis Südosteuropa; auf sonnigen Hängen, an Waldrändern und in lichten Wäldern
Wuchs: horstartig, vieltriebig; aufrechte bis halbkugelförmige Büsche
Blüte: in dichten flachen Blütenschirmen; leuchtend gelb, bleibt durch gefärbte Hüllblätter über einen langen Zeitraum attraktiv
Blatt: lanzettlich; stumpf dunkelgrün, im Herbst später gelb bis orangerot getönt
Standort: sonnig bis halbschattig; warm; frisch bis mäßig trocken, Boden durchlässig, sandig-lehmig bis lehmig-humos, kalkhaltig; Pflanze ist frosthart
Pflege: Rückschnitt im späten Herbst oder zeitigen Frühjahr; Pflanzen säen sich an zusagendem Standort aus, unerwünschte Sämlinge entfernen
Vermehrung: Teilung, Aussaat
Verwendung: Rabatten, Gehölzrand, im Steingarten, Freiflächen, Frühlingsgarten
Partner: *Aquilegia, Aurinia, Iberis, Muscari,* Narzissen, Tulpen
Sorten/Verwandte:
• 'Purpurea', 40 cm; Blätter vor allem im Frühjahr purpurfarben getönt, sonst wie die Art
• 'Variegata', 35 cm, Blätter weiß panaschiert; die Sorte neigt dazu, wieder reingrüne Triebe zu bilden, die dann jedoch entfernt werden sollen, um die Sorte zu erhalten
Hinweis: enthält giftigen Milchsaft

Filipendula rubra 'Venusta'

Filipendula vulgaris 'Plena'

Fragaria vesca

Rote Spierstaude
Filipendula rubra 'Venusta'

Knolliges Mädesüß
*Filipendula vulgaris
(= Filipendula hexapetala)*

Wald-Erdbeere
Fragaria vesca

BLÜTEZEIT: Juni – August
HÖHE: 150-180 cm, **BREITE:** 90-150 cm

Herkunft: Wildform aus Nordamerika; Feuchtwiese, Sümpfe, lichte Auwälder
Wuchs: großer aufrechter Horst
Blüte: doldenähnliche, federartige Blütenstände, Einzelblüten klein, karminrosa; angenehm süßlich duftend
Blatt: gefiedert; dunkelgrün; aromatisch
Standort: sonnig bis halbschattig; kühl; Boden frisch bis feucht, Substrat humos, lehmig; Pflanze ist frosthart, empfindlich gegen Trockenheit
Pflege: in Trockenperioden wässern
Vermehrung: Teilung, Aussaat
Verwendung: Solitärstaude, am Teichrand, als Leitstaude in Rabatten
Partner: *Miscanthus sinensis*-Sorten, *Aconitum cammarum, Chelone obliqua, Lysimachia clethroides, Vernonia crinita*
Sorten/Verwandte:
• 'Venusta Alba', cremeweiß
• *Filipendula palmata* 'Nana' (Sibirische Spierstaude), breite, 40–60 cm hohe Horste; lichter Schatten; Blütendolden gedrungen, intensiv rosa, Juli bis August; Blätter handförmig gelappt, unterseits weißlich; Staudenrabatten
• *Filipendula kamtschatica* (Kamtschatka-Spierstaude), 150–200 cm; weiß
• *Filipendula purpurea* (Japanische Spierstaude), Bergwald; 80–100 cm, mittelhohe, dichte Horste; fedrige Blütenstände, karminrosa, Juni bis Juli
• 'Alba', reinweiß, duftige Blütenstände
• 'Elegans', weiß, rote Staubgefäße

BLÜTEZEIT: Mai – Juli
HÖHE: 30–75 cm, **BREITE:** 40–50 cm

Herkunft: heimische Wildstaude; in Halbtrockenrasen, Gebüschsäumen
Wuchs: locker aufrecht mit dünnen Stängeln, nicht immer standfest
Blüte: doldenähnlicher Blütenstand; Einzelblüten klein, weiß; leichter Duft
Blatt: Grundrosette, Blätter gefiedert, eingeschnitten; frisch- bis graugrün
Standort: sonnig; noch im lichten Schatten möglich, warm; Boden trocken bis frisch, neutral bis alkalisch, mäßig nährstoffreich, sandiger Lehm; Pflanze ist frosthart
Pflege: Abgeblühtes ausschneiden
Vermehrung: Aussaat, Teilung
Verwendung: Blumenwiesen, Natur- oder Geröllsteingarten, Rabatten
Partner: *Euphorbia cyparissias, Geranium sanguineum, Nepeta racemosa, Salvia nemorosa, Sedum floriferum* 'Weihenstephaner Gold'
Sorten/Verwandte:
• 'Plena', gefüllte, knopfartige Blüten, cremeweiß, leicht rosa, bis 40 cm
• *Filipendula ulmaria* (Echtes Mädesüß), heimisch in Feuchtwiesen und an Ufern; 60–120 cm, aufrechter Horst; Blüten cremeweiß, Juni bis August; Blätter gefiedert oder dreilappig, aromatisch; Boden frisch bis nass, Lehm, Ton; Teichrand, feuchte Wiesen, Naturgarten, Gehölzrand
• 'Aurea', zitronengelbe Blätter; wuchert; empfindlich gegen volle Sonne

BLÜTEZEIT: Mai – Juni
HÖHE: 10–20 cm, **BREITE:** 20–30 cm

Herkunft: heimische Wildstaude, von Europa bis Zentralasien und Nordafrika; in lichten Gehölzbeständen, Waldlichtungen und an Waldrändern
Wuchs: bildet durch bewurzelnde Absenker teppichartige Bestände
Blüte: weiße Schalenblüten mit gelben Staubgefäßen; ab Ende Juni sind kleine, wohlschmeckende Erdbeeren zu ernten
Blatt: dreiteilig, Ränder gesägt, Blattspreiten mit tief liegender Nervatur; tiefgrün; wintergrün
Standort: halbschattig bis lichtschattig; warm; frisch; Boden humos, durchlässig
Pflege: Pflanzen eingrenzen, wenn sie sich zu stark ausbreiten; im Alter lückige Bestände aufnehmen und teilen
Vermehrung: Risslinge, Teilung
Verwendung: am Gehölzrand, als Bodendecker unter einzeln stehender Sträucher oder Strauchgruppen
Partner: *Dryopteris, Epimedium, Geranium nodosum, Hosta, Pulmonaria*
Sorten/Verwandte:
• 'Alexandria' (Garten-Monatserdbeere); blüht und fruchtet von Mai bis Oktober, sehr gut schmeckende Früchte; auch für die Bepflanzung von Balkonkästen und Ampeln geeignet
• *Fragaria chiloensis* 'Chaval', 10 cm; blüht kaum; Blätter derb, glänzend grün
• *Fragaria* 'Pink Panda' (Rosablühende Erdbeere), 15 cm; Blüten rosa

Gaillardia 'Fackelschein'

Galium odoratum

Waldmeister

Gaura lindheimeri 'Whirling Butterflies'

Kokardenblume
Gaillardia-Sorten

Galium odoratum
(= Asperula odorata)

Prachtkerze, Elfenbusserl
Gaura lindheimeri

BLÜTEZEIT: Juli – September
HÖHE: 20–70 cm, **BREITE:** 40–50 cm

Herkunft: Zuchtformen
Wuchs: horstartig, buschig; höhere Formen standschwach
Blüte: radförmig, ein- oder zweifarbig; Strahlenblüten gelb bis braunrot mit roter Zeichnung, Scheibenblüten gelb oder rotbraun; Blütenboden gewölbt, lange und reich blühend
Blatt: Grundblätter fiederschnittig, Stängelblätter ganzrandig; weich behaart; stumpfgrün
Standort: sonnig; warm; frisch; Boden nährstoffreich und durchlässig; bei zu schweren Böden besonders kurzlebig; Pflanze ist meist frosthart
Pflege: Ausschneiden verblühter Blumen; vollständiger Rückschnitt im Herbst
Vermehrung: Aussaat im Frühjahr
Verwendung: für Rabatten, im Bauerngarten, höhere Sorten als Schnittblumen
Partner: *Coreopsis grandiflora, Helenium, Helianthus, Rudbeckia, Salvia, Panicum virgatum, Pennisetum*
Sorten/Verwandte:
• 'Bremen', 50 cm, Blüte gelb mit roter Mitte, reichblütig
• 'Kobold', 30 cm, Strahlen gelb mit rotem Rand
• 'Burgunder', 50 cm, dunkel weinrot
• 'Fackelschein', 70 cm, Strahlen dunkelrot mit gelben Spitzen, besonders großblumig
Hinweis: Staude ist meist kurzlebig

BLÜTEZEIT: April – Mai
HÖHE: 20–40 cm, **BREITE:** 30–40 cm

Herkunft: heimische Waldstaude; in krautreichen Laubmischwäldern
Wuchs: vieltriebig, über Ausläufer ausgedehnte, oft lückenlose Kolonien
Blüte: zahlreiche weiße, doldenähnliche Blütenstände, Einzelblüten sternchenförmig; duftend
Blatt: in Quirlen an kantigen Stängeln; beim Trocknen duften die Blätter stark aromatisch; wintergrün
Standort: halbschattig; schattig; Boden mäßig trocken bis feucht, schwach sauer bis schwach alkalisch; Substrat humos, durchlässig, sandiger Lehm; Pflanze ist frosthart
Pflege: großflächiges Abmähen oder Rückschnitt im zeitigen Frühjahr
Vermehrung: Teilung
Verwendung: Unterwuchs oder Bodendecker im Wald- und Naturgarten
Partner: Farne und Waldgräser, *Anemone ranunculoides, Aquilegia vulgaris, Euphorbia amygdaloides, Hepatica transsylvanica, Lathyrus vernus*
Sorten/Verwandte:
• *Galium verum* (Echtes Labkraut), heimische Trockenwiesenstaude; 40–100 cm hoch, Ausläufer treibend und dickichtartig; fein belaubte Triebe mit großen, leuchtend gelben Blütenrispen; Blätter nadelartig; sonnig, Wärme liebend, frosthart; mäßig trocken bis frisch; sandiger Lehm; Natur-, Steppengarten, Blumenwiesen

BLÜTEZEIT: Juni – Oktober
HÖHE: 70–120 cm, **BREITE:** 40–60 cm

Herkunft: südliches Nordamerika; Prärien und lichte Kiefernbestände
Wuchs: bildet lockere, aufrechte Horste; zeichnet schleierartiges Bild
Blüte: weiße, kleinen Schmetterlingen gleichende Blüten; da die Knospen rosa gefärbt sind, wirken sie zweifarbig
Blatt: lanzettlich; stumpfgrün, nach dem Austrieb häufig purpurfarben getönt
Standort: sonnig; warm; mäßig trocken bis frisch; Boden sollte unbedingt durchlässig sein und keinesfalls nass, da vor allem Winternässe zum Absterben der Pflanzen führt; Pflanze ist mäßig frosthart
Pflege: Rückschnitt im Spätherbst; auf zusagenden Standorten versamen sich die Pflanzen bisweilen, sodass Sämlinge an unpassenden Stellen zu entfernen sind
Vermehrung: Aussaat, die Sorten durch Stecklinge im Frühjahr
Verwendung: vor Südfassaden, auf nach Süden geneigten Böschungen und anderen trockenen Freiflächen und Beeten, in exotischen Blumenwiesen
Partner: *Artemisia, Chrysanthemum, Festuca, Nepeta, Salvia nemorosa*
Sorten/Verwandte:
• 'Corrie's Gold', 60 cm; weiß; Blatt gelb panaschiert
• 'Siskiyou Pink', 70 cm; rosafarben
• 'Whirling Butterflies', 80 cm; weiß, reichblühend, gedrungener als die Art

Gentiana dinarica

Dinarischer Enzian
Gentiana dinarica

BLÜTEZEIT: Mai – Juni
HÖHE: 5–8 cm, **BREITE:** 4–7 cm

Herkunft: Süd- bis Südosteuropa, auf kalk-reichen und steinigen Bergwiesen
Wuchs: grundständige Blattrosette mit kurzen aufrechten Trieben; oft rasenartig
Blüte: glockig bis röhrenförmig, aufrecht; prächtig tiefblau ohne Schlundflecken
Blatt: etwas starr, elliptisch; dunkelgrün
Standort: sonnig; kühl; Boden frisch bis feucht, neutral bis alkalisch, durchlässig, humos, sandiger Lehm; Pflanze ist frosthart
Pflege: in Trockenperioden übersprühen
Vermehrung: Teilung, Aussaat
Verwendung: im Steingarten, in Töpfen
Partner: *Iberis saxatilis, Leontopodium souliei, Sempervivum-* und *Sedum*-Sorten
Sorten/Verwandte: am bekanntesten sind die reinblau gefärbten Frühjahrsenziane, Blütezeit meist April bis Mai oder Juni:
• *Gentiana acaulis* (Stängelloser Enzian), in alpinen Magerrasen; niedrige immergrüne Rosetten in lockeren Gruppen; große Trichterblüten tiefblau mit grünlichem Schlund, 5–12 cm hoch; sonnig bis absonnig, verlangt kühl-luftfeuchte Plätze, Boden frisch, sauer-torfig, humoser Lehm, empfindlich gegen Sommertrockenheit
• 'Alba', weiß mit gelblich-grünem Schlund
• 'Krumrey', das dunkelste Blau, Schlund violett gepunktet
• 'Leuchtfee', hell porzellanblau, Schlund lila und grünlich gesprenkelt
• *Gentiana clusii* (Glocken-Enzian), in hochmontanen Wiesen und Steinrasen; in lockeren Kleingruppen; 7–12 cm hoch, Blüten in schmalen Glocken, sattblau mit schwärzlichem Schlund; in voller Sonne; gerne in frischem, neutralen bis kalkhaltigen, humosen Lehm
• 'Amethyst', Blüte lilarosa, Röhre hell- und Schlund dunkelviolett
Sommerenziane, höherwüchsiger Formen, meist 30–60 cm, Blüte Juli bis September:
• *Gentiana asclepiadea* (Schwalbenwurz-Enzian), montane Moorwiesen; locker horstartig, nicht immer standfest; Blüten stets zu mehreren entlang der langen Stängel, röhrenförmig, azurblau, Schlund dunkel punktiert; Blätter dunkelgrün, im Herbst gelb; in Sonne bis Halbschatten, Boden frisch bis feucht, kalkhaltig, humoser Lehm; für große Steingärten
• *Gentiana septemfida* (Sommer-Enzian), Kaukasus, alpine Wiesen und Wälder; Wuchs locker, meist niederliegend; Blüten lilablau, Schlund heller
Herbstenziane mit aparten Farben:
• *Gentiana sino-ornata* (Chinesischer Herbst-Enzian), auf Bergwiesen; wächst rasenartig; Blüten strahlend blau, außen gestreift, September bis Oktober; 7–12 cm hoch; liebt kühl-luftfeuchte Plätze, ist mäßig frosthart; Boden frisch bis feucht, sauer bis neutral, humos, steiniger Lehm; Art ist empfindlich gegen Austrocknen
• 'Alba', weiß mit dunklerem Schlund
• 'Luzerna', saphirblau, lange blühend
• 'Praecox', ab August mit hellem Blau
• *Gentiana × macaulayi,* ab August blühende Züchtungen mit fantastisch blauen Blüten, für saure Böden:
• 'Kingfisher', eisblaue Blüten mit hellem Trichter, früh blühend
• 'Well's Variety', hellblau, weißer Schlund

Storchschnabel *Geranium*

Schöne Blüten, attraktives Laub und einfach zu pflegen – das sind Attribute, die der Gattung *Geranium* zugeordnet werden. Ihre schalenförmigen Blüten zeigen blaue, violette, weiße, lila- und rosafarbene, karminrote und purpurfarbene Tönungen. Die rundlichen, unterschiedlich stark gelappten, bisweilen auch handförmig geteilten Blätter färben sich bei einzelnen Arten im Herbst gelb, orange oder leuchtend rot. Sie bedecken den Boden oft lückenlos und verhindern dadurch das unerwünschte Aufkeimen von Unkräutern. Ihren guten Ruf haben die Storchschnabelpflanzen also zu Recht. Landläufig werden auch manche *Pelargonium*-Formen (→ Seite 89) als „Geranien" bezeichnet. Anders als die nicht winterharten Balkonpflanzen sind die Arten der Gattung *Geranium* jedoch robust und dauerhaft. Die ungeheure Vielfalt an Formen erschwert jedoch anfänglich den richtigen Einsatz der Pflanzen im Garten. Zu den etwa 300 *Geranium*-Arten gesellt sich heute eine kaum mehr zu überblickende Fülle von Auslesen und Züchtungen. Eine Einteilung in unterschiedliche Verwendungsbereiche erleichtert daher das Finden passender Pflanzen für den jeweiligen Standort.

Im Umfeld von Baum und Strauch

Im **frischen Schatten** überzeugt *Geranium nodosum*. Die Art sät sich gerne aus und besiedelt auf diese Weise auch unwirtliche Stellen im Wurzelteller von Gehölzen. Für die Bepflanzung des **halbschattigen Umfelds von Gehölzen** bieten sich *Geranium macrorrhizum, Geranium × cantabrigiense, Geranium renardii, Geranium sanguineum* und *Geranium wlassovianum* an. Sie kommen mit wechselnder Belichtung, kurzzeitiger Trockenheit und der Konkurrenz durch Baum und Strauch gut zurecht, wollen aber nicht zu dunkel stehen. Starkwüchsige, wintergrüne Varianten wie *Geranium macrorrhizum* eignen sich als Bodendecker, während tolerantere Arten artenreiche Pflanzungen ermöglichen.

Auf sonnigen Flächen

All die Storchschnabel-Varianten, die auf der Südseite von Gehölzen aushalten, vermögen auch gut zu **sonnig-warmen Freiflächen** überzuleiten und dort zu gefallen. Wo der Boden frischer und nährstoffreich ist, fühlen sich zahlreiche *Geranium*-Arten und -Sorten in **wiesenähnlichen Pflanzungen** wohl. Die heimischen *Geranium pratense, Geranium phaeum* und *Geranium sylvaticum* können ebenso wie *Geranium × magnificum, Geranium × oxonianum, Geranium psilostemon* nach der Blüte vollständig zurückgeschnitten oder auf größeren Flächen einfach abgemäht werden. Schon bald danach treiben sie erneut aus und bedecken die Flächen in kurzer Zeit wieder lückenlos.

Die schmuckvollsten Storchschnabel-Sorten empfehlen sich für **Rabatten.** Großblütige und horstartig wachsende Formen von *Geranium × magnificum, Geranium himalayense, Geranium psilostemon* und einige Hybriden begleiten die Beetstauden aufs Beste. Mit ihrem Blattwerk bedecken sie den Boden gut und tragen zu einer Verringerung des Pflegeaufwands bei. Im **Steingarten** fühlen sich *Geranium dalmaticum, Geranium cinereum* und kleinwüchsige Sorten des Blut-Storchschnabels wohl.

Geranium 'Rozanne'

Geranium 'Sirak'

Geranium × *cantabrigiense*
'Biokovo' und 'Karmina'

Storchschnabel 'Rozanne'
Geranium 'Rozanne'

BLÜTEZEIT: Juni – Oktober
HÖHE: 30–60 cm, **BREITE:** 60–80 cm

Herkunft: sterile Gartenform
Wuchs: horstartig mit langen, weit aus-
ladenden Trieben, die auch als Spreizklimmer an Gehölzen hochwachsen; im
Jahr nach der Pflanzung noch niedrig,
später höher mit kuppelartigem Umriss
Blüte: groß, schalenförmig; violettblau
mit weißem Auge; blüht unermüdlich
von Sommer bis Herbst
Blatt: rundlich, tief gelappt; stumpfgrün
Standort: sonnig bis halbschattig;
warm; frisch; Boden durchlässig lehmig,
nicht zu nährstoffarm; Pflanze ist meist
frosthart
Pflege: Rückschnitt im Spätherbst; in
rauen Lagen ist leichter Winterschutz zu
empfehlen; sonst wenig Pflege nötig
Vermehrung: Teilung im Frühjahr
Verwendung: Rabatten, Gehölzrand,
auch für Tröge, aus denen die Triebe locker überhängen
Partner: *Gillenia trifoliata, Pennisetum
alopecuroides, Solidago,* Rosen
Sorten/Verwandte:
• 'Jolly Bee', kaum von 'Rozanne' zu
 unterscheiden
• *Geranium wallichianum* 'Blue Sunrise',
 30–40 cm; große, hellblaue Schalenblüten, Juni bis September; Blattaustrieb gelblich; weniger frosthart als 'Rozanne'
• 'Buxton Blue', 30 cm, Blüten groß,
 blau, mit weißer Mitte; nur in milden
 Regionen winterhart

Storchschnabel 'Sirak'
Geranium 'Sirak' (Gracile-Gruppe)

BLÜTEZEIT: Juni – August
HÖHE: 40–50 cm, **BREITE:** 40–50 cm

Herkunft: sterile Gartenform, die durch
Kreuzung von *Geranium gracile* mit
Geranium ibericum entstanden ist
Wuchs: bildet annähernd halbkugelför-
mige Horste, gut standfest
Blüte: groß, schalenförmig; stumpf vio-
lettrosa; blüht sehr reich und lange
Blatt: rundlich, tief gelappt; mattgrün,
zeigt schon zeitig im Herbst ein ansehn-
liches, gelbes Kolorit
Standort: sonnig, absonnig bis halb-
schattig; frisch bis mäßig trocken;
Boden sandig-lehmig bis lehmig, Pflanze
ist insgesamt sehr anpassungsfähig und
frosthart
Pflege: kompletter Rückschnitt nach der
Blütezeit, treibt dann wieder gut durch;
sonst kaum Pflege nötig; da Pflanzen
steril sind, erfolgt auch keine Versamung
Vermehrung: Teilung oder Risslinge im
Frühjahr oder nach Rückschnitt
Verwendung: artenreiche Pflanzungen
am Gehölzrand, in wiesenartigen Pflan-
zungen, für Rabatten
Partner: *Alchemilla mollis, Calamagros-
tis, Geranium,* Strauchrosen
Sorten/Verwandte:
• *Geranium maculatum* 'Album', 40 cm;
 Blüten im Mai weiß; für frischen,
 humosen Boden im Halbschatten
• 'Chatto', 40 cm; lila; Ansprüche wie
 vorige Sorte
• 'Espresso', 30 cm; Blüte zart, rosa;
 Laub kaffeebraun

Cambridge-Storchschnabel
Geranium × *cantabrigiense*

BLÜTEZEIT: Mai – Juli
HÖHE: 20–40 cm, **BREITE:** 30–40 cm

Herkunft: Naturhybride aus dem Balkan, die durch Kreuzung von *Geranium
macrorrhizum* mit *Geranium dalmaticum*
entstanden ist
Wuchs: bildet durch kriechende Rhizome flache Teppiche
Blüte: schalenförmig; rosa
Blatt: rundlich, eingeschnitten gelappt;
grasgrün; stark aromatisch
Standort: sonnig bis halbschattig;
warm; mäßig trocken bis frisch; Boden
durchlässig, sandig- oder steinig-lehmig,
nicht zu nährstoffreich; Pflanze ist frost-
hart
Pflege: bei zu starker Ausdehnung ein-
grenzen, sonst keine Pflege nötig
Vermehrung: Teilung, Risslinge oder
Rhizomstecklinge im Frühjahr
Verwendung: Freiflächen vor Gebäuden,
Geröllbeete, Südhanglagen, Gehölzrand,
Dachbegrünung, Grabbepflanzung
Partner: *Anemone sylvestris, Bergenia,
Filipendula vulgaris, Sesleria autumnalis*
Sorten/Verwandte:
• 'Berggarten', 30 cm; purpurrosa; sehr
 gesund, wüchsig, beste Sorte
• 'Cambridge', 25 cm; karminrosa
• 'Saint Ola', 25 cm; weiß, rosa Hauch
• *Geranium dalmaticum* (Dalmatinischer
 Storchschnabel), 10 cm, in allen Teilen
 kleiner als *Geranium* × *cantabrigiense*;
 Blüten rosa; für den Steingarten
• 'Alba', 10 cm; weiß, Trockenmauern
 und Tröge

Geranium cinereum 'Ballerina'

Aschgrauer Storchschnabel

Geranium cinereum subsp. *subcaulescens*

BLÜTEZEIT: Mai – August
HÖHE: 10–20 cm, **BREITE:** 20–30 cm

Herkunft: Gebirge Südeuropas bis Kleinasien; steinige Gebirgsmatten, Kies und Schotterflächen
Wuchs: horstartig, bildet lockere Polster
Blüte: schalenförmig; leuchtend purpurrosa mit schwarzer Mitte
Blatt: rundlich, tief gelappt; stumpf- bis graugrün
Standort: sonnig bis absonnig; frisch; Boden durchlässig, steinig oder steiniglehmig, kalkhaltig; Pflanze ist frosthart
Pflege: Rückschnitt im Herbst, sonst wenig Pflege nötig
Vermehrung: Teilung, Risslinge oder Stecklinge im Frühjahr
Verwendung: Steingarten, in Aussparungen von Plattenfugen, Kies- und Schotterbeete, Trogbepflanzung
Partner: *Aubrieta*-Sorten, *Campanula cochleariifolia, Dianthus gratianopolitanus, Festuca glauca, Iberis sempervirens, Linum perenne, Veronica prostrata*
Sorten/Verwandte:
• 'Giuseppii', 15 cm; leuchtend purpurrote Blüten; gute Fernwirkung
• 'Splendens', 15 cm; leuchtend magentafarbene Blüten mit schwarzer Mitte
• *Geranium cinereum* 'Ballerina', 15 cm; Blüten purpurrosa mit dunkler Aderung und schwarzem Auge, sehr zuverlässige und blühfreudige Sorte
• 'Lawrence Flatman', 20 cm; Blüten silbrig rosa, auffällig dunkel geadert mit dunklem Auge

Geranium himalayense 'Gravetye'

Himalaja-Storchschnabel

Geranium himalayense

BLÜTEZEIT: Juni – Juli
HÖHE: 30–40 cm, **BREITE:** 30–40 cm

Herkunft: Himalaja, Bergwiesen und lichte Wälder
Wuchs: locker horstartig, bildet durch kurze Ausläufer kleine Bestände
Blüte: schalenförmig, groß und daher sehr attraktiv; mittelblau mit purpurfarbenem Schimmer in der Mitte und purpurfarbenen Adern in den Blütenblättern
Blatt: rundlich, tief eingeschnitten, handförmig gelappt
Standort: sonnig bis halbschattig; kühl; frisch bis feucht; Boden lehmig-humos oder lehmig, nährstoffreich; Pflanze ist frosthart
Pflege: Rückschnitt am Ende der Blütezeit, dann treiben Pflanzen wieder gut durch und bringen noch einzelne neue Blüten hervor
Vermehrung: Teilung oder Risslinge im Frühjahr
Verwendung: für gemischte Rabatten, vor Gehölzen, wiesenartige Pflanzungen
Partner: *Aquilegia, Chasmanthium latifolium, Molinia caerulea* 'Variegata', *Phuopsis stylosa,* Strauchrosen
Sorten/Verwandte:
• 'Gravetye', 35 cm; violettblau mit deutlich purpurfarbener Mitte
• *Geranium* 'Johnson's Blue', 40 cm, aus einer Kreuzung mit *G. pratense* entstanden; Blüten groß, blau, ohne Purpurton
• 'Plenum', 30 cm, schwachwüchsig; Blüten gefüllt, violettblau

Geranium macrorrhizum 'Czakor'

Balkan-Storchschnabel

Geranium macrorrhizum

BLÜTEZEIT: Mai – Juni
HÖHE: 30–45 cm, **BREITE:** 30–50 cm

Herkunft: Gebirge Süd- und Südosteuropas; an Schotterhängen, Felsen und in lichten Kiefernwäldern
Wuchs: bildet durch dicke, kriechende Rhizome allmählich große Teppiche
Blüte: schalenförmig; purpurrosa
Blatt: rundlich, tief gelappt und eingeschnitten; matt hellgrün; im Herbst oft gelb oder orange gefärbt, Grundblätter wintergrün; stark aromatisch
Standort: sonnig bis halbschattig; warm; mäßig trocken bis frisch; Boden durchlässig, steinig- oder sandig-lehmig; Pflanze ist frosthart
Pflege: unerwünschte Sämlinge sind zu entfernen; bei zu starker Ausbreitung sollten Flächen mithilfe des Spatens eingegrenzt werden
Vermehrung: Teilung im Frühjahr
Verwendung: guter Bodendecker am Gehölzrand oder auf Schotterflächen
Partner: nicht mit schwachwüchsigen Partnern zu kombinieren, da diese sonst verdrängt werden; *Aster ageratoides* 'Asran', *Phlomis russeliana,* zu Blütensträuchern
Sorten/Verwandte:
• 'Bevan's Variety', 40 cm; blüht intensiv purpurrosa; sehr gute Sorte
• 'Camce', 35 cm; blüht zart violettrosa
• 'Czakor', 30 cm, leuchtend purpurrosa
• 'Spessart', 35 cm; weiß mit rosa Schimmer, Kelchblätter rot; bei Nässe krankheitsanfällig

Geranium × magnificum

Geranium nodosum

Geranium × oxonianum

Pracht-Storchschnabel
Geranium × magnificum

BLÜTEZEIT: Mai – Juni
HÖHE: 50–60 cm, **BREITE:** 50–60 cm

Herkunft: aus der Kreuzung zwischen *Geranium ibericum* und *G. platypetalum* hervorgegangene, sterile Hybride
Wuchs: horstartig, kuppel- bis halbkugelförmig, leider nicht immer standfest
Blüte: sehr groß, schalenförmig; purpurviolett
Blatt: rundlich, tief gelappt und am Rand eingeschnitten; seidenmatt dunkelgrün, im Herbst attraktiv orangerot
Standort: sonnig bis halbschattig; warm; frisch; Boden lehmig oder lehmig-humos; insgesamt wenig wählerisch; Pflanze ist frosthart
Pflege: Rückschnitt oder Mahd nach der Blüte, sonst wenig Pflege nötig
Vermehrung: Teilung außerhalb der Blütezeit
Verwendung: für Rabatten, am Gehölzrand, in wiesenartigen Pflanzungen
Partner: *Alchemilla mollis, Allium giganteum, Leucanthemum, Oenothera, Paeonia* Lactiflora-Gruppe, vor Ziersträucher und zu Strauchrosen
Sorten/Verwandte:
- 'Anemoneflorum', 50 cm; blauviolett, gut standfest; ausgezeichnete Sorte
- 'Rosemoor'; 55 cm; dunkelviolett, sehr standfest, hervorragende Sorte
- *Geranium ibericum* 'Vital', 60 cm, ähnlich *Geranium × magnificum*, jedoch nicht steril, Blüten blauviolett, sehr wüchsiger, durchsetzungsfähiger Storchschnabel

Knotiger Storchschnabel
Geranium nodosum

BLÜTEZEIT: Mai – August
HÖHE: 40–50 cm, **BREITE:** 30–40 cm

Herkunft: Laubwälder und Gebüsche der Pyrenäen, des Tessins, des Apennins und der Gebirge Südosteuropas
Wuchs: horstartig, buschig-aufrecht
Blüte: schalenförmig, klein; lila; blüht über lange Zeit, aber unauffällig
Blatt: dreilappig; junge Blätter auffallend, vor allem unterseits stark glänzend; frischgrün
Standort: absonnig bis schattig; halb- und lichtschattig; kühl; frisch bis feucht, Boden humos bis lehmig; die Pflanze erträgt kurzzeitige Trockenheit, ist insgesamt sehr anpassungsfähig und auch frosthart
Pflege: Sämlinge an unpassenden Stellen entfernen; Pflanzflächen im zeitigen Frühjahr säubern
Vermehrung: Aussaat im Frühjahr
Verwendung: in lichten Gehölzbeständen, auf der Nordseite von Gehölzen und Wänden, zwischen Sträuchern als Bodendecker; die Art sät sich von selbst reichlich aus und besiedelt dadurch auch schwierig zu begrünende Flächen (etwa im Wurzelteller flach wurzelnder Nadelgehölze)
Partner: *Euphorbia amygdaloides, Gillenia, Pulmonaria, Waldsteinia*
Sorten/Verwandte:
- 'Svelte Lilac', 40 cm; violettrosa, großblütig, versamt sich, Sämlinge fallen nicht echt, sodass die Sorteneigenschaften bald verloren gehen

Oxford-Storchschnabel
Geranium × oxonianum

BLÜTEZEIT: Juni – August
HÖHE: 30–80 cm **BREITE:** 36–60 cm

Herkunft: Hybriden zwischen *Geranium endressii* und *Geranium versicolor*
Wuchs: buschig mit kurzen Ausläufern
Blüte: schalenförmig, blüht lange Zeit; blass rosafarben, purpurrosa und weiß
Blatt: gelappt, Rand gekerbt; hellgrün; treibt sehr früh aus, bleibt lange grün
Standort: sonnig bis halbschattig; warm; empfindlich gegenüber starken Kahlfrösten; frisch bis feucht; Boden lehmig oder lehmig-humos
Pflege: Mahd oder vollständiger Rückschnitt am Ende des Flors; durch Mulchen mit Rinde oder Kompost im Pflanzjahr lassen sich Frostschäden reduzieren; Entfernung unerwünschter Sämlinge, die bei vielen Sorten auftreten
Vermehrung: Teilung im Frühjahr
Verwendung: wiesenartige Pflanzungen, Freiflächen, Bodendecker am frischen Gehölzrand, Rabatten
Partner: *Alchemilla mollis, Eupatorium, Molinia arundinacea*, Strauchrosen
Sorten/Verwandte:
- 'Claridge Druce', 55 cm; lilarosa mit dunkler Aderung, sehr großblütig
- 'Lady Moore', 60 cm; hell violettrosa
- 'Rohina Moss', 60 cm; zart fliederrosa
- *Geranium endressii* 'Weinheim', Pyrenäen-Storchschnabel, 60 cm, sehr wüchsig, lange grün; in Sträucher kletternd; hell altrosafarben
- 'Trevor's White', 50 cm; mit weißen Blüten

Geranium sylvaticum

Geranium wlassovianum

Geum coccineum 'Werner Arends'

Wald-Storchschnabel
Geranium sylvaticum

BLÜTEZEIT: Mai – Juni
HÖHE: 40–60 cm, **BREITE:** 30–50 cm

Herkunft: Europa bis West- und Kleinasien; Hochstaudenfluren und Bergwiesen, Waldlichtungen, Waldränder
Wuchs: horstartig, buschig-aufrecht
Blüte: klein, schalenförmig; blau- bis purpurviolett oder weiß
Blatt: rundlich, ahornartig gelappt, Rand gesägt; grasgrün
Standort: absonnig bis lichtschattig, an kühlen, feuchten Plätzen auch sonnig; frisch bis feucht; Boden lehmig-humos, nährstoffreich; Pflanze ist frosthart, empfindlich gegen Trockenheit
Pflege: vollständiger Rückschnitt oder Mahd nach der Blüte; Entfernung von unerwünschten Sämlingen
Vermehrung: Teilung im Frühjahr, die Art auch durch Aussaat
Verwendung: naturnahe Gärten, wiesenartige Pflanzungen, im hellen Streuschatten von Gehölzen
Partner: *Astrantia, Campanula latifolia, Carex grayi, Dryopteris, Hemerocallis minor, Thalictrum, Trollius*
Sorten/Verwandte:
• 'Album', 40 cm; Blüten reinweiß
• 'Birch Lilac', 50 cm; violett
• 'Mayflower', 60 cm; blauviolett mit weißer Mitte; gut wüchsig und gesund
• *Geranium* 'Nimbus', 70 cm; gesunde und wüchsige Hybride mit filigranem, dekorativem Laub und großen blauviolett getönten Blüten
• 'Baker's Pink', 50 cm; rosa

Sibirischer Storchschnabel
Geranium wlassovianum

BLÜTEZEIT: Juli – August
HÖHE: 30–40 cm, **BREITE:** 40–50 cm

Herkunft: Asien; Waldränder und Gebüsche, feuchte Wiesen
Wuchs: horstartig, breiter als hoch durch schleppenartig niederliegende Triebe
Blüte: schalenförmig, nicht allzu groß; blau- bis purpurviolett; spät blühend
Blatt: rundlich, gelappt, Ränder wenig eingeschnitten; stumpf dunkelgrün, vor allem beim Austrieb mit brauner Zeichnung, attraktive orangegelbe bis feurig rote Herbstfärbung
Standort: halbschattig bis sonnig; frisch bis feucht; Boden lehmig-humos oder lehmig, nicht zu nährstoffarm; Pflanze ist meist frosthart
Pflege: Rückschnitt im Spätherbst oder zeitigen Frühjahr
Vermehrung: Teilung im Frühjahr
Verwendung: vor oder zwischen licht stehenden Gehölzen
Partner: *Aster divaricatus, Astilbe, Carex elata* 'Aurea', *Digitalis purpurea, Hosta plantaginea, Stachys grandiflora*
Sorten/Verwandte:
• *Geranium* 'Dilys', 25 cm; durch Kreuzung von *Geranium procurrens* und *G. sanguineum* entstandene Hybride mit kleinen purpurrosafarbenen Blüten, die über einen langen Zeitraum von Juni bis zum Herbst erscheinen; die Pflanzen bilden durch lange, niederliegende Triebe teppichartige Bestände; Schutz vor Kahlfrösten ist ratsam

Rote Nelkenwurz
Geum coccineum

BLÜTEZEIT: Mai – Juli
HÖHE: 15–40 cm, **BREITE:** 30–45 cm

Herkunft: Südosteuropa, Westasien; Feuchtwiesen, subalpine Matten
Wuchs: niedrige Horste oder Polster
Blüte: schalenförmig; orangerot, an wenig verästelten, dünnen Stängeln
Blatt: Grundrosette, Einzelblatt gefiedert, Endblatt groß, nierenförmig; frischgrün, etwas runzelig; wintergrün
Standort: sonnig; lichtschattig; warm; Boden mäßig trocken bis feucht, schwach sauer bis alkalisch, durchlässig, lehmig; Pflanze ist frosthart
Pflege: im Frühjahr Rückschnitt alter Blätter; in Trockenperioden wässern
Vermehrung: Aussaat, Teilung
Verwendung: Gehölzrand, in Rabatten, im Steingarten
Partner: *Alchemilla erythropoda, Brunnera macrophylla, Geranium sylvaticum, Waldsteinia geoides*
Sorten/Verwandte:
• 'Borisii', reichblühend, zinnoberrot
• 'Feuermeer', leuchtend orange
• 'Georgenberg', goldgelb
• 'Rubin', halbgefüllt, karminrot
• 'Werner Arends', halbgefüllt, orangerot
• *Geum chiloense* (Chilenische Nelkenwurz), niedrige Horste, 30–60 cm; Wärme liebend, lichter Schatten, mäßig frosthart; meist kurzlebig
• 'Lady Stratheden', (= 'Goldball'), goldgelb, lange blühend
• 'Mrs Bradshaw', halbgefüllt, scharlachrot, wintergrün

Gillenia trifoliata

Gunnera tinctoria

Gypsophila paniculata 'Bristol Fairy'

Dreiblattspiere
Gillenia trifoliata

BLÜTEZEIT: Juni – Juli
HÖHE: 60–80 cm, **BREITE:** 30–50 cm

Herkunft: östliches bis mittleres Nordamerika; in lichten Wäldern
Wuchs: horstartig aufrecht; langsam wüchsige Staude, die mit zunehmendem Alter immer schöner wird
Blüte: in schleierartigen Rispen; weiße Blütensterne, die aus rötlichen Knospen hervorbrechen
Blatt: dreiteilig, Blättchen eiförmig bis lanzettlich, Rand gesägt; frisch- bis grasgrün, im Herbst ansprechend gelb oder gelborange gefärbt
Standort: absonnig bis lichtschattig; frisch bis feucht, aber keinesfalls nass; Boden durchlässig, lehmig- oder sandighumos, nicht zu kalkhaltig; Pflanze ist frosthart
Pflege: ausreichend Platz belassen, damit sich die Pflanzen ungestört entwickeln können; Rückschnitt im zeitigen Frühjahr; Austrieb sollte vor Schneckenfraß geschützt werden; dankbar für gelegentliche Kompostgaben
Vermehrung: Aussaat unmittelbar nach der Samenreife, Teilung
Verwendung: am östlichen und nördlichen Gehölzrand und in lichten Gehölzbeständen, auf der Nord- und Ostseite von Gebäuden
Partner: *Astilbe, Aconitum napellus, Campanula lactiflora, Dryopteris filix-mas, Hakonechloa macra*, weißbunte *Hosta, Lamium maculatum, Polystichum*
Hinweis: die Pflanze ist leicht giftig

Chilenisches Mammutblatt
Gunnera tinctoria

BLÜTEZEIT: Juni – August
HÖHE: 200-300 cm, **BREITE:** 300 cm

Herkunft: Südamerika; in Auenwäldern, sumpfigen Wiesen, an Seeufern
Wuchs: gigantische Staude, großmächtige Horste, allmählich großflächig
Blüte: kolbenförmiger, braungrüner, bis 100 cm langer, effektvoller Blütenstand
Blatt: riesige, bis 150 cm breite, runde, tief gelappte Blätter, stachelige Stiele
Standort: sonnig; halbschattig; kühl, luftfeucht; Boden feucht bis nass, sauer bis neutral; sehr nährstoffreich, lehmig oder tonig; Pflanze ist frostempfindlich
Pflege: im Spätherbst nach dem ersten Frost bis zum Boden zurückschneiden, Wurzelstock hoch mit Herbstlaub einschütten, mit Zweigen, Vlies oder Holzkisten abdecken
Vermehrung: Teilen von Rhizomen, Aussaat
Verwendung: Solitärstaude für feuchte Parkwiesen, Teichrand, Sumpfbeet
Partner: *Miscanthus sinensis, Osmunda regalis, Eupatorium maculatum, Filipendula rubra* 'Venusta', *Hemerocallis*-Sorten, *Iris pseudacorus*
Sorten/Verwandte:
• *Gunnera manicata* (Brasilianisches Mammutblatt), riesige Solitärstaude, 200–300 cm hoch; Blätter wie ein Riesenschirm, bis 200 cm breit; kühl-luftfeucht, Boden feucht bis nass, sauer bis neutral; frostempfindlich; benötigt Winterschutz; nur für große Gärten zu empfehlen

Rispen-Schleierkraut, Gipskraut
Gypsophila paniculata

BLÜTEZEIT: Juni – September
HÖHE: 60–120 cm, **BREITE:** 60–100 cm

Herkunft: Südosteuropa bis Zentralasien; in Federgrassteppen, auf sandigen Hügeln
Wuchs: locker kugelförmig, reichlich verzweigte transparente, etwas brüchige Horste
Blüte: klein, sternchenartig, weiß; zu Tausenden an den vielen dünnen, weißlich blaugrauen Stielen
Blatt: elliptisch bis lanzettlich; graugrün
Standort: sonnig; warm, windgeschützt; Boden trocken bis frisch, keinesfalls staunass, unbedingt durchlässig, neutral bis alkalisch, sandig-steiniger Lehm; Pflanze ist frosthart
Pflege: die Pflanzen brauchen ausreichend Platz; hohe Sorten stützen
Vermehrung: Aussaat, die Sorten durch Stecklinge
Verwendung: im Geröllsteingarten und Steppengarten, trockene Rabatten, passt gut zu Strauch-, Beet- und Edelrosen
Partner: *Stipa*-Arten, *Achillea filipendulina, Artemisia ludoviciana, Echinops ritro, Salvia nemorosa, Sedum telephium, Verbascum phoeniceum*
Sorten/Verwandte:
• 'Bristol Fairy', hochwüchsig, 80–100 cm; weiß, gefüllt, großblumig
• 'Festival', nur 40–60 cm; rosa, gefüllt
• 'Flamingo', hoch; rosa, gefüllt
• 'Plena', bleibt niedriger; weiß, gefüllt
• 'Schneeflocke', 70–90 cm; weiß, gefüllt, fällt echt aus Samen

Gypsophila repens

Helenium 'Baudirektor Linne'

Helianthemum 'Sterntaler'

Kriechendes Schleierkraut
Gypsophila repens

BLÜTEZEIT: Mai – August
HÖHE: 10–25 cm, **BREITE:** 30–50 cm

Herkunft: europäische Gebirge; auf Felsen, in Geröllfeldern, auf Kiesbänken von Bergbächen und -flüssen
Wuchs: flach ausgebreitet bis polsterförmig; wächst oft rasenartig
Blüte: zu Hunderten, rund; anfangs weiß, im Verblühen hellrosa bis -lila
Blatt: klein, linealisch; blaugrün
Standort: sonnig; Pflanze ist schattenunverträglich; Boden mäßig trocken bis frisch, durchlässig, neutral bis stark alkalisch, humusarm, sandig-kiesiger Lehm; Pflanze fault auf schwerem Boden, auf durchlässigem Boden frosthart
Pflege: gelegentlich zurückschneiden
Vermehrung: Teilung; Stecklinge
Verwendung: im Geröllsteingarten, Steingarten, auf Mauerkronen, in Plattenfugen, extensive Dachbegrünung
Partner: *Alchemilla alpina, Campanula portenschlagiana, Cerastium tomentosum, Euphorbia myrsinites*
Sorten/Verwandte:
• 'Letchworth', reichblühend, rosa
• 'Pink Star', karminrosa, gefüllt
• 'Rosa Schönheit', karminrosa, niedrig
• 'Silver Carpet', anfänglich weiß, später hellrosa, Blätter weiß gerandet
• *Gypsophila* (Kreuzung *Gypsophila repens × Gypsophila paniculata*), gefüllt:
• 'Compacta Plena', 20–30 cm; weiß, kompakt, knopfartige Blüten
• 'Jolien', hellrosa, Blätter gelb gefleckt
• 'Rosenschleier', hellrosa, bis 50 cm

Sonnenbraut
Helenium

BLÜTEZEIT: Juli – September
HÖHE: 70–180 cm, **BREITE:** 50–90 cm

Herkunft: Zuchtformen, Eltern aus Nordamerika; frische, feuchte Wiesen
Wuchs: horstartig, vieltriebig, aufrecht; einige Sorten dichtbuschig, andere, vor allem früh blühende, lockerer
Blüte: radförmig; Zungenblüten gelb, orange, rotbraun, zum Teil auch zweifarbig um ein gelbes oder braunes Köpfchen, überaus reich blühend
Blatt: lanzettlich, ungestielt, geht unmittelbar in Flügelleisten der Stängel über; grasgrün
Standort: sonnig; frisch bis feucht; Boden lehmig oder lehmig-humos, nährstoffreich; Pflanze ist frosthart
Pflege: Rückschnitt; durch Entfernen abgeblühter Blütenstängel lässt sich bei früh blühenden Sorten wie 'Moerheim Beauty' die Blütezeit verlängern; vollständiger Rückschnitt nach der Blüte; höherwüchsige Sorten sind bisweilen standschwach und sollten daher gestäbt werden; Pflanzung nur im Frühjahr
Vermehrung: Teilung im Frühjahr oder Stecklinge
Verwendung: Rabatten, Schnittblume
Partner: *Coreopsis, Delphinium, Heliopsis, Rudbeckia, Calamagrostis, Heliotropium, Verbena bonariensis*
Sorten/Verwandte: → Tab. Seite 159 o.
Hinweis: im Sommer welken die Pflanzen auch bei guter Wasserversorgung bisweilen in der Mittagshitze, richten sich aber bis zum Abend wieder auf

Sonnenröschen
Helianthemum

BLÜTEZEIT: Juni – August
HÖHE: 10–30 cm, **BREITE:** 20–50 cm

Herkunft: Elternarten aus Mittel- und Südeuropa; sonnige Waldränder, Kalkmagerrasen
Wuchs: staudenähnliche Halb- oder Zwergsträucher, flach ausgebreitet mit zahlreichen dünnen Trieben
Blüte: weit geöffnete Schalenblüten in vielen bunten Farben; morgens aufblühend und am Abend bereits wieder abfallend
Blatt: linealisch bis schmal elliptisch; dunkel oder matt graugrün, gelegentlich weißfilzig; winter- oder immergrün
Standort: sonnig; warm; Boden trocken bis frisch, unbedingt durchlässig, neutral bis alkalisch, sandiger oder kiesiger Lehm; Pflanze ist empfindlich gegen Staunässe, wenig bis mäßig frosthart
Pflege: ohne Rückschnitt vergreisen die Pflanzen und fallen auseinander, Rückschnitt auf ein Drittel unmittelbar nach der Blüte erforderlich; graulaubige Sorten sind frostempfindlich, im Spätherbst sorgfältig abdecken
Vermehrung: Stecklinge
Verwendung: im Steppengarten, Geröllsteingarten, Steingarten, auf Mauerkronen, in Plattenfugen, kleinflächiger Bodendecker; in Töpfen
Partner: *Aster amellus, Campanula poscharskyana, Geranium cinereum, Gypsophila repens-, Saponaria*-Sorten, *Stachys byzantina, Stokesia laevis*
Sorten/Verwandte: → Tab. Seite 159 u.

DIE BESTEN SONNENBRAUT-SORTEN *(HELENIUM)*

SORTE	HÖHE	BLÜTE/BLÜTEZEIT	WEITERE INFOS
'Baudirektor Linne'	140 cm	kupferrot, kaum merklich gelb geflammt; spät	sehr reichblütig
'Biedermeier'	130 cm	zweifarbig, braunrot, mit deutlich abgesetzten gelben Spitzen; spät	farbenfrohe Wirkung; wächst etwas zurückhaltend
'Feuersiegel'	160 cm	rotbraun mit goldgelb geflammter Spitze und gelber Mitte; spät	sehr gut standfest; gut wüchsig
'Goldrausch'	140 cm	goldgelb; spät	sehr reichblütig; sehr gut standfest; gut wüchsig
'Kanaria'	110 cm	zitronengelb, Mitte gelb; mittel	sehr reichblütig; sehr gut standfest; wächst eher zurückhaltend
'Kokarde'	130 cm	zweifarbig, außen gelb, zur Mitte hin kupferrot; mittel	sehr reichblütig; sehr gut standfest, aber mäßig wüchsig
'Lambada'	130 cm	braunrot; mittel bis spät	sehr reichblütig; gut wüchsig
'Moerheim Beauty'	100 cm	samtig kupferrot; früh; remontiert bei Rückschnitt verblühter Stängel	sehr reichblütig; lockerer Aufbau; sehr gut standfest
'Rauchtopas'	150 cm	groß, gelb, unten rotbraun, Zungenblüten hoch gerollt; mittel bis spät	äußerst reichblütig; sehr gut standfest; hervorragende Sorte
'Rubinzwerg'	90 cm	tiefes Weinrot, äußerer Rand bisweilen gelb gestreift; mittel bis spät	auch für kleinere Rabatten
'Wonadonga'	120 cm	rostrot, mit unregelmäßigen gelben Streifen; mittel	sehr reichblütig; sehr gut standfest
'Wyndley'	80 cm	goldgelb mit schwacher roter Zeichnung; früh	sehr reichblütig; sehr gut standfest; mäßig wüchsig

EMPFEHLENSWERTE SORTEN VON *HELIANTHEMUM*

SORTE	HÖHE	BLÜTENFARBE	BLÜTENFÜLLUNG
'Ben Lui'	20–30 cm	karminrot	einfach
'Braungold'	7–15 cm	bernsteinfarben	einfach
'Cerise Queen'	10–20 cm	purpurrot bis rot	gefüllt
'Die Braut'	10–15 cm	weiß	einfach
'Dompfaff'	10–15 cm	ziegelrot	einfach
'Frau M. Bachthaler'	10–15 cm	karminrosa	halbgefüllt
'Gelbe Perle'	10–15 cm	zitronengelb	gefüllt
'Golden Queen'	10–20 cm	leuchtend gelb	einfach
'Henfield Brillant'	10–20 cm	orangerot	einfach
'Mandarin'	10–20 cm	orange	einfach
'Rosi'	15–25 cm	leuchtend rosa	einfach
'Rotkehlchen'	10–20 cm	braunrot	einfach
'Rubin'	10–20 cm	dunkelrot	gefüllt
'Sterntaler'	10–15 cm	goldgelb	einfach
'Wisley Primrose'	15–20 cm	hellgelb	einfach

Helianthus decapetalus 'Capenoch Star'

Stauden-Sonnenblume
Helianthus decapetalus

BLÜTEZEIT: August – September
HÖHE: 140-180 cm, **BREITE:** 70-100 cm

Herkunft: östliches Nordamerika; in lichten, feuchten Wäldern, an Bächen
Wuchs: horstartig, dichtbuschig, mit aufrechten Trieben; ohne Ausläufer
Blüte: kleine gelbe Sonnenblumen
Blatt: eiförmig und grob gesägt, rau behaart; stumpfgrün
Standort: sonnig; frisch; Boden lehmig oder lehmig-humos, nährstoffreich; Pflanze ist meist frosthart
Pflege: Verblühtes ausschneiden; Rückschnitt im Spätherbst; in Trockenperioden durchdringend gießen, um Mehltaubefall vorzubeugen
Vermehrung: Teilung
Verwendung: Rabatten, Schnittblume
Partner: Astern, *Cosmos sulphureus*, *Delphinium*, *Gaillardia*, *Helenium*, *Heliopsis*, *Salvia*, *Verbena bonariensis*, *Calamagrostis*, *Sorghastrum*
Sorten/Verwandte:
• 'Capenoch Star', 170 cm; hellgelb, ungefüllt, reichblühend; sehr gute, dauerhafte Sorte
• 'Meteor', 150 cm; gelb, halbgefüllt
• 'Soleil d'Or', 130 cm; goldgelb, Blüten ballförmig gefüllt
• *Helianthus* 'Lemon Queen', 170 cm; zitronengelb, blüht reich und lange
• *Helianthus salicifolius* (Weidenblättrige Sonnenblume), 200 cm; gelb, ornamentale Blattschmuckstaude mit locker überhängenden, linealischen Blättern; blüht nur in warmen Sommern

Heliopsis helianthoides 'Goldgefieder'

Sonnenauge
Heliopsis helianthoides var. *scabra*

BLÜTEZEIT: Juli – September
HÖHE: 80–150 cm, **BREITE:** 60–70 cm

Herkunft: Nordamerika; Baumsavannen und Gebüsch, grasige Hänge, Prärien
Wuchs: aufrechte, breitbuschige Horste
Blüte: gelb, gelborange, grüngelb oder gelb mit rotem Auge; einfach bis gefüllt; überaus lange Blütezeit
Blatt: spitz eiförmig, am Rand gesägt; unterseits rauhaarig; mattgrün
Standort: sonnig, warm, windgeschützt; frisch, Boden nährstoffreich, lehmig; Pflanze ist frosthart
Pflege: Abgeblühtes ausschneiden; bei Standschwäche (gefüllte Sorten) stäben; Rückschnitt im Herbst
Vermehrung: Teilung und Stecklinge im Frühjahr
Verwendung: Rabatten, Schnittblume
Partner: *Coreopsis, Delphinium, Helenium, Rudbeckia, Verbena bonariensis, Calamagrostis, Panicum*
Sorten/Verwandte:
- 'Benzinggold', 140 cm; gelborange, lange blühend, einfach
- 'Goldgrünherz', 80 cm; gelb mit grünlicher Mitte, gefüllt
- 'Goldgefieder', 130 cm; goldgelb, gefüllt; sehr dankbare Sorte
- 'Spitzentänzerin', 130 cm; orangegelb, halbgefüllt; beste Sorte
- 'Summer Nights', 140 cm, gelb, großes orangerotes Auge; Samensorte
Hinweis: kann jahrzehntelang am selben Platz stehen, ungefüllte Sorten halten länger in der Vase als gefüllte

Helleborus foetidus 'Wester Flisk'

Palmblatt-Christrose, Stinkende Nieswurz
Helleborus foetidus

BLÜTEZEIT: Februar – Mai
HÖHE: 30–75 cm, **BREITE:** 50–70 cm

Herkunft: Südwest- bis Mitteleuropa; lichte Mischwälder und Waldränder
Wuchs: aufrechter, lockerer Horst
Blüte: lockerer Blütenstand mit hängenden, grünen Blütenbechern, am Rand rötlich; wochenlang blühend
Blatt: handförmig zerteilt; dunkelgrün, über 20 cm Durchmesser; wintergrün
Standort: bevorzugt lichter Schatten; warm; Boden mäßig trocken bis feucht, nährstoff- und humusreich, kalkhaltig, steiniger Lehm; Pflanze ist frosthart, unter Frosteinwirkung liegen die Stängel am Boden, sie richten sich bei steigenden Temperaturen wieder auf
Pflege: nach der Samenbildung sterben die Triebe ab, nur diese ausschneiden, unerwünschte Sämlinge entfernen
Vermehrung: Aussaat
Verwendung: im immergrünen Garten, Natur- und Waldgarten, Rabatten
Partner: Waldgräser und -farne, *Anemone nemorosa, Euphorbia amygdaloides, Hepatica transsylvanica, Lathyrus vernus*
Sorten/Verwandte:
- 'Golden Showers', gelb panaschiert
- 'Wester Flisk', Stängel rotbraun
- *Helleborus argutifolius* (Korsische Nieswurz), 40–70 cm hoch, große weißlichgrüne, hängende Blütenglocken, März bis April, Blätter immergrün, derb ledrig, mattgrün, dornig gezähnt; verlangt Winterschutz; Gebüschrand
Hinweis: in allen Pflanzenteilen giftig

Helleborus orientalis subsp. *guttatus*

Lenzrose
Helleborus orientalis

BLÜTEZEIT: Februar – April
HÖHE: 25–40 cm, **BREITE:** 40–60 cm

Herkunft: Griechenland, Türkei, Kaukasus; in Bergwiesen, an Waldrändern, seltener in lichten Wäldern
Wuchs: horstartig, durch zahlreiche grundständige Blätter kissenartig
Blüte: schalenförmig, am Ende nur im oberen Abschnitt leicht verzweigter fleischiger Blütenstängel; cremegelb, grünlich, weiß oder rötlich; Kelchblätter sind zu blütenblattartigen Hochblättern umgewandelt, daher bleiben die Blumen überaus lange attraktiv
Blatt: handförmig geteilt mit 7 bis 11 derben Blattsegmenten, Rand gesägt; dunkelgrün; wintergrün
Standort: schattig bis halbschattig; kühl, mäßig trocken bis feucht; humos bis lehmig; Pflanze ist frosthart
Pflege: Rückschnitt der vorjährigen Blätter Ende des Winters empfehlenswert, damit die Blüten besser zur Geltung kommen; abgeschnittene Blätter entsorgen, um Schwarzfleckenkrankheit zu vermeiden; an zusagenden Standorten erfolgt starke Versamung, unerwünschte Sämlinge entfernen
Vermehrung: Teilung oder Aussaat direkt nach der Samenernte im Juli
Verwendung: lichte Gehölzbestände, Nord- und Ostseiten von Gebäuden
Partner: *Epimedium, Hepatica, Hosta, Vinca, Dryopteris, Galanthus, Leucojum*
Sorten/Verwandte:
- 'Atrorubens', Blüten kräftig purpurfar-

Helleborus orientalis 'Atrorubens'

Hemerocallis 'Sammy Russell'

Lenzrose
Helleborus orientalis

ben, mit bläulichem Hauch; mäßig frosthart

Durch Selektion und Einkreuzung anderer Arten sind zahlreiche weitere Sorten entstanden, die man ausschließlich durch Teilung vermehren kann; sie zeigen ein breites Spektrum unterschiedlichster Blütenfarben von Gelborange bis Taubenblau und fast Schwarz und sind nur über Spezialgärtnereien und Pflanzenliebhaber zu beziehen; gelegentlich bieten gut sortierte Staudengärtnereien Formen an:

- 'Cattleya', Blüten weiß, rosa gefleckt
- 'Taurus', zartrosa, dunkel gepunktet

Mittlerweile existieren einige Saatrassen (z. B. Lady-Serie) mit sehr üppig blühenden Pflanzen; da die Blütenfarben bei Saatgut etwas variieren, empfiehlt es sich, die Pflanzen blühend zu kaufen:

- 'Double Vision', gefüllte Blüten, unterschiedliche Blütenfarben
- 'Pink Lady', Blüten rosa
- 'Red Lady', Blüten stumpfrot
- 'White Spotted Lady', Blüten weiß mit roten Flecken
- 'Yellow Lady', Blüten gelblich
- *Helleborus niger* (Christrose, Schneerose), heimisch, vor allem in den Kalkalpen, 30 cm; Blüten weiß, blüht ab März, durchlässiger, kalkhaltiger Humusboden; wertvolle Schnitt- und Topfstaude, von der es einige früh blühende Sorten gibt:
- 'Praecox', 25 cm, Blüten weiß, im Verblühen altrosa, blüht bereits ab November

Hinweis: sämtliche Teile aller *Helleborus*-Varianten sind giftig

Taglilien
Hemerocallis

BLÜTEZEIT: Mai – September
HÖHE: 50-120 cm, **BREITE:** 60-120 cm

Herkunft: die Kulturformen der Taglilien entstanden aus mehreren ostasiatischen Wildarten
Wuchs: buschiger Blattschopf mit hochragenden kräftigen Blütenstielen
Blüte: Die Züchtung brachte viele Farben und Formen hervor, z. B. Miniaturblüten, breite Trichter, runde Blütenscheiben oder triangelähnlich, sternförmig bis spinnenartig, gekrauste oder verdrehte Blüten, einfach blühend, selten dicht gefüllt; ein- oder mehrfarbig, mit andersfarbigem Schlund oder Saum, punktiert sowie mit deutlicher Zeichnung; oft öffnen sich die Blüten morgens und schließen sich nachmittags
Blatt: im zeitigen Frühjahr austreibend, schmal grasartig bis breit bandförmig; meistens glänzend grün; sommer- oder wintergrün, gelegentlich immergrün
Standort: sonnig bis absonnig; warm; Boden frisch bis feucht, nährstoffreich; die Sorten sind frosthart bis mäßig frosthart
Pflege: Abgeblühtes entfernen, in Trockenperioden wässern; gut düngen
Vermehrung: durch Teilung
Verwendung: am Teichrand, in Rabatten
Partner: *Miscanthus sinensis, Aconitum cammarum, Geranium*-Sorten, *Iris ensata, Iris sibirica, Tradescantia*-Sorten

DIE BLÜTENVIELFALT BEI TAGLILIEN *(HEMEROCALLIS)*

SORTE	BLÜTENFARBE	WEITERE INFOS
'Baby Julia'	rosa mit hellgelbem Schlund	rund, besonders kleinblumig
'Black Cat'	samtig schwarzrot, Schlund gelb	Rand gewellt, großblumig
'Burning Daylight'	leuchtend orangegelb	fast rund, großblumig
'Chosen Love'	lavendelfarben, Schlund gelblich	weiter Trichter, großblumig
'Crimson Pirate'	reintönig rot, Schlund gelb	sternförmig, großblumig
'Green Flutter'	grünlich gelb, Schlund grün	rund, kleinblumig
'Double Peach'	pfirsichfarben, Schlund orange	rund, großblumig, unregelmäßig gefüllt
'Joan Senior'	elfenbeinweiß	rund, Rand gewellt, großblumig
'Purple Rain'	purpurviolett, Schlund grünlich	dreieckig, kleinblumig
'Siloam Cinderella'	hellrosa, Mitte karminrot, Schlund grün	rund und großblumig
'Sunday Afternoon'	goldgelb, Schlund grünlich	sternförmig, großblumig

Hemerocallis citrina

Orangegelbe Taglilie
Hemerocallis aurantiaca

BLÜTEZEIT: Juni – Juli
HÖHE: 50–75 cm, **BREITE:** 60–90 cm

Herkunft: Südchina; montane Wiesen
Wuchs: Blattschopf mit übergeneigten Blättern, daraus bogig hochragende Blütenstiele mit einigen Trichterblüten
Blüte: sternförmig; orangegelb; öffnet sich frühmorgens und schließt sich am späten Nachmittag; leichter Duft
Blatt: breit grasartig, flach; blaugrün bis Spätherbst; manchmal wintergrün
Standort: in voller Sonne nur bei gleichmäßig feuchtem Boden, besser lichter Schatten; Boden mäßig trocken bis feucht, schwach sauer bis schwach alkalisch, humos, nährstoffreich, Lehm oder Ton; Pflanze ist meist frosthart
Pflege: verblühte Stängel ausschneiden
Vermehrung: Teilung
Verwendung: Teichrand, Rabatten
Partner: *Aconitum cammarum, Iris ensata-, Iris sibirica-, Tradescantia-* und *Trollius*-Sorten
Sorten/Verwandte:
- *Hemerocallis citrina* (Zitronengelbe Taglilie), China; breiter Blattschopf mit lang gezogenen Blütenstielen; schmale, röhrenförmige Blüten in grünlichem Gelb, öffnet sich am frühen Abend, duftet dann intensiv, schließt sich am Morgen; Blätter dunkelgrün, glänzend
- *Hemerocallis fulva* (Braunrote Taglilie), bis 150 cm hohe, sehr alte Gartenpflanze, starkwüchsig, ohne Duft; liebt volle Sonne
- 'Flore Pleno', Blüten gefüllt, orange

Hepatica transsylvanica

Siebenbürger Leberblümchen
Hepatica transsylvanica

 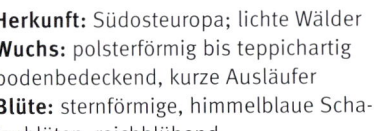

BLÜTEZEIT: März – April
HÖHE: 10–20 cm, **BREITE:** 20–30 cm

Herkunft: Südosteuropa; lichte Wälder
Wuchs: polsterförmig bis teppichartig bodenbedeckend, kurze Ausläufer
Blüte: sternförmige, himmelblaue Schalenblüten, reichblühend
Blatt: meist dreilappig; glänzend frischgrün; teilweise wintergrün
Standort: bevorzugt lichter Schatten, kühl; Boden mäßig trocken bis feucht, durchlässig, humos, sandiger Lehm; Pflanze verträgt Wärme, ist frosthart
Pflege: alte Blätter im Frühjahr abschneiden; kaum Pflege nötig
Vermehrung: Teilung
Verwendung: im Frühlingsgarten, im Waldgarten, am Gehölzrand; verträgt Wurzeldruck von Sträuchern
Partner: *Luzula sylvatica* 'Aurea', *Anemone nemorosa, Leucojum vernum, Galanthus nivalis, Helleborus foetidus*
Sorten/Verwandte:
- 'Alba', porzellanweiße Blütensterne
- 'Buis', bis 15 cm; klares Hellblau
- 'Eisvogel', 10–15 cm hoch; weiß
- 'Rosea', hellrosa
- *Hepatica nobilis* (Gewöhnliches Leberblümchen), heimische Waldstaude; blaue Sternchenblüten, März bis April; Blatt dreiteilig; Halbschatten bis Schatten, warm; Boden mäßig trocken bis feucht, kalkhaltiger Lehm; frosthart
- 'Alba', elfenbeinweiße Sternchen
- 'Plena', lichtblau, gefüllte Blüten
- 'Rubra Plena', matt karminrot, gefüllt

Heuchera americana 'Cassian'

Purpurglöckchen, Silberglöckchen
Heuchera

BLÜTEZEIT: Juli – Oktober
HÖHE: 15–80 cm, **BREITE:** 15–60 cm

Herkunft: überwiegend Züchtungen und gärtnerische Auslesen, Ausgangsarten aus Nordamerika, wo die Pflanzen vornehmlich in Nadelwäldern und an feuchten Felsen wachsen
Wuchs: halbkugel- bis kissenförmige Blatthorste mit weit darüber hinausragenden Blütenstielen
Blüte: in lockeren Rispen oder gedrungenen Ähren; purpurfarben, rosa, scharlachrot, weiß oder grünlichgelb
Blatt: rundlich, gelappt, Rand glatt oder gerüscht; unterschiedlichste Blattfarben: glänzend bis stumpfgrün, grün mit brauner und/oder silbriger Zeichnung, tief purpurrot, purpurfarben mit silbrigweißer Zeichnung, zitronengelb, ockergelb, pfirsichfarben, weiß panaschiert; insbesondere rotlaubige Sorten zeigen eine ansprechende Herbstfärbung
Standort: sonnig bis lichtschattig; die purpurlaubigen Sorten sollten sonnig gepflanzt werden, da sie im Schatten vergrünen; die gelbbunten Formen gehören in den lichten Schatten, da sie in der Sonne verbrennen; die grünlaubigen Varianten können sonnig und halbschattig gepflanzt werden; frisch, kühl; Boden durchlässig, lehmig- oder sandig-humos, nährstoffreich; die Pflanze ist meist frosthart
Pflege: Säuberung der Horste im Frühjahr, durch Mulchen oder regelmäßige Kompostgaben können die Rhizome

Heuchera 'Plum Pudding'

Purpurglöckchen, Silberglöckchen
Heuchera

× *Heucherella tiarelloides*

Schaumglöckchen
× *Heucherella tiarelloides*

geschützt werden, die Lebensdauer der Pflanzen lässt sich dadurch verlängern; regelmäßig auf Dickmaulrüssler-Befall kontrollieren und bekämpfen
Vermehrung: Teilung
Verwendung: wichtige Blattschmuckstaude, Rabatten, Gehölzrand, Trog
Partner: *Aconitum, Astilbe, Astrantia, Bergenia, Campanula, Hemerocallis, Hosta, Saxifraga* Arendsii-Gruppe
Sorten/Verwandte:
- *Heuchera americana* 'Cassian' , 25–60 cm, Blüten gelblich grün, wenig auffällig; Blatt grün mit silberner Zeichnung
- *Heuchera × brizoides,* unter dieser Sammelbezeichnung werden zahlreiche, meist ältere Züchtungen zusammengefasst; sie entstanden aus Kreu-

zung von *Heuchera sanguinea* mit anderen Arten; alle weisen grünes Laub auf; dazu zählen:
- 'Jubilee', 15–45 cm; Blüten hellrosa, in Rispen; oft kurzlebig
- 'Pruhoniciana', 20–60 cm, Blüten dunkelrosa, in dichten zylindrischen Trauben, wüchsige und langlebige Sorte
- 'Ricard', 20–40 cm, Blüten tiefrot, in lockeren Rispen; gute Sorte
- 'Silberregen', 20–60 cm, Blüten weiß, in lockeren Rispen
- *Heuchera villosa* var. *macrorrhiza* (Samt-Silberglöckchen), Blattschöpfe 40 cm, Blütenstände 70 cm hoch, Blüten weiß, in lockeren Rispen, September bis Oktober; Blätter samtig, grün
- weitere buntlaubige Sorten → Tab.

BLÜTEZEIT: Mai – Juli
HÖHE: 10–40 cm, **BREITE:** 20–30 cm

Herkunft: Gattungshybride zwischen *Heuchera* und *Tiarella*
Wuchs: durch kurze Absenker kleine, fast kissenartige Teppiche mit darüber hinausragenden Blütenkerzen, schwachwüchsig
Blüte: in lockeren Trauben, schaumartige Wirkung; zartrosa, einzelne Sorten auch weiß
Blatt: rundlich bis herzförmig, gelappt; lind- bis bronzegrün, bei zahlreichen Sorten mit brauner oder silbriger Zeichnung in der Mitte; wintergrün
Standort: absonnig bis halbschattig; kühl; frisch bis feucht; Boden durchlässig humos, neutral bis leicht sauer; die Pflanze ist meist frosthart
Pflege: Kontrolle auf Befall durch Dickmaulrüssler; Ausputzen der Pflanzenteppiche im zeitigen Frühjahr
Vermehrung: Teilung
Verwendung: kleinräumige, artenreiche Blattschmuckpflanzungen; Innenhof, Nord- und Ostseiten von Wänden, lichter Gehölzbestand, absonniger Steingarten
Partner: kleinwüchsige *Hosta, Carex conica* 'Variegata', *Hakenochloa macra, Athyrium filix-femina*
Sorten/Verwandte:
- 'Rosalie', Blatthorste 15 cm, Blütenstände 40 cm hoch; Blüten rosa; Blatt lindgrün, braun gefleckt
- 'Silver Streak', 15–40 cm; Blüten weiß; Blatt silbrigweiß marmoriert

EMPFEHLENSWERTE *HEUCHERA*-ARTEN UND -SORTEN

SORTE	HÖHE	BLÜTE	BLATT
H. americana 'Ruby Veil'	30–80 cm	weißlich	purpurfarben mit silbernen Aufhellungen, Unterseite dunkel rubinrot
H. micrantha 'Moly Bush'	30–70 cm	milchweiß, Stängel dunkel rubinrot	dunkelstes Purpurviolett, glänzend, Unterseite dunkel rubinrot
'Amber Waves'	24–40 cm	hellrosa	ingwerfarben, unterseits orangerot
'Cappuccino'	25–55 cm	milchweiß	cappuccinofarben, gewellter Blattrand
'Creme Brûlée'	20–40 cm	cremefarben	bernsteinfarben bis braun und orange
'Lime Rickey'	25–45 cm	weißlich, wenig auffällig	hell grünlich gelb, Rand leicht gerüscht
'Plum Pudding'	30–65 cm	weiß, Stängel purpurfarben	purpurfarben, silbrig gefleckt
'Purple Petticoats'	35 65 cm	milchweiß	tief braunviolett, Rand gerüscht
'Silver Scrolls'	30–60 cm	weiß bis zartrosa	silbrig, purpurfarbene Adern

Herzblattlilie, Funkie, Hosta *Hosta*

Nur etwa 50 aus Asien stammende Arten umfasst die Gattung *Hosta*. Die meisten sind in Japan, weitere in China und Korea heimisch. In der Natur wachsen die Pflanzen in lichten Wäldern und Gebüschen, Berg- und Auwiesen und an schattig-feuchten Felswänden.

Unüberschaubare Sortenfülle

Die Formenvielfalt ist weit größer, als die vergleichsweise bescheidene Zahl der Arten zunächst vermuten lässt. Tausende und Abertausende Sorten gibt es bereits, und Jahr für Jahr drängen neue auf den Markt, die dann wieder einen Platz in den Gärten zahlreicher *Hosta*-Liebhaber finden.

Das breite Sortiment beinhaltet nicht nur unterschiedlich große Gestalten, sondern auch früh und spät austreibende Formen, solche mit ansehnlicher Herbstfärbung oder welche mit angenehmem Duft. Neben unterschiedlichen Blütenfarben aber gibt es vor allem verschiedenartigste Blattfarben und -panaschierungen.

Das Sortenspektrum bewegt sich zwischen kleinblättrigen Spielarten, deren Blattsprei-ten kaum größer als eine 2-Euro-Münze sind und wenig höher als 5 cm werden, bis hin zu riesenhaften Gestalten, die über einen Meter messende Blattspreiten und eine Höhe bis zu 170 cm entwickeln. Inzwischen wird bei den Züchtern besonders viel Wert auf große und farbprächtige Blüten und einen gesteigerten Blütenreichtum gelegt.

Bunte Blattgestalten

Ist die Farbpalette der Blüten mit weißen, lilafarbenen, violetten bis purpurvioletten Tönen noch vergleichsweise begrenzt, so sieht das bei den Blattfarben anders aus: Hell- bis dunkelgrüne, gelbe und blaue Blattspreiten tauchen hier ebenso auf wie grüne mit weißer oder gelber Mitte oder grüne mit weißem oder gelbem Rand, blaue mit gelber oder weißlicher Mitte oder blaue mit gelbem oder weißem Rand, schließlich gelbe mit weißem Rand oder weißer Mitte. Bei dieser Vielfalt scheint es nur eine Frage der Zeit, bis rotlaubige *Hosta* gezüchtet werden – Anfänge scheinen bereits gemacht, so gibt es seit wenigen Jahren Sorten, die bereits rote Blattstiele präsentieren. Trotz aller erreichten Verbesserungen in der Substanz der Blüten – *Hosta* sind und bleiben aufgrund der Variabilität ihrer Blattfarben wohl noch über lange Zeit vornehmlich Blattschmuckstauden! Und das obgleich die Formenvielfalt der Blattspreiten begrenzt ist. Abgesehen von ihrer unterschiedlichen Größe, sind die Blattspreiten mal schmäler, mal breiter, aber fast immer herzförmig und nur selten lanzettlich.

Pflegeleichte Stauden

Im Garten erweisen sich Funkien meist als anpassungsfähig, pflegeleicht und langlebig. Der lichte Schatten von Gehölzen oder Wänden bietet nahezu allen Formen vortreffliche Wuchsbedingungen. Schnecken verunstalten das Bild der Pflanzen durch Fraßschäden und unappetitliche Schleimspuren leider aber auch dort. Mögen Sorten mit festerer Blattsubstanz weniger von den Weichtieren geschädigt werden – ganz ohne Schneckenbekämpfung geht es bei *Hosta*, ebenso wie bei den Glockenblumen (→ Seite 125), nicht.

Hosta 'Green Acres'

Hosta 'Crispula'

Hosta 'Sagae'

Grünlaubige Herzblattlilien
Hosta-Sorten

BLÜTEZEIT: Juli – September
HÖHE: 10–170 cm, **BREITE:** 10–120 cm

Herkunft: Arten aus Asien, zahlreiche Auslesen und Züchtungen
Wuchs: meist horstartig, halbkugel- bis kissenförmig; wenige Formen mit kurzen Ausläufern, rasenartig
Blüte: trichterförmig, von oben nach unten aufblühende, lockere bis dichte Trauben; lila, violett, weiß; *Hosta plantaginea* und Sorten angenehm im Duft
Blatt: herzförmig; grün; → Sorten
Standort: licht- bis halbschattig, bei *Hosta plantaginea* und Formen auch absonnig; frisch, sandig-humos bis tonhaltiger Lehm; Pflanze ist frosthart
Pflege: Blütenstängel nach Abblühen entfernen, Horste im Frühjahr säubern
Vermehrung: Teilung
Verwendung: lichter Gehölzbestand, Ost- und Nordseiten, Rabatten, Töpfe
Partner: *Astilbe, Tiarella*, Gräser, Farne
Sorten/Verwandte:
• *Hosta lancifolia* (Lanzenblatt-Funkie), 30–50 cm; lila, August; Blatt lanzettlich, dunkelgrün, glänzend, weich
• *Hosta plantaginea* 'Grandiflora' (Lilien-Funkie), 50–80 cm; weiß, September, angenehmer Duft; Blatt hellgrün, breit
• *Hosta ventricosa* (Glocken-Funkie), 50–80 cm; violett, Juli; Blatt dunkelgrün, breit, unterseits glänzend
• 'Green Acres', 110–140 cm, lila, Blatt mittelgrün, tief geadert, groß
• 'Red October', ähnlich *Hosta lancifolia*, rote Blattstiele und festere Substanz

Weißpanaschierte Herzblattlilien
Hosta-Sorten

BLÜTEZEIT: Juli – September
HÖHE: 5–100 cm, **BREITE:** 5–90 cm

Herkunft: Zuchtformen
Wuchs: horstartig, meist halbkugel- oder kissenförmig
Blüte: trichterförmig; weiß, lila, violett
Blatt: schmal oder breit herzförmig, selten lanzettlich; gras-, hell- oder blaugrün, Rand oder Mitte weiß
Standort: licht- bis halbschattig; frisch; sandig-humos bis tonhaltiger Lehm; Pflanze ist frosthart
Pflege: Horste im Frühjahr säubern
Vermehrung: Teilung
Verwendung: lichter Gehölzbestand, Ost- und Nordseiten, Rabatten, Topf
Partner: *Asarum, Dicentra, Omphalodes, Pulmonaria, Polygonatum*, Gräser, Farne
Sorten/Verwandte:
• 'Brim Cup', 30–45 cm; violett, August; Blattrand breit, cremeweiß
• 'Crispula' (Riesenweißrand-Funkie), 55–90 cm; lila, Juli; Rand weiß, gewellt
• 'Fire and Ice', 30–50 cm; lila; Juli; Blatt dunkel blaugrün, Mitte weiß
• 'Francee', 40–60 cm; lila, August; Blatt dunkelgrün, Rand schmal, weiß
• 'Frosted Jade', 70–90 cm, fast weiß, Blatt dunkelgrün, Rand weiß
• 'Pandora's Box', 5–10 cm; helllila; Blatt grün, Mitte breit weiß
• 'Patriot', 35–50 cm; lila, August; Blatt mit breitem weißen Rand
• 'Undulata Univittata', 30–50 cm; lila; Blatt herzförmig, Mitte schmal, weiß

Gelbbunte Herzblattlilien
Hosta-Sorten

BLÜTEZEIT: Juli – August
HÖHE: 15–120 cm, **BREITE:** 15–90 cm

Herkunft: Zuchtformen
Wuchs: horstartig, meist halbkugel- oder kissenförmig
Blüte: trichterförmig; weiß, lila, violett
Blatt: schmal oder breit herzförmig, selten lanzettlich; gelb, gelb mit grünem Rand oder grün mit gelbem Rand
Standort: licht- bis halbschattig; frisch; sandig-humos bis tonhaltiger Lehm; Pflanze ist frosthart
Pflege: Horste im Frühjahr säubern
Vermehrung: Teilung
Verwendung: lichter Gehölzbestand, Nordseite von Wänden, Topf und Trog
Partner: *Brunnera, Darmera, Helleborus, Kirengeshoma*, Gräser, Farne
Sorten/Verwandte:
• 'Gold Standard', 60–90 cm; blass lila; Blatt gelb, schmaler, grüner Rand
• 'June', 30–40 cm; helllila; Blatt Mitte gelbgrün, Rand blaugrün
• 'Liberty', 40–50 cm; lila, Juli; Blatt blaugrün mit breitem, gelbem Rand
• 'Sagae', 70 cm; cremegelber Rand
• 'Shade Fanfare', 35–50 cm; lila; Blatt frischgrün mit cremegelbem Rand
• 'Solarkugel', 60–90 cm; lila; Blatt vor allem im Frühjahr zitronengelb
• 'Sum and Substance', 50–80 cm; lila; Blatt (grünlich) gelb, ledrig
• 'Zounds', 35–55 cm; blass lila; Blatt durchgehend gelb, glänzend, fest
Hinweis: im (tiefen) Schatten vergrünen, bei Sonne verbrennen die Blätter

PORTRÄTS

Hosta 'Halcyon'

Iberis sempervirens

Inula ensifolia

Schwert-Alant

Inula ensifolia
(= *Inula ensifolia* 'Compacta')

Blaulaubige Herzblattlilien

Hosta-Sorten

Immergrüne Schleifenblume

Iberis sempervirens

BLÜTEZEIT: Juli – August
HÖHE: 15–140 cm, **BREITE:** 15–90 cm

Herkunft: Zuchtformen; die Art stammt aus Japan
Wuchs: horstartig, meist halbkugelförmig
Blüte: trichterförmig; weiß, lila, violett
Blatt: schmal oder breit herzförmig, selten lanzettlich; vollständig blaugrau, blaugrün, blau mit gelbem Rand oder blau mit gelber Mitte
Standort: lichtschattig; frisch; sandig-humos bis tonhaltiger Lehm; Pflanze ist frosthart
Pflege: Horste im Frühjahr säubern
Vermehrung: Teilung
Verwendung: Nordseite von Gehölzen und Mauern, Topf und Trog
Partner: Gräser, Farne
Sorten/Verwandte:
• *Hosta sieboldiana,* 50–70 cm; lila; Blatt blau; unterseits stark bereift, groß
• *Hosta sieboldiana* 'Frances Williams', 50–70 cm; helllila; Blatt blaugrün mit gelbem Rand
• 'Great Expectations', 50–80 cm; weiß; Blatt blau mit gelber Mitte
• 'Halcyon', 40–60 cm; helllila; Blatt vollständig blau(grün)
• 'Krossa Regal', 60–70 cm; lila; Blatt graublau, Wuchs vasenförmig aufrecht
Hinweis: im Schatten vergrünen die Blätter, ihre Zahl nimmt ab und ihre Größe zu; in der Sonne verbrennen sie; durch Tautropfen von Bäumen werden die Blätter unansehnlich fleckig

---

BLÜTEZEIT: April – Mai
HÖHE: 20–30 cm, **BREITE:** 50–80 cm

Herkunft: Südeuropa; in Geröllhalden
Wuchs: staudenartiger Halbstrauch, polster- oder mattenförmig mit allmählich fast meterlangen Trieben
Blüte: dichte, doldenähnliche Blütenstände mit vielen weißen Blütchen
Blatt: lanzettlich, dick ledrig; glänzend dunkelgrün; winter- bis immergrün
Standort: sonnig, in hellstem Schatten noch möglich; warm; Boden mäßig trocken bis feucht, Substrat durchlässig, möglichst humusarm, steinig-schottrig, nährstoffreicher, sandiger Lehm; Pflanze ist meist frosthart
Pflege: Rückschnitt oder Einkürzen um ca. 5 cm nach der Blüte erforderlich, da die Polster sonst auseinanderfallen und von der Mitte her verkahlen
Vermehrung: durch Stecklinge im Herbst
Verwendung: im Steingarten, auf Mauerkronen, in Rabatten oder Töpfen
Partner: *Aubrieta*-Sorten, *Aurinia saxatilis, Euphorbia myrsinites, Iris*-Sorten (Pumila-Gruppe), *Phlox subulata*-Sorten
Sorten/Verwandte:
• 'Findel', Blüte weiß, groß; reichblütig
• 'Weißer Zwerg', nur 10–15 cm hoch
• 'Winterzauber', blüht früh im März
• *Iberis saxatilis* (Felsen-Schleifenblume), Südeuropa, steinige Bergwiesen; niedrige, immergrüne, niederliegende Polster; Blüten weiß, im Verblühen hellrosa, früh im März bis April

---

BLÜTEZEIT: Juli – August
HÖHE: 30–40 cm, **BREITE:** 40–50 cm

Herkunft: Mittel- und Südosteuropa; steinige Bergwiesen und Trockenrasen
Wuchs: reichblühender, buschiger Horst mit aufrechten Blütentrieben
Blüte: margeritenähnlich, goldgelb
Blatt: schmal lanzettlich; matt-, leicht bräunlich grün; auffallend geadert
Standort: sonnig; warm, auch heiß; Boden kalkreich, trocken bis frisch, durchlässig, sandig-steiniger Lehm; Pflanze ist frosthart
Pflege: Rückschnitt im Spätherbst
Vermehrung: Teilung
Verwendung: in kleinen Gruppen im Steingarten, Steppengarten, Rabatten
Partner: *Anthericum liliago, Calamintha nepeta, Centranthus ruber* 'Albus', *Eryngium alpinum, Nepeta racemosa-* und *Salvia nemorosa*-Sorten
Sorten/Verwandte:
• 'Goldammer', kompakte Variante, nur 15 cm; viele kleine gelbe Blüten
• *Inula magnifica* (Riesen-Alant), Kaukasus, feuchte Bergwiesen; mächtige Horste mit aufragenden Trieben, 140–180 cm; große, sonnenblumenähnliche, gelbe Blüten in doldenartigem Blütenstand, Juli bis August, Blatt sehr groß, oft über 50 cm lang, breit elliptisch, dunkelgrün; für kühle sonnige Plätze; Boden frisch bis feucht, nährstoffreich, durchlässig, Lehm oder Ton; frosthart; wuchtige Solitärstaude am Gehölzrand, in Rabatten

Iris, Schwertlilien *Iris*

Benannt nach der altgriechischen Göttin des Regenbogens, macht die Gattung *Iris* ihrer Patin alle Ehre. Bereits die Anzahl der reinen Arten, die ausnahmslos auf der Nordhalbkugel beheimatet sind, wird auf über 300 geschätzt. Die Fülle der Zuchtformen geht in die Tausende und lässt nur noch geringe Farbwünsche offen. Jährlich kommen neue Formen hinzu. Neben ausgefallenen Farbkompositionen haben die Züchter größere Blüten, gerüschte Blütenblätter, Duft und eine bessere Substanz der Blüten im Blickfeld.

Außergewöhnlicher Blütenbau

Die Farbpalette der *Iris* beinhaltet beinahe alle erdenklichen Schattierungen und Mischfarben, allein intensiv leuchtendes Scharlachrot fehlt. Die Blüten aus äußeren Hängeblättern und inneren, aufrechten oder ausgebreiteten Domblättern sind oft auffallend gezeichnet und häufig mehrfarbig. Aufgrund der Blütenform und der Ausbildung der unterirdischen Speicherorgane lässt sich die Gattung *Iris* in drei große Gruppen gliedern.

Bart-Iris

Die populären Bart-Iris tragen bartähnliche Staubgefäße auf ihren Hängeblättern. Oft werden sie ihrer Wuchshöhe nach in die *barbata elatior*- (über 70 cm), *barbata media*- (40–70 cm) und *barbata nana*-Sorten (unter 40 cm) eingeteilt. Die botanische Nomenklatur beschränkt sich neuerdings jedoch auf zwei Formenkreise: In der *Iris* Germanica-Gruppe werden die über 40 cm hohen, in der Pumila-Gruppe die niedrigen Sorten zusammengefasst, die bereits ab Mitte April blühen. Etwas später folgen dann die höheren Formen, die bis in den Juli hinein sonnige Rabatten schmücken. Während die älteren Bart-Iris als robust gelten, ist bei den neueren Formen bewusste Sortenwahl geboten: speziell die großblütigen Züchtungen aus dem Süden der USA sind anspruchsvolle Sonnenkinder.

Bartlose Iris

Die Steppen-Iris (*Iris* Spuria-Gruppe) sind den bartlosen Iris zuzuordnen. Auch wenn es einige anpassungsfähigere neuere Sorten gibt, so benötigen die meisten Formen ausreichend Wärme. Für unsere Breiten sollte man am besten ältere englische Züchtungen wählen.

Bei den Japanischen Schwertlilien (*Iris ensata*) ist es weniger die fehlende Wärme, die die Kultur erschwert; sie vertragen kalkhaltige Böden schlecht und benötigen während der Hauptwachstumszeit viel Feuchtigkeit. Im Herbst und Winter wollen sie trockener stehen. Die Formen der heimischen Wiesen-Iris (*Iris sibirica*) stellen diesbezüglich unkomplizierte Gegenstücke dar. Sie wachsen verlässlich auf jedem nicht zu sandigen und trockenen Boden.

Zwiebel-Iris

Neben den fleischigen Rhizome bildenden Varianten (Bart-Iris) und solchen, die verzweigte Wurzelstöcke formen (*Iris sibirica*, *Iris ensata* u. a.), sind die Zwiebel-Iris als dritte große Gruppe zu nennen. *Iris reticulata* und *Iris danfordiae* sind mit die ersten zierlichen Frühjahrsboten für den Steingarten. Wie die *Iris* Hollandica-Gruppe sind sie im Kapitel „Knollen- und Zwiebelpflanzen" (→ Seite 255) beschrieben.

Iris ensata 'Royal Banner'

Iris 'Aperge' und 'Fuchsjagd' (Germanica-Gruppe)

Japanische Schwertlilie

Iris ensata
(= *Iris kaempferi*)

BLÜTEZEIT: Juni – Juli
HÖHE: 60–90 cm, **BREITE:** 30–40 cm

Herkunft: Ostasien; Feuchtwiesen, Sümpfe, Gräben
Wuchs: horstartig, aufrecht
Blüte: größte Blütenteller aller Schwertlilien mit auffallend rundlich-ovalen Hängeblättern; farblich variabel: blauviolett, weiß, rosa, purpurfarben, oft zwei- oder dreifarbig und geadert
Blatt: linealisch, riemenartig, dünn, mit deutlich erhöhter Mittelrippe; frischgrün
Standort: sonnig; warm, im Frühling und Sommer feucht bis nass, im Winter trockener; Boden nährstoffreich, kalkarm, lehmig-humos oder moorig; Pflanze ist meist frosthart
Pflege: bei Bedarf gut wässern, Bodenfeuchte durch Mulchen stabilisieren; gegen Kalkchlorosen Boden mit Torf oder sauer wirkendem Dünger verbessern
Vermehrung: Teilung im Frühjahr
Verwendung: feuchte Rabatten, Teichrand, Sumpfbeet
Partner: *Hemerocallis, Primula japonica, Tradescantia, Lythrum, Matteuccia*
Sorten/Verwandte:
- 'Aiogata', 80 cm; purpurviolett mit weißer Aderung
- 'Aichiko Kakuyaki', 80 cm; zartgelb
- 'Blauer Berg', leuchtend mittelblau, Blüten 16 cm groß; reichblühend
- 'Moorgeist', 70 cm; weiß mit lila Aderung, sehr großblumig
- *Iris sanguinea* 'Snow Queen', 60 cm; weiß, auch für frischen Stand

Hohe und Mittelhohe Bart-Iris

Iris Germanica-Gruppe

BLÜTEZEIT: Mai – Juli
HÖHE: 40–120 cm, **BREITE:** 30–50 cm

Herkunft: Züchtungen
Wuchs: lockere Horste aufstrebender Blätter und aufrechter Blütenstängel; langsam kriechende Rhizome
Blüte: Hängeblätter mit bartartiger Behaarung; große Einzelblüten an wenig verzweigten, straff aufrechten Stielen; alle Farbtöne außer reinem Scharlach- und Orangerot, oft zweifarbig; duftend
Blatt: schwertförmig; graugrün, bläulich bereift; wintergrün
Standort: sonnig; warm, auch heiß; trocken bis frisch; Boden sandig-lehmig, steinig-lehmig oder lehmig, gut durchlässig, kalkhaltig, humusarm, aber nährstoffreich; Pflanzen sind frosthart
Pflege: an oder knapp unter der Erdoberfläche einsetzen; beste Pflanzzeit nach der Blüte; braune Blätter und abgeblühte Stängel entfernen; im Frühherbst mineralisch düngen; groß gewordene Horste aufnehmen und teilen
Vermehrung: Rhizomteilung nach der Blüte bis zum Spätsommer
Verwendung: einzeln oder in kleinen Tuffs auf Rabatten, vor Südwänden, auf Südböschungen, in Steppengärten
Partner: *Asphodeline lutea, Euphorbia seguieriana, Nepeta, Salvia officinalis, Stachys byzantina, Perovskia atriplicifolia, Yucca, Festuca mairei, Helictotrichon sempervirens, Stipa gigantea*
Sorten/Verwandte: → Tab. unten
Hinweis: auch als *Iris barbata*-Hybriden im Handel

DIE SCHÖNSTEN SORTEN DER *IRIS* GERMANICA-GRUPPE

SORTE	HÖHE	BLÜTENMERKMALE
'Amethyst Flame'	70 cm	tief violettrosa
'Arpege'	70 cm	Domblätter und Bart zart hellblau, Hängeblätter kräftig violettblau
'Flaming Day'	70 cm	apricotfarben, Bart orange
'Going My Way'	80 cm	tief violett, Hängeblätter mit großem weißen Fleck
'Gold Galore'	80 cm	goldgelb, Hängeblätter mit weißlichem Fleck
'Kupferhammer'	50 cm	Domblätter goldgelb, Hängeblätter rotbraun mit weißer Zeichnung
'Lugano'	80 cm	weiß, zur Mitte hin zart zitronengelb
'Stepping Out'	80 cm	violettblau, Dom- und Hängeblätter mit großem, weißen Fleck
'Vanity'	70 cm	rosa

Iris pseudacorus

Iris 'Little Rosy Wings' (Pumila-Gruppe)

Sumpf-Schwertlilie
Iris pseudacorus

BLÜTEZEIT: Mai – Juni
HÖHE: 80–120 cm, **BREITE:** 40–70 cm

Herkunft: Europa, Westasien und Nordafrika; an Ufern, feuchten Gräben, in Sümpfen und im Schilfröhricht
Wuchs: lockerhorstig, aufstrebend; starkwüchsig
Blüte: zu mehreren am Ende straff aufrechter, locker verzweigter Blütenstängel; gelb, Hängeblätter zum Teil mit dunkler Aderung, ohne Bart
Blatt: schilfähnlich, linealisch-aufrecht, bis 3 cm breit; stumpfgrün
Standort: sonnig bis halbschattig, im flachen Wasser oder nass bis frisch; Boden lehmig, tonig, humos, nährstoffreich; Pflanze ist frosthart
Pflege: Horste im Frühjahr ausputzen
Vermehrung: Teilung
Verwendung: im Randbereich von Teichen und Wasserbecken, an Gräben und Bachläufen, feuchte Freiflächen; im naturnahen Garten
Partner: *Caltha, Euphorbia palustris, Ligularia, Lythrum, Polemonium, Trollius, Spartina pectinata* 'Aureomarginata'
Sorten/Verwandte:
• 'Sulphur Queen', 80 cm; hellgelb
• 'Variegata', 100 cm; Blüte goldgelb; Laub grün-weiß gestreift
• *Iris laevigata* (Japanische Sumpf-Schwertlilie), 80 cm; Blüte Juni bis Juli, purpurviolett; Boden kalkarm
• 'Monstrosa', 70 cm; weiß mit breitem blauviolettem Rand
• 'Rose Queen', 70 cm, rosa

Niedrige Bart-Iris, Zwerg-Schwertlilie
Iris Pumila-Gruppe

BLÜTEZEIT: April – Mai
HÖHE: 10–30 cm, **BREITE:** 20–30 cm

Herkunft: Züchtungen
Wuchs: horstartig aufrecht, durch langsam in die Breite wachsende, dicke Rhizome allmählich breiter
Blüte: ein bis zwei Blütenknospen an gedrungenen, unverzweigten Stielen; alle Farben außer leuchtendem Scharlachrot, häufig mehrfarbig, Hängeblätter oft auffallend gezeichnet, mit gleich- oder andersfarbigem Bart, duftend
Blatt: schwert- bis sichelförmig, steif; blaugrün; wintergrün
Standort: sonnig; warm, auch heiß; trocken bis frisch; Boden gut durchlässig, sandig- oder steinig-lehmig, lehmig, kalkhaltig, nährstoffreich; Pflanze ist frosthart
Pflege: Rhizome am besten nach der Blütezeit flach unter der Erdoberfläche pflanzen, sodass diese nach dem Angießen sichtbar sind; Horste im Frühjahr ausputzen, verblühte Stiele abschneiden, um kraftraubende Samenbildung zu vermeiden; im Spätsommer mineralisch düngen
Vermehrung: Rhizomteilung nach der Blüte bis zum Spätsommer
Verwendung: in kleinen Gruppen für Rabatten, Steingarten, Tröge, extensive Dachbegrünung
Partner: *Cerastium tomentosum, Dianthus, Euphorbia polychroma, Helianthemum, Iberis, Linum, Saponaria, Thymus praecox, Festuca glauca*
Sorten/Verwandte: → Tab. unten

EMPFEHLENSWERTE SORTEN DER *IRIS* PUMILA-GRUPPE

SORTE	HÖHE	BLÜTE
'Boo'	25 cm	Domblätter weiß, Hängeblätter dunkel violettblau mit weißem Rand
'Brassie'	25 cm	goldgelb
'Bright Vision'	30 cm	lachsrosa, Bart orangefarben
'Bright White'	15 cm	schneeweiß
'Cherry Garden'	30 cm	purpurviolett mit dunklem Fleck und orangegelbem Bart
'Fairy Ballet'	25 cm	violett, Hängeblätter mit dunklem Fleck
'Hamburger Nacht'	25 cm	tief schwarzblau
'Orange Tiger'	25 cm	orangefarben mit rotem Bart
'Tinkerbell'	25 cm	hellblau

Iris sibirica 'Elfe'

Wiesen-Iris
Iris sibirica

BLÜTEZEIT: Mai – Juni
HÖHE: 40–90 cm, **BREITE:** 30–40 cm

Herkunft: Europa bis Sibirien; feuchte Wiesen, Sümpfe, Ufer
Wuchs: dichte Laubhorste, über denen die Blüten auf schlanken Stielen stehen
Blüte: violett, blau und weiß, bartlos, teils auffällige Zeichnung der Hängeblätter, neuere Sorten auch purpurviolett und gelblich
Blatt: grasartig, linealisch; frischgrün, im Herbst ansehnlich bronze- bis orangefarben getönt
Standort: sonnig bis halbschattig; kühl, luftfeucht; frisch bis nass; Boden lehmig, lehmig-humos, nährstoffreich; Pflanze ist frosthart
Pflege: Entfernung der Blütenstängel nach der Blütezeit, die Horste sollten im Frühling ausgeputzt werden; Pflanzen in Trockenperioden durchdringend gießen; Sämlinge entfernen; erst wenn die Pflanzen nach Jahren in der Mitte verkahlen, ausgraben, teilen und an anderer Stelle neu pflanzen
Vermehrung: Teilung im Frühjahr oder im Herbst
Verwendung: die Art in naturnahen Pflanzungen, in Blumenwiesen, an Teichen, die Sorten in feuchten Rabatten, Teichrand, Schnittblume
Partner: *Achillea ptarmica, Alchemilla mollis, Filipendula rubra, Hemerocallis, Primula japonica, Polemonium caeruleum, Veronica longifolia, Molinia*
Sorten/Verwandte: → Tab. unten
• *Iris sanguinea*, stammt aus Ostasien; ähnlich *Iris sibirica*, aber niederer und etwas früher blühend, blauviolett, großblumig; verträgt auch kurzzeitige Trockenheit, sehr dauerhaft
• 'Snow Queen', 60 cm, weiß
Hinweis: Wiesen-Iris werden in trockenen Jahren schon bald im Frühjahr von Läusen befallen; es genügt, die Läuse mit einem scharfen Wasserstrahl abzuwaschen, das Wasser ist für das Gedeihen der Pflanzen förderlich; insgesamt anpassungsfähig und langlebig

DIE BESTEN SORTEN VON *IRIS SIBIRICA*

SORTE	HÖHE	BLÜTE	WEITERE INFOS
'Blue Celestre'	100 cm	hellblau, Hängeblätter stark geadert	sehr wüchsige, bewährte Sorte
'Butter and Sugar'	60 cm	Domblätter weiß, Hängeblätter hellgelb	neuer Farbton
'Caesar's Brother'	90 cm	tief violettblau; reichblütig	wüchsig; sehr gute Sorte
'Cambridge'	70 cm	hellblau; groß- und reichblütig	ausgezeichnete Sorte
'Dreaming Spires'	70 cm	violett- bis mittelblau; Mitte dunkel	bewährte großblütige Sorte
'Dreaming Yellow'	60 cm	elfenbeinfarben mit gelbem Schlund	mehr weiß als gelb
'Elfe'	100 cm	violettblau mit weißem Basalfleck	früh und sehr reich blühend; robust
'Lady Vanessa'	80 cm	purpurviolett	ausgefallener Farbton
'Mountain Lake'	60 cm	violettblau; reichblühend	weniger stark wüchsig
'My Love'	90 cm	hell- bis mittelblau	bewährte, sehr gute Sorte
'Plissée'	100 cm	samtig violettblau, schmaler weißer Rand	gerüschte Hängeblätter mit weißem Basalfleck
'Sea Shadows'	90 cm	hellblau mit cremefarbenem Zentrum	großblütig, waagerecht gestellte Hängeblätter
'Silberkante'	80 cm	violettblau mit weißem Rand	Hängeblätter gerüscht, waagerecht gestellt
'Silver Edge'	70 cm	dunkelblau mit schmalem silberweißem Rand	Hängeblätter waagerecht ausgebreitet
'Snow Crest'	90 cm	weiß mit gelbem Schlund	alte, bewährte Sorte
'Sultans Ruby'	80 cm	purpurfarben, weiß-gelber Basalfleck	auffällige Blütenfarbe; reichblühend
'White Swirl'	70 cm	weiß	Hängeblätter fast waagerecht abstehend; beste weiß blühende Sorte

Iris spuria 'Landscape Blue'

Kalimeris incisa

Kirengeshoma palmata

Steppen-Iris
Iris spuria

BLÜTEZEIT: Juni – Juli
HÖHE: 80–140 cm, **BREITE:** 60–80 cm

Herkunft: Europa bis Nordafrika und Vorderasien; auf Feuchtwiesen bis Halbtrockenrasen, Sorten sind Zuchtformen
Wuchs: horstartig, aufrecht
Blüte: zu wenigen an straff aufrechten Stielen; violett, blau, gelb, weiß oder bronzefarben, teils mehrfarbig
Blatt: schwertförmig, zugespitzt, steif wirkend; frischgrün
Standort: sonnig; warm; Boden frisch, gut durchlässig, lehmig-sandig bis lehmig-humos, nährstoffreich; Pflanze ist meist frosthart
Pflege: Pflanzung ausschließlich im frühen Herbst, 5–8 cm tief; im Frühjahr Horste säubern, düngen, bei Trockenheit gießen, verblühte Stiele abschneiden
Vermehrung: Teilung im Frühherbst
Verwendung: auf Rabatten
Partner: Herbst-Astern, *Delphinium, Geranium, Molinia, Panicum virgatum*
Sorten/Verwandte:
- 'Countess Zeppelin', 80 cm; rotbraun
- 'Elixir', 120 cm; goldgelbe, gute Sorte
- 'Grand Illusion', 90 cm; lavendelblau mit Gelbbraun
- 'Imperial Bronze', 110 cm; kräftig gelb bis bronzefarben
- 'Purple Night', 110 cm; purpurviolett mit gelbem Schlund
- 'Trush Song', 100 cm; blau mit brauner Aderung
Hinweis: die Pflanzen benötigen einige Jahre, um ihre volle Pracht zu entwickeln

Schönaster
Kalimeris incisa

BLÜTEZEIT: Juli – September
HÖHE: 60–100 cm, **BREITE:** 40–70 cm

Herkunft: Ostasien; in Wiesen und an Waldrändern
Wuchs: horstartig, buschig-aufrecht
Blüte: kleine, margeritenartige Blütenköpfchen mit weißen, bisweilen lila schimmernden Zungenblüten um eine gelbe Mitte
Blatt: lanzettlich, Rand eingekerbt; stumpf dunkelgrün, im Herbst gelblich
Standort: sonnig bis halbschattig; warm; frisch; Boden sandig-lehmig oder lehmig-humos, nährstoffreich; Pflanze ist frosthart
Pflege: die abgeblühten Blütenstängel schneidet man am besten gleich über den Stängelblättern ab, dann blühen die Pflanzen nach; vollständiger Rückschnitt der Pflanzen im Spätherbst
Vermehrung: Teilung oder grundständige Stecklinge im Frühjahr
Verwendung: im schwach durchwurzelten Boden vor Gehölzen, Freiflächen, die Sorten in Rabatten
Partner: *Molinia, Geranium wlassovianum, Pennisetum alopecuroides, Rudbeckia, Solidago*
Sorten/Verwandte:
- 'Blue Star', 50 cm; Blüten zart violettblau, wächst etwas weniger stark als die Art
- 'Madiva', 90 cm; weiß, ursprünglich *Boltonia asteroides* zugeordnete Sorte, die überaus standfest und reichblütig ist, hervorragende Rabattenstaude

Japanische Wachsglocke
Kirengeshoma palmata

BLÜTEZEIT: August – September
HÖHE: 60–120 cm, **BREITE:** 50 cm

Herkunft: Japan; feuchte Bergwälder, formreiche Buchenwälder
Wuchs: buschiger Horst mit aufrechten, locker beblätterten Blütenstängeln
Blüte: wachsartige nickende Blüten an lockeren Blütenständen; hellgelbe Glocken, im Inneren sattgelb gefärbt
Blatt: groß, ahornähnlich mit deutlich zugespitzten Blattlappen; mattgrün
Standort: halbschattig; kühl-luftfeucht, windgeschützt; Boden frisch bis feucht, sauer bis neutral, humusreicher Lehm; Pflanze ist meist frosthart, empfindlich gegen Trockenheit
Pflege: in Trockenperioden wässern; vor Schneckenfraß schützen
Vermehrung: durch Teilung
Verwendung: in Gruppen im Waldgarten, Unterwuchs, schattigen Rabatten
Partner: Farne und Gräser, *Anemone × hybrida, Aconitum × cammarum, Astilbe chinensis*-Sorten, *Campanula punctata, Eupatorium rugosum, Hosta* 'Halcyon'
Sorten/Verwandte:
- *Mukdenia rossii (Aceriphyllum rossii,* Ahornblatt), Ostasien, 20–35 cm, niedrige, Ausläufer treibende Waldstaude, Bodendecker; doldenähnliche Blütenstände, Blüten sternchenförmig, weiß, April bis Mai; Blatt groß, ahornähnlich gelappt; für schattige kühle Plätze, mäßig frosthart; Boden frisch bis feucht, sauer bis neutral, humos; im Unterwuchs, für Schattenbeete

Lavandula angustifolia

Leontopodium souliei

Lavendel
Lavandula angustifolia

BLÜTEZEIT: Juni – August
HÖHE: 30–50 cm, **BREITE:** 30–40 cm

Herkunft: Mittelmeergebiet und Südwesteuropa; steinige Hänge (Garrigue); als alte Kulturpflanze in ganz Südeuropa verbreitet
Wuchs: kompakter, dichtwüchsiger Halbstrauch mit kissenförmigem bis annähernd halbkugelförmigem Umriss
Blüte: quirlförmig in schmalen, aufrechten Ähren am Ende drahtiger Stängel; Lippenblüten violettblau bis lilafarben, Sorten auch rosafarben oder weiß, intensiver, angenehmer Duft
Blatt: schmal nadelförmig; stumpfgrün bis silbrig grau; immergrün; aromatisch
Standort: sonnig; warm bis heiß; trocken bis frisch; Boden gut durchlässig, kiesig oder sandig-lehmig, nicht zu nährstoffreich, kalkhaltig; Pflanze ist mäßig frosthart
Pflege: jährlich im zeitigen Frühjahr oder im Sommer nach der Blüte bis in leicht verholzte Bereiche zurückschneiden, so bleiben der geschlossen-kompakte Wuchs und die Blühfreude erhalten; in rauen Lagen und bei Kahlfrösten ist das Abdecken mit Fichtenreisig als Winterschutz ratsam
Vermehrung: Stecklinge im Frühjahr oder Herbst, die Art und einige Samensorten auch durch Aussaat
Verwendung: Südwände, Südböschungen, trockene Freiflächen, Rabatten, Duftgarten, Bauerngarten, Sitzplätze, als geschnittene Einfassungspflanze

Partner: *Anthemis, Anthericum, Euphorbia seguieriana, Iris* Germanica-Gruppe, *Salvia, Santolina, Helictotrichon sempervirens, Melica ciliata, Allium sphaerocephalon,* Rosen
Sorten/Verwandte:
- 'Alba', 40 cm, wächst etwas unregelmäßig; Blüten weiß; Laub grau
- 'Hidcote Blue', 40 cm, kompakt; violettblau; bewährte Sorte, nicht immer echt im Handel
- 'Hidcote Pink', 50 cm; violettrosa
- 'Munstead', 40 cm, kompakt; tief lilablaue, besonders große Blüten; Laub graugrün; bewährte Sorte
- 'Rosea', 40 cm; lila-rosa
- *Lavandula × intermedia* (Provence-Lavendel), Kreuzung aus *Lavandula angustifolia* und *Lavandula latifolia*, starkwüchsiger, aber meist weniger winterhart als *Lavandula angustifolia*; breitere, weiß behaarte Blätter; großflächig in Südfrankreich zur Gewinnung ätherischen Öls angebaut
- *Lavandula × intermedia* 'Grappenhall', 80 cm; Blüten lilablau; starkwüchsige Sorte, die eine bessere Winterhärte als die meisten anderen Sorten von *Lavandula × intermedia* aufweist
- *Lavandula × intermedia* 'Nizza', 60 cm; Blüten hellviolett; Blätter dicht weißwollig behaart
- *Lavandula stoechas* in Sorten (Schopf-Lavendel), 30–40 cm; hell bis dunkel violettblau, Blütenstände mit einem Schopf aufragender Hochblätter gekrönt; nicht frosthart; hierzulande als Sommerblume, auch als verholzende Wintergartenpflanze

Chinesisches Edelweiß
Leontopodium souliei

BLÜTEZEIT: Juni – Juli
HÖHE: 15–25 cm, **BREITE** 20–25 cm

Herkunft: Zentralchina; in sumpfigen alpinen Wiesen und Schotterhängen
Wuchs: niedrige Polster mit aufrechten Blütenstielen, kurze Ausläufer
Blüte: auf silbrig-weißen Hochblättern sitzen kleine, gelbe Blütenknöpfe
Blatt: linealisch; graugrün bis weißfilzig
Standort: vollsonnig; kühl oder kalt; Boden frisch bis feucht, neutral bis alkalisch, gut durchlässiges, mageres, steinig-schotterreiches, etwas lehmiges Substrat; Pflanze ist frosthart, empfindlich gegen Trockenheit
Pflege: wenig düngen, Staude verliert sonst den silbrigen Pelz und vergrünt
Vermehrung: Teilung
Verwendung: Steingarten, Töpfe
Partner: *Campanula carpatica, Gentiana*-Sorten, *Linaria alpina, Sempervivum*
Sorten/Verwandte:
- *Leontopodium alpinum* (Alpen-Edelweiß), europäische Gebirge, Geröllhalden und Matten; gedrungene Polster mit kurzen Stängeln, 6–10 cm; winzige gelbe Blütenköpfe auf silbrigen, sternförmig angeordneten Hochblättern, Juni bis September; Blätter graugrün oder silbrig; sonnig; Boden frisch, durchlässig, neutral bis alkalisch; frosthart; für den Steingarten
- 'Everest', großblumig, 15 cm hoch
- 'Silberzwerg', halbkugelige, niedrige Polster, bis 10 cm
- 'Stella Bavaria', 15–20 cm hoch

Leucanthemella serotina 'Herbststern'

Leucanthemum 'Gruppenstolz' (Superbum-Gruppe)

Oktobermargerite

Leucanthemella serotina

BLÜTEZEIT: September – Oktober
HÖHE: 120–150 cm, **BREITE:** 50–60 cm

Herkunft: Ost- und Südosteuropa bis nördliche Ukraine; an Ufern und auf Feuchtwiesen
Wuchs: aufrechte, dichtbuschige Horste
Blüte: margeritenartige Körbchenblüten in großer Zahl, Strahlenblüten weiß, Mitte grünlich-gelb, lockere Sträuße am Ende verzweigter Stängel
Blatt: lanzettlich, Rand tief gekerbt; grasgrün, im Spätherbst ockergelb
Standort: sonnig; frisch bis feucht; Boden lehmig oder lehmig-humos, nährstoffreich; Pflanze ist frosthart
Pflege: in Trockenperioden durchdringend gießen; vollständiger Rückschnitt nach dem Verblühen im Herbst
Vermehrung: Teilung oder Stecklinge im Frühjahr, Aussaat
Verwendung: Rabatten, feuchte Freiflächen, in Teichnähe; im Sichtfeld zu herbstfärbenden Gehölzen oder vor immergrünen Gehölzen, Schnittblume
Partner: mit anderen herbstblühenden Stauden wie *Aconitum carmichaelii, Aster novi-belgii, Persicaria amplexicaulis, Vernonia crinita* oder herbstfärbenden Gräsern wie *Miscanthus, Molinia arundinacea, Panicum, Spartina*
Sorten/Verwandte:
• 'Herbststern', 140–180 cm; Blüte weiß, Mitte gelb, groß, überaus reich und lange blühend
Hinweis: trotz der großen Höhe meist gut standfest

Sommer-Margerite

Leucanthemum Superbum-Gruppe

BLÜTEZEIT: Juni – September
HÖHE: 50–90 cm, **BREITE:** 40–60 cm

Herkunft: Kulturformen; Ausgangsart stammt aus Bergwiesen der Pyrenäen
Wuchs: buschige Horste, bildet kurze Ausläufer, manchmal standschwach
Blüte: große Margeritenblüten auf straffen Stielen; weiß, neuere Sorten auch gelb; einfach, halbgefüllt oder gefüllt
Blatt: lanzettlich, mit gekerbtem Rand; dunkelgrün glänzend
Standort: sonnig; frisch; Boden durchlässig, lehmig-humos oder sandig-lehmig, nährstoffreich; Pflanze ist frosthart
Pflege: Totalrückschnitt nach der ersten Blüte, um einen Zweitflor zu erzielen, danach düngen und für gute Wasserversorgung sorgen; bei Bedarf unauffällig stützen; Rückschnitt im Herbst
Vermehrung: Teilung oder Risslinge, am besten im Frühjahr; einige Sorten auch durch Aussaat
Verwendung: Rabatten; Schnittblume; am besten in kleinen Gruppen pflanzen, niedrige Sorten stets im Vordergrund
Partner: *Alchemilla, Campanula persicifolia,* Coreopsis, *Delphinium, Geranium × magnificum, Lychnis chalcedonica, Phlox paniculata, Solidago*
Sorten/Verwandte: → auch Tab.
• *Leucanthemum vulgare* (Wiesen-Margerite), heimische Art; Blumenwiesen
• *Leucanthemum vulgare* 'Maikönigin', 60 cm, Mai; großblumige Sämlingssorte, zum Verwildern in Blumenwiesen
Hinweis: auf schweren, kalten Böden oft standschwach und kurzlebig

SORTEN VON *LEUCANTHEMUM SUPERBUM*

SORTE	HÖHE	BLÜTE UND WEITERE INFOS
'Becky'	80 cm	einfach; remontiert besonders gut; sehr vital
'Beethoven'	80 cm	einfach; groß- und reichblumig; sehr gute Sorte
'Broadway Lights'	50 cm	einfach; hellgelbe Zungenblüten um dunkelgelbe Mitte
'Christine Hagemann'	70 cm	gefüllt; großblumig, hervorragende Schnittblume
'Cobham Gold'	40 cm	gefüllt; zartgelbe Blüten
'Gruppenstolz'	50 cm	kompakt; gut zur kleinflächigen Gruppierung
'Julischnee'	80 cm	halbgefüllt; spät blühend
'Polaris'	80 cm	einfach; aus Samen vermehrbar
'Wirral Supreme'	80 cm	gefüllt; reinweiß

Liatris spicata

Ligularia dentata 'Othello'

Ligularia 'Weihenstephan'

Ährige Prachtscharte
Liatris spicata

BLÜTEZEIT: Juli – September
HÖHE: 40–100 cm, **BREITE:** 30–50 cm

Herkunft: östliches Nordamerika; in feuchten Wiesen, Sumpfrändern, Baum-savannen
Wuchs: horstartig, grundständiger, gras-artiger Blattschopf, über den sich die straff aufrechten Blütenstängel weit hin-ausstrecken
Blüte: zahlreiche kleine Einzelblüten in schmalen, straff aufrechten Blütenker-zen, die von oben nach unten erblühen; violettrosa
Blatt: schmal linealisch; dunkelgrün
Standort: sonnig; warm; frisch; Boden durchlässig, sandig-lehmig, lehmig-humos, nährstoffreich; die Pflanze ist frosthart
Pflege: ausreichend düngen; abgeblüh-te Ähren zurückschneiden; auf Wühl-mäuse achten, sie fressen gerne am Wurzelstock
Vermehrung: Teilung vor Austrieb
Verwendung: Rabatten, frische Freiflä-chen, als Schnittblume
Partner: *Echinacea, Physostegia, Monarda, Panicum virgatum*
Sorten/Verwandte:
• 'Floristan Weiß', 90 cm; lang gestreckte Blütenstände, weiß
• 'Floristan Violett', 80 cm; lang gestreck-te Blütenstände, leuchtend violett
• 'Kobold', 40 cm; kompakt und gut standfest; violettrosa
Hinweis: bei zu schwerem Boden droht Rhizomfäule

Strauß-Kreuzkraut
Ligularia dentata

BLÜTEZEIT: Juli – August
HÖHE: 60-150 cm, **BREITE:** 80–120 cm

Herkunft: Japan; montane Feuchtwiesen
Wuchs: breit aufrechter, dicht beblätter-ter Horst mit hochragenden, fleischigen Blütenstielen
Blüte: etwas flatterige, doldenähnliche Blütenstände in lockeren Dolden; gold-gelbe, margeritenähnliche Blüten; attraktiv für Schmetterlinge
Blatt: lang gestielte, große, breitrunde Blätter, angedeutet herzförmig; ober-seits mattgrün, unterseits bronzegrün
Standort: an sonnigen Plätzen nur bei gleichmäßig nassem Boden, sonst licht-schattig; kühl, luftfeucht; Boden frisch bis feucht oder nass; Substrat nährstoff-reich, humos, Lehm oder Ton; Pflanze ist frosthart, welkt sofort bei Trockenheit
Pflege: vor Schnecken schützen, *Ligula-ria* ist besonders gefährdet; in Trocken-perioden durchdringend wässern
Vermehrung: Teilung
Verwendung: einzeln oder in Gruppen; schattiger Gehölzrand, Teichufer, Bäche oder feuchte Rabatten
Partner: *Artemisia lactiflora, Aster diva-ricatus, Aster macrophyllus, Primula flo-rindae*-Sorten, *Thalictrum delavayi*
Sorten/Verwandte:
• 'Britt-Marie Crawford', 90–120 cm; gelb; Blätter schwarzrot;
• 'Desdemona', bis 100 cm; Blätter beim Austrieb bronzerot, sonst unten rötlich
• 'Orange Queen', bis 150 cm; orange; Blätter reingrün

Kerzen-Kreuzkraut
Ligularia przewalskii

BLÜTEZEIT: Juli – August
HÖHE: 100-150 cm, **BREITE:** 80–120 cm

Herkunft: Nordchina; Schluchtwälder
Wuchs: aufrechter, mächtiger Horst mit hochragenden Blütenschäften
Blüte: lange, rispenähnliche Blütenstän-de mit vielen gelben Sternchenblüten
Blatt: groß, tief handförmig gelappt, dunkelgrün, lange, schwarze Stiele
Standort: halbschattig; kühl, luftfeucht; Boden gleichmäßig frisch bis nass; humusreicher Lehm; Pflanze ist frost-hart, hochempfindlich gegen Hitze und Trockenheit
Pflege: vor Schnecken schützen, in Tro-ckenperioden wässern
Vermehrung: Teilung
Verwendung: in Gruppen; Ufer, Sumpf-beet, feuchte Rabatten
Partner: *Achillea ptarmica-*, *Campanula lactiflora*-Sorten, *Filipendula purpurea* 'Alba', *Lysimachia clethroides*
Sorten/Verwandte:
• *Ligularia × hessei* (Riesen-Kreuzkraut), beeindruckende Blatthorste mit auffäl-ligen kolbenförmigen Blütenständen, Blüten margeritenähnlich, sattgelb, im August, Blattschöpfe bis 130 cm, Blü-tenstiele bis 180 cm; Blätter länglich herz- oder nierenförmig, dunkelgrün; Uferbeete, am Gehölzrand für feuchte Rabatten
• 'Gregynog Gold', wird noch höher
• 'Laternchen', klein bleibende Sorte, 50–80 cm; kurze, goldgelbe Blütenkol-ben, frühe Blütezeit, Juni bis Juli

Ligularia stenocephala 'The Rocket'

Limonium latifolium

Linaria purpurea

Kerzen-Kreuzkraut
Ligularia przewalskii

- *Ligularia stenocephala* (Berg-Kreuzkraut), China, Japan; feuchte Bergwiesen und Gebüsche; buschige Horste, 60–150 cm; rispige Blütenstände mit vielen kleinen, gelben Blüten, Juli bis August; Blätter dekorativ, herzförmig mit stark gezähntem Rand, mattgrün; lichter Schatten bis Halbschatten, verlangt kühl-feuchte Lagen, frosthart; Boden frisch bis feucht oder nass, empfindlich gegen Trockenheit; humoser Lehm. Die Art sät sich gerne aus, Sämlinge reduzieren oder Blütenstände nach der Blüte abschneiden
- 'The Rocket', 160–180 cm; große Blütenstände, Blüte zitronengelb
- *Ligularia wilsoniana* (Sumpf-Kreuzkraut), Zentralchina, feuchte Wiesen und Auwälder; imposante Staudengestalt, hohe, breite Blattschöpfe überragt von straff aufrechten, fast meterlangen Blütenrispen, 150–200 cm hoch; viele goldgelbe Strahlenblüten im August bis September, Schmetterlingsmagnet, im Herbst ansehnliche bräunlich-silbrige Fruchtstände; Blätter derb, nierenförmig, breitrund, mattgrün, im Herbst gelblich; nur schattige, kühle Stellen, frosthart; Boden gleichmäßig feucht bis nass, lehmig; Teichrand, Gehölzrand, feuchte Rabatten

Ligularia-Sorten (Kreuzungen)
- 'Little Rocket', 80–120 cm; gedrungene Blütenrispen, gelb
- 'Weihenstephan', 160 cm; hochwüchsig mit langen Blütenrispen, großblütig, sattgelb
- 'Zepter', bis 200 cm; gigantische Blütenstände, viele goldgelbe Blüten

Strandflieder, Meerlavendel
Limonium latifolium

BLÜTEZEIT: Juni – Juli
HÖHE: 60–80 cm, **BREITE:** 30–40 cm

Herkunft: Südosteuropa bis Russland; auf Steppen, trockenes Grasland
Wuchs: grundständige Blattrosetten, aufragende, stark verzweigte Blütenstängel mit schleierartiger Wirkung
Blüte: unzählige kleine Blüten in schleierartigen Rispen; violettblau
Blatt: elliptisch, derb-ledrig, glänzend; wintergrün
Standort: sonnig; warm; mäßig trocken bis trocken; Boden gut durchlässig, sandig- oder steinig-lehmig; Pflanze ist frosthart
Pflege: Rückschnitt erst im zeitigen Frühjahr, da Schleier bis weit in den Winter hinein ansehnlich bleiben
Vermehrung: Aussaat im Frühjahr, die Sorten durch Teilung
Verwendung: Südwände, Südböschungen, Steppenpflanzungen und weitere trockene Freiflächen; Schnitt- und Trockenblume
Partner: *Artemisia, Aster amellus, Eryngium, Sedum 'Matrona', Stachys byzantina, Festuca glauca, Stipa pennata*
Sorten/Verwandte:
- 'Violetta', 70 cm; kräftig violettblau
- *Goniolimon tataricum* (Statice), 20–30 cm; Blüte weiß in flachen Rispen, Juli bis August, Laub sommergrün; bedeutendes floristisches Beiwerk
Hinweis: zur Gewinnung von Trockenblumen erst schneiden, wenn die Blüten gut ausgefärbt sind

Purpur-Leinkraut
Linaria purpurea

BLÜTEZEIT: Juni – Oktober
HÖHE: 60–80 cm, **BREITE:** 30–50 cm

Herkunft: Italien; sonnige Gebüsche
Wuchs: locker aufrechte, drahtartig dünne Triebe mit langen, spitzen Blütentrauben
Blüte: schlanke, kerzenähnliche, etwas verästelte Blütenstände mit winzigen violetten bis purpurroten Blüten
Blatt: linealisch, meist quirlständig um straffe Stiele angeordnet; graugrün
Standort: sonnig; warm; Boden mäßig trocken bis frisch, neutral bis alkalisch, durchlässiger, sandiger Lehm; Pflanze ist frosthart
Pflege: verblühte Blütentriebe am Boden abschneiden, regt neue Blüte an und verhindert Selbstaussaat
Vermehrung: Aussaat
Verwendung: eingestreut in Rabatten
Partner: *Eryngium alpinum, Euphorbia seguieriana* subsp. *niciciana, Gaura lindheimeri, Lychnis coronaria*
Sorten/Verwandte:
- 'Canon J. Went'; hellrosa, ab Juni
- *Linaria alpina* (Alpen-Leinkraut), Gebirge Europas, in Geröll- und Schotterflächen; kurzlebige Polsterstaude, niedrig, 5–20 cm; viele kurze Blütentrauben in Rosa oder Violett mit orangegelbem Schlund, Juni bis September; Blättchen quirlig, graugrün; vollsonnig; mäßig trocken bis frisch, durchlässige, sandig-steinige Lehmböden; frosthart; für Steingärten und extensive Dachbegrünung

Lysimachia clethroides

Lysimachia nummularia

Lysimachia punctata

Entenschnabel, Schnee-Felberich
Lysimachia clethroides

Pfennigkraut
Lysimachia nummularia

Gold-Felberich
Lysimachia punctata

BLÜTEZEIT: Juli – September
HÖHE: 75–100 cm, **BREITE:** 50–80 cm

Herkunft: Ostasien; feuchte Bergwiesen
Wuchs: vieltriebige, breitbuschige Bestände mit aufrechten unverzweigten Blütentrieben, bildet Ausläufer
Blüte: schmale, elegant gebogene Ähren, kleine, reinweiße Blütensterne, duftend
Blatt: zugespitzt elliptisch; mattgrün, fahl gelborangefarbene Herbstfärbung
Standort: lichter Schatten, kühl-luftfeucht; Boden frisch bis feucht, sauer bis schwach alkalisch, humos, Lehm oder Ton; Pflanze meist frosthart
Pflege: in Trockenperioden wässern; an kalten Plätzen Winterschutz ratsam
Vermehrung: durch Teilung, Stecklinge
Verwendung: Teichrand, Rabatten
Partner: *Aconitum × cammarum, Chelone obliqua, Eupatorium maculutam, Filipendula purpurea, Iris ensata*-Sorten
Sorten/Verwandte:
- 'Geisha', Blätter teils gelb gerandet, teils vollständig gelb gefärbt; etwas empfindlich; nur Halbschatten
- *Lysimachia ephemerum* (Sumpf-Felberich), Mittelmeerraum, Bergsümpfe, Bachufer; straff aufrechte, lockere Horste; schmale, spitze, weiße Blütenrispen, Blüten graulila geadert, Juni bis Juli; Blätter lang linealisch, grau- bis blaugrün; sonnig bis lichtschattig; warm; mäßig frosthart, schutzbedürftig; Boden frisch bis nass; Teichufer, Sumpfbeete, feuchte Rabatten

BLÜTEZEIT: Juni – August
HÖHE: 5–8 cm, **BREITE:** 40–70 cm

Herkunft: Europa; Auwälder
Wuchs: vieltriebig kriechend, die Triebe bewurzeln sich bei Bodenkontakt und bilden kleine dichte Blattteppiche
Blüte: napfförmige, zitronengelbe Blütchen mit grünlicher Mitte
Blatt: rund; frischgrün; wintergrün
Standort: für sonnige Plätze nur bei nassem Boden geeignet, besser lichtschattig oder schattig; kühl, luftfeucht; Boden frisch bis nass, auch zeitweise überflutet, wächst an Ufern direkt ins Wasser hinein, liebt nährstoffreichen humosen Lehm oder Ton; Pflanze ist frosthart, aber hitzeempfindlich
Pflege: in Trockenperioden gießen
Vermehrung: Stecklinge, Teilung
Verwendung: Bodendecker für nasse Stellen, am Teichrand, im Sumpfbeet
Partner: *Ajuga reptans*-Sorten, *Caltha palustris, Filipendula ulmaria* 'Variegata', *Lamium maculatum, Lythrum salicaria, Trollius*-Sorten
Sorten/Verwandte:
- 'Aurea', zitronengelb gefärbte Blätter
- 'Goldilocks', Laub beim Austrieb goldgelb, im Sommer mehr grüngelb
- *Lysimachia nemorum* (Wald-Felberich), Europa, Bergwälder; kriechend und bodendeckend; Blüten schalenförmig, gelb, Mai bis Juni; Blätter klein, elliptisch, dunkelgrün; Schattenpflanze für feuchte, saure Lehmböden; im Waldgarten als Bodendecker

BLÜTEZEIT: Juni – August
HÖHE: 60–100 cm, **BREITE:** 80–100 cm

Herkunft: Europa bis Westasien; an Flüssen, in Feuchtwiesen und Auen
Wuchs: vehemente Ausläuferbildung, daher ausgedehnte Bestände mit zahlreichen aufrechten Trieben
Blüte: etagenbildend in den Blattachseln, schalenförmig; gelb mit orangefarbenen Punkten
Blatt: quirlig; mattgrün, im Herbst gelb
Standort: lichter Schatten; Boden frisch bis nass, verträgt Überflutung, nährstoffreich, humos, Lehm oder Ton; Pflanze ist frosthart
Pflege: zu umfangreich gewordene Horste vom Rand her abstechen
Vermehrung: Teilung
Verwendung: für Naturgärten, Teich- und Bachufer, Sumpfbeet, Unterwuchs
Partner: *Aruncus dioicus, Campanula latifolia* var. *macrantha, Filipendula purpurea, Veronicastrum virginicum*
Sorten/Verwandte:
- 'Alexander', Blätter hellgelb gerandet
- '(Walgoldalex) GOLDEN ALEXANDER', Blatt mit breitem, goldgelbem Rand; bildet selten Ausläufer; empfindlich gegen Sonne und Lufttrockenheit
- *Lysimachia ciliata* (Fransen-Felberich), Nordamerika, schattige Flussufer; buschige Horste, treibt Ausläufer; Blüten in Etagen, goldgelb; lichter Schatten; Boden feucht bis nass; humos, Lehm oder Ton; frosthart
- 'Firecracker', mahagonirotes Laub

Lythrum salicaria 'Feuerkerze'

Macleaya cordata

Meconopsis cambrica

Blut-Weiderich
Lythrum salicaria

BLÜTEZEIT: Juni – September
HÖHE: 80–180 cm, **BREITE:** 40–80 cm

Herkunft: Europa bis Asien, Auen- und Moorwiesen, Bäche und Gräben
Wuchs: lockerer, buschiger, straff aufrechter Horst
Blüte: schmale, lange Ähren dicht mit purpurvioletten kleinen Blüten besetzt
Blatt: schmal lanzettlich; dunkelgrün, schöne, orangerote Herbstfärbung
Standort: sonnig, lichter Schatten wird toleriert; warm; Boden frisch bis nass, teilweise überflutet; sauer bis schwach alkalisch, nährstoffreich, humos, Lehm oder Ton; Pflanze ist frosthart
Pflege: Abgeblühtes ausschneiden, um Selbstaussaat zu verhindern
Vermehrung: Aussaat, Teilung
Verwendung: im Naturgarten, bunte Blumenwiesen, Teichrand, Sumpfbeet
Partner: *Carex, Euphorbia palustris, Filipendula rubra* 'Venusta', *Hemerocallis-, Iris ensata-* und *Tradescantia*-Sorten
Sorten/Verwandte:
- 'Blush', auffallend weißlich rosa
- 'Feuerkerze', leuchtend dunkelrosa
- 'Stichflamme', großblütig, karminrosa
- 'Zigeunerblut', dunkel purpurrot
- *Lythrum virgatum* (Rosen-Weiderich), Südosteuropa, Schilfzone; 50–80 cm; hoher Horst, verzweigte Triebe; großblütig, karminrosa, Blätter lanzettlich, dunkelgrün; leichuter, Sumpfbeete
- 'Dropmore Purple', 80–100 cm; großblütig, purpurrot
- 'Rose Queen', niedrig, rosa

Wiesen-Federmohn
Macleaya cordata

BLÜTEZEIT: Juli – August
HÖHE: 180-250 cm, **BREITE:** 95-250 cm

Herkunft: China, Japan; offene Auen- und Bergwiesen, an Geröllhängen
Wuchs: schnellwüchsige Großstaude mit starker Ausläuferbildung; wächst zu umfangreichen Dickichten heran
Blüte: in federartigen Rispen, Einzelblüten ohne Blütenblätter, dafür mit vielen kleinen, hängenden, weißen Staubgefäßen
Blatt: breit herzförmig, ornamental gelappt; oberseits blaugrün, unterseits kurzzeitig weißfilzig behaart
Standort: sonnig; warm; Boden mäßig trocken bis frisch, möglichst alkalisch, durchlässig, sandiger Lehm; Pflanze ist meist frosthart, empfindlich gegen Spätfröste
Pflege: nicht düngen; nach Spätfrostschäden sofort bis zum Boden zurückschneiden; gegen Ausläufer Rhizomsperren einbauen
Vermehrung: Teilung
Verwendung: Solitärstaude, Rabatten
Partner: *Achillea filipendulina, Aster laevis, Echinops bannaticus*-Sorten
Sorten/Verwandte:
- *Macleaya microcarpa* (Bronze-Federmohn), China; bildet Ausläufer; Blüten braunrosa, Juli bis August
- 'Kelway's Coral Plume', Blüten kupfrig
- 'Summer Haze', Blüten apricotfarben
- *Macleaya × kewensis*, Hybride aus beiden vorigen Arten, oft statt *Macleaya cordata* unerkannt im Handel

Waliser Scheinmohn
Meconopsis cambrica

BLÜTEZEIT: Mai – Juli
HÖHE: 20–50 cm, **BREITE:** 25–40 cm

Herkunft: Britische Inseln, Bretagne; feuchte Geröllflächen und alte Mauern
Wuchs: zierliche buschige Staude
Blüte: mohnähnlich; zitronengelb
Blatt: gefiedert; hellgrün, treibt früh aus
Standort: halbschattig; bevorzugt kühlluftfeuchte Plätze; Boden frisch bis feucht, meidet trockene Stellen, humoser Lehm; Pflanze ist frosthart
Pflege: Fruchtkapseln früh entfernen, um Selbstaussaat zu vermeiden
Vermehrung: Aussaat
Verwendung: vagabundiert durch Selbstaussaat quer durch den Garten
Partner: *Alchemilla erythropoda, Astilbe, Geranium* 'Johnson's Blue', *Phlox stolonifera* 'Blue Ridge', *Tiarella*
Sorten/Verwandte:
- 'Aurantiaca', orange; fällt echt aus Samen
- *Meconopsis betonicifolia* (Blauer Scheinmohn), China, 60–100 cm, Laubmischwälder; grundständige Rosette, wenige aufrechte Blütenstängel, Blütenschale mohnähnlich, himmelblau, goldgelbe Staubgefäße, Juni bis August; gleichmäßig kühl, hohe Luftfeuchtigkeit, an warmen Plätzen nur matt purpurne Blüten; mäßig frosthart; Boden frisch bis feucht, sauerhumos; zu Rhododendren und Azaleen
- 'Alba', als hübsche, weiße Ergänzung
- *Meconopsis × sheldonii* 'Branklyn', 100–150 cm; überirdisch blau, Mai

Monarda 'Donnerwolke'

Nepeta grandiflora 'Dawn to Dusk'

Nepeta racemosa 'Walker's Low'

Indianernessel, Monarde
Monarda-Arten

Großblütige Blauminze, Katzenminze
Nepeta grandiflora

Kaukasus-Katzenminze, Blauminze
Nepeta racemosa

BLÜTEZEIT: Juli – September
HÖHE: 70–130 cm, **BREITE:** 60–90 cm

Herkunft: Züchtungen, Elternarten aus Nordamerika, *Monarda didyma* in lichten, feuchten Wäldern, *Monarda fistulosa* an trockenen Waldrändern
Wuchs: straff aufrechte, buschige, vieltriebige Horste
Blüte: Lippenblüten in flachen Quirlen am Ende aufrechter Triebe; karmin-, purpur- oder scharlachrot, rosafarben, violettblau oder weiß
Blatt: schmal eiförmig, grob gezähnt; mattgrün; minzeartig aromatisch
Standort: sonnig bis absonnig; frisch; Boden sandig-lehmig oder lehmig-humos
Pflege: in Trockenperioden gießen; ausgewogen düngen; standschwache Sorten stäben; Rückschnitt im Herbst; unerwünschte Sämlinge entfernen
Vermehrung: Teilung und Stecklinge
Verwendung: auf sonnigen Rabatten; besonders bei den schrillen Rottönen auf sorgfältige Abstimmung mit den Blütenfarben der Nachbarn achten
Partner: *Echinacea purpurea, Erigeron, Eupatorium, Phlox* Paniculata-Gruppe, *Veronica longifolia, Miscanthus*
Verwandte: → auch Tab. Seite 183 o.
• *Monarda didyma* (Scharlach-Indianernessel), 80–100 cm, scharlachrot; Blätter für Teezubereitung
Hinweis: Hitze und Bodentrockenheit erhöhen Mehltaubefall; auf schweren Böden standschwach und kurzlebig

BLÜTEZEIT: Juni – Juli, September
HÖHE: 70–100 cm, **BREITE:** 60–80 cm

Herkunft: Kaukasus, Osteuropa; Wiesen, Weiden, lockeres Gebüsch
Wuchs: horstartig, aufstrebend buschig, vieltriebig, Triebe wenig verzweigt
Blüte: blauviolette Lippenblüten in kerzenartig-aufrechten Ähren
Blatt: herzförmig, Rand leicht und regelmäßig gekerbt; stumpfgrün, unterseits graugrün; stark aromatisch
Standort: sonnig; warm; frisch; Boden durchlässig, sandig-lehmig bis lehmig, mäßig nährstoffreich; Pflanze ist meist frosthart
Pflege: Rückschnitt zum Ende des ersten Flors verhindert starke Versamung, Pflanzen blühen dann vom Spätsommer bis zum frühen Herbst ein zweites Mal; Pflanzen vor allem auf zu nährstoffreichen Untergründen bisweilen standschwach, sollten dann unauffällig gestäbt werden; Entfernung unerwünschter Sämlinge; Rückschnitt im Herbst
Vermehrung: Stecklinge, Teilung
Verwendung: naturnaher Garten, wiesenartige Pflanzungen, südexponierte Böschungen, Sorten auch in sonnigen Rabatten und Rosenbeeten
Partner: *Achillea*-Sorten, *Artemisia ludoviciana, Festuca mairei, Helianthus, Origanum vulgare, Perovskia, Sedum* 'Matrona'
Sorten/Verwandte: → Tab. Seite 183 u.
Hinweis: Katzenminze lockt mit ihrem aromatischen Geruch Katzen an

BLÜTEZEIT: April – Juni, September
HÖHE: 20–40 cm, **BREITE:** 30–50 cm

Herkunft: Kaukasus bis Vorderasien; trockene Wiesen und steinige Weiden
Wuchs: horstartig, halbkugelförmig bis kissenartig, buschig
Blüte: blauviolette Lippenblüten in etagenförmig angeordneten Scheinquirlen
Blatt: herzförmig, Rand leicht, regelmäßig gekerbt; graugrün; aromatisch
Standort: sonnig; warm; mäßig trocken bis frisch, Boden durchlässig, sandigoder schotterreich-lehmig, kalkhaltig; Pflanze ist frosthart
Pflege: Rückschnitt zum Ende des ersten Flors verhindert zu starke Versamung, die Pflanzen blühen dann vom Spätsommer bis zum frühen Herbst ein zweites Mal; Entfernung unerwünschter Sämlinge ist anzuraten
Vermehrung: Stecklinge, Teilung
Verwendung: auf südexponierten Böschungen und vor Südwänden, trockene Freiflächen
Partner: *Achillea filipendulina, Buphthalmum, Oenothera, Pennisetum,* Rosen
Sorten/Verwandte:
• 'Odeur Citron', 30 cm; lila; Blatt duftet stark nach Zitrone
• 'Snowflake', 25 cm; weiß
• 'Superba', 30 cm; kräftig violettblau, sehr gute Farbwirkung
• 'Six Hills Giant' (Faassenii-Gruppe), 60–80 cm; violett; nicht immer standfest
• 'Walker's Low', 60 cm; dunkel violett, sehr gute Farbwirkung

DIE SCHÖNSTEN SORTEN DER INDIANERNESSEL *(MONARDA)*

SORTE	HÖHE	BLÜTE	WEITERE INFOS
'Acpetdel' (= PETITE DELIGHT)	30 cm	rosaviolett, im Vergleich zur Wuchshöhe sehr großblütig	zwergige Sorte; für Tröge und Vordergrund von Beeten
'Beauty of Cobham'	90 cm	lila- bis altrosafarben, mittlere Blütezeit	für bodenfrische und luftfeuchte Standorte
'Blaustrumpf'	130 cm	dunkellila; spät und reich blühend	starkwüchsig, standfest; gute Schnittsorte
'Cambridge Scarlet'	110 cm	scharlachrot, leuchtkräftig; früh	schwach wachsend; nicht immer gesund
'Croftway Pink'	120 cm	hell lachsrosa; mittlere Blütezeit	wüchsige, vieltriebige Sorte
'Donnerwolke'	100 cm	dunkel purpurrot; mittlere Blütezeit	sehr gute, reichblühende und langlebige Sorte
'Fishes'	100 cm	zart hellrosa bis lachsfarben; früh	mitunter schwachwüchsig; ungewöhnliche Farbe
'Kardinal'	110 cm	kardinal- bis ziegelrot; mittlere Blütezeit	leuchtkräftige Farbe; wüchsig und meist gesund
'Marshall's Delight'	100 cm	rosa, groß- und reichblütig; mittel	in luftfeuchten Regionen gut wüchsig und gesund
'Morgenröte'	80 cm	lachsrosa; früh und lange blühend	niedere, meist gesunde Sorte
'Präriebrand'	120 cm	scharlachrot mit lachsfarbenem Hauch; früh bis mittel	leuchtkräftige Farbe; wüchsig und reichblütig, sehr gute Sorte
'Prärienacht'	140 cm	dunkel purpurviolett; spät	sehr wüchsige, hohe Sorte
'Schneewittchen'	110 cm	weiß, wirkt etwas zottig; früh	vielfältig zu verwenden, aber nicht immer gesund
'Snow Queen'	140 cm	weiß mit zartrosa Schimmer; mittel bis spät	bei guter Wasserversorgung recht mehltauresistent
'Squaw'	100 cm	scharlachrot, intensiv leuchtend mit guter Fernwirkung	wüchsige und meist gesunde Sorte
'Violetta'	140 cm	tief violettblau; spät	auch in sommertrockenen Regionen gesund und ausdauernd

HÖHERWÜCHSIGE BLAUMINZEN *(NEPETA)* FÜR DEN GARTEN

SORTE	HÖHE	BLÜTE	WEITERE INFOS
Nepeta clarkei	60–80 cm	lang gestreckte Blütenstände; mittelblau, leuchtkräftig	eiförmig zugespitzte Blätter; für frische, luftfeuchte Standorte
Nepeta grandiflora 'Blue Danube'	60–70 cm	Blütenstand dicht; purpurviolett; lange Blütezeit	kompakter, halbkugelförmiger Wuchs
Nepeta grandiflora 'Bramdean'	70–80 cm	in großen Blütenrispen; kräftig violettblau	Stängel auffallend dunkelpurpurfarben
Nepeta grandiflora 'Dawn to Dusk'	60–100 cm	hellrosa, Unterlippe weiß gefleckt, Kelch purpurn	Pflanze lockerer aufgebaut
Nepeta grandiflora 'Wild Cat'	110–130 cm	violett, Kelch purpurviolett; sehr reich blühend	sehr schön in luftfeuchten, wintermilden Regionen
Nepeta latifolia 'Supercat'	130–140 cm	lockere Trauben; lavendelblau bis violettrosa	in kalten Regionen nicht immer ausdauernd
Nepeta nervosa	50–70 cm	in walzenförmigen Ähren; hell violettblau	Wuchs aufrecht; Blätter länglich
Nepeta nuda 'Anne's Choice'	60–80 cm	in etagenförmigen Quirlen; helles Altrosa	straff aufrecht; mäßig trockene bis frische Plätze
Nepeta nuda 'Snow Cat'	90–120 cm	quirlartig, schmale Traube; weiß, Kelch lichtgrün	sehr gute Wirkung, auch für Rabatten
Nepeta sibirica	80–100 cm	in lockeren Ähren; kräftig blauviolett	frischer Boden; bildet allmählich viele Ausläufer!
Nepeta sibirica 'Souvenir d'André Chaudron'	60–80 cm	lockere Blütenstände; blauviolett	wächst etwas kompakter und wuchert weniger
Nepeta subsessilis	90–120 cm	groß, in etagenförmigen Quirlen; blau	breitblättrig; frische bis feuchte Freiflächen
Nepeta subsessilis 'Candy Cat'	60–80 cm	groß; perlmuttrosa	mit gutem Zweitflor
Nepeta subsessilis 'Sweet Dreams'	70–90 cm	groß, in dichten, etagenförmigen Quirlen; hellrosa, reichblühend	breitblättrig; für frische bis feuchte Freiflächen oder Rabatten
Nepeta subsessilis 'Washfield'	90–100 cm	großblütig; hell violettblau	sehr schöne Sorte, empfindlich gegen Trockenheit

Oenothera fruticosa 'Sonnenwende'

Hohe Nachtkerze

Oenothera fruticosa subsp. *glauca*
(= Oenothera tetragona)

BLÜTEZEIT: Juni – August
HÖHE: 30–70 cm, **BREITE:** 30–50 cm

Herkunft: östliches Nordamerika; feuchte Wiesen und lichte Wälder
Wuchs: horstig, vieltriebig, buschig-aufrecht
Blüte: leuchtend gelbe, zarte Schalen-blüten in dichten Büscheln, Knospen oft weinrot getönt; duftend
Blatt: länglich-oval; dunkelgrün mit röt-licher Herbstfärbung
Standort: sonnig; warm; Boden frisch bis feucht, lehmig oder lehmig-humos
Pflege: Rückschnitt Ende des Winters; Pflanze ist frosthart
Vermehrung: Teilung, Stecklinge im Mai
Verwendung: Rabatten, frische Freiflä-chen; einzeln oder in kleinen Gruppen pflanzen
Partner: *Erigeron, Geranium* 'Jolly Bee', *Hemerocallis, Veronica, Calamagrostis*
Sorten/Verwandte:
- 'Frühlingsgold', 40 cm, Blüten hellgelb, Blätter zitronengelb; für absonnige Plätze
- 'Fyrverkeri', 60 cm; Knospen kräftig rot; Blüten groß, leuchtend gelb
- 'Hohes Licht', 60 cm; Knospen rötlich, Blüten hell zitronengelb
- 'Sonnenwende', 70 cm; Knospen dun-kelrot, Blüte goldgelb, reichblühend
- 'Yellow River', 60 cm; Blüten groß, zitronengelb, Juli
- *Oenothera* 'African Sun', 30 cm; hell-gelb, Juni bis Herbst; Blatt schmal; Boden durchlässig; auch für Ampeln

Oenothera macrocarpa

Teppich-Nachtkerze

Oenothera macrocarpa
(= Oenothera missouriensis)

BLÜTEZEIT: Mai – September
HÖHE: 15–20 cm, **BREITE:** 40–50 cm

Herkunft: südliches Nordamerika; Fels-bänder, Schotterfluren, trockenes Gras-land
Wuchs: teppichartig; niederliegend mit unverzweigten Trieben
Blüte: große Schalenblüten, entsprin-gen einzeln aus den Blattachseln; leuch-tend zitronengelb; öffnen sich abends, blüht lange; angenehmer Duft
Blatt: lanzettlich; hellgrün; glänzend
Standort: sonnig; warm; trocken bis frisch; Boden durchlässig, steinig, san-dig-lehmig, mäßig nährstoffreich; Pflan-ze ist frosthart
Pflege: das regelmäßige Entfernen ver-welkter Blüten fördert die Blühfülle und -dauer
Vermehrung: Teilung oder Kopfsteck-linge; auch Aussaat gelingt leicht
Verwendung: sonnige Böschungen, vor Südwänden; wunderschön von Mauer-kronen überhängend, für größere Stein-gärten, Trockenmauern
Partner: *Anthemis, Festuca mairei, Nepeta, Perovskia, Phlomis russeliana, Salvia nemorosa, Stachys byzantina*
Sorten/Verwandte:
- *Oenothera speciosa* 'Siskiyou' (Rosa Teppich-Nachtkerze), 20–30 cm; auf-fallend hell rosa, blüht sehr lange, Juni bis September; benötigt mehr Feuch-tigkeit; Wärme liebend, trockener Win-terschutz; bildet Ausläufer, guter Part-ner zu *Salvia* und *Stachys monnieri*

Omphalodes verna

Frühlings-Gedenkemein

Omphalodes verna

BLÜTEZEIT: März – Mai
HÖHE: 15–30 cm, **BREITE:** 25–40 cm

Herkunft: Südeuropa, in Bergwäldern
Wuchs: bodendeckende Waldstaude, bildet mit Ausläufern lückenlose Be-stände
Blüte: in Trauben, Einzelblüten ähnlich Vergissmeinnicht; blau mit weißem Auge
Blatt: elliptisch, etwas rau; grün; gele-gentlich wintergrün, meist sommergrün
Standort: bevorzugt lichten Schatten, absonnige Lage noch möglich; warm; Boden gleichmäßig frisch oder feucht, nährstoffreich, kalkhaltiger, humoser Lehm; Pflanze ist frosthart
Pflege: in Trockenperioden wässern
Vermehrung: Teilung
Verwendung: Bodendecker, im Wald-garten, schön unter Sträuchern
Partner: *Helleborus*-Sorten, *Symphy-tum grandiflorum, Waldsteinia geoides*
Sorten/Verwandte:
- 'Alba', blüht weiß; Blätter frischgrün
- 'Elfenauge', hellblau, weißes Auge
- 'Grandiflora', himmelblau, großblütig
- *Omphalodes cappadocica* (Kaukasus-Gedenkemein), Südosteuropa, West-asien, in Laubmischwäldern; niedrige Horste, kaum kriechend; Blüten rein-blau mit weißem Auge, April bis Mai; nur für schattige, geschützte Lagen, Boden sauer-humos, mäßig frosthart; winter- bis immergrün
- 'Lilac Mist', hell rosalila
- 'Parisian Skies', dunkelblau
- 'Starry Eyes', blau, weiß gesternt

Origanum laevigatum 'Herrenhausen'

Gewöhnlicher Dost, Wilder Majoran
Origanum vulgare

BLÜTEZEIT: Juli – September
HÖHE: 20–40 cm, **BREITE:** 20–30 cm

Herkunft: Europa bis Asien; trockene Wiesen, Magerrasen, Berghänge, Waldsäume, lichte Kiefern- und Eichenwälder
Wuchs: locker-buschige Horste mit kurzen Ausläufern
Blüte: kleine Lippenblüten in halbkugelförmigen Trugdolden; hell- bis purpurrosa, lange blühend; duftend
Blatt: eiförmig, klein; matt dunkelgrün; wintergrün; aromatisch
Standort: sonnig; warm; mäßig trocken bis trocken; Boden durchlässig, steinig oder sandig bis lehmig; Pflanze ist frosthart
Pflege: bei unerwünschter Selbstaussaat verblühte Blütenstände abschneiden; Totalrückschnitt zeitiges Frühjahr
Vermehrung: Stecklinge im Frühjahr
Verwendung: Südwände, Südböschungen, Freiflächen, Steingärten, Kräutergärten; zur Dachbegrünung
Partner: *Achillea, Anthemis tinctoria, Aster amellus, Echinops, Festuca mairei*
Sorten/Verwandte:
• 'Album', milchweiß
• 'Compactum', 15 cm; Blüten altrosa, Wuchs kompakt kissenförmig
• 'Thumbles', 30 cm; rosa; Blatt gelb
• *Origanum laevigatum* 'Herrenhausen', 50–60 cm; Blüten rosa mit dunkelpurpurfarbenen Tragblättern, Stängel dunkel, auf stickstoffreichen Böden nicht standfest
Hinweis: zieht Insekten an

Oxalis acetosella

Wald-Sauerklee
Oxalis acetosella

BLÜTEZEIT: April – Mai
HÖHE: 5–10 cm, **BREITE:** 20–25 cm

Herkunft: Europa bis Ostasien; Nadel- und Mischwälder
Wuchs: bildet durch kurze Ausläufer niedere Teppiche
Blüte: schalenförmig, am Ende kurzer, drahtartiger Stiele; weiß, bisweilen zartrosa oder mit rosafarbenen Adern
Blatt: kleeblattartig, dreiteilig, Blättchen umgekehrt herzförmig; frischgrün
Standort: lichtschattig bis tiefschattig; kühl; frisch bis feucht, luftfeucht; Boden locker-humos, kalkarm, nährstoffreich; Pflanze ist frosthart
Pflege: an zusagenden Standorten außer der Entfernung von Konkurrenzkräutern keine Pflege notwendig
Vermehrung: Aussaat, Teilung im zeitigen Frühjahr
Verwendung: Gehölzunterpflanzung, naturnahe Gärten
Partner: *Cardamine trifolia, Galium odoratum, Maianthemum bifolium, Carex sylvatica, Luzula sylvatica, Dryopteris, Polystichum, Galanthus, Leucojum*
Sorten/Verwandte:
• *Oxalis adenophylla* (Drüsiger Sauerklee), 10 cm, Blüten rosa, Blatt graugrün, aus vielen Blättchen zusammengesetzt, für sonnigen Steingarten auf gut drainiertem Boden; sehr empfindlich gegen Winternässe
Hinweis: eine der schattenverträglichsten Stauden; die Blätter schmecken säuerlich

Pachysandra terminalis

Ysander, Dickmännchen, Schattengrün
Pachysandra terminalis

BLÜTEZEIT: April – Mai
HÖHE: 20–30 cm, **BREITE:** 20–30 cm

Herkunft: China und Japan; in feuchten, sommergrünen Laubwäldern
Wuchs: teppichartig; leicht verholzender Kleinstrauch, der sich durch unterirdische Ausläufer flächig verbreitet
Blüte: in endständigen, dichten Ähren; grünlich-weiß
Blatt: rautenförmig, am Ende der Triebe gehäuft, in Quirlen angeordnet, Rand gekerbt; fleischig dunkelgrün, glänzend; immergrün
Standort: lichtschattig bis schattig; luftfeucht; kühl; frisch bis feucht; Boden durchlässig, sandig- oder lehmig-humos, leicht sauer bis neutral; Pflanze ist meist frosthart
Pflege: bei zu starker Ausbreitung mithilfe des Spatens eingrenzen
Vermehrung: Teilung, Stecklinge im Herbst
Verwendung: als Bodendecker (guter Laubschlucker), in Gehölzbestand, für nordexponierte Wände und schattige Innenhöfe
Partner: *Aruncus, Rodgersia, Vinca minor, Waldsteinia ternata, Carex pendula, Matteuccia*
Sorten/Verwandte:
• 'Green Carpet', 15 cm, schwachwüchsige Zwergform, bildet besonders dichte Teppiche
• 'Variegata', 20 cm, Blätter weißbunt, schwachwüchsig
Hinweis: Pflanze ist giftig

Pfingstrose *Paeonia*

Auch wenn es nur 33 verschiedene Pfingst-rosen-Arten gibt, so spiegelt doch die kaum mehr überschaubare Zahl der Züchtungen – es gibt mittlerweile mehrere Tausend Sorten – die herausragende Bedeutung der Gattung in der Gartenkultur wider.

Unterschiedliche Gruppen

In Europa spielen die krautigen Pfingstro-sen eine wichtigere Rolle als die Strauch-Pfingstrosen aus der *Paeonia* Suffruticosa- und Lutea-Gruppe. Und noch immer haben die Anfang Juni blühenden Edel- oder Chi-nesischen Pfingstrosen aus der *Paeonia* Lactiflora-Gruppe ihre Vormachtstellung bewahrt. Die ersten Sorten wurden bereits im 18. Jahrhundert aus Ostasien, wo sie ebenfalls beliebte Gartenpflanzen sind, nach Europa gebracht. Schon lange zuvor war die Gewöhnliche Pfingstrose *(Paeonia officinalis)* in den Kloster- und Bauerngär-ten zu finden. Dort wurden sie als Heilpflan-zen gegen Krämpfe, Blähungen, Verstopfun-gen und Geburtsschmerzen kultiviert. Gefüllte Sorten dieser bereits im Mai blü-henden Bauerngärten-Pfingstrosen werden in ländlichen Regionen noch heute gerne in der Verwandtschaft oder an die Nachbarn weitergegeben.

Durch Kreuzungen verschiedener Arten und Sorten entstanden neue, früh- und oft groß-blütige Hybridsorten, die sich keiner Art mehr zuordnen lassen. Zu den bereits bekannten rosafarbenen, karmin- bis blut-roten oder weißen Pigmenten gesellten sich nun auch cremefarbene, himbeerrote, pastellgelbe, lachsorange- oder pfirsichfar-bene Tönungen. Die Blütezeit der Pracht-Pfingstrosen liegt zwischen der der Bauern-garten- und Edel-Pfingstrosen. Mit den *Itoh*-Sorten werden mittlerweile auch Kreuzun-gen strauchiger mit staudigen Arten in un-sere Gärten gepflanzt. Da die Triebe dieser Pflanzen nur an der Basis verholzen, behan-delt man sie am besten wie Stauden.

Jahrzehntelange Gartenfreude

Mit allen Pfingstrosen verhält es sich wie mit gutem Wein – sie brauchen Zeit, um sich voll zu entfalten. Man muss schon etwas Geduld haben und den Pflanzen aus-reichend Platz zum Wachsen einräumen, damit man dann ab dem dritten, vierten Standjahr mit einer Jahr für Jahr wiederkeh-renden Blütenfülle entschädigt wird. Aber das Warten lohnt! Vorausgesetzt, dass die Pfingstrosen genügend Licht und ausrei-chend Nährstoffe erhalten und nicht allzu sehr von Nachbarpflanzen bedrängt wer-den, begeistern die überaus langlebigen Gartenpflanzen oft jahrzehntelang mit einer Fülle großer, einfacher, halbgefüllter oder gefüllter Blüten. Sieht man von den Wild-arten ab, geben diese nicht nur im Garten ein zauberhaftes Bild ab, sie überzeugen als haltbare Schnittblumen auch in der Vase. Beim Hantieren ist aber Vorsicht ge-boten, denn Pfingstrosen sind giftig. Pfingstrosen werden in Töpfen, im Herbst auch wurzelnackt von Gärtnereien ange-boten. Dies ist auch die beste Zeit, um die langlebigen Gartenschätze zu teilen und an anderer Stelle neu zu pflanzen. Dabei ist es wichtig, die Teilstücke nicht zu tief zu setzen, sonst blühen die Pflanzen in den nächsten Jahren nicht. Wenn die Knospen nach dem Angießen gerade so aus dem Boden spitzen, hat man richtig gepflanzt.

Paeonia 'Jan van Leeuven' (Lactiflora-Gruppe)

Chinesische Pfingstrose, Edel-Pfingstrose
Paeonia Lactiflora-Gruppe

BLÜTEZEIT: Mai – Juni
HÖHE: 70–130 cm, **BREITE:** 70-100 cm

Herkunft: Zuchtformen
Wuchs: horstartig, buschig; langsam wachsend
Blüte: große einfache, anemonenblütige, halbgefüllte oder gefüllte Blüten am Ende wenig verzweigter Stängel; weiß, rosa, karmin- oder blutrot; viele Sorten duften sehr angenehm
Blatt: zusammengesetzt, doppelt dreizählig, derb ledrig; dunkelgrün, im Herbst oft schön kupferrot
Standort: sonnig; mäßig warm; frisch; Boden locker, durchlässig, lehmig, nährstoffreich; Pflanzen sind frosthart
Pflege: welke Blüten entfernen, um Samenbildung und Schwächung der Pflanzen zu verhindern; Rückschnitt der Blätter im Spätherbst; standschwache Sorten stäben; Düngung nach Bedarf im Frühjahr; Pflanzung im Herbst; nicht zu tief einsetzen, da Pflanzen sonst über mehrere Jahre schlecht blühen, Knospen sollen nach dem Angießen aus der Erde spitzen; ausreichend Platz zur Entwicklung lassen, Konkurrenz durch beschattende Sträucher oder starkwüchsige Stauden vermeiden
Vermehrung: Teilung im Herbst
Verwendung: Rabatten, Schnittblume
Partner: *Alchemilla, Allium* 'Globemaster', *Delphinium, Iris* Germanica-Gruppe, *Geranium* × *magnificum, Lupinus,* Strauchrosen
Sorten/Verwandte:

Einfach blühende Sorten (mit gelben Staubgefäßen):
• 'Friesenblut', 80 cm; tiefrot
• 'Holbein', 90 cm; rosa
• 'Murillo', 100 cm, zartrosa
• 'Watteau', 80 cm; weiß
Anemonenblütige Sorten, Staubgefäße verformt, nicht funktionsfähig, meist wesentlich breiter und auffällig gefärbt:
• 'Angelika Kaufmann', 80 cm; weiß mit zartrosa Hauch, Mitte gelb
• 'Suruga', 90 cm; kräftig karminrot, Mitte cremegelb
Halbgefüllt blühende Sorten:
• 'Bowl of Beauty', 70 cm; Blüte violettrosa, Mitte cremeweiß
• 'Lady Alexandra Duff', 90 cm; rosa
Gefüllt blühende Sorten:
• 'Avalanche', 80 cm; weiß
• 'Bunker Hill', 80 cm; kräftig violettrosa
• 'Edulis Superba', 110 cm; dunkelrosa
• 'Felix Crousse', 80 cm; purpurrot
• 'Festiva Maxima', 100 cm; weiß
• 'Karl Rosenfield', 80 cm; weinrot
• 'Inspecteur Lavergne', 90 cm; dunkel karminrot
• 'Sarah Bernhardt', 100 cm; rosa
Pracht-Pfingstrosen (Früh blühende Hybridsorten):
• 'Claire de Lune', 70 cm; Blüten hellgelb, einfach
• 'Coral Charme', 80 cm; Blüten lachsorange, aufhellend, halbgefüllt, mit strengem Geruch
• 'Raspberry Rose', 80 cm; Blüten himbeerfarben, anemonenblütig
Hinweis: bei zusagendem Standort gedeihen Pfingstrosen über Jahrzehnte unverpflanzt am gleichen Platz

Paeonia officinalis 'Violacea Fimbriata Plena'

Gewöhnliche Pfingstrose, Bauerngarten-Pfingstrose
Paeonia officinalis

BLÜTEZEIT: Mai
HÖHE: 40–70 cm, **BREITE:** 60–100 cm

Herkunft: Frankreich bis Ungarn und Albanien, in den Südalpen bis auf 1800 m über Meereshöhe; Weiden, Waldränder und lichte Wälder
Wuchs: horstartig, buschig
Blüte: groß, schalenförmig, am Ende wenig verzweigter Stiele; rosa mit gelben Staubbeuteln
Blatt: doppelt dreizählig, Blättchen eingeschnitten; stumpf hellgrün bis dunkelgrün (insbesondere bei den Sorten), Laub vergilbt bei der Art bereits im frühen Herbst
Standort: sonnig bis halbschattig; warm; frisch bis mäßig trocken; Boden durchlässig, lehmig bis steinig-lehmig, kalkhaltig; Pflanze ist frosthart
Pflege: Rückschnitt im Herbst; Stäben der gefüllt blühenden Sorten, da diese nach Regen sonst oft auseinanderfallen
Vermehrung: Teilung im Herbst
Verwendung: Freiflächen, Gehölzrand, die Sorten vor allem in Rabatten und in Schnittblumenbeeten
Partner: *Geranium renardii, Geranium sanguineum, Lupinus, Iris* Germanica-Gruppe, *Polygonatum odoratum, Stipa calamagrostis*
Sorten/Verwandte:
• 'Alba Plena', 70 cm; weiß, gefüllt
• 'China Rose', 60 cm, violettrosa, einfach, Staubgefäße leuchtend gelb
• 'Rosea Plena', 80 cm; rosa, gefüllt
• 'Rubra Plena', 80 cm; tiefrot, gefüllt

EMPFEHLENSWERTE SORTEN DER *PHLOX* PANICULATA-GRUPPE

SORTE	HÖHE	BLÜTE	WEITERE INFOS
'Blue Paradise'	100 cm	violettblau, abends fast blau; früh	derzeit die Sorte mit dem reinsten Blau
'Dorffreude'	120 cm	rosa mit großem purpurrotem Auge; mittel	altbewährte und noch immer gute Sorte
'Düsterlohe'	120 cm	dunkel purpurviolett; früh	dunkler Farbton; wüchsig und meist gesund
'Kirchenfürst'	110 cm	leuchtend kardinalrot; mittel	auffällige Farbe, die schön mit hellem Rosa zu kombinieren ist
'Kirmesländer'	120 cm	weiß mit blutrotem Auge; spät	alte Sorte, aber immer noch eine der besten
'Landhochzeit'	140 cm	hell violettrosa mit kräftig rotem Auge; spät	alte, aber eine der besten Züchtungen
'Orange'	140 cm	leuchtend signalrot; spät	schrille Farbe mit hoher Leuchtkraft; wüchsig
'Pax'	90 cm	reinweiß, leuchtkräftig; blühend	niedere, wüchsige Sorte, die meist gesund bleibt
'Sternhimmel'	100 cm	hellviolett mit weißem Auge; mittel	schöne Pastellfarbe; wüchsig und meist gesund
'Uspech'	80 cm	violett mit großem weißem Auge; mittel	wüchsig und reichblühend; meist gesund
'Violetta Gloriosa'	130 cm	blass blauviolett mit weißem Auge; mittel	starkwüchsig; vielseitig zu verwenden
'Weiße Wolke'	140 cm	reinweiß; mittel	standfeste, gesunde Sorte; Abkömmling von *Phlox amplifolia*
'Württembergia'	80 cm	leuchtend violettrosa; früh	altbewährte Bauerngartensorte, noch immer gut

Phlox 'Candy Stripes' (Subulata-Gruppe)

Teppich-Phlox, Moos-Flammenblume
Phlox Subulata-Gruppe

BLÜTEZEIT: April – Mai
HÖHE: 10–15 cm, **BREITE:** 30–40 cm

Herkunft: nordöstliche USA; Gesteinsschuttfluren, trockene Wiesen
Wuchs: bildet flache Teppiche
Blüte: stern- bis radförmig; lila, violett, rosa, purpurfarben, karminrot oder weiß, bisweilen zweifarbig
Blatt: linealisch; grasgrün; wintergrün
Standort: sonnig bis absonnig; frisch bis mäßig trocken; Boden durchlässig, sandig oder steinig-lehmig, mäßig nährstoffreich; Pflanze ist frosthart
Pflege: Rückschnitt nach der Blüte auf die Hälfte der ursprünglichen Pflanzenhöhe, um die Pflanzen kompakt und vital zu halten; mit Älchen befallene Pflanzen über den Hausmüll entfernen
Vermehrung: Stecklinge, Risslinge
Verwendung: Steingarten, Mauerkronen; Trockenmauern
Partner: *Arabis, Aubrieta, Iberis, Iris* Pumila-Gruppe, *Festuca glauca*

Sorten/Verwandte:
- 'Atropurpurea', 10 cm; purpurrot
- 'Candy Stripes', 15 cm; rosa, weiß gesternt
- 'Emerald Cushion Blue', 10 cm; zart lila
- 'Gartenstadt Schnee', 10 cm; strahlend reinweiß
- 'G. F. Wilson', 15 cm; hell blauviolett, gut wüchsig
- 'Red Wings', 10 cm, rosarot mit dunklem Auge
- 'Scarlet Flame', 10 cm; purpurfarben, großblumig und leuchtkräftig
- 'White Delight' ,10 cm; strahlend weiß
- *Phlox douglasii* (Später Polster-Phlox), Wuchs polster- bis teppichartig; Blütezeit Mai bis Juni, Blätter pfriemlich; Sorten:
- 'Cracker Jack', 10 cm; leuchtend purpurrot, auffällige Fernwirkung
- 'Georg Arends', 10 cm; rosalila mit dunklem Auge
- 'Lilac Cloud', 10 cm; hell violett
- 'Red Admiral', 10 cm; purpurrot mit dunklem Auge, sehr gute Sorte
- 'White Admiral', 10 cm; reinweiß

Phuopsis stylosa

Phygelius capensis

Physalis alkekengi var. franchetii

Rosenwaldmeister
Phuopsis stylosa

BLÜTEZEIT: Juni – Juli
HÖHE: 20–30 cm, **BREITE:** 25–40 cm

Herkunft: Kaukasusländer, an Waldrändern und Gebüschsäumen
Wuchs: teppichartig, viele niederliegende, dünne vierkantige Triebe, die sich rau und kratzig anfühlen
Blüte: halbkugeliger Blütenstand mit kleinen, sternförmigen, rosa Blüten
Blatt: flach, lanzettlich, quirlig in Etagen angeordnet; glänzend grün; sommer- bis wintergrün; duftet würzig aromatisch
Standort: am besten in lichtem Schatten; warm; Boden trocken bis frisch; durchlässig, humos; Pflanze ist frosthart
Pflege: vollständiger Rückschnitt nach dem Winter
Vermehrung: Teilung
Verwendung: als Bodendecker unter Sträuchern, Steingarten, Rabatten
Partner: *Euphorbia wallichii, Gaura lindheimeri, Geranium × magnificum*
Sorten/Verwandte:
• 'Purpurea', wird etwas höher; karminrosa, großblütig
• *Asperula taurina* (Turiner Waldmeister), südliches Mitteleuropa, Buchenmischwälder; locker Ausläufer treibender Kolonienbildner; 20–40 cm, Blütenstände köpfchenartig, weißlich lila, elliptische Blätter in Quirlen, duften beim Welken stark aromatisch; April bis Juni; im Halbschatten, warm, Boden frisch bis feucht, alkalisch, humoser Lehm; meist frosthart; im Unterwuchs

Rote Kapfuchsie
Phygelius capensis

BLÜTEZEIT: Juli – September
HÖHE: 80–120 cm, **BREITE:** 80-100 cm

Herkunft: Südafrika; in feuchten Bergwiesen, an felsigen Bachrändern
Wuchs: breit aufrechter Halbstrauch, meist als prächtige Staude; treibt unter guten Bedingungen Ausläufer
Blüte: röhrenförmig hängend in großen, rispenähnlichen, lockeren Blütenständen; orange oder rot, oft mit gelbem Schlund
Blatt: elliptisch; grün; winter- bis immergrün, in kühlen Lagen sommergrün
Standort: vollsonnig; warm; Boden frisch bis feucht, durchlässiger humoser Lehm; Pflanze ist mäßig frosthart
Pflege: an kalten Plätzen Winterschutz; hochwüchsige Sorten stützen
Vermehrung: Teilung, Stecklinge
Verwendung: Rabatten, in Töpfen, an Südwänden als hoher Spalierstrauch
Partner: *Agapanthus*-Sorten, *Coreopsis verticillata, Crocosmia × crocosmiiflora, Helenium*-Sorten, *Lobelia × speciosa*
Sorten/Verwandte:
• 'Coccineus', schön orangerot
• *Phygelius × rectus* (Aufrechte Kapfuchsie), vielfältiges, buntes Sortiment; vollsonnig; warm; geschützt, oft als Sommerblume verwendet:
• 'African Queen', bis 120 cm, zinnoberrot, Schlund zitronengelb
• 'Moonraker', niedriger; hellgelb
• 'Pink Elf', außen rosa, innen gelb
• 'Salmon Leap', hell lachsorange
• 'Winchester Fanfare', korallenrosa

Lampionblume
Physalis alkekengi var. franchetii

BLÜTEZEIT: Juni
HÖHE: 50–80 cm, **BREITE:** 40–50 cm

Herkunft: Japan, Korea, China; in lichten Wäldern, Auen, am Gehölzrand
Wuchs: buschig, aufrecht; breitet sich durch kriechende Rhizome stark aus
Blüte: cremefarben, wenig auffällig; einzeln aus den Blattachseln; Kelchblätter entwickeln sich im Herbst zu einem leuchtend orangefarbenen, papierartigen Ballon um eine orangerote Beere
Blatt: breit eiförmig, spitz zulaufend; Rand gewellt; grasgrün, im Herbst gelb
Standort: sonnig bis halbschattig; frisch bis feucht; Boden sandig-lehmig oder lehmig-humos, nährstoffreich; Pflanze ist frosthart
Pflege: in Pflanzungen ausreichend Abstand zu Nachbarn halten; wenn nötig, Ausläufer abstechen oder Wurzelbereich eingrenzen; die orangefarbenen Lampions setzen wirkungsvolle Akzente im winterlichen Garten, daher erst zurückschneiden, wenn sie unansehnlich werden
Vermehrung: Teilung, Aussaat oder Wurzelschnittlinge
Verwendung: unter und zwischen Sträuchern; die lampionähnlichen Früchte lassen sich gut trocknen und für Gestecke verwenden
Partner: nur konkurrenzstarke Pflanzen! *Aster ageratoides* 'Asran', *Geranium macrorrhizum, Lysimachia punctata, Persicaria amplexicaulis*
Hinweis: die Beeren sind giftig

Physostegia virginiana 'Vivid'

Platycodon grandiflorus 'Blauer Zwerg'

Polemonium caeruleum

Virginische Gelenkblume
Physostegia virginiana

BLÜTEZEIT: Juli – September
HÖHE: 70–120 cm, **BREITE:** 60–90 cm

Herkunft: Nordamerika; Feuchtwiesen, Flussufer, lichte Auwälder
Wuchs: buschig aufrechter, vieltriebiger Horst, oft standschwach; treibt Ausläufer
Blüte: Blütenstände in schlanken Ähren mit vier Reihen röhrenförmiger, dunkel-rosa Blüten, die sich spielerisch in fast alle Richtungen verdrehen lassen
Blatt: schmal lanzettlich, locker verteilt an vierkantigen Stängeln; dunkelgrün
Standort: sonnig, im Schatten noch standschwächer; Boden frisch bis feucht, schwach sauer bis schwach alka-lisch, humos, Lehm; Pflanze ist frosthart
Pflege: Ausläuferbildung mit Rhizom-sperren verhindern; in windoffenen Lagen stützen; nach der Blüte scharf über dem Boden zurückschneiden, damit ein ordentlicher Blattschopf nach-wächst; nur mäßig düngen, sonst noch standschwächer und stärker wuchernd
Vermehrung: Teilung, Stecklinge
Verwendung: in Blumenwiesen, in feuchten Rabatten, am Teichrand
Partner: *Eupatorium maculatum, Fili-pendula rubra* 'Venusta', *Persicaria amplexicaulis, Veronicastrum virginicum*
Sorten/Verwandte:
- 'Bouquet Rose', violettrosa
- 'Olympus Gold', Blätter weiß und gelb gefleckt
- 'Summer Snow', früh blühend, weiß
- 'Vivid', niedrig, kompakt, 50–60 cm; karminrosa, meist standfest

Wiesen-Ballonblume
Platycodon grandiflorus

BLÜTEZEIT: Juli – September
HÖHE: 40–70 cm, **BREITE:** 30–50 cm

Herkunft: Ostasien; Federgrassteppen, grasige Berghänge und Buschwiesen
Wuchs: Horst locker aufrecht, buschig; nicht immer standfest
Blüte: runde, ballonartige Knospen, geöffnet schalenförmig; reinblau, bei Sorten auch violett, rosa oder weiß
Blatt: sehr später Austrieb; derb, ellip-tisch; glänzend dunkelgrün, im Herbst ansehnliches gelbes Kolorit
Standort: nur sonnig, Pflanze schon im lichten Schatten standschwach; frost-hart; Boden frisch bis feucht, unbedingt durchlässig, humusreich, sandig-lehmig
Pflege: höhere Sorten stützen, Verblüh-tes auszupfen, um Blütezeit zu verlän-gern; schlecht zu verpflanzen, da die fleischigen Wurzeln empfindlich sind
Vermehrung: Aussaat, Teilung schwierig
Verwendung: Steingarten, Rabatten
Partner: *Achillea filipendulina, Anapha-lis triplinervis, Coreopsis verticillata, Echinacea purpurea, Gaura lindheimeri*
Sorten/Verwandte:
- 'Apoyama', 20 cm, niedrig; violett-blau, weniger standschwach
- 'Double Blue', halbgefüllt, blau
- 'Double White', gefüllt, reinweiß
- 'Fuji Pink', weißlich rosa, rosa Adern
- 'Mariesii', niedrig, bis 40 cm; blau
- 'Misato Purple', 30 cm; tiefviolett
- 'Perlmutterschale', 60 cm; silbrigrosa
- 'Sentimental Blue', 20–30 cm; fast polsterförmig; blau

Himmelsleiter, Jakobsleiter
Polemonium caeruleum

BLÜTEZEIT: Mai – Juni, September
HÖHE: 50–80 cm, **BREITE:** 40–50 cm

Herkunft: Europa bis Asien; Feuchtwie-sen, Auwälder, kalkhaltige Flachmoore, Hochstaudenfluren
Wuchs: horstartig; aufrechte Blüten-stängel über dichten Laubschöpfen
Blüte: schalenförmige Einzelblüten in endständigen Büscheln; himmelblau; süßlich duftend
Blatt: regelmäßig gefiedert; frischgrün
Standort: sonnig bis halbschattig; kühl, luftfeucht; Boden frisch bis feucht, nähr-stoffreich, humos oder lehmig; Pflanze ist frosthart
Pflege: Totalrückschnitt nach der Blüte, treibt danach kräftig wieder aus und blüht im September ein zweites Mal; vor Schneckenfraß schützen
Vermehrung: durch Teilung außerhalb der Blütezeit, Aussaat
Verwendung: am Teich, Beete, wiesen-artige Pflanzungen und feuchte Freiflä-chen, Gehölzrand, in naturnahen Gärten
Partner: *Alchemilla, Caltha, Hemerocal-lis, Iris sibirica, Molinia, Symphytum, Trollius, Veronica longifolia*
Sorten/Verwandte:
- 'Album', 80 cm; Blüten weiß
- var. *himalayanum*, 50 cm; Blüten dunkler, lilablau, groß
- 'Blanjou' (BRISE D'ANJOU), Blüten hell-blau, Blätter cremefarben panaschiert; absonnige oder lichtschattige Plätze
- *Polemonium reptans* 'Blue Pearl', 30 cm; hellblau; kriechende Rhizome

Polygonatum × hybridum 'Weihenstephan'

Potentilla aurea subsp. *chrysocraspeda*

Potentilla nepalensis

Duftendes Salomonssiegel
Polygonatum odoratum

BLÜTEZEIT: Mai – Juni
HÖHE: 20–60 cm, **BREITE:** 20–30 cm

Herkunft: Europa, Asien, gesellig an Waldsäumen, in lichten Eichen-Kiefern-Mischwäldern und Trockenrasen
Wuchs: mehrere unverzweigte, aufrechte bis bogig übergeneigte Blütentriebe, bildet oft zahlreiche, locker verteilte Ausläufer
Blüte: kleine weiße glockige Röhren mit grünem Rand, paarweise angeordnet; ab August blaugraue Beeren; duftend
Blatt: elliptisch, in Etagen am Stängel; mattgrün, im Herbst goldgelb
Standort: sonnig bis lichtschattig, warm; Boden trocken bis frisch, schwach sauer bis alkalisch, durchlässig, kiesiger oder sandiger Lehm; Pflanze ist frosthart
Pflege: wenn Blütenstängel durch Herbstfröste umkippen, dürfen sie nicht abgerissen, sondern nur abgeschnitten werden, da man sonst die Rhizome mit herausreißt
Vermehrung: Teilung
Verwendung: am Gehölzrand
Partner: *Anthericum ramosum, Campanula persicifolia, Euphorbia cyparissias, Geranium sanguineum*-Sorten
Sorten/Verwandte:
• 'Variegatum', weißer Blattrand
• *Polygonatum × hybridum* 'Striatum', Blatt cremeweiß, graugrün gestreift
• 'Weihenstephan', bis 90 cm hoch
• *Polygonatum multiflorum*, 60 cm; für schattige Plätze
Hinweis: die Früchte sind giftig

Gold-Fingerkraut
Potentilla aurea

BLÜTEZEIT: Mai – Juli
HÖHE: 10–20 cm, **BREITE:** 20–30 cm

Herkunft: Alpen, Karpaten, Pyrenäen; Matten, Magerrasen, Zwergstrauchheiden
Wuchs: flach mattenförmig
Blüte: schalenförmig; goldgelb mit orangefarbenem Schlundfleck
Blatt: handförmig geteilt; Blättchen eilänglich; dunkelgrün glänzend
Standort: sonnig; frisch; Boden durchlässig, sandig oder steinig-lehmig, nährstoffarm, kalkarm; Pflanze ist frosthart
Pflege: nach der Hauptblüte zurückschneiden, blüht dann nach
Vermehrung: Teilung; Stecklinge
Verwendung: Steingarten, Tröge, extensive Dachbegrünung; Grabstellen
Partner: *Campanula, Dianthus deltoides, Festuca gautieri, Oenothera*
Sorten/Verwandte:
• 'Goldklumpen', 10 cm, goldgelb
• *Potentilla neumanniana* 'Nana' (Zwergiges Frühlings-Fingerkraut), 5 cm; gelb, reichblühend, April bis Mai
• *Potentilla crantzii* 'Goldrausch' (Zottiges Garten-Fingerkraut), 15 cm; Flor üppig, gelb ab April; nach Rückschnitt Zweitblüte bis in den Herbst
• *Potentilla megalantha* (Großblütiges Fingerkraut), 20 cm; Blüte groß, goldgelb, Mai bis Juli; Blätter silberhaarig
• *Potentilla recta* 'Warrenii', 40 cm; Blüten groß, hellgelb, mit aufrechten Blütenstängeln, mäßig trockene Freiflächen und Heidepflanzungen

Nepal-Fingerkraut
Potentilla nepalensis

BLÜTEZEIT: Juli – September
HÖHE: 40–60 cm, **BREITE:** 30–40 cm

Herkunft: westliches Himalaja-Gebiet; auf Bergwiesen, an Feldrändern
Wuchs: horstartig; lockere Büsche mit bogig aufsteigenden Stängeln
Blüte: schalenförmige Blüten mit auffälligem Basalfleck und mehr oder weniger starker Aderung; karmin-, kirsch- oder lilarosa
Blatt: handförmig geteilt, Grundblätter lang gestielt, Blättchen länglich-lanzettlich, grob gesägt; dunkelgrün
Standort: sonnig bis halbschattig; mäßig trocken bis frisch; Boden durchlässig, sandig-lehmig, nährstoffreich; Pflanze ist meist frosthart
Pflege: nach dem Verblühen zurückschneiden; die Horste alle paar Jahre aufnehmen, teilen und neu pflanzen
Vermehrung: Teilung, Kopfstecklinge
Verwendung: Rabatten, Freiflächen vor Sträuchern
Partner: *Aster divaricatus, Calamagrostis × brachytricha, Prunella grandiflora, Saponaria officinalis*
Sorten/Verwandte:
• 'Miss Willmott', 30–50 cm; kirschrosa, dunkelrotes Auge; sehr schöne Sorte
• 'Ron Mc Beth', um 30 cm; karminrot; kompakter Wuchs
• *Potentilla atrosanguinea* (Blutrotes Fingerkraut), 40 cm; dunkelrot, Juni bis Juli; benötigt etwas mehr Feuchtigkeit
• 'Gibson's Scarlet', 30–40 cm; scharlachrote Blüten, Juli

Primeln, Aurikeln, Schlüsselblumen *Primula*

Etwa 500 Primelarten sind derzeit bekannt, die auf der gesamten Nordhalbkugel vorkommen. Sie treten sowohl in den Wiesen des Tieflandes wie in den Matten der Hochgebirge oder in den Felsspalten auf. Als Gartenpflanzen werden sie seit Jahrhunderten kultiviert. Sie variieren sehr stark in der Größe: Es gibt kaum handhohe, kleine Felsen- und Steingartenpflanzen ebenso wie meterhohe, mastig wirkende, bachbegleitende Stauden, die viel Platz benötigen.

Wuchsformen und Ansprüche

Primeln entwickeln meist eine Blattrosette mit großen, flach ausgebreiteten Blättern. Daraus erheben sich oft aufrechte Blütenstängel, an denen die Blüten entweder radial in Etagen übereinander stehen oder einen Schopf duftender Blüten tragen. Der Blütenstand kann kugelförmig sein oder sich in Dolden mit überhängenden, glockenförmigen Blüten präsentieren. Speziell bei Züchtungen überwiegen auffällige, scheibenförmige Blüten, die inzwischen in allen Farben angeboten werden. Die Blätter sind meist zungenförmig und fühlen sich

häufig etwas rau an. Sie ziehen oft vorzeitig, kurz nach dem Verblühen ein.
Primeln besiedeln sowohl sonnige als auch schattige, eher kühle Lagen, heiße Plätze mögen sie nicht. Die großblumigen Züchtungen der Kissen-Primeln sind etwas frostempfindlich und überstehen die hiesigen Winter meistens nicht. Trockenheit vertragen sie alle schlecht, sie sind immer für einen frischen oder feuchten Boden dankbar und verlangen stets nährstoffreiche, kräftige Lehme. In leichten und armen Böden versagen sie.

Primeln für den Garten

Die meisten Primeln sind kurzlebig, da sie dem Boden viele Nährstoffe entziehen, und müssen regelmäßig verpflanzt oder nachgepflanzt werden. Nur durch Düngung lässt sich dieser Prozess etwas verzögern. Wildarten und manche hybride Formen säen sich stark aus und verbreiten sich so im ganzen Garten. Leider locken sie viele Schnecken an, die die Sämlinge regelrecht abweiden. Geeignete Schutzmaßnahmen sind deshalb unvermeidbar.

Nicht alle Arten und Sorten eignen sich gut für die Gartenkultur. Folgende Gruppen werden unterschieden: **Mehlprimeln** zu kultivieren kann problematisch sein und ist nur Pflanzenliebhabern zu empfehlen. Zu den zuverlässigen **Aurikeln** gehören bekanntere Formen wie *Primula auricula* und *Primula × pubescens*, andere sind aber oft schwierig zu halten. **Etagenprimeln** sind edle und lange blühende Gewächse mit fantastischem Farbspiel. Die Sämlinge zeigen vielfach ganz andere Farben als die Ausgangssorten. **Kugel-Primeln** erweisen sich als hübsche Frühlingsboten. Bei den **Schlüsselblumen** handelt es sich um bekannte und problemlose Gartenpflanzen mit einem riesigen Gefolge großblumiger, allerdings nicht immer zuverlässig frostharter Sorten. **Glockenprimeln**, exotische Formen des Himalajas, sind wohlduftend, hochwüchsig und recht anspruchsvoll, am einfachsten zu kultivieren ist noch die starkwüchsige *Primula florindae*. Rasen bildende **Teppich-Primeln** breiten sich zwar zunächst willig aus, verschwinden aber oft nach drei bis vier Jahren wieder.

Primula denticulata

Primula florindae

Primula × pubescens

Kugel-Primel
Primula denticulata

BLÜTEZEIT: März – Mai
HÖHE: 20–30 cm, **BREITE:** 30–50 cm

Herkunft: Afghanistan, Himalaja, Westchina; in hochalpinen Bergwiesen am Rand schmelzender Schneefelder
Wuchs: Blattrosetten mit mehreren aufrechten, graugrünen Blütenstielen
Blüte: ballförmiger Blütenstand mit dicht gedrängten kleinen Blüten; lilablau, violett oder weiß
Blatt: elliptisch, verlängert sich ständig während der Blütezeit, bis 40 cm groß; in lockeren Blattrosetten; mattgrün
Standort: sonnig nur bei nicht austrocknendem Substrat, lichter Schatten; kühl, luftfeucht; Boden gleichmäßig frisch bis feucht, schwach sauer bis alkalisch, nährstoffreicher, durchlässiger sandig-kiesiger humusreicher Lehm; Pflanze ist meist frosthart
Pflege: in exponierten, schneearmen Gebieten ist das Abdecken mit Reisig oder Rindenhäckseln zu empfehlen; ältere Pflanzen sollten im Herbst geteilt werden, um die Blühwilligkeit dauerhaft zu erhalten
Vermehrung: Aussaat, Teilung
Verwendung: im Frühlingsgarten, gut im Steingarten, am Teichrand, in Rabatten
Partner: *Caltha palustris*, *Doronicum orientale*-Sorten, *Euphorbia polychroma*, *Narcissus*-Sorten, *Phlox subulata*
Sorten/Verwandte:
• 'Alba', weiß mit gelbem Schlund
• 'Rosa Töne', variabel rosa
• 'Rubin', leuchtend karminrot

Tibet-Glockenprimel
Primula florindae

BLÜTEZEIT: Juni – Juli
HÖHE: 60–100 cm, **BREITE:** 40–60 cm

Herkunft: Tibet, Westchina; an Bachufern, in Sumpf- und Auenwiesen
Wuchs: üppige, breite Blattschöpfe mit mehreren hochragenden Blütenstielen
Blüte: aufgelockerte Blütenquirle mit vielen hängenden Blütentrichtern auf schlanken Stängeln; zitronengelb und weiß bemehlt; balsamisch duftend
Blatt: sehr groß, lang gestielt, derb, breit elliptisch bis herzförmig; frischgrün
Standort: lichter Schatten; kühl; Boden frisch bis nass, auch überflutet, Substrat sauer bis neutral, humos, Lehm; Pflanze ist meist frosthart
Pflege: abgeblühte Triebe ausschneiden, um Selbstaussaat zu vermeiden
Vermehrung: Aussaat, Teilung
Verwendung: am Teichufer, im Sumpfbeet, in feuchtem Unterwuchs
Partner: *Campanula latifolia*, *Filipendula palmata* 'Nana', *Geranium pratense*-Sorten, *Lysimachia clethroides*
Sorten/Verwandte:
• *Primula × bullesiana* (Bunte Etagen-Primel), aus flachen Blattrosetten ragen 60 cm hohe Blütenstiele, an denen die Blütenquirle in regelmäßigen Etagen angeordnet sind; weit geöffnete Blüten in nahezu allen Farben außer reinem Blau; für beschattete, feuchte Humusböden, in Rabatten
• *Primula japonica* (Japanische Etagen-Primel), 40–60 cm; purpurrot

Garten-Aurikel
Primula × pubescens

BLÜTEZEIT: März – Mai
HÖHE: 10–15 cm, **BREITE:** 15–20 cm

Herkunft: sehr alte Kulturformen
Wuchs: gedrungen, kissenförmig
Blüte: kurzstielige Blütendolde, kleine radförmige Blütentrichter, einfach oder halb gefüllt; in vielen bunten Farben, oft mit hellerem Auge; duftend
Blatt: elliptisch, ledrig und derb, glatt; mattgrün, mitunter weißlich bestäubt
Standort: lichter Schatten; kühl; Boden frisch bis feucht, schwach sauer bis schwach alkalisch, durchlässig, Lehm; Pflanze ist meist frosthart
Pflege: Aurikeln sollte man regelmäßig verpflanzen, da sie sonst in der Blühwilligkeit nachlassen
Vermehrung: Teilung
Verwendung: Frühlingsgarten, Steingarten, am Gehölzrand, in Töpfen
Partner: *Arabis caucasica*, *Aubrieta*-, *Iris Pumila*-, *Narcissus*- und *Hyacinthus*-Formen, *Phlox douglasii*-Sorten
Sorten/Verwandte:
• 'Argus', karminrot, hellgelbes Auge
• 'Blue Velvet', sattblau, weißes Auge
• 'Brazil', hellgelb mit weißem Ring
• 'Fred Booley', violett, dicht gefüllt
• 'Sheila', kupfrig orange, Mitte weiß
• *Primula* Juliae-Gruppe (Teppich-Primeln), 5–8 cm, zierlich, Ausläufer bildend, niedrig; für lichten Schatten, Boden frisch bis feucht, humos:
• 'Gruß an Königslutter', purpurrot
• 'Schneewittchen', weiß, gelbes Auge
• 'Wanda', leuchtend rot, gelbes Auge

Primula veris

Prunella grandiflora

Pulmonaria dacica 'Azurea'

Wiesen-Schlüsselblume
Primula veris

BLÜTEZEIT: April – Mai
HÖHE: 10–20 cm, **BREITE:** 15–25 cm

Herkunft: Europa, Asien; Magerrasen, Feldraine und lichte Waldränder
Wuchs: niedriger Blattschopf mit aufrechten, unbelaubten Blütenstielen
Blüte: vielblütige Dolde mit glockigen Blütchen; gelb, innen mit orangefarbenen Punkten, angenehmer Duft
Blatt: elliptisch, leicht wellig; frischgrün
Standort: sonnig, auch lichter Schatten; warm; Boden mäßig trocken bis frisch, schwach sauer bis alkalisch, nährstoffreich, durchlässig, humos, Lehm oder Ton; Pflanze ist frosthart
Pflege: Blumenwiesen erst nach Fruchtbildung mähen; im März düngen
Vermehrung: Teilung, Aussaat
Verwendung: in Blumenwiesen, im Naturgarten oder im Frühlingsgarten
Partner: *Anemone blanda, Bellis perennis, Lathyrus vernus, Pulmonaria officinalis-* und *Viola*-Sorten
Sorten/Verwandte:
• 'Cabrillo', gedrungen; hellgelb
• 'Sunset Shades', mit kupfrig orangefarbenen Blüten
• *Primula elatior* (Hohe Schlüsselblume), heimisch, Wiesen und lichte Wälder; sonnig bis schattig, Boden feucht, humos, nährstoffreicher Lehm; in Blumenwiesen; zahlreiche bunte Sorten:
• 'Crescendo', eine Serie mit weißen, blauen, gelben, rosa und roten Blüten
• 'Vierländer Gold', mit goldgelben Blüten; für Töpfe

Großblütige Braunelle
Prunella grandiflora

BLÜTEZEIT: Juni – August
HÖHE: 20–30 cm, **BREITE:** 25–40 cm

Herkunft: Europa bis Mittelrussland und Kaukasus; Magerwiesen, Halbtrockenrasen, Waldränder
Wuchs: kriechend, niederliegende Triebe wurzeln an den Knoten und bilden dichte Matten, starkwüchsig
Blüte: große Lippenblüten in dichten Ähren; blauviolett bis purpurfarben
Blatt: länglich oval, bodennahe Blätter fiederspaltig; dunkelgrün
Standort: sonnig bis halbschattig; mäßig trocken bis frisch; Boden sandig bis lehmig, nährstoffarm; Pflanze ist frosthart
Pflege: starker Rückschnitt der aufrechten Triebe nach der Hauptblüte fördert die Nachblüte und schränkt die Selbstaussaat ein
Vermehrung: Risslinge, Teilung
Verwendung: Bodendecker vor Gehölzen; naturnahe Gärten, lockere Blumenwiesen; Beetvordergrund
Partner: *Briza media, Campanula glomerata, Leucanthemum vulgare* 'Maikönigin', *Salvia nemorosa*
Sorten/Verwandte:
• 'Alba', 20 cm; Blüte weiß, im Abblühen oft verbräunend
• 'Gerhard Rudolf', 20 cm, Blüten purpurviolett, gut wüchsig
• 'Loveliness', 20 cm, Blüten hell violettrosa, Blätter stark eingeschnitten
• 'Rosea', 20 cm; Blüte rosa; reichblühend

Siebenbürger-Lungenkraut
Pulmonaria dacica
(Pulmonaria angustifolia hort.)

BLÜTEZEIT: März – Mai
HÖHE: 20–25 cm, **BREITE:** 30–40 cm

Herkunft: Nordbalkan, Kroatien bis Siebenbürgen; Buchenwälder und subkontinentale, bodenfrische Eichenwälder
Wuchs: durch kurze Ausläufer allmählich teppichartig
Blüte: röhrenförmige Blüten in endständigen Wickeln; im Aufblühen purpurviolett, später leuchtend azurblau
Blatt: breit lanzettlich bis schmal eiförmig, groß; stumpfgrün ohne silbrige Flecken; Laub zieht im Sommer weitgehend ein
Standort: halbschattig bis lichtschattig, frisch, Boden locker lehmig, humos, nährstoffreich, durchlässig; Pflanze ist frosthart
Pflege: unerwünschte Sämlinge entfernen; zu groß gewordene Bestände eingrenzen, im Spätwinter gelegentlich mit Laubkompost mulchen
Vermehrung: Teilung nach der Blüte
Verwendung: lichte Gehölzbestände, unter Sträuchern, Gehölzrand; nicht zur flächigen Bodenbedeckung, da Blattteppiche im Sommer schütter sind
Partner: *Anemone nemorosa, Primula elatior, Carex remota, Athyrium filix-femina, Polystichum setiferum,* Narzissen
Sorten/Verwandte: → auch Tabelle auf Seite 199
• 'Azurea', 20 cm; leuchtend azurblau, sehr schöne Blütenschmuckform
• 'Blaues Meer', 25 cm, Blüte früh, leuchtend enzianblau

DIE BESTEN LUNGENKRAUT-SORTEN (*PULMONARIA*)

SORTE	HÖHE	BLÜTE	WEITERE INFOS
Pulmonaria 'Beth Blue'	35 cm	intensives Blau; Blütenschmuckpflanze; spät	Blatt milchig weiß gefleckt
'Beth Pink'	30 cm	kräftig lachsrosa; früh	Blatt kräftig silbrig weiß gefleckt; etwas kurzlebig
'Glacier'	20 cm	hell fliederfarben bis fast weiß; früh	Knospen rosa; Blatt deutlich silbrig weiß gefleckt
'Ocupol' (= OPAL)	30 cm	zartes Eisblau; spät	Blatt flächig silbrig weiß, Mittelrippe und Rand grün
'Reginald Kaye'	30 cm	lilablau; mittel	Blatt mit großen, weißen, ineinander übergehenden Flecken
Pulmonaria saccharata 'Blue Mist'	25 cm	zart hellblau; früh	Blatt deutlich silberweiß gefleckt; sehr gute Sorte
'Lewis Palmer'	25 cm	leuchtend ultramarinviolett; mittel	Blatt weiß gefleckt; ausdauernd; ausgezeichnete Sorte
'Ligurien'	35 cm	blauviolett; früh	Blatt prägnant weiß gefleckt; sehr wüchsige Sorte
'Majesté'	25 cm	intensives Blauviolett; spät	Blatt fast silbrig, schmale grüne Ränder; schwachwüchsig
'Trevi Fountain'	25 cm	leuchtend azurblau; früh	Blatt mit klar abgegrenzten silbrigen Flecken
'Raspberry Splash'	20 cm	leuchtendes tiefes Rosa; mittel	Blatt schmal, stark silbrig gefleckt
Pulmonaria longifolia 'Cotton Cool'	35 cm	purpur- bis blauviolett	Blatt nahezu vollständig silbrig weiß
'Roy Davidson'	20 cm	hellblau; sehr spät	Blatt mit deutlich hervortretenden Flecken; wächst zögerlich

Pulmonaria officinalis 'Mrs Kittle'

Gewöhnliches Lungenkraut
Pulmonaria officinalis

BLÜTEZEIT: März – Mai
HÖHE: 20–30 cm, **BREITE:** 30–40 cm

Herkunft: vom Balkan bis Siebenbürgen, Apennin und Alpenvorland; in luftfeuchten, krautreichen Laubwäldern und an Waldrändern
Wuchs: horstartig, durch langsam kriechende Grundsprosse allmählich breiter, flach kissenartig
Blüte: röhrenförmige Blüten in endständigen Wickeln; Farbverlauf von purpurfarben bis violett
Blatt: lang gestreckt oval mit herzförmiger Basis; stumpfgrün mit auffallenden silbrigen Flecken; wintergrün
Standort: schattig bis halbschattig; frisch, luftfeucht; Boden locker lehmig, humos, nährstoffreich, durchlässig; Pflanze ist frosthart
Pflege: rechtzeitige Entfernung der Blütenstängel zum Ende der Blütezeit, um starke Selbstaussaat zu reduzieren; im Spätwinter mit Laubkompost mulchen

Vermehrung: Teilung
Verwendung: lichte Gehölzbestände, am Gehölzrand, an der Nordseite von Wänden, im naturnahen Garten
Partner: *Anemone nemorosa, Asarum europaeum, Euphorbia amygdaloides, Helleborus, Rodgersia, Luzula, Dryopteris*
Sorten/Verwandte:
• 'Frühlingskleid', 25 cm; Blüten violettblau; Blätter unauffällig gefleckt; zuverlässige Sorte
• 'Ice Ballet', 25 cm; Blüten strahlend weiß; Blatt auffällig silbrig gefleckt
• 'Mrs Kittle', 25 cm; Blüten zart lavendelblau; Blatt mit silbrig-weißen Flecken; schwachwüchsig
• 'Nürnberg', 25 cm; Blüten rosa, später lilablau; starker Farbwechsel; Blatt auffällig und prägnant gefleckt
• 'Pink Dawn', 25 cm; Blüten stumpfrosa; Blatt mit milchigen Flecken
• 'Wuppertal', 30 cm; Blüte stumpf blauviolett, früh; Blatt mit großen Flecken
Hinweis: alte Heilpflanze, früher gegen Lungenkrankheiten eingesetzt

Pulmonaria rubra 'David Ward'

Pulsatilla vulgaris

Rodgersia pinnata

Rotblühendes Lungenkraut
Pulmonaria rubra

BLÜTEZEIT: März – Mai
HÖHE: 25–35 cm, **BREITE:** 30–40 cm

Herkunft: Karpaten, Gebirge des Balkans und Nordgriechenlands; in feuchten, krautreichen Laubwäldern
Wuchs: horstartig, durch kriechende Grundsprosse allmählich breiter, teppichartig
Blüte: röhrenförmige Blüten in endständigen Wickeln; ziegelrot
Blatt: breit lanzettlich, groß; stumpfgrün, wie die anderen Lungenkräuter stark behaart; wintergrün
Standort: lichtschattig bis schattig; frisch bis feucht, luftfeucht; Boden locker lehmig, humos, nährstoffreich, durchlässig; Pflanze ist frosthart
Pflege: rechtzeitige Entfernung der Blütenstängel zum Ende der Blütezeit, um starke Selbstaussaat zu reduzieren; im Spätwinter mit Laubkompost mulchen
Vermehrung: Teilung
Verwendung: lichte Gehölzbestände, Nordseite von Wänden
Partner: *Anemone nemorosa, Astilboides tabularis, Epimedium, Helleborus, Hosta, Leucojum vernum, Carex morrowii* 'Variegata', *Dryopteris affinis, Luzula*
Sorten/Verwandte:
• 'Albocorollata', 30 cm; Blüten reinweiß; Blätter hellgrün
• 'David Ward', 25 cm; Blüten ziegelrot; Blätter weiß gerandet, sonnen- und windempfindlich
• 'Red Start', 30 cm; kadmiumrot, früh blühend

Gewöhnliche Küchenschelle
Pulsatilla vulgaris

BLÜTEZEIT: März – April
HÖHE: 20–30 cm, **BREITE:** 30–40 cm

Herkunft: Europa; Kalkmagerrasen, steinige Abhänge
Wuchs: horstartig; Laub treibt zur Blütezeit aus und zieht danach rasch ein
Blüte: violettblaue bis rote Glockenblüten mit goldgelben Staubgefäßen; seidig behaarte Knospen; sehr zierende, fedrige Samenstände
Blatt: fein gefiedert; im Austrieb weißfilzig behaart, später stumpfgrün
Standort: sonnig; warm, trocken; Boden durchlässig, kalkhaltig, nährstoffarm; Pflanze ist frosthart
Pflege: Pflanzung im Frühjahr mit kräftigem Topfballen; Konkurrenz durch wuchskräftige Nachbarn vermeiden; an zusagenden Standorten kommt es zu Selbstaussaat, unerwünschte Sämlinge entfernen; das Verpflanzen älterer Exemplare ist schwierig
Vermehrung: Aussaat sofort nach der Samenreife
Verwendung: steppenartige Pflanzungen, Felssteppen, Südböschungen, Steingarten, Naturgärten
Partner: *Adonis vernalis, Dryas octopetala, Festuca, Globularia, Helictotrichon*
Sorten/Verwandte:
• 'Alba', 25 cm; strahlend weiß mit gelben Staubgefäßen; Knospen und Stängel intensiv silbrig behaart
• 'Papagena', bunte Pastelltöne
• 'Röde Klokke', 25 cm; tief violettrot
 Hinweis: alle Pflanzenteile sind giftig

Fiederblättriges Schaublatt
Rodgersia pinnata

BLÜTEZEIT: Juni – Juli
HÖHE: 100-140 cm, **BREITE:** 80-120 cm

Herkunft: China; feuchte Gebüsche, Ufer, feuchte Bergwälder
Wuchs: breitbuschig, breitet sich durch kriechende Rhizome langsam aus
Blüte: in Rispen am Ende aufrechter Stängel; rosafarben
Blatt: Horste 60 cm hoch; gefiedert, groß, mit 7 bis 11 Blättchen, Austrieb spät; matt dunkelgrün
Standort: licht- bis halbschattig; kühl, frisch bis feucht, luftfeucht; Boden lehmig-humos oder humos, nährstoffreich; Pflanze ist frosthart, aber spätfrostgefährdet
Pflege: in Trockenperioden durchdringend wässern; welke Blütenstängel herausschneiden
Vermehrung: Teilung, Aussaat
Verwendung: lichte Gehölzbestände, Gehölzrand, Innenhöfe, Nordwände, für Blattschmuckpflanzungen
Partner: *Carex pendula, Epimedium, Waldsteinia, Polygonatum, Vinca*
Sorten/Verwandte:
• *Rodgersia* Henrici-Gruppe, Kreuzungen mehrerer Arten:
• 'Elegans', 120 cm, Blüten rosarot, in lockeren Rispen
• *Rodgersia aesculifolia* (Kastanienblättriges Schaublatt), 130 cm, lockere, weiße Rispen, Blatt ähnlich wie bei Rosskastanien
Hinweis: langlebig, Pflanzen sollten möglichst ungestört wachsen können

Rodgersia podophylla 'Rotlaub'

Rudbeckia fulgida 'Goldsturm'

Rudbeckia nitida

Bronze-Schaublatt
Rodgersia podophylla

BLÜTEZEIT: Juni
HÖHE: 90–120 cm, **BREITE:** 80–120 cm

Herkunft: Japan, Korea; feuchte Berg- und Schluchtwälder, Auengebüsche
Wuchs: breitbuschig, breitet sich über Rhizome zunehmend aus
Blüte: in Rispen am Ende aufrechter Stängel; milchweiß bis cremefarben
Blatt: Horste 80 cm hoch; groß, handförmig geteilt, die 5 bis 7 Blättchen am Ende leicht spitzlappig, Austrieb spät; bronzefarben, später grün, im Herbst bisweilen ansprechend kupferrot
Standort: licht- bis halbschattig; kühl, frisch bis feucht, luftfeucht; Boden lehmig-humos oder humos, nährstoffreich; Pflanze ist frosthart
Pflege: in Trockenperioden durchdringend wässern; welke Blütenstängel herausschneiden
Vermehrung: Teilung, Aussaat
Verwendung: lichte Gehölzbestände, am Gehölzrand, in Innenhöfen, an Nordwänden, für Blattschmuckpflanzungen
Partner: *Aruncus, Astilbe, Hosta, Smilacina, Carex pendula, Matteuccia*
Sorten/Verwandte:
• 'Pagode', weiße, etagenförmige Blüten
• 'Rotlaub', 120 cm, Austrieb kupferfarben, vergrünt erst spät
• 'Smaragd', 130 cm, grünlaubig
Hinweis: zunächst langsamwüchsige, aber überaus langlebige Staude; da Schäden durch Spätfröste möglich sind, sollte man sie nicht in frostgefährdeten Senken pflanzen

Prächtiger Garten-Sonnenhut
Rudbeckia fulgida 'Goldsturm'
(= Rudbeckia fulgida var. sullivantii)

BLÜTEZEIT: Juli – September
HÖHE: 60–80 cm, **BREITE:** 50–60 cm

Herkunft: Nordamerika; feuchte Wiesen
Wuchs: horstartig, grundständige Blatthorste mit aufrechten Blütenstängeln
Blüte: tief goldgelbe Strahlenblüten um kugelige, schwarzbraune Mitte
Blatt: ei- bis herzförmig, grundständige Blätter sehr groß; dunkelgrün
Standort: sonnig; frisch; Boden lehmig, sandig-lehmig oder lehmig-humos, nährstoffreich; Pflanze ist frosthart
Pflege: unerwünschte Sämlinge entfernen; bei zu starker Ausdehnung mit dem Spaten eingrenzen
Vermehrung: Teilung oder Aussaat
Verwendung: Rabatten, Bauerngarten, Schnittblumenbeete
Partner: *Ageratum houstonianum, Coreopsis, Delphinium, Helenium*, weißer Phlox, *Salvia farinacea, Calamagrostis*
Sorten/Verwandte:
• *Rudbeckia fulgida* var. *deamii*, 60–90 cm, gelb, blüht üppig von August bis September, verträgt kurzzeitige Trockenheit
• *Rudbeckia fulgida* var. *speciosa*, 110 cm, ähnlich vorige, aber höher
• *Rudbeckia triloba* (Schleier-Sonnenhut), 100–140 cm, Juli bis September, zahlreiche kleine Sonnenhut-Blüten; oft kurzlebig und daher meist einjährig kultiviert; für sonnige Rabatten
Hinweis: knopfartige Fruchtstände stehen lassen, sie bieten einen effektvollen Winterschmuck

Fallschirm-Sonnenhut
Rudbeckia nitida

BLÜTEZEIT: August – September
HÖHE: 180-220 cm, **BREITE:** 100-120 cm

Herkunft: Südosten Nordamerikas; Ufer, Feuchtwiesen, lichte Auenwälder
Wuchs: lockerbuschige, hoch aufstrebende Horste
Blüte: nach unten gebogene, breite Zungenblüten um eine grünliche, zylindrische Mitte; große Einzelblumen an verzweigten Stielen; zitronengelb
Blatt: tief gelappt; frischgrün
Standort: sonnig; windgeschützt, frisch bis feucht; Boden lehmig oder lehmig-humos, nährstoffreich; Pflanze ist frosthart
Pflege: bei Bedarf stäben; bei Trockenheit durchdringend gießen; durch Rückschnitt im Juni auf die Hälfte der ursprünglichen Höhe bleiben die Pflanzen kompakter und standfester
Vermehrung: Teilung
Verwendung: Rabatten, Wasserrand, feuchte Freiflächen; Schnittblume
Partner: *Aconitum carmichaelii, Persicaria amplexicaulis, Vernonia, Veronicastrum virginicum, Miscanthus*
Sorten/Verwandte:
• 'Herbstsonne', 210 cm; Blüte gelb, September bis Oktober
• 'Juligold', 210 cm; Blüte gelb, ab Juli
• *Rudbeckia laciniata* 'Goldball', 230 cm, Blüten leuchtend gelb, gefüllt, ballartig; meist nicht standfest, aber angelehnt an Zäune wunderschön
• *Rudbeckia laciniata* 'Goldquelle', 90 cm, gedrungen; gelb, gefüllt

Santolina chamaecyparissus

Saponaria ocymoides

Saponaria officinalis 'Rosea Plena'

Silber-Heiligenkraut
Santolina chamaecyparissus

BLÜTEZEIT: Juni – August
HÖHE: 40–60 cm, **BREITE:** 50–60 cm

Herkunft: mediterranes Südeuropa; Felsküste bis steinige Bergwiesen
Wuchs: polsterförmiger, gelegentlich struppiger Halbstrauch
Blüte: gelbe Köpfchen; herb duftend
Blatt: linealisch, schuppenartig dicht gedrängt, grausilbrig; streng aromatisch; winter- bis immergrün
Standort: vollsonnig; warm, auch heiß; Boden trocken bis frisch, neutral bis stark alkalisch, unbedingt durchlässig, da Pflanze hochempfindlich gegen stauende Nässe, humusarm, steinig, kiesig, sandig-lehmig; *Santolina* ist mäßig frosthart und gegen Winternässe empfindlich
Pflege: regelmäßiger Rückschnitt, da der Halbstrauch sonst vergreist, von unten her verkahlt und auseinanderfällt; Winterschutz ratsam
Vermehrung: Stecklinge
Verwendung: als niedrig geschnittene Hecke; Duft- und Aromagarten, mediterraner Garten, Felssteppe, Steingarten, Apothekergarten (gegen Insekten)
Partner: *Artemisia* 'Powis Castle', *Lavandula angustifolia, Perovskia atriplicifolia, Salvia officinalis*
Sorten/Verwandte:
• 'Edward Bowles', Blatt graugrün
• 'Lambrook Silver', Blatt silbrigweiß
• 'Lemon Queen', Blüte hellgelb
• *Santolina pinnata* (Grünes Heiligenkraut), 40–50 cm; grünlaubig; frostempfindlich

Polster-Seifenkraut, Rotes Seifenkraut
Saponaria ocymoides

BLÜTEZEIT: Mai – Juli
HÖHE: 10–20 cm, **BREITE:** 30–50 cm

Herkunft: Süd- und Mitteleuropa; in Gebirgen an trockenen Hängen, Felsschuttfluren oder in Flussschotter
Wuchs: große, niedrige Polster
Blüte: dichtblütige Dolden mit klebrigen Stängeln, Einzelblüten sternchenähnlich, reichblühend; hell- bis dunkelrosa
Blatt: klein, elliptisch; mattgrün
Standort: sonnig; kühl; Boden mäßig trocken bis frisch, schwach bis stark alkalisch, durchlässig, keinesfalls zu nährstoffreich, sandig-kiesiger Lehm; Pflanze ist meist frosthart
Pflege: scharfer Rückschnitt um die Hälfte nach der ersten Blüte im Juni fördert kompakten Wuchs
Vermehrung: Stecklinge, Teilung
Verwendung: im Steingarten, im Geröllsteingarten, in Plattenfugen, auf Mauern, extensive Dachbegrünung
Partner: *Campanula*-Sorten, *Euphorbia cyparissias, Gypsophila repens*
Sorten/Verwandte:
• 'Alba', elfenbeinweiß, reichblühend
• 'Rubra Compacta', dunkel karminrot
• 'Snow Tip', weiß mit rosa Hauch
• 'Splendens', karminrosa
• *Saponaria × lempergii* 'Max Frei', üppig wachsende, lockere Polster; großblütig, karminrosa, eine der am spätesten und längsten blühenden Steingartenpflanzen, Juli bis September; 20–30 cm, so hoch wie breit

Echtes Seifenkraut
Saponaria officinalis

BLÜTEZEIT: Juni – September
HÖHE: 40–80 cm, **BREITE:** 50–75 cm

Herkunft: Europa, Westasien; Auenwiesen, Flussufer, Feldraine
Wuchs: buschig aufrecht, durch Ausläufer allmählich breiter, bisweilen dickichtartig
Blüte: Blütensterne in lockeren Dolden; hellrosa oder fast weiß; intensiver, süßlicher Duft; lange blühend
Blatt: breit elliptisch; mattgrün
Standort: sonnig oder absonnig; warm; Boden frisch bis feucht, schwach sauer bis alkalisch, sandig-kiesiger Lehm; Pflanze ist frosthart
Pflege: wenig düngen, sonst Pflanze standschwach und verstärkt Ausläufer treibend, Verblühtes ausschneiden; Rhizomsperren verwenden
Vermehrung: Aussaat, Teilung
Verwendung: für Blumenwiesen, im Naturgarten, am sonnigen Gehölzrand
Partner: *Achillea millefolium, Filipendula ulmaria, Leucanthemum vulgare, Lysimachia punctata, Salvia pratensis*
Sorten/Verwandte:
• 'Alba Plena', weiß gefüllte Blüten
• 'Rosea Plena', rosa gefüllte Blüten
• 'Rubra Plena', karminrot, gefüllt
• *Petrorhagia saxifraga* (Steinbrech-Felsennelke), Mittel- bis Südeuropa, Trockenrasen; kleine, lockere Horste mit dünnen Trieben; Rispen mit rosa Sternchenblüten, Juni bis September; sonnige, trockene, sandige, kiesige Plätze; Steingarten, extensive Dachbegrünung

Steinbrech *Saxifraga*

Aus Wanderungen im Gebirge sind sie uns vertraut: die kleinwüchsigen, häufig hartkrustigen Gestalten, die eng an den Stein angeschmiegt wachsen und noch kärgste Standorte besiedeln. Mit ihren Wurzeln scheinen sie den Stein zu brechen – und daher leitet sich auch der Name der Gattung ab. Aber die Vielfalt ist größer, als man bei solchen Spezialisten vermutet und es der Pflanzenname signalisiert. So gibt es Steinbrech-Arten, die nicht auf steinigen Untergründen, sondern im lichten Waldschatten vorkommen. Da ist es kein Wunder, dass die Gattung doch fast 400 verschiedene Arten und noch mehr Hybriden und Auslesen umfasst.

Lichthungrige Formen

Um die Vielgestaltigkeit innerhalb der Gattung überschaubar zu machen, werden die Steinbreche verschiedenen Sektionen zugeordnet: Die **Krustigen Steinbreche** oder Silberrosetten-Steinbreche umfassen sonnenhungrige Arten, die dichte Rosetten aus spatel- bis zungenförmigen Blättern mit Kalkablagerungen besitzen. Durch die so-

genannte „Kindelbildung" entstehen meist ansehnliche Rosettenteppiche, sodass die Pflanzen auch außerhalb ihrer Blütezeit im Mai und Juni gut wirken. Obgleich die blühenden Rosetten absterben, bleiben die Pflanzen durch die Tochterrosetten erhalten. In diese Gruppe gehören neben *Saxifraga crustata* (Krusten-Steinbrech), *Saxifraga cotyledon* (Urgesteins-Steinbrech), *Saxifraga paniculata* (Rispen-Steinbrech) und weiteren ausdauernden Formen auch einige monokarpe Arten wie *Saxifraga longifolia* (Pyrenäen-Steinbrech). Sie bilden nur eine Rosette, sodass nach der Fruchtbildung die gesamte Pflanze abstirbt.

Für absonnige Standorte

Die Sektion der **Vorfrühlings-Steinbreche** vereinigt niedrige, sehr früh blühende Polsterpflanzen. Ihre Rosetten bestehen aus schmalen, festen Blättern. Sie sterben nach der Blüte nicht ab. Im Steingarten wollen die Kalk liebenden Pflanzen nicht in der prallen Sonne stehen, sondern absonnig oder im lichten Felsschatten. Neben Arten wie *Saxifraga ferdinandi-coburgi* oder *Saxi-*

fraga juniperifolia zählen mit den Kabschia- und Engleria-Steinbrechen viele Hybriden zu den Vorfrühlings-Steinbrechen.

Für lichten Schatten

Die **Moos-Steinbreche** – dazu gehören *Saxifraga trifurcata* und die Arendsii-Gruppe – fallen durch saftig grüne, moosartige Polster auf. Schon die Farbe der Blätter signalisiert einen höheren Wasserbedarf. Die Pflanzen stehen am besten hell, aber nicht in der prallen Sonne.

Bei den **Schatten-Steinbrechen** (→ *Saxifraga × urbium*) handelt es sich um immergrüne, Rosetten bildende Pflanzen, die im lichten Schatten von Wänden unproblematisch wachsen. Starken Laubfall von Bäumen ertragen sie schlecht.

Diesbezüglich sind die **Wald-Steinbreche** robuster. Wie die heimische Art *Saxifraga rotundifolia* (Rundblättriger Steinbrech) oder *Saxifraga cortusifolia* (Oktober-Steinbrech) bilden sie größere, rundliche Blätter. Sie blühen im Sommer oder Herbst und wachsen am liebsten auf humosen Böden im lichten Schatten.

Sedum aizoon

Gold-Fetthenne
Sedum aizoon

BLÜTEZEIT: Juli – August
HÖHE: 20–50 cm, **BREITE:** 30–50 cm

Herkunft: Sibirien, japanische Inseln; auf Felsen, an steppenartigen baumfreien Geröllhängen
Wuchs: breit und dicht aufrecht, horstig mit vielen festen, unverzweigten Trieben
Blüte: doldenähnlicher Blütenstand, Blüten sternchenartig, rein hellgelb
Blatt: dickfleischig, schmal elliptisch; frischgrün
Standort: vollsonnig; Boden trocken bis frisch, schwach sauer bis stark alkalisch, unbedingt durchlässig, mäßig nährstoffreich, Substrat sandig-steinig oder grobschottriger Lehm; Pflanze ist frosthart
Pflege: Vergilbtes im Herbst entfernen; wenig oder gar nicht düngen
Vermehrung: Teilung, Stecklinge
Verwendung: im Geröllsteingarten, auf Mauerkanten, im Steppengarten, in Rabatten und in der extensiven Dachbegrünung

Partner: *Aster sedifolius* 'Nanus', *Nepeta racemosa*, *Penstemon*-Sorten, *Platycodon grandiflorus* 'Apoyama', *Sedum* 'Iceberg', *Teucrium × lucidrys*
Sorten/Verwandte:
- 'Aurantiacum', Blütenknospen und Kelchblätter gelborange, Blüten leuchtend goldgelb, Blütenstängel und Samenstände rot; Blätter dunkelgrün
- *Sedum kamtschaticum* (Kamtschatka-Fetthenne), Ostasien, an Berghängen, auf Felsen; niedrige bis halbhohe, breitwüchsige Polster, allmählich mattenartig, 15–30 cm; goldgelb, Juli bis September; Blätter schmal elliptisch, frischgrün; sonnige Plätze, frosthart, trocken bis frisch, für mäßig nährstoffreiche durchlässige Böden; auf Mauerkronen, im Steingarten, für extensive Dachbegrünung
- 'Variegatum', kleine Polster, 10–15 cm; Blätter weißrandig, schwächerwüchsig
- *Sedum kamtschaticum* var. *ellacombianum*, Japan; Polster, Matten, 5–10 cm; hellgelb, Juni bis Juli; Blätter breit, hellgrün, im Herbst rötlich

---

HOCHWÜCHSIGE *SEDUM*-SORTEN

SORTE	HÖHE	BLÜTENFARBE	BLATTFARBE	WEITERE INFOS
Sedum-Sorte 'Bronco'	25–40 cm	gelbgrün	graugrün	im Verblühen cremegelb
'Frosty Morn'	30–40 cm	weiß mit rosa Mitte	blaugrün, weißer Blattrand	an warmem Platz reinweiße, an kaltem hellrosa Blüten
'Herbstfreude'	40–60 cm	kupfrig rot	blaugrün	(= 'Autumn Joy'), eine der besten, über 50 Jahre alt
'Karfunkelstein' ('Drachenblut')	30–50 cm	karminrosa	mattgrün bis braunrot	kompakt; Blattfarbe hell graulila bis dunkelbraun
'Lynda Windsor'	30–40 cm	dunkelrot	metallisch, schwarzrot	klein-, aber reichblütig; spät blühend
'Matrona'	60–100 cm	hellrosa	grünlich, lila und schwarzrot	oft standschwach; in den USA Staude des Jahres 2000
'Xenox'	30–50 cm	leuchtend karminrosa	erst graurosa, später fast schwarz	früh blühend; Blattfarbe wechselt von hell nach dunkel
Sedum spectabile 'Brilliant'	40–60 cm	intensiv karminviolett	hell- bis frischgrün	Blüten mit exzellenter Leuchtkraft
'Carmen'	40–60 cm	karminrosa, großblütig	hellgrün	eine der schönsten Sorten, reich und früh blühend
'Iceberg'	30–40 cm	grünlich- bis reinweiß	dunkelgrün	kompakt
'Neon'	30–50 cm	leuchtend rosa	graugrün	Neuheit; Blütenkuppeln farbbeständig; spät blühend
'Septemberglut'	40–60 cm	dunkelrosa bis purpurn	blaugrün	die Sorte mit den dunkelsten Blütendolden
'Stardust'	30–50 cm	weiß, selten auch rosa	hell mattgrün	ab und an hellrosa Blüten dazwischen; spät blühend
Sedum telephium 'Atropurpureum'	60 cm	mattrosa	glänzend dunkel braunrot	anfangs hell- bis dunkelrosa, im Verblühen braunrot
'Clown'	30–50 cm	weiß	cremegelb mit grünem Rand	unter den dunklen Formen eine der hellsten Sorten
'Indian Chief'	30–40 cm	kupfrig rosa	mattgraugrün	im Verblühen kupfrig rosa
'Munstead Dark Red'	50–70 cm	dunkel purpurrot	mattgrün, rötlich überlaufen	nicht immer standfest, im Verblühen schokoladenfarbig

Sedum album 'Coral Carpet'

Sedum floriferum 'Weihenstephaner Gold'

Sedum reflexum

Weißer Mauerpfeffer
Sedum album

Fetthenne 'Weihenstephaner Gold'
Sedum floriferum 'Weihenstephaner Gold'

Felsen-Mauerpfeffer, Tripmadam
Sedum reflexum

BLÜTEZEIT: Juni – August
HÖHE: 5–10 cm, **BREITE:** 20–30 cm

Herkunft: Nordafrika, Europa, Westasien; Trockenrasen, Gebirge, Felsen
Wuchs: dicht mattenförmig, viele gedrungene, im Boden wurzelnde Triebe
Blüte: kleine weiße oder rosa Dolden
Blatt: dick, walzenförmig; rotbraun bis mattgrün, veränderlich in der Farbe
Standort: vollsonnig; warm, auch heiß; Boden trocken bis frisch, durchlässig, humus- und nährstoffarm, sandig-kiesig, steinig; Pflanze ist frosthart
Pflege: selten und nur wenig düngen
Vermehrung: Stecklinge, Sprossen
Verwendung: Steingarten, auf Mauerkronen, extensive Dachbegrünung
Partner: *Allium flavum, Dianthus carthusianorum, Petrorhagia saxifraga, Sedum reflexum, Sempervivum*-Sorten, *Stokesia laevis, Veronica spicata*
Sorten/Verwandte:
- 'Chloroticum', flache Polster; Blätter hellgrün, nie rötlich
- 'Coral Carpet', viel verwendet, korallenrote Blätter (nicht bei zu viel Düngung)
- 'Murale', Blätter schokoladenbraun
- *Sedum acre* (Mauerpfeffer), kleine Polster, Matten; gelb, Juni; sät sich aus
- *Sedum sexangulare* (Milder Mauerpfeffer), Europa, felsige Bergwiesen; dicht rasenartig, 5–8 cm; Blüten gelb, Blätter matt- bis hell bronzegrün, nadelartig; vollsonnig; Boden trocken bis frisch, durchlässig, sandig-kiesig
- 'Weiße Tatra', 8–10 cm; blüht gelb

BLÜTEZEIT: Juni – Juli
HÖHE: 10–20 cm, **BREITE:** 20–40 cm

Herkunft: Wildart stammt aus China
Wuchs: teils polsterförmig, teils mattenartig mit vielen roten Trieben
Blüte: intensiv goldgelbe doldenähnliche Blütenstände mit rötlichen Kelchblättern
Blatt: spatelförmig; dunkelgrün
Standort: vollsonnig; warm; Boden trocken bis frisch, alle durchlässigen Substrate; Pflanze ist frosthart
Pflege: nur mäßig düngen
Vermehrung: Stecklinge, Sprossensaat
Verwendung: Geröllsteingarten, Rabatten, extensive Dachbegrünung
Partner: *Asphodeline lutea, Geranium × cantabrigiense, Nepeta racemosa*
Sorten/Verwandte:
- *Sedum hybridum* 'Immergrünchen', Wildart aus Ostasien; wintergrüne Form, die schöne geschlossene Matten bildet; Blüten gelb; Blätter keilförmig, frischgrün; für den Steingarten, extensive Dachbegrünung
- *Sedum oreganum* (Oregon-Fetthenne), Rocky Mountains, an Felshängen; 8–12 cm hoch, mattenförmig; Blüten gelb, Mai bis Juli; Blätter an den Spitzen rosettenartig angeordnet, dick, oft glänzend bräunlichgrün gefärbt; sonnig bis lichter Schatten; frosthart; Boden trocken bis frisch; durchlässig, da Pflanze empfindlich gegen stauende Nässe

BLÜTEZEIT: Juni – Juli
HÖHE: 10–40 cm, **BREITE:** 15–30 cm

Herkunft: Süd- bis Mitteleuropa; Dünen, Felsschutthalden, in Magerrasen
Wuchs: rasenartig mit gedrungenen, walzenförmigen Trieben, Blütenstängel deutlich höher aufragend
Blüte: in kleinen, doldenähnlichen, oft nickenden Blütenständen; sternchenartige Blütenköpfe; gelb
Blatt: nadelartig; bläulich; wintergrün
Standort: sonnig, heller Schatten noch möglich; Boden trocken bis frisch; sauer bis schwach alkalisch, humus- und nährstoffarm, durchlässig, sandig-kiesig; Pflanze ist frosthart
Pflege: keine starkwüchsigen Partner dazupflanzen
Vermehrung: Stecklinge, Sprossensaat
Verwendung: Steingarten, Steppengarten, auf Mauerkronen, bewährt bei extensiver Dachbegrünung
Partner: *Festuca glauca, Allium moly, Dianthus carthusianorum, Thymus*-Arten
Sorten/Verwandte:
- 'Blue Spruce', leuchtend blaue Blätter
- 'Elegant', Blätter auffällig graublau
- 'Oxbow', Blätter mattgrün
- 'Sandy Silver Crest', niedrig, schwachwüchsig, 10–20 cm; Blätter weiß gefleckt
- 'Stormy Angelina', Blätter zitronengelb
- *Sedum forsterianum* (Marokkanischer Mauerpfeffer); Blätter nadelartig, grün
Hinweis: pfeffriges Salatgewürz

Sedum spurium

Sedum 'Matrona'

Purpur-Fetthenne
Sedum telephium
(Hylotelephium telephium)

Sempervivum 'Oscar'

Echte Hauswurz, Dachwurz
Sempervivum tectorum

Kaukasus-Fetthenne
Sedum spurium

BLÜTEZEIT: Juni – August
HÖHE: 10–20 cm, **BREITE:** 20–40 cm

Herkunft: Südosteuropa, Westasien; felsige Hänge und kiesige Bachufer
Wuchs: ausgedehnt, dichte Matten
Blüte: doldenartig; silbrig karminrosa
Blatt: rund, am Ende der Triebe gedrängt rosettenartig; glänzend grün; teils sommergrün, teils wintergrün
Standort: sonnig bis lichter Schatten; kühl; Boden trocken bis frisch, kurzzeitig auch überflutet, sauer bis alkalisch, durchlässig, sandiger Lehm; Pflanze verträgt Wärme, ist frosthart
Pflege: gelegentlich mäßig düngen
Vermehrung: Stecklinge, Sprossensaat
Verwendung: Steingarten, Mauern, für extensive Dachbegrünung
Partner: *Iris* Pumila-Gruppe, *Geranium dalmaticum, Sempervivum, Jovibarba*
Sorten/Verwandte:
• 'Album Superbum', weiß, auch im Halbschatten unter Sträuchern
• 'Fuldaglut', karminrot; Laub rot
• 'Schorbuser Blut', bis 10 cm; karminrot; Laub intensiv rötlichbraun
• *Sedum cauticolum* (*Hylotelephium cauticolum*, September-Fetthenne), Japan, 10–15 cm, polsterförmig; karminrot; Blätter bläulich, purpurroter Saum, rund; für Ampeln
• *Sedum* 'Bertram Anderson', karminrosa, Blätter intensiv blaurot getönt
• *Sedum* 'Vera Jameson', ähnlich, bis 20 cm; Blüten rosa

BLÜTEZEIT: August – Oktober
HÖHE: 40–70 cm, **BREITE:** 50–80 cm

Herkunft: Europa, Asien, Gebirge; in steinigen Wiesen, in Geröllfeldern
Wuchs: breithorstig aufrecht mit fingerdicken, locker beblätterten Trieben
Blüte: schirmartig doldenartig; matt purpurrosa; Fruchtdolde bräunlich purpurn
Blatt: dick und starr, elliptisch; blau- oder graugrün, im Herbst gelb, schöner Kontrast zu den Fruchtständen
Standort: vollsonnig; Boden trocken bis frisch, mäßig nährstoffhaltig, durchlässig, kalkhaltig, sandig-kiesiger Lehm; Pflanze ist frosthart, auf nährstoffreichen Böden äußerst standschwach
Pflege: standschwache Sorten stützen
Vermehrung: Teilung, Stecklinge
Verwendung: im Geröllsteingarten, in Rabatten, extensive Dachbegrünung
Partner: Steppengräser, *Artemisia schmidtiana, Aster-* und *Eryngium*-Sorten, *Lychnis coronaria, Yucca*
Sorten/Verwandte:
• *Sedum spectabile* (= *Hylotelephium spectabile*, Pracht-Fetthenne), China, in Wiesensteppen; 50–70 cm, breit aufrechte, dichtbuschige Horste mit hellrosa Blütendolden, August bis September; Blätter grau- bis blaugrün, im Herbst gelblich; in voller Sonne; Pflanze ist frosthart
Hinweis: Hohe Fetthennen werden gerne von Schmetterlingen besucht. Grau- und rotlaubige Sorten brauchen 1 bis2 Jahre länger für ihre Entwicklung

BLÜTEZEIT: Juli – September
HÖHE: 5–10 cm, **BREITE:** 5–8 cm

Herkunft: Europa, Gebirge, dort auf Felsen und in Spalten, Geröllwiesen
Wuchs: dickfleischige Rosetten, bilden mit dicht aneinander gedrängten Tochterrosetten bescheidene Polster
Blüte: kleine rosa Blütenstände, die über die Rosetten hinausragen; abgeblühte Rosetten sterben nach dem Fruchten ab
Blatt: dreieckig zugespitzt; mattgrün, oft mit rötlichen Blattspitzen; immergrün
Standort: vollsonnig; Boden trocken, durchlässig, feinerde- und nährstoffarm; Pflanze ist meist frosthart, in schneearmen Wintern sind manche Sorten gefährdet
Pflege: keinesfalls üppig düngen
Vermehrung: über Tochterrosetten
Verwendung: auf Dächern, Zaunpfeilern, Mauerkronen, Steingarten, Töpfe
Partner: *Linaria alpina, Saxifraga crustata, Sedum album* 'Chloroticum'
Sorten/Verwandte: es gibt unzählige Sorten und Kreuzungen, stets wachsendes, unüberschaubares Angebot:
• *Sempervivum arachnoideum* (Spinnweb-Hauswurz), Europa, Felsgrate; kleine Rosettenkugeln, dicht mit weißen Fäden übersponnen; langsamwüchsig, karminrot, Juli bis August
• *Joviibarba sobolifera* (Donarsbart), Europa, Feinschutthalden; hellgrüne, geschlossene Kugelrosetten; hellgelb, Juli bis September

SEMPERVIVUM IN SORTEN

SORTE	ROSETTENFARBE	ROSETTENFORM
'Abba'	anfangs graurot, später reinrot mit Gelb, Spitzen rosa	flach halbgeöffnet, 6–8 cm
'Abendstern'	ziegelrot mit Gelb, Blattspitzen rosa	weit geöffnet, bis 12 cm breit
'Alpha'	bräunlichgrün mit silbrigen Fäden, im Winter braun	schalenförmig halbgeöffnet, 4–5 cm
'Apollo'	blaugrün mit rotem Zentrum, Blattspitzen braunrot	flachkugelig, fast geschlossen, 8–12 cm
'Bernstein'	grüngelb, im Sommer hell cremegelb mit grüner Mitte	flach bis rund, halbgeöffnet, bis 7 cm
'Betti Belinda'	violettrot mit grünem Hauch, im Winter schwärzlich	halbgeöffnet, breit schalenförmig, 6–8 cm
'Caruso'	fahlgelb mit ziegelroten Spitzen	teils kugelig geschlossen, teils halbgeöffnet, 5–7 cm
'Dakota'	anfangs kupfrig orange, später altrosa	schalen- bis becherförmig halbgeöffnet, bis 10 cm
'Gangster'	anfangs purpurschwarz, dann grünlich rosa	flach, weit geöffnet, 10–12 cm
'Green Apple'	durchscheinend apfelgrün	perfekt halbkugelig, weit geöffnet, 8–10 cm
'Hayling'	rot mit grünem Rand, Mitte grün, bleibend zweifarbig	schalenförmig halbgeöffnet, 6–8 cm
'Lilac Time'	anfangs mehlig lilarosa, dann auffällig grau	schalenförmig bis fast aufrecht, halbgeöffnet, bis 8 cm
'Othello'	tief rotbraun	halbkugelige Riesenrosetten, bis 16 cm
'Rheinkiesel'	wollig silbriggrau, mit weißen Fäden übersponnen	kugelig, dicht geschlossen, 2–3 cm

Silene maritima 'Weißkehlchen'

Küsten-Leimkraut
Silene maritima 'Weißkehlchen'

BLÜTEZEIT: Mai – Juli
HÖHE: 10–20 cm, **BREITE:** 25–30 cm

Herkunft: gärtnerische Auslese; Art wächst an Küsten Westeuropas; Klippen, Steinfluren, Dünenrasen
Wuchs: lockerrasig; breitwüchsig mit niederliegenden Trieben
Blüte: radförmig, einzeln am Ende drahtiger Stiele; leuchtend weiß, mit ballonartig aufgeblasenem, hellgrünem Kelch, auch nach der Blüte ansehnlich
Blatt: lanzettlich; graugrün; wintergrün
Standort: sonnig; mäßig trocken bis frisch; Boden durchlässig, sandig; Pflanze ist meist frosthart
Pflege: in schneefreien Lagen schützt lockere Laubabdeckung vor Wintersonne
Vermehrung: Aussaat; Teilung
Verwendung: Steingarten, Schotterflächen, Trockenmauern, zwischen Wegplatten, in Trögen
Partner: *Armeria maritima, Campanula portenschlagiana, Festuca ovina, Origa-*

num, Saponaria × lempergii 'Max Frei', *Thymus praecox*
Sorten/Verwandte:
- *Silene acaulis* (Stängelloses Leimkraut), 5 cm, dichte Polster, Blüten fast ungestielt, kräftig rosa; für Steingarten auf durchlässigem, frischem Boden
- *Silene alpestris* (Strahlensame, Gebirgs-Leimkraut), Gebirge Europas; lockere, teppichartige Polster, 15 cm; Blüten weiß, flach radförmig, Juni bis Juli
- 'Heidi', 15 cm, weiß, gefüllt blühende Sorte der vorigen Art
- *Silene schafta* (Herbst-Leimkraut), 10 cm; bildet lockere Teppiche; Blüten stern- oder radförmig, rosa, August bis September; einer der letzten Spätblüher im Steingarten; Blatt tiefgrün, lanzettlich
- 'Splendens', Blüten kräftig karminrosa, farbintensiver als die Art
- *Silene dioica* (= *Melandrium rubrum*, Rote Lichtnelke, Waldnelke); heimisch, Wiesen, lichte Wälder; 30 cm; Blüten stumpf karminrot; für Naturgärten und Blumenwiesen

211

Smilacina racemosa

Solidago 'Goldstrahl'

Solidago rugosa 'Fireworks'

Rispen-Duftsiegel
Smilacina racemosa

BLÜTEZEIT: Mai – Juni
HÖHE: 40–80 cm, **BREITE:** 40–100 cm

Herkunft: Nordamerika; schattige Waldränder, feuchte Auwälder
Wuchs: bogenförmige bis aufrechte,
unverzweigte Triebe mit endständigen
Blütenrispen; buschige Kolonien durch
viele kurze Ausläufer
Blüte: weiße, duftende federartige Blütenstände, Einzelblüten winzig; im Spätsommer rote Beeren (bei Fremdbestäu-
bung durch andere Exemplare)
Blatt: elliptisch; mattgrün, im Herbst
gelb
Standort: halbschattig bis schattig;
kühl; Boden frisch bis nass, sauer bis
neutral, humusreich, tiefgründig; Pflanze
ist frosthart
Pflege: unbedingt in Ruhe lassen; seit
Jahren eingewachsene Pflanzen vertra-
gen mäßig Trockenheit, trotzdem bei
heiß-trockenem Wetter wässern
Vermehrung: Teilung
Verwendung: im Waldgarten, im Unterwuchs, am Teichrand, in Rabatten
Partner: zu Rhododendron und Azaleen,
Waldgräsern und Farnen, *Astilbe*-Sorten,
Dicentra eximia, *Trillium*-Arten
Sorten/Verwandte:
• *Smilacina stellata* (Stern-Duftsiegel),
Nordamerika, feuchte Wälder, Sümpfe;
Kolonienbildner für halbschattige bis
schattige Flächen; Blütenstände rispen-
ähnlich, Einzelblüten sternchen-
artig, weiß, duftend; die Früchte sind
weiße Beeren

Pracht-Goldrute
Solidago-Sorten

BLÜTEZEIT: Juli – September
HÖHE: 50–80 cm, **BREITE:** 40–60 cm

Herkunft: Gartenformen, die von nord-
amerikanischen Wildarten abstammen
Wuchs: aufrechte, dichtbuschige Horste;
mit kurzen Ausläufern, jedoch nicht
wuchernd wie die Wildarten
Blüte: winzige Blütenköpfchen in reichblütigen Rispen; gold- bis hellgelb
Blatt: lanzettlich, Rand gesägt; tiefgrün
Standort: sonnig; frisch bis feucht;
Boden nährstoffreich, lehmig, lehmig-
humos oder sandig-lehmig; Pflanze ist
frosthart
Pflege: in Trockenperioden wässern,
kann sonst unter Mehltau leiden; ver-
blühte Rispen abschneiden, um Selbst-
aussaat zu verhindern
Vermehrung: Teilung, Stecklinge
Verwendung: Rabatten, Schnittblumen
Partner: *Coreopsis, Helenium, Helian-
thus, Leucanthemum*, violette *Monarda,
Rudbeckia, Calamagrostis*
Sorten/Verwandte:
• 'Golden Mosa', 70 cm; goldgelb, Blü-
tenrispen erinnern an Mimosen
• 'Golden Shower', 80 cm; gelb, Rispen-
äste locker überhängend
• 'Goldwedel', 70 cm; gelb, früh blü-
hend, lockere Rispen
• 'Junigold', 60 cm, früh blühend; nach
Rückschnitt Zweitblüte im Herbst
• 'Ledsham', 70 cm; hellgelb
• 'Strahlenkrone', 60 cm; straff aufrecht,
flach ausgebreitete Rispen, goldgelb;
ausgezeichnete Sorte

Raue Goldrute
Solidago rugosa

BLÜTEZEIT: September – Oktober
HÖHE: 130–160 cm, **BREITE:** 70–90 cm

Herkunft: östliches Nordamerika; Wiesen und Gebüsch
Wuchs: locker horstartig, ohne Ausläufer; bogenförmig aufrecht
Blüte: winzige Blütenköpfchen in ele-
ganten, stark verzweigten, rutenförmi-
gen Trauben; goldgelb; reich und lange
blühend
Blatt: schmal eiförmig bis lanzettlich,
klein; grasgrün
Standort: sonnig; frisch; Boden nährstoffreich, lehmig, lehmig-humos oder
sandig-lehmig
Pflege: Rückschnitt erst im Frühjahr, da
auch im Winter ansehnlich; unerwünschte Sämlinge entfernen
Vermehrung: Teilung, Stecklinge
Verwendung: große Rabatten, Schnittblumen, frische Freiflächen
Partner: *Aster* Dumosus-Gruppe, *Aster
laevis, Chrysanthemum, Panicum virgatum, Sorghastrum*
Sorten/Verwandte:
• 'Fireworks', 110 cm; leuchtend gelb,
gedrungener und schöner als die Art;
meist standfest
• *Solidago caesia* (Goldbandrute),
60–90 cm, Blüten goldgelb, in lockeren, gebogenen Rispenästen, September bis Oktober; Blätter lanzettlich,
hellgrün, für mäßig trockene Rabatten
und Freiflächen; schön zu herbstfärbenden Gräsern und dem bunten
Herbstlaub von Pfingstrosen

Stachys byzantina

Stachys grandiflora

Stokesia laevis

Wolliger Ziest, Hasenohr
Stachys byzantina

BLÜTEZEIT: Juni – Juli
HÖHE: 15–25 cm, **BREITE:** 30–40 cm

Herkunft: Südosteuropa bis Westasien; in Halbtrockenrasen, Felsfluren und steinigen Wiesen
Wuchs: flach ausgebreitet; bildet mit Ausläufern lückenlose Teppiche
Blüte: aufrechte silbrige Blütenstände mit unscheinbaren lilarosa Blütchen
Blatt: elliptisch; auf Ober- und Unterseite silbrig glänzend dicht samtig behaart; wintergrün
Standort: vollsonnig; trocken bis frisch, Boden kalkhaltig, absolut durchlässig, Pflanze ist empfindlich gegen stauende Nässe, vor allem im Winter, frosthart
Pflege: Verblühte Blütenstände sofort ausschneiden, da Samenbildung die Pflanze schwächt und sie sonst nur noch lückenhaft wächst; im zeitigen Frühjahr sämtliche Blätter entfernen, um wieder dichte Matten zu erzielen
Vermehrung: Teilung
Verwendung: als Bodendecker; im Geröllsteingarten, in Rabatten und in der extensiven Dachbegrünung
Partner: *Helictotrichon sempervirens, Anthemis tinctoria, Artemisia*-Arten, *Sedum telephium, Yucca filamentosa*
Sorten/Verwandte:
• 'Cotton Ball', Fruchtstand groß, silbrig
• 'Primrose Heron', Blätter zitronengelb, grausilbrig dicht behaart
• 'Silver Carpet', eine der besten Sorten, kein Blüten- und Samenansatz, somit bildet sich ein lückenloser Blattteppich

Großblumiger Ziest
Stachys grandiflora
(= Stachys macrantha)

BLÜTEZEIT: Juni – August
HÖHE: 40–60 cm, **BREITE:** 30–50 cm

Herkunft: Südosteuropa, Westasien; an sonnigen Waldrändern, an Berghängen
Wuchs: aufrecht buschiger Horst mit vielen dicht stehenden Blütentrieben
Blüte: ährenartige, aufragende Blütenstände mit quirlig angeordneten purpurrosa oder rosa Lippenblüten
Blatt: schmal herzförmig; dunkelgrün
Standort: teilweise besonnt oder lichter Schatten; kühl; Boden frisch bis feucht nährstoffreich, humos; Pflanze ist empfindlich gegen Austrocknen, meist frosthart
Pflege: in Trockenperioden wässern; Verblühtes sofort ausschneiden, es bildet sich eine bescheidene Zweitblüte
Vermehrung: Teilung
Verwendung: am Gehölzrand, lichter Unterwuchs, in beschatteten Rabatten
Partner: *Aruncus dioicus, Astilbe*-Sorten, *Eupatorium rugosum* 'Chocolate', *Euphorbia*
Sorten/Verwandte:
• 'Alba', elfenbeinweiße Blütenstände
• 'Rosea', auffallend reinrosa blühend
• 'Superba', prachtvoll, großblumig
• *Stachys monnieri* (Runzliger Ziest), niedrige Horste, 30–40 cm, gedrungen; karminrosa, Juni bis Juli; Blätter dunkelgrün, runzlig; für lichten Schatten, Boden frisch bis feucht, humos; problemlos am Gehölzrand, in lichtschattigen Rabatten
• 'Hummelo', leuchtend violettrosa

Kornblumenaster
Stokesia laevis

BLÜTEZEIT: Juni – August
HÖHE: 30–70 cm, **BREITE:** 40–50 cm

Herkunft: südöstliches Nordamerika; in lichten, sumpfigen Kiefernwäldern, Baumsavannen und Gehölzsäumen; meist auf saurem Boden
Wuchs: horstartig, lockerbuschig, bildet grundständige Blattrosetten, über die sich die Blütentriebe erheben
Blüte: groß, kornblumenartig, am Ende wenig verzweigter Stiele; lilablau bis rosaviolett
Blatt: schmal lanzettlich, lang; grasgrün; Rosettenblätter wintergrün
Standort: sonnig; warm; frisch; Boden durchlässig, sandig-lehmig oder lehmig-humos, nährstoffreich; Pflanze ist mäßig frosthart
Pflege: Rückschnitt zum Ende der Blütezeit; leichter Winterschutz durch locker aufgelegte Fichtenzweige ratsam
Vermehrung: Aussaat, einige Sorten nur durch Teilung oder Wurzelschnittlinge
Verwendung: Vordergrund von Rabatten, die niedrigen Sorten im Steingarten, Südwände, Südböschungen
Partner: *Centaurea dealbata, Gaura lindheimeri, Solidago caesia, Tanacetum niveum, Stipa calamagrostis*
Sorten/Verwandte:
• 'Album', 40 cm; milchig weiß
• 'Blue Star', 30 cm; Blüten lilablau
• 'Purple Parasols', 50 cm; purpurviolett, sehr großblütig
• 'Träumerei', 40 cm; weiß mit rosa Hauch, durch Aussaat vermehrbar

Symphytum grandiflorum

Tanacetum 'Laurin' (Coccineum-Gruppe)

Tanacetum parthenium

Kaukasus-Beinwell
Symphytum grandiflorum

BLÜTEZEIT: April – Mai
HÖHE: 20–30 cm, **BREITE:** 30–40 cm

Herkunft: Kaukasus; lichte Wälder, Rhododendrongebüsche, Waldsäume
Wuchs: durch Ausläufer teppichartig
Blüte: röhrenförmige Einzelblüten in endständigen Wickeltrauben; rahmgelb
Blatt: eiförmig, rau behaart; dunkelgrün, früh austreibend und lange grün
Standort: lichtschattig bis halbschattig; mäßig trocken bis feucht; Boden lehmig oder lehmig-humos, nährstoffreich; Pflanze ist frosthart
Pflege: bei zu starker Ausbreitung Flächen begrenzen; Mahd möglich
Vermehrung: Teilung außerhalb der Blütezeit
Verwendung: Bodendecker unter und zwischen Gehölzen und auf der Nordseite von Gebäuden
Partner: nur starkwüchsige oder deutlich höhere Arten wie *Aruncus dioicus*, *Brunnera macrophylla*, *Epimedium × perralchicum*, *Polygonatum × hybridum* 'Weihenstephan', *Rodgersia*
Sorten/Verwandte:
- 'Blaue Glocken', 35 cm; Blüten hellblau; breitet sich weniger stark aus
- 'Goldsmith', 30 cm; Blatt gelb gerandet, sonnenempfindlich, zur Aufhellung von Schattenpartien
- 'Hidcote Blue', 35 cm; Knospen rosa, Blüten zartblau, später weiß
- *Symphytum officinale* (Gewöhnlicher Beinwell), 90 cm; heimisch; weiß oder purpurviolett; naturnahe Gärten

Bunte Margerite
Tanacetum Coccineum-Gruppe

BLÜTEZEIT: Mai – Juli
HÖHE: 50–80 cm, **BREITE:** 30–40 cm

Herkunft: Kulturformen; Ausgangsart aus dem Kaukasus, Armenien und Iran, sommertrockene Bergwiesen
Wuchs: horstartig buschig, aufrechte Blütenstängel
Blüte: einfache Margeritenblüten mit gelber Mitte, einige Sorten gefüllt; rosa bis weinrot, auch weiß
Blatt: fiederteilig; dunkel- bis graugrün; aromatisch
Standort: sonnig; warm; mäßig trocken bis frisch; Boden gut durchlässig, sandig oder sandig-lehmig, mäßig nährstoffreich; Pflanze ist meist frosthart
Pflege: Rückschnitt nach dem Verblühen fördert zweite Blüte; standschwache Pflanzen stützen; Horste alle 2 bis 3 Jahre teilen, versetzen und neu pflanzen
Vermehrung: Teilung, Risslinge, zahlreiche Sorten auch durch Aussaat
Verwendung: Rabatten, Südwände; ausgezeichnete Schnittblume
Partner: *Achillea*-Sorten, *Campanula glomerata*, *Festuca mairei*, *Salvia nemorosa*, *Scabiosa caucasica*
Sorten/Verwandte:
- 'Duro', 50 cm, dunkel karminrot
- 'Eileen May Robinson', 70 cm; rosa, nur durch Teilung vermehrbar
- 'Mont Blanc', 60 cm; weiß, gefüllt
- 'Robinson's Red', 70 cm; feurig rot
- 'Rosabella', 70 cm; rosa, gefüllt
Hinweis: auf schweren Böden kurzlebig und meist standschwach

Graublättriges Mutterkraut
Tanacetum niveum 'Jackpot'

BLÜTEZEIT: Juni – September
HÖHE: 60–80 cm, **BREITE:** 50–60 cm

Herkunft: Kulturform
Wuchs: horstartig buschig, annähernd halbkugelförmig; kurzlebig
Blüte: margeritenartig; weiße Strahlenblüten um gelbe Mitte; klein, aber überaus reich und lang blühend
Blatt: eiförmig, gelappt bis fiederschnittig; graugrün bis silbrig
Standort: sonnig; warm; frisch bis mäßig trocken, Boden durchlässig sandig-lehmig bis lehmig, nährstoffreich; Pflanze ist meist frosthart
Pflege: an zusagenden Standorten erfolgt Selbstaussaat, unerwünschte Sämlinge sind zu entfernen
Vermehrung: Aussaat
Verwendung: Rabatten, Südwände, Südböschungen, weitere Freiflächen
Partner: *Anchusa*, *Anthemis*, *Iris* Germanica-Gruppe, *Stokesia*, *Verbascum*
Sorten/Verwandte:
- *Tanacetum corymbosum* (Straußblütige Wucherblume), heimisch, lichte Wälder; 80 cm; Blüten margeritenartig, klein; für naturnahe Gärten, Gehölzrand
- *Tanacetum parthenium* (Mutterkraut), 60 cm, Blüten weiß mit gelber Mitte, zweijährige Pflanze, Selbstaussaat; zahlreiche, auch gefüllte Sorten; oft einjährig kultiviert
- 'Festtafel', großblütige Variante, deren Blüten in einer Ebene stehen
- 'Golden Moss', Blätter zitronengelb
- 'White Pompon', Blüten weiß gefüllt

Tellima grandiflora

Teucrium × lucidrys

Thalictrum aquilegifolium

Großblütiger Fransenbecher
Tellima grandiflora

BLÜTEZEIT: Mai – Juni
HÖHE: 40–60 cm, **BREITE:** 40–60 cm

Herkunft: westliches Nordamerika, in feuchten Nadel- und Schluchtwäldern
Wuchs: dicht beblätterter, buschiger Horst mit vielen hochragenden Blütenständen; durch Selbstaussaat oft großflächige, lückenlose Kolonien
Blüte: unscheinbare bauchige Blütenbecher an langstieligen Rispen mit gefranstem Saum, anfangs grünlich weiß, im Verblühen leicht rosa getönt; abends angenehm süßlich duftend
Blatt: fast rund oder breit herzförmig, mit angedeuteten Blattlappen; hellgrün
Standort: halbschattig, schattig; kühl; luftfeucht; Boden frisch bis feucht, humoser Lehm; Pflanze ist frosthart
Pflege: wenn der reichliche Samenansatz unerwünscht ist, müssen die Blütenstände frühzeitig abgeschnitten werden; unschön gewordene Flächen lassen sich abmähen, der Neutrieb setzt sofort wieder ein
Vermehrung: Aussaat, Teilung
Verwendung: Bodendecker im Unterwuchs, im Waldgarten, in Rabatten
Partner: Waldgräser und Farne, *Astilbe*-Sorten, *Campanula lactiflora*, *Thalictrum aquilegifolium*
Sorten/Verwandte:
• 'Forest Frost', Blätter silbrig grün
• 'Rubra', Blüten grünlich rosa an braunroten Blütenstielen; Blätter leicht bronze- bis kupferfarben mit schöner rötlicher Herbstfärbung

Garten-Gamander
Teucrium × lucidrys

BLÜTEZEIT: Juli – August
HÖHE: 30–40 cm, **BREITE:** 30–40 cm

Herkunft: Kreuzung zwischen *Teucrium lucidum* und *Teucrium chamaedrys*
Wuchs: halbkugelförmiger Halbstrauch
Blüte: purpurrosa Lippenblüten in den Blattachseln aufrechter Stängel
Blatt: eiförmig, klein, derb ledrig, Rand gekerbt, dunkelgrün, immergrün
Standort: sonnig, warm, mäßig trocken bis frisch, Boden durchlässig, sandig- oder steinig-lehmig, mäßig nährstoffreich; Pflanze ist meist frosthart
Pflege: Rückschnitt um ein Drittel im Frühjahr, damit die Pflanzen kompakt und wüchsig bleiben
Vermehrung: Stecklinge (Vorsommer)
Verwendung: Südhänge, Südwände und weitere Freiflächen, Steingarten, Vordergrund von Rabatten, Einfassungspflanze
Partner: *Aster amellus, Lavandula angustifolia, Salvia, Sedum spurium, Thymus, Briza media, Carex montana, Gladiolus communis*, Wildtulpen
Sorten/Verwandte:
• *Teucrium hyrcanicum*, 50 cm; violettpurpurfarben, in kerzenartigen Ähren; Laub nesselartig; anpassungsfähig, Freifläche, Gehölzrand
Hinweis: wird häufig unter der (falschen) Bezeichnung *Teucrium chamaedrys* angeboten; diese heimische Art bildet jedoch Ausläufer und ist sommergrün; sie wächst in lichten Kiefern- und Eichenwäldern, an Waldrändern und in Kalkmagerrasen

Auen-Amstelraute
Thalictrum aquilegifolium

BLÜTEZEIT: Mai – Juli
HÖHE: 50–150 cm, **BREITE:** 50–80 cm

Herkunft: Europa, Asien; in Au- und Schluchtwäldern, in Feuchtwiesen
Wuchs: lockerer aufstrebender Horst,
Blüte: doldenähnlicher Blütenstand, ohne Blütenblätter, dafür lange, fadenartige, lilarosa gefärbte Staubgefäße; leichter Duft
Blatt: gefiedert, Seitenblättchen fast rundlich; matt- bis leicht bläulich grün
Standort: in der Sonne nur an nassen Plätzen, sonst lichter Schatten; kühl, windgeschützt; frisch bis nass, auch überflutet; Boden nährstoffreich, neutral bis alkalisch, humos, Lehm oder Ton; Pflanze ist frosthart
Pflege: in windoffenen Lagen stützen; unerwünschte Sämlinge entfernen
Vermehrung: Aussaat, Teilung
Verwendung: im Naturgarten, im Unterwuchs, Waldgarten, am Teichrand
Partner: *Euphorbia palustris, Filipendula rubra, Geranium sylvaticum, Iris sibirica, Lamium maculatum, Trollius*
Sorten/Verwandte:
• 'Album', weiß, wie Puderquasten
• 'Purpureum', Triebe und Blüten purpurrot
• *Thalictrum flavum* subsp. *glaucum* (Gelbe Wiesenraute), in Auengebüschen; dichter hochragender Horst, bis 200 cm; Blütenquasten hell zitronengelb, Juli bis August; Blätter klein, gefiedert, auffallend blaugrün; für lichtschattige feuchte Plätze; saurer Boden

Thalictrum delavayi

Thymus praecox

Thymus vulgaris

Chinesische Wiesenraute
Thalictrum delavayi

BLÜTEZEIT: Juli – August
HÖHE: 120-200 cm, **BREITE:** 50–90 cm

Herkunft: westliches China; in montanen Gebüschen, in Hochstaudenfluren
Wuchs: transparent aufgebauter, hochragender Horst mit standschwachen, drahtartig dünnen Blütenstielen
Blüte: in vielfach verästelten Blütenrispen; winzig klein, hängend; lila; mit heraushängenden, gelben Staubgefäßen
Blatt: gefiedert, kleine Seitenblättchen; mattgrün, im Herbst fahlgelb
Standort: lichtschattig, halbschattig, an nassen Plätzen auch sonnig; kühl, luftfeucht, windgeschützt; frisch bis nass, Boden schwach sauer bis alkalisch, humos, nährstoffreich, Lehm oder Ton; Pflanze ist meist frosthart
Pflege: in offenen Lagen stützen
Vermehrung: Teilung, Aussaat
Verwendung: im Waldgarten, am feuchten Gehölzrand, in Rabatten
Partner: *Astilbe chinensis, Hosta*-Sorten, *Kirengeshoma palmata, Ligularia, Lysimachia clethroides, Primula florindae*
Sorten/Verwandte:
• 'Album', Blütchen weiß; nicht so starkwüchsig und vital wie die Art
• 'Hewitt's Double', die Staubgefäße sind in kleine, rosalila Blütenblätter umgewandelt, die Blüten sehen aus wie winzige Rosetten und blühen länger als die der Wildart; Blütenstängel unbedingt stützen
• *Thalictrum* 'Elin', 180 cm; Knospen violett, Blüte cremegelb; Laub graugrün

Frühblühender Thymian
Thymus praecox

BLÜTEZEIT: Mai – Juli
HÖHE: 5–10 cm, **BREITE:** 25–40 cm

Herkunft: Mittel- bis Südwesteuropa; Felsbänder, Schutthänge, Trockenrasen
Wuchs: flach und breit teppichartig
Blüte: kleine Lippenblüten in kopfartigen Blütenständen; rosa; duftend
Blatt: klein, eiförmig; glänzend grün; immergrün; aromatisch
Standort: sonnig; warm; mäßig trocken bis trocken; Boden durchlässig, sandig oder steinig bis schotterreich-lehmig; Pflanze ist meist frosthart
Pflege: Rückschnitt nach der Blüte
Vermehrung: Stecklinge im Frühjahr, Risslinge, Teilung nach der Blütezeit
Verwendung: Steingarten, Südwände, Südböschungen und andere Freiflächen, Dachbegrünung
Partner: *Dianthus gratianopolitanus, Gypsophila repens, Sedum album, Stipa pennata, Gladiolus communis*
Sorten/Verwandte:
• 'Albiflorus' (= *Thymus serpyllum* 'Albus'), 5 cm, gut wüchsig; weiß; Blatt frischgrün
• 'Bressingham' (= *T. doerfleri* 'Bressingham Seedling'), 5 cm, Wuchs stark, dicht; rosa; Blatt behaart, graugrün; ausgezeichnete Sorte
• 'Coccineus' (= *T. serpyllum* 'Coccineus'), 5 cm; purpurrot; Blatt dunkelgrün
• 'Pseudolanuginosus', 5 cm; Blüte rosa, spärlich blühend; Blatt stark behaart, daher graufilzig erscheinend
• 'Purpurteppich', 10 cm; purpurrot

Echter Thymian, Küchen-Thymian
Thymus vulgaris

BLÜTEZEIT: Juni – September
HÖHE: 20–30 cm, **BREITE:** 25–35 cm

Herkunft: Mittelmeergebiet; Trockenhänge, Felsen, Steppenheiden
Wuchs: Halbstrauch, halbkugelförmig
Blüte: hell violettrosafarbene bis fast weiße Lippenblüten in lockeren, ährenartigen Blütenständen; duftend
Blatt: klein, schmal eiförmig bis lanzettlich; graugrün; immergrün; aromatisch
Standort: sonnig; warm; mäßig trocken bis trocken, Boden gut durchlässig, steinig oder sandig bis schotterreich-lehmig; Pflanze ist frostempfindlich
Pflege: Rückschnitt im Frühjahr auf die Hälfte der ursprünglichen Höhe
Vermehrung: Stecklinge (Vorsommer)
Verwendung: Gewürz- und Kräutergarten, Mauersüdseite, Steppenheide
Partner: *Lavandula, Salvia, Santolina, Festuca glauca, Melica, Iris reticulata*
Sorten/Verwandte:
• 'Compactus', 15–20 cm, kompakt wachsend; hell violettrosa
• *Thymus × citriodorus* 'Silver King' (Weißbunter Zitronen-Thymian), 25 cm; blassrosa, Blatt weiß gerandet, starker Zitronenduft; Platz geschützt
• *Thymus* 'Bertram Anderson' ('E. B. Anderson'), Blatt goldgelb, kaum blühend
• *Thymus* 'Doone Valley', 10 cm, Blatt goldgelb, panaschiert; Zitronenduft
• *Thymus* 'Duftkissen', 25 cm, hell rosa, sehr ausdauernd und hart
Hinweis: trockener Winterschutz und Schutz vor Frosttrocknis ist ratsam

Tiarella cordifolia

Tradescantia 'Karminglut'
(Andersoniana-Gruppe)

Wald-Schaumkerze
Tiarella cordifolia

BLÜTEZEIT: April – Mai
HÖHE: 15–25 cm, **BREITE:** 20–35 cm

Herkunft: östliches Nordamerika; Berg-
und Schluchtwälder
Wuchs: durch Ausläufer teppichartig
Blüte: kleine sternförmige in aufrechten
Kerzen; weiß bis zartrosa
Blatt: herzförmig, gelappt; lindgrün, im
Herbst bisweilen orange- bis kupferfar-
ben; wintergrün
Standort: lichtschattig bis schattig;
kühl; frisch bis feucht, luftfeucht; Boden
humos oder lehmig-humos, nährstoff-
reich, leicht sauer bis neutral; Pflanze ist
frosthart
Pflege: Unkraut entfernen, sonst an zu-
sagenden Standorten keine Pflege nötig;
Falllaub in Pflanzung belassen; auf
Befall mit Dickmaulrüssler achten
Vermehrung: Teilung oder Risslinge
außerhalb der Blütezeit
Verwendung: Gehölzunterwuchs, Nordseite von Gebäuden, Blattschmuckpflanzungen, Innenhöfe
Partner: *Rodgersia, Smilacina racemosa, Waldsteinia, Carex morrowii* 'Variegata', *Carex plantaginea, Dryopteris,
Polystichum, Leucojum vernum*
Sorten/Verwandte:
• 'Moorgrün', 20 cm, schnellwüchsig,
  aber nicht langlebig; Blüten weiß
• *Tiarella wherryi* (Horstige Schaumblü-
  te), 25–30 cm, Wuchs horstartig ohne
  Ausläuferbildung; weiß bis hellrosa,
  Mai; Blätter deutlich spitzlappig, rostrote Herbstfärbung

Durch intensive Züchtungsarbeit (vor
allem in den USA) sind aus der Kreuzung
der genannten mit weiteren Arten in
jüngster Zeit zahlreiche attraktive Blattschmuckpflanzen mit zum Teil auffälligen Blattzeichnungen und intensiveren
rosafarbenen Blüten hervorgegangen;
diese lassen sich in nahezu idealer
Weise mit verschiedenen *Hosta* und
buntlaubigen Gräsern kombinieren, sie
wirken als Einzelpflanzen auch im Topf
sehr schön; je nach Einfluss der jeweiligen Elternarten wachsen die Pflanzen
horstartig oder treiben kurze Ausläufer;
dazu zählen:
• 'Black Velvet', 40 cm; weiß; Blätter tief
  eingeschnitten, grün mit auffallend
  schwarzbrauner Mitte
• 'Dark Eyes', 30 cm, wüchsig; hellrosa;
  Blatt schwach gelappt, dunkler Fleck in
  der Mitte, Ausläufer bildend
• 'Iron Butterfly', 30 cm; zartrosa; Blatt
  groß, tief eingeschnitten, frischgrün
  mit dunkelbraunen Flecken
• 'Pink Bouquet', 25 cm; rosa, leicht duftend; Blätter spitz gelappt, mit rotbrau-
  ner Zeichnung entlang der Blattadern
• 'Skeleton Key', 30 cm; hellrosa, Blätter
  tief eingeschnitten mit dunklem Fleck
  in der Mitte, kurze Ausläufer
• 'Spring Symphony', 20 cm; rosa; Blätter handförmig gefingert, entlang der
  Mittelrippen schwarz
• 'Tiger Stripes', 25 cm, horstartig, gut
  wüchsig; zart hellrosa; Blätter mit
  deutlichen braunen Flecken
Hinweis: Bodenverdichtung und Beson-
nung werden von der Wald-Schaumkerze
schlecht vertragen

Dreimasterblume
Tradescantia Andersoniana-Gruppe

BLÜTEZEIT: Juni – September
HÖHE: 40–60 cm, **BREITE:** 40–50 cm

Herkunft: Kulturform; die Elternarten
stammen aus Nordamerika; Feuchtwiesen und Auwälder
Wuchs: aufrechte, grasartige Horste
Blüte: dreiteilige Schalenblüten in dichten Büscheln aus den Blattachseln; blau
bis violett, auch karminrot, rosa oder
weiß; Einzelblüten nur für wenige Stun-
den geöffnet
Blatt: linealisch, waagerecht von den
Stängeln abstehend, saftig grün
Standort: sonnig, warm; frisch bis
feucht; Boden nährstoffreich, lehmig-
humos oder lehmig; Pflanze ist frosthart
Pflege: in Trockenperioden durchdrin-
gend gießen; nach der Blüte ganz
zurückschneiden, so wird Selbstaussaat
reduziert und Zweitflor angeregt; Mahd
möglich; Sämlinge entfernen
Vermehrung: Teilung im Frühjahr
Verwendung: Wasserrand; feuchte Frei-
flächen, Rabatten
Partner: *Alchemilla mollis, Eupatorium,
Hemerocallis, Iris sibirica, Leucanthe-
mum, Molinia, Veronica longifolia*
Sorten/Verwandte:
• 'Gisela', 50 cm; reinweiß
• 'I. C. Weguelin', 50 cm; hellblau
• 'Karminglut', 40 cm; karminrot
• 'Osprey', 50 cm; weiß, auffallend kon-
  trastierende, violette Staubfäden
• 'Rosi', 50 cm; Blüten rosa
• 'Zwanenburg Blue', 50 cm; dunkelblau,
  relativ großblütig, sehr gute Sorte

217

Tricyrtis hirta

Trollius chinensis 'Golden Queen'

Trollius europaeus

Purpur-Krötenlilie
Tricyrtis hirta

BLÜTEZEIT: September – Oktober
HÖHE: 40–80 cm, **BREITE:** 25–40 cm

Herkunft: Japan; feuchte Bergwälder
Wuchs: aufrecht oder leicht übergeneigt, unverzweigte Blütenstängel
Blüte: sternartig nach oben geöffnet;
rosa mit vielen purpurnen Flecken
Blatt: schmal elliptisch bis lanzettlich;
mattgrün, im Herbst gelbe Färbung
Standort: halbschattig, schattig; kühl,
luftfeucht; Boden frisch bis feucht, sauer
bis neutral, humos, Lehm; Pflanze ist
mäßig frosthart und spätfrostgefährdet
Pflege: in Trockenperioden wässern
Vermehrung: Teilung im Frühjahr
Verwendung: im Waldgarten, in schattigen Rabatten, im Unterwuchs
Partner: *Aconitum carmichaelii*
'Arendsii', *Actaea simplex, Anemone ×
hybrida, Hosta*
Sorten/Verwandte:
• 'Alba', Blüten weiß, rosa gefleckt
• *Tricyrtis formosana* (Taiwan-Krötenli-
  lie), Südchina, Auwälder; 60–80 cm,
  bildet Ausläufer und Kolonien, bu-
  schig, Blütenstängel mit nach oben
  geöffneten Trichtern, karminrosa, rote
  Flecken, September bis Oktober; Blät-
  ter glänzend grün, im Herbst hellgelb
• 'Dark Beauty', hell porzellanblau mit
  dunklen, purpurblauen Punkten
• 'Samurai', Blüten rosa mit roten Tup-
  fen; Blätter gelb gerandet
• *Tricyrtis* 'Lilac Towers', straff aufrecht,
  Blütensterne weiß, lila Punkte
• 'White Towers', reinweiß ohne Flecken

Chinesische Trollblume
Trollius chinensis

BLÜTEZEIT: Juni – August
HÖHE: 70–90 cm, **BREITE:** 30–40 cm

Herkunft: Russland und Nordchina; in
sumpfigen Wald- und Flussgebieten
Wuchs: locker buschige Horste mit aufrechten Blütenstielen
Blüte: schalenförmig, hochragende
Honigblätter, endständig an mehrfach
verzweigten Stielen; orangefarben, später als *Trollius europaeus*
Blatt: handförmig geteilt; saftig grün;
zieht nach der Blüte ein
Standort: sonnig bis halbschattig; kühl;
frisch bis nass, Boden lehmig-humos,
nährstoffreich; Pflanze ist frosthart
Pflege: in Trockenperioden durchdringend gießen; Totalrückschnitt nach der
Blüte, anschließend düngen und gut
wässern, um Neuaustrieb und einen
schwachen Zweitflor im Spätsommer zu
erhalten
Vermehrung: Teilung
Verwendung: auf feuchten Beeten,
Schnittblume, am Rand von Teichen und
Wasserbecken; nicht im Beetvorder-
grund platzieren, da das einziehende
Laub Lücken hinterlässt
Partner: nicht in direkter Nähe zu
Gehölzen pflanzen, Wurzeldruck wird
nicht vertragen; *Alchemilla, Geranium
pratense, Hemerocallis, Iris sibirica,
Polemonium, Chasmanthium latifolium*
Sorten/Verwandte:
• 'Golden Queen', 70 cm, leuchtend
  gelborange, großblütig
Hinweis: alle Trollblumen sind giftig

Europäische Trollblume
Trollius europaeus

BLÜTEZEIT: Mai – Juni
HÖHE: 30–60 cm, **BREITE:** 30–40 cm

Herkunft: Europa; feuchte Wiesen, Ufer,
Bergwiesen, lichte Wälder
Wuchs: horstartig, grundständige, halb-
kugelförmige Blatthorste mit weit dar-
über hinausragenden Blütenstängeln
Blüte: kugelförmig, einzeln an straff auf-
rechten Stielen; leuchtend gelb
Blatt: handförmig geteilt; grasgrün
Standort: sonnig bis halbschattig; kühl;
frisch bis nass, Boden lehmig-humos,
nährstoffreich
Pflege: nach der Blüte zurückschneiden,
düngen und feucht halten, um zweiten
Flor zu erhalten
Vermehrung: Teilung nach der Blüte
Verwendung: Rabatten, am Wasserrand,
nicht im Beetvordergrund oder mit kon-
kurrenzstarken Gehölzen
Partner: *Alchemilla mollis, Iris sibirica,
Hemerocallis, Polemonium, Camassia
cusickii, Narcissus*
Sorten/Verwandte:
Durch Kreuzung verschiedener Arten ent-
standen zahlreiche Gartenformen, die
fast alle kugelförmige Blüten zeigen:
• 'Alabaster', 50 cm; cremeweiß, spät
  blühend, schwach wüchsig
• 'Earliest of All', 60 cm; goldgelb, be-
  reits ab April, Stängel wenig verzweigt
• 'Goldquelle', 70 cm, reich verzweigt;
  goldgelb; sehr gute Sorte
• 'Lemon Queen', 70 cm; zitronengelb
• 'Orange Globe', 70 cm; orangegelb
Hinweis: giftiges Hahnenfußgewächs

Verbascum olympicum

Verbascum phoeniceum 'Royal Highland'

Vernonia crinita

Silber-Königskerze
Verbascum bombyciferum

BLÜTEZEIT: Juni – Juli
HÖHE: 150-200 cm, **BREITE:** 50–70 cm

Herkunft: Westasien, schotterreiche Bergwiesen, steinige Trockenrasen
Wuchs: zweijährige Pflanze oder kurzlebige Staude; aus breiter, grundständiger Blattrosette erheben sich mächtige, kaum verzweigte, silbrig wollige, fast meterlange Blütenkerzen
Blüte: rund, leuchtend hellgelb, dicht gedrängt, verteilt an hochragenden, kolbenförmigen Blütenständen
Blatt: sehr große elliptische, weißfilzige Grundblätter, Stängelblätter kleiner; graugrün; Blattrosette wintergrün
Standort: sonnig; warm, auch heiß; Boden trocken bis frisch, durchlässig, alkalisch; Pflanze ist empfindlich gegen stauende Nässe, mäßig frosthart
Pflege: hohe Typen stützen; Rückschnitt der Blütenstände sofort nach der Blüte verlängert die Lebensdauer
Vermehrung: Aussaat
Verwendung: Geröllsteingarten, Steppengarten, trockene Rabatten
Partner: Steppengräser, *Artemisia ludoviciana* 'Silver Queen', *Aster amellus*-Sorten, *Echinops bannaticus*, *Knautia macedonica*, *Platycodon grandiflorus*
Sorten/Verwandte:
• 'Polarsommer', prachtvolle Auslese; besonders dichter, silbrig filziger Haarüberzug; Blüten schwefelgelb
• *Verbascum olympicum* (Kandelaber-Königskerze), Blütenstand mehrfach verzweigt, Blüten gelb, Blätter grün

---

Purpur-Königskerze
Verbascum phoeniceum

BLÜTEZEIT: Mai – Juli
HÖHE: 50–80 cm, **BREITE:** 25–40 cm

Herkunft: Südosteuropa, Westasien; Steppenwälder, Federgrassteppen
Wuchs: kurzlebige Staude, flache grundständige Rosette, einige aufrechte, unverzweigte Blütenstängel
Blüte: scheibenförmig; purpurviolett, in unterschiedlichen Schattierungen und mit dunklem Auge
Blatt: zugespitzt elliptisch; mattgrün
Standort: sonnig; kurzzeitig lichter Schatten; warm; mäßig trocken bis frisch, keine Staunässe; Boden neutral bis alkalisch, durchlässig, sandiger Lehm; Pflanze meist frosthart
Pflege: hochwüchsige Sorten stützen; Rückschnitt der Blütenstände unmittelbar nach der Blüte vermeidet unerwünschte Aussaat und verlängert die Lebensdauer
Vermehrung: Aussaat
Verwendung: im Steppengarten, Geröllsteingarten und in Rabatten
Partner: *Centranthus ruber, Eremurus*-Sorten, *Inula ensifolia, Nepeta racemosa, Phlomis tuberosa, Salvia pratensis*
Sorten/Verwandte:
Mit reichem Angebot farbprächtiger Kreuzungen, Höhe 100–130 cm:
• 'Caribbean Crush', dreifarbige Sorte; hellgelb, rosa und karmin getönt
• 'Cotswold Queen', orangegelb
• 'Dark Eyes', hellgelb mit rotem Auge
• 'Lavender Lass', hell lavendelrosa
• 'Pink Domino', karminrosa, großblütig

Uferaster, Hohe Vernonie
Vernonia crinita
(= Vernonia arkansana)

BLÜTEZEIT: September – Oktober
HÖHE: 150-200 cm, **BREITE:** 90-120 cm

Herkunft: Nordamerika; überflutete Auwälder, Feuchtwiesen und Sümpfe
Wuchs: mächtiger, hochragender Horst, zahlreiche purpurfarbene Stängel
Blüte: große, asternähnliche, doldenartige Blütenbüschel, Blütenköpfe ohne Zungenblüten; purpurrot bis -violett
Blatt: Stängel dicht beblättert, schmal elliptisch oder lanzettlich; dunkelgrün
Standort: bevorzugt sonnig, im lichten Schatten noch möglich; Boden frisch bis nass, sauer bis schwach alkalisch, nährstoffreich, humos, Lehm oder Ton, Pflanze ist gegen Trockenheit empfindlich, frosthart
Pflege: Rückschnitt sofort nach der Blüte verhindert Selbstaussaat
Vermehrung: Aussaat, Teilung
Verwendung: Solitärstaude, Teichrand, Sumpfbeete und Rabatten
Partner: *Aster novi-belgii, Eupatorium maculatum, Lysimachia clethroides, Physostegia virginiana, Rudbeckia nitida, Veronicastrum virginicum*
Sorten/Verwandte:
• 'Mammuth', starkwüchsig, über 200 cm hoch; Blüten mehr karminrosa
• *Vernonia noveboracensis* (Sumpf-Vernonie), Nordamerika, Sümpfe und Flussläufe; hoher Horst mit aufrechten Trieben, 150–180 cm; Blüten in lockeren Dolden, rosarot, August bis Oktober; frosthart; vollsonnig; feucht oder nass, sauer bis neutral

Ehrenpreis *Veronica*

Viele mögen es – das eifrige Blühen des Fadenförmigen Ehrenpreises im Rasen. Fast hat man den Eindruck, als streite sich *Veronica filiformis* im Frühjahr mit den Gänseblümchen *(Bellis perennis)* darum, wer denn der Schönere von beiden sei. Andere Gartenliebhaber hingegen sind weniger entzückt, wenn sich ihr Rasen nicht als grüner, sondern bunter Teppich präsentiert.

So wie sich die Geister am Fadenförmigen Ehrenpreis scheiden, so ist auch die ganze Gattung *Veronica* zwiespältig: Viele der etwa 300 Arten, wie der Persische Ehrenpreis *(Veronica persica)*, sind weitverbreitete Unkräuter, die sich rasch aussäen und den Kampf mit der pflegenden Hand des Gärtners stets aufs Neue aufnehmen. Andere wie der Langblättrige Ehrenpreis oder der Ährige Ehrenpreis hingegen sind akzeptierte und beliebte Gartenpflanzen, die immer wieder zu Auslesen und zur Züchtung neuer Formen anregen.

Kaltes Blütenfarbspektrum

Daraus sind vor allem neue Farbvarianten hervorgegangen. Zum zarten Himmelblau oder leuchtenden Azurblau der Wildarten gesellen sich mittlerweile violett- und lilafarbene, weiße, rosafarbene und sogar kräftig karminrote Farbtöne der Sorten hinzu. Bei vielen attraktiven Formen bilden die kleinen Blüten dichte, kerzenförmige Trauben oder Ähren. Bei anderen stehen sie einzeln in den Blattachseln. Im Vergleich zu den auffälligen Blüten sind die Blätter eher unscheinbar, in der Regel mit lanzettlichen bis schmal eiförmigen Blattspreiten.

Unterschiedliche Naturstandorte

Die Spannbreite bezüglich des Standorts innerhalb der verschiedenen Ehrenpreis-Arten ist enorm: Aus Gebirgen stammende Arten wie der Felsen-Ehrenpreis *(Veronica fruticans)* oder der Enzianähnliche Ehrenpreis *(Veronica gentianoides)* mögen gerne sonnig und auf durchlässigem, aber keinesfalls trockenem Boden stehen. Arten aus Trockenrasen und Steppen wie *Veronica prostrata, Veronica austriaca* subsp. *teucrium* oder *Veronica spicata* subsp. *incana* wollen im Garten gleichfalls sonnig stehen, vermögen jedoch Trockenheit auszuhalten.

Auf Staunässe reagieren sie empfindlich. Schwere Böden akzeptieren hingegen die in der Natur auf Feuchtwiesen und an Ufern wachsenden Arten. Dementsprechend lassen sich die Formen des Langblättrigen Ehrenpreises *(Veronica longifolia)* in feuchten Beeten oder Freiflächenpflanzungen verwenden. Mit der heimischen Bachbunge *(Veronica beccabunga)* bieten die Staudengärtner und Gartencenter sogar eine Art an, die dauerhaft im Wasser stehen kann. Der gleichfalls heimische Nesselblättrige Ehrenpreis *(Veronica urticifolia)* fühlt sich im lichten Schatten wohl.

Zwerge und Riesen

So unterschiedlich die Standortansprüche der einzelnen Arten sind, so verschiedenartig sind die Ehrenpreis-Varianten in ihrer Gestalt. Kleinwüchsige Polsterformen für den Steingarten sind ebenso zu finden wie hochwüchsige Varianten. Der nahezu zwei Meter hohe Kandelaber-Ehrenpreis ist jedoch mittlerweile aus der Gattung *Veronica* ausgegliedert und der eigenständigen Gattung *Veronicastrum* zugeordnet worden.

Veronica austriaca subsp. teucrium 'Knallblau'

Veronica longifolia 'Blauriesin'

Veronica prostrata 'Pallida'

Großer Ehrenpreis
Veronica austriaca subsp. *teucrium*

BLÜTEZEIT: Mai – Juli
HÖHE: 25–50 cm, **BREITE:** 30–40 cm

Herkunft: Europa bis Sibirien und Kaukasus; Trockenrasen, Waldränder
Wuchs: horstartig, bogenförmig aufstrebende Stängel
Blüte: klein, schalen- bis sternförmig, in dichten endständigen Trauben; blau
Blatt: schmal eiförmig bis lanzettlich, ungestielt sitzend, Rand grob gesägt; dunkelgrün
Standort: sonnig; warm; mäßig trocken bis frisch; Boden durchlässig, steinig- oder sandig-lehmig, kalkhaltig; Pflanze ist frosthart
Pflege: Entfernung der abgeblühten Blütenstände, um Nachblüte zu ermöglichen; Rückschnitt im Herbst
Vermehrung: Stecklinge, die Art und Samensorten auch durch Aussaat
Verwendung: Südböschungen und sonnige Freiflächen, Steppenheide, Gehölzrand, Rabatten, Steingarten
Partner: *Anthericum, Asphodeline lutea, Geranium renardii, Helianthemum nummularium, Potentilla aurea, Festuca, Stipa pennata*, Wildtulpen
Sorten/Verwandte:
- 'Crater Lake Blue', 25 cm; Blüte leuchtend ultramarinblau
- 'Knallblau', 30 cm; Blüten leuchtend azurblau; sehr gute Sorte
- 'Königsblau', 40 cm; Blüten azurblau; durch Aussaat zu vermehren
- 'Shirley Blue', 30 cm; Blüte leuchtend mittelblau, sehr reich blühend

Langblättriger Ehrenpreis
Veronica longifolia

BLÜTEZEIT: Juni – August
HÖHE: 60–110 cm, **BREITE:** 40–50 cm

Herkunft: Europa bis Asien; Ufer, Feuchtwiesen, Auengebüsche
Wuchs: horstartig, aufrecht
Blüte: hell bis dunkel ultramarinblau, kleine Einzelblüten in aufrechten, verzweigten Blütenkerzen
Blatt: lineal-lanzettlich, scharf gesägt; dunkelgrün
Standort: sonnig bis absonnig; frisch bis feucht; Boden lehmig oder lehmig-humos, mäßig nährstoffreich; Pflanze ist frosthart
Pflege: Rückschnitt im Herbst, standschwache Triebe stützen
Vermehrung: Teilung oder Stecklinge im Frühjahr, die Art auch durch Aussaat
Verwendung: feuchte Freiflächen oder Rabatten, Teichrand
Partner: *Achillea ptarmica* 'Schneeball', *Eupatorium, Euphorbia palustris, Hemerocallis, Filipendula rubra, Miscanthus, Spartina pectinata* 'Aureomarginata'
Sorten/Verwandte:
- 'Blauriesin', 90 cm; Blüten dunkelblau, reichblütig; schön, standfest
- 'Pink Damask', 70 cm; Blüten rosa, sehr ansprechende Sorte
- 'Schneeriesin', 90 cm; Blüte reinweiß, reichblütig, zuverlässig
- *Veronica* 'Evelyne', 60 cm; violett
- *Veronica gentianoides* (Enzianähnlicher Ehrenpreis), 35 cm, zart hellblau, zahlreiche Rosetten, lockere Teppiche; Vordergrund in Rabatten

Niederliegender Ehrenpreis
Veronica prostrata

BLÜTEZEIT: Mai – Juni
HÖHE: 15–25 cm, **BREITE:** 25–35 cm

Herkunft: Mittel- und Osteuropa bis Westasien; Trockenrasen und Heiden
Wuchs: breit polsterförmig, niederliegend mit aufrechten Blütentrieben
Blüte: kleine Einzelblüten in dichten endständigen Trauben
Blatt: lanzettlich, Rand nicht oder nur leicht gezähnt; stumpf dunkelgrün
Standort: sonnig; warm; mäßig trocken bis frisch; Boden durchlässig, sandig, sandig- oder steinig-lehmig, kalkhaltig
Pflege: Rückschnitt nach der Blüte; Pflanze ist frosthart, aber nässeempfindlich
Vermehrung: Stecklinge oder Teilung im Frühjahr, Art auch durch Aussaat
Verwendung: Steingarten, Felssteppen, Trogbepflanzung
Partner: *Dianthus, Globularia, Geranium cinereum, Gypsophila repens, Helianthemum, Festuca, Stipa pennata*
Sorten/Verwandte:
- 'Alba', 15 cm; Blüten weiß
- 'Mrs Holt', 15 cm; Blüten rosafarben
- 'Pallida', 15 cm; Blüten hellstes Blau
- *Veronica armena* (Armenischer Ehrenpreis), 25 cm; Blüten leuchtend azurblau, April bis Mai; Blatt nadelartig
- *Veronica umbrosa* 'Georgian Blue' (*V. peduncularis* 'Georgia Blue'), 25 cm; Blüten leuchtend azurblau, lange blühend; Laub kupferfarben getönt, halbkugelförmige Polster, für den absonnigen Steingarten, schöne Ampelpflanze

Gräser und Farne

ZU DEN MARKANTESTEN Sonderformen unter den Stauden zählen zweifellos Gräser und Farne. Wie auch bei den

Gräser und Farne – ein charaktervoller Grünakkord im Staudenreich

Blütenstauden findet man unter ihnen wuchernde, bodenbedeckende, polsterförmige oder ebenmäßige Horste. Zur Gestaltung kann man sie ebenfalls als Solitärpflanzen, Leit-, Begleit- und Füllstauden verwenden. Gräser gibt es für sonnige und schattige Plätze, während Farne eher im Schatten wachsen. Gräserblüten werden vom Wind bestäubt, weshalb die Ähren oft weit über die normalen Blattschöpfe herausragen.

Eleganz auf Halmen

Die Besonderheit der Gräser beruht zum einen auf ihrer ausgeprägten und unverwechselbaren Belaubung: schmal, lineal, lanzettlich und elegant lang gezogen. Sie entwickeln mit ihren farblich eher unscheinbaren, aber grafisch sehr effektvollen Ähren und Rispen besondere Aspekte. Ein schöner Nebeneffekt ergibt sich, wenn sich Gräser im Wind bewegen – sie machen ihn so sichtbar.

Wedel in Perfektion

Die meisten Farne brauchen als echte Waldbewohner windgeschützte Plätze. Dort breiten sie ihre Blatttrichter mit dekorativen und filigranen Wedeln aus. Sie blühen und fruchten nicht, sondern bilden winzige Sporen in Sporenkapseln auf der Blattunterseite oder in Sporen- oder Fruchtwedeln. Farne eignen sich gut als Blattschmuckpflanzen, meist in Kombination mit anderen Blattschmuckstauden und Gräsern.

Briza media

Calamagrostis × acutiflora 'Karl Foerster'

Calamagrostis brachytricha

Gewöhnliches Zittergras
Briza media

BLÜTEZEIT: Mai – Juni
HÖHE: 20/45 cm, **BREITE:** 30–40 cm

Herkunft: Mittel- bis Südeuropa und Asien; kommt auf trockenen Wiesen, Magerrasen und in trockenen Flachmooren vor
Wuchs: lockere Blatthorste, über die die Blütenstängel weit hinausragen; mit kurzen, unterirdischen Ausläufern
Blüte: hell beige bis graubraun, in lockeren Rispen, lang gestielt auf welligen Rispenästen; rötlich braune, herzförmige Früchte bewegen sich beim leisesten Windhauch, was den Namen „Zittergras" begründet
Blatt: schmal linealisch; stumpfgrün; treibt früh aus
Standort: sonnig und warm; mäßig trocken bis frisch; Boden durchlässig, nährstoffarm; Pflanze ist frosthart
Pflege: Ausputzen der Horste im Frühjahr, sonst nicht notwendig
Vermehrung: Aussaat oder Teilung im Frühjahr
Verwendung: Freiflächen, nach Süden geneigte Böschungen, im Naturgarten, im Steingarten, für Dachbegrünung; wegen geringer Konkurrenzkraft nicht neben starkwüchsige Partner pflanzen; trockene Fruchtstände als floristisches Beiwerk in Sträußen
Partner: *Acaena, Aster pyrenaeus* 'Lutetia', *Inula hirta* 'Compacta', *Iris* Nana-Gruppe, *Origanum vulgare, Prunella grandiflora, Pulsatilla vulgaris, Thymus serpyllum*

Gartensandrohr
Calamagrostis × acutiflora
'Karl Foerster'

BLÜTEZEIT: Juni – Juli
HÖHE: 70/160 cm, **BREITE:** 70–90 cm

Herkunft: Kulturform, Naturhybride zwischen den beiden heimischen Arten *Calamagrostis epigejos* und *Calamagrostis arundinacea*
Wuchs: horstartig; schopfartige Blatthorste mit straff aufrechten Blüten- und Fruchtständen
Blüte: grazile, cremefarbene bis lichtgraue Rispen; ansehnliche, schlanke, sandfarbene Fruchtstände, die bis weit in den Winter hinein schmücken
Blatt: linealisch; grasgrün; sommergrün; treibt früh aus
Standort: sonnig bis absonnig; mäßig trocken bis feucht; auf durchschnittlich nährstoffreichem oder auch nährstoffarmem Gartenboden; Pflanze ist frosthart
Pflege: Pflanzung von Frühjahr bis Vorsommer; Rückschnitt bis unmittelbar über dem Boden im Spätwinter
Vermehrung: Teilung im Frühjahr
Verwendung: auf Rabatten, in sonnigen Beeten
Partner: vielfältig zu kombinieren, attraktive Fruchtstände wirken schön mit im Spätsommer oder Herbst blühenden Stauden wie *Aster ericoides, Aster novae-angliae, Chrysanthemum, Leucanthemella serotina, Rudbeckia fulgida, Solidago caesia*
Sorten/Verwandte:
• 'Overdam' zeigt weiß gestreifte Blätter; an luftfeuchten Standorten gelegentlich Rostbefall; 120–140 cm

Diamantgras
Calamagrostis brachytricha
(= *Achnatherum brachytrichum*)

BLÜTEZEIT: September – November
HÖHE: 100-130 cm, **BREITE:** 70–90 cm

Herkunft: Wiesen und Weiden Japans und Koreas; im Hügel- und Bergland
Wuchs: bildet lockere Horste mit zahlreichen aufrechten Halmen
Blüte: hell cremefarbene, lockere Rispen, an denen sich häufig Tau- und Regentropfen halten, Blütenstände glitzern dadurch im Gegenlicht diamantartig, was dem Gras seinen deutschen Namen gab
Blatt: gras- bis stumpfgrün, ab Oktober bis weit in den November hinein mit sehr ansprechender gelber Herbstfärbung
Standort: sonnig; mäßig trocken bis feucht; Böden mit mittlerem Nährstoffgehalt; Pflanze ist frosthart
Pflege: Pflanzung von Frühjahr bis Vorsommer; da die Horste nicht immer standfest sind, bei Bedarf unauffällig stützen; vollständiger Rückschnitt bis zum Boden nach dem Winter; in wärmeren Regionen übermäßige Ausbreitung durch Selbstaussaat, unerwünschte Sämlinge entfernen
Vermehrung: Aussaat oder Teilung im Frühjahr
Verwendung: Rabatten, wiesenartige Pflanzungen, frische Freiflächen, am sonnigen Gehölzrand
Partner: *Aster novi-belgii, Aster laevis, Chrysanthemum, Eupatorium maculatum, Geranium wlassovianum, Persicaria amplexicaulis*

Segge, Riedgras *Carex*

Kaum eine andere Gräsergattung zeigt sich so vielgestaltig wie die Seggen. Annähernd 4000 verschiedene Formen dieser zur Familie der Sauergräser *(Cyperaceae)* gestellten Gattung sind weltweit bekannt. Es gibt niedrigwüchsige und hohe, horstbildende und rasenartig wachsende, lappig überhängende und starr aufrecht wachsende. Dekorative Wildarten wurden im 20. Jahrhundert für die Gestaltung naturnaher Gartenecken entdeckt. Aus anderen wurden Auslesen mit panaschiertem, weiß- oder gelbbuntem Laub selektiert, die besonders gut in artifiziellen Pflanzungen wirken. Beide Gruppen zählen mittlerweile zum Standardsortiment der Staudengärtnereien.

Kennzeichen der Gattung

Als übereinstimmende Merkmale zeigen sie dreikantige Blütenstängel und dreizeilig angeordnete Blätter, die oft gestauchten Sprossen entspringen. Ihre windbestäubten Blüten sind in der Regel wenig auffällig. Sie stehen in dichten Ähren zusammen. Nur wenige Arten, wie die Morgenstern-Segge, zeigen markante Fruchtstände. Seggen sind also vornehmlich Blattschmuckgestalten, deren linealischen Blätter eine vertiefte Mittelrippe aufweisen. Durch dieses Merkmal lassen sie sich bereits relativ sicher von Süßgräsern und Binsengewächsen unterscheiden.

Unterschiedliches Laub

Viele Arten (z. B. *Carex caryophyllea, Carex conica, Carex hachijoensis, Carex morrowii, Carex plantaginea, Carex pendula* u.a.) bleiben auch im Winter grün. Einige sommergrüne Varianten wie *Carex montana* fallen durch eine attraktive Herbstfärbung auf. Ein ganz eigenes Bild vermitteln die aus Neuseeland stammenden Arten (*Carex buchananii, Carex comans*). Ihre Blattspreiten sind bräunlich bis fuchsrot gefärbt. Die linealischen Blätter der einzelnen Seggen weisen unterschiedliche Breiten auf. Gegenüber besonders feinlaubigen Varianten wie *Carex remota* wirken breitlaubige Seggen wie *Carex pendula* beinahe schon wuchtig und schwer. Die längliche Blattform der Seggen stets prägnante Kontraste zu rundlichen Blattgestalten anderer Stauden.

Verwendung im Garten

Für die Gestaltung empfehlen sich vor allem horstartig wachsende oder kleine Teppiche bildende Formen, die sich nicht oder nur wenig aussäen. Sie zeigen kaum etwas von der Wildheit mancher Arten, die in der Natur an Ufern, Mooren, Wäldern und Wiesen durch fast ungebremstes Wachstum oft große Areale erobern.

Die meisten Gartenformen bevorzugen Standorte im lichten Schatten. Im Unterwuchs von Bäumen und Sträuchern kommen Riesen-, Breitblatt- oder die Weißbunte Japan-Segge gut zurecht. Am sonnigen Waldrand fühlen sich Berg- oder Frühlings-Segge wohl.

Wenn die Böden nicht zu durchlässig sind und ausreichend Wasser zur Verfügung steht, wachsen auch die kräftig grün gefärbte Morgenstern- und Palmwedel-Segge oder aus Neuseeland stammende Seggen zu verlässig in der Sonne, ebenso wie aus Neuseeland stammende Seggen. Sorten mit weißen Blatträndern oder einer hellen Blattmitte wirken ebenso wie gelblaubige Varianten leicht und filigran.

Carex buchananii

Carex caryophyllea 'The Beatles'

Carex elata 'Aurea'

Fuchsrote Segge
Carex buchananii

Frühlings-Segge
Carex caryophyllea 'The Beatles'
(= *Carex digitata* 'The Beatles')

Gold-Segge
Carex elata 'Aurea'
(= *Carex elata* 'Bowles' Golden')

BLÜTEZEIT: Juni – Juli
HÖHE: 30–40 cm, **BREITE:** 40 cm

Herkunft: Neuseeland, Bachränder und bodenfeuchte Weiden
Wuchs: horstartig, Schöpfe aus aufstrebenden, dann locker übergeneigten Blattspreiten
Blüte: unscheinbare, bräunliche Ähren
Blatt: sehr fein, schmal linealisch, auch im Frühling und Sommer fuchsrot gefärbt; wintergrün
Standort: sonnig bis halbschattig; warm; frisch bis feucht; jeder durchlässige Gartenboden; Pflanze ist meist frosthart
Pflege: Säuberung der Horste erst im Frühjahr, da die Pflanzen im Winter besonders schön zur Wirkung kommen; in sehr kalten Lagen ist trockener Winterschutz ratsam
Vermehrung: Aussaat oder Teilung im zeitigen Frühjahr
Verwendung: für Freiflächenpflanzungen, im Steingarten, dekorativ im winterlichen Garten
Partner: *Acaena, Ajuga, Heuchera, Leptinella, Lamium maculatum*
Sorten/Verwandte:
• *Carex comans* (Neuseeland-Segge), 20–30 cm, ebenfalls aus Neuseeland stammendes Gras, das dort an feuchten Standorten vorkommt; Blattspreiten wintergrün, hellbraun bis beige
• *Carex comans* 'Kupferflamme', 20 cm, Blattspreiten intensiver braun gefärbt als bei *Carex comans*

BLÜTEZEIT: April – Mai
HÖHE: 20/30 cm, **BREITE:** 30 cm

Herkunft: Kulturform; die heimische Art kommt von Europa bis Mittelasien in Magerrasen, Weiden und an Wegrändern vor
Wuchs: horstartiges Schopfgras; der Sortenname beruht auf dem pilzkopfartigen Aussehen
Blüte: unscheinbar, in dichten, braungelben Ähren
Blatt: schmal linealisch, lang, bisweilen leicht gedreht; grasgrün; wintergrün
Standort: sonnig bis halbschattig; warm; trocken bis frisch; Boden durchlässig, nährstoffarm; Pflanze ist frosthart
Pflege: geringer Pflegeaufwand; Ausputzen der Horste im Frühjahr aus optischen Gründen
Vermehrung: Teilung im Frühjahr
Verwendung: am Gehölzrand, für steppenartige Pflanzungen, im Steingarten, in naturnahen Gärten, für Tröge, extensive Dachbegrünung
Partner: *Pulsatilla vulgaris, Buphthalmum salicifolium, Campanula glomerata, Geranium sanguineum*
Sorten/Verwandte:
• *Carex umbrosa* (Schatten-Segge), 15/20 cm; heimisch, ähnlich *Carex caryophyllea*, aber bevorzugt auf sauren bis neutralen Böden
• *Carex digitata* (Finger-Segge), heimische Art lichter Laubwälder; 10–15/25 cm, schattenverträglich, für kalkhaltige Standorte

BLÜTEZEIT: April – Mai
HÖHE: 45/70 cm, **BREITE:** 40–50 cm

Herkunft: gelbbunte Kulturform der heimischen Steifen Segge, die in nassen Wiesen und an Ufern wächst
Wuchs: horstartig; Triebe aufrecht bis übergeneigt
Blüte: unscheinbar, bräunliche Ähren
Blatt: hellgrün mit auffälligen gelben Streifen an den Rändern; im Herbst gelb; treibt früh aus; sommergrün
Standort: lichtschattig bis absonnig; frisch bis nass; Boden lehmig-humos, nährstoffreich; Pflanze ist meist frosthart
Pflege: Rückschnitt im Spätherbst
Vermehrung: Teilung im Frühjahr
Verwendung: Rabatten auf der Nordseite von Gebäuden, im Umfeld von Wasserbecken
Partner: *Aconitum, Ajuga reptans, Campanula lactiflora, Hosta, Lysimachia nummularia, Thalictrum delavayi*
Sorten/Verwandte:
• *Carex oshimensis* 'Evergold' (*Carex hachijoensis* 'Evergold', Gelbbunte Garten-Segge), 20–30 cm; lange schmale Blätter mit auffälligen, cremegelben Streifen in der Mitte; wintergrün; in kalten Lagen ist Winterschutz empfehlenswert; für Blattschmuckpflanzungen im lichten Schatten von Gehölzen und Hauswänden
• *Carex oshimensis* 'Goldfontäne', 30 cm; Blattränder gelb gefärbt, Mitte der Blattspreiten grün; die Blätter sind wintergrün

Carex grayi

Carex montana

Carex morrowii 'Variegata'

Morgenstern-Segge
Carex grayi

BLÜTEZEIT: Juni – Juli
HÖHE: 40/60 cm, **BREITE:** 50 cm

Herkunft: Nordamerika; Uferränder und sumpfige Wiesen
Wuchs: horstartig; aufrecht mit überhängenden Blattspreiten
Blüte: grünlich; auffallende, sternartige Form, die der Art den Namen Morgenstern-Segge gab
Blatt: linealisch; kräftig grasgrün; treibt früh aus
Standort: sonnig bis halbschattig; frisch bis nass; lehmiger Boden; Pflanze ist frosthart
Pflege: Rückschnitt im Frühjahr; bei übermäßiger Ausbreitung durch Samen Entfernung unerwünschter Sämlinge
Vermehrung: Teilung im Frühjahr
Verwendung: wiesenartige Pflanzungen, Teichrand, Bachufer
Partner: *Caltha palustris, Chelone obliqua, Chrysogonum virginianum, Iris pseudacorus, Iris sibirica, Lythrum salicaria, Veronica longifolia*
Sorten/Verwandte:
• *Carex muskingumensis* (Palmwedel-Segge), 60–70 cm; stammt ebenfalls aus feuchten Standorten Nordamerikas; reich beblätterte Stängel, die palmwedelartig wirken; Blatt schmal linealisch, saftig grün
• *Carex muskingumensis* 'Silberstreif' (Weißbunte Palmwedel-Segge), wird 40–50 cm hoch; mit auffälligem weißem Streifen in der Blattmitte; für absonnige bis lichtschattige Standorte

Berg-Segge
Carex montana

BLÜTEZEIT: März – Mai
HÖHE: 15/20 cm, **BREITE:** 30 cm

Herkunft: Mittel- bis Osteuropa und Westasien; in lichten Wäldern und Magerrasen
Wuchs: bildet breite, flache, schopfartige Horste
Blüte: in ansehnlichen, aber nicht besonders markanten gelben Ähren
Blatt: schmal linealisch; frischgrün, ab Oktober mit dekorativer gelber bis gelbbrauner Herbstfarbe
Standort: sonnig bis halbschattig; warm; mäßig trocken bis frisch; Boden durchlässig und nährstoffarm; Pflanze ist frosthart
Pflege: vollständiger Rückschnitt im zeitigen Frühjahr
Vermehrung: Aussaat oder Teilung im Frühjahr
Verwendung: Gehölzrand, Waldlichtungen, steppenartige Pflanzungen, Naturgarten, Böschungen, Steingarten, extensive Dachbegrünung
Partner: *Helleborus foetidus, Polygonatum odoratum, Geranium × cantabrigiense, Inula ensifolia, Pulsatilla vulgaris, Linum perenne*
Sorten/Verwandte:
• *Carex humilis* (Niedrige Segge), 15/20 cm, heimische, wintergrüne Art, die in Trockenrasen und an sonnigen Waldrändern wächst; für sonnige, warme Standorte; vielseitig zu verwenden im Naturgarten, in Steppenheidepflanzungen, in der extensiven Dachbegrünung

Weißbunte Japan-Segge
Carex morrowii 'Variegata'

BLÜTEZEIT: April – Mai
HÖHE: 30–35 cm, **BREITE:** 40–50 cm

Herkunft: Kulturform der Japan-Segge aus den Wäldern Japans
Wuchs: horstartiges Schopfgras mit bogenförmig aufwärts gerichteten Blattspreiten
Blüte: in gelbbraunen Ähren
Blatt: breit linealisch; dunkelgrün mit schmalen cremeweißen Streifen am Rand; wirkt fast ledrig; wintergrün
Standort: lichtschattig bis schattig; frisch bis feucht; Boden humos bis lehmig; Pflanze ist meist frosthart, aber empfindlich gegen Wintersonne
Pflege: Ausputzen der Horste oder Rückschnitt im zeitigen Frühjahr
Vermehrung: Teilung im Frühjahr
Verwendung: Gehölzunterwuchs, Waldgarten, schattige Innenhöfe
Partner: *Cardamine trifolia, Helleborus orientalis, Hosta, Pulmonaria, Rodgersia, Waldsteinia*
Sorten/Verwandte:
• *Carex morrowii* (Japan-Segge), 30–40 cm, Blätter grün, ohne weiße Streifen am Rand
• *Carex morrowii* 'Aureovariegata' (Gelbbunte Japan-Segge), 30/40 cm; Blattrand breit, cremegelb gestreift; sehr empfindlich gegen Wintersonne
• *Carex morrowii* 'Icedance' (= *Carex foliosissimum* 'Icedance'), 30/40 cm; bildet durch kurze Ausläufer kleine Teppiche, Blätter auffällig weiß gestreift; sehr gesund; wintergrün

Carex ornithopoda 'Variegata'

Carex pendula

Carex plantaginea

Weißbunte Vogelfuß-Segge
Carex ornithopoda 'Variegata'

BLÜTEZEIT: Mai – Juni
HÖHE: 20 cm, **BREITE:** 30 cm

Herkunft: Kulturform der heimischen Vogelfuß-Segge, die vornehmlich in lichten Eichen- und Kiefernwäldern wächst
Wuchs: horstartig, bildet flach-kuppelartige Schöpfe
Blüte: unscheinbar in dichten, gelbbraunen Ähren
Blatt: schmal linealisch; hellgrün mit breitem, weißen Mittelstreifen
Standort: halbschattig bis lichtschattig; warm; trocken bis frisch; Boden durchlässig, nährstoffarm; Pflanze ist frosthart
Pflege: Horste im Frühjahr ausputzen
Vermehrung: Teilung im Frühjahr
Verwendung: am Gehölzrand, in Waldlichtungen, in Innenhöfen, für Blattschmuckpflanzungen, Tröge und Ampeln
Partner: *Helleborus foetidus, Prunella grandiflora, Lathyrus vernus, Geranium × cantabrigiense*
Sorten/Verwandte:
- *Carex conica* 'Snowline' (Weißrandige Kegel-Segge), 15/25 cm; niedriges, horstartiges Schopfgras; Blätter grasgrün, am Rand mit auffälligen milchweißen Streifen, sehr lange, schmale Blattspreiten; wintergrün; für halb- und lichtschattige, frische Standorte
- *Carex dolichostachya* 'Silver Sceptre' (Weißrandige Garten-Segge), 20/30 cm; Wuchs lockerhorstig mit kurzen Ausläufern; Blätter am Rand mit schmalen, weißen Streifen; die Blätter sind wintergrün

Riesen-Segge
Carex pendula

BLÜTEZEIT: Juni – Juli
HÖHE: 55/100 cm, **BREITE:** 70–80 cm

Herkunft: Europa und Asien; heimisch in bodenfeuchten Wäldern
Wuchs: horstartig; stattliche Schöpfe aus elegant geschwungenen Blättern
Blüte: unscheinbar, in bogig herabhängenden, beige-grünen, langen, schmal walzenförmigen Ähren
Blatt: riemenförmig mit scharfem Blattrand; kräftig grasgrün; wintergrün
Standort: schattig bis lichtschattig, an feuchten Standorten auch absonnig oder halbschattig; frisch bis nass; Boden lehmig-humos, auch verdichtet; Pflanze ist frosthart
Pflege: Entfernung der Blütenstängel, wenn keine Versamung erwünscht ist; Ausputzen der Horste oder Rückschnitt im zeitigen Frühjahr
Vermehrung: Aussaat, Teilung
Verwendung: für schattige Gärten, im Naturgarten, am Wasserrand
Partner: *Epimedium, Helleborus orientalis, Tiarella, Waldsteinia, Vinca*
Sorten/Verwandte:
- *Carex remota* (Winkel-Segge), 30 cm; heimische Art; formt elegante Blattschöpfe aus sehr schmalen Blattspreiten; wintergrün
- *Carex sylvatica* (Wald-Segge), 30/60 cm; heimische Art; Blattspreiten schmäler; wintergrün
- *Carex umbrosa* (Schatten-Segge), heimisch; 30 cm; Blätter schmal lineal; im Unterwuchs von Bäumen

Wintergrüne Breitblatt-Segge
Carex plantaginea

BLÜTEZEIT: Mai – Juni
HÖHE: 20/25 cm, **BREITE:** 30 cm

Herkunft: östliches Nordamerika; lichte Wälder und Auengebüsche
Wuchs: bildet durch kurze Ausläufer kleine Teppiche
Blüte: unauffällig, in gelbbraunen Ähren am Ende aufrechter Stängel
Blatt: breit linealisch; hell grasgrün; wintergrün
Standort: lichtschattig bis schattig; frisch bis feucht; Boden durchlässig, humos; Pflanze ist meist frosthart
Pflege: geringer Pflegeaufwand; Ausputzen des Bestandes im Frühjahr
Vermehrung: Aussaat oder Teilung im Frühjahr
Verwendung: schattige Gärten, Unterwuchs und Saum von Gehölzen, auf Lichtungen
Partner: *Cardamine trifolia, Epimedium grandiflorum, Hosta, Rodgersia, Smilacina racemosa, Waldsteinia*
Sorten/Verwandte:
- *Carex siderosticha* (Sommergrüne Breitblatt-Segge), 20/25 cm; Ostasien; gleicht *Carex plantaginea*, ist jedoch sommergrün; ab Ende Oktober gelbe Herbstfärbung
- *Carex siderosticha* 'Variegata' (Weißbunte Breitblatt-Segge), 20/25 cm; Blattrand mit auffällig weißen Streifen; zur Aufhellung dunkler Schattenpartien
- *Carex siderosticha* 'Lemon Zest', 20 cm, Blattspreiten hellgelb gefärbt, für die Nordseite von Mauern

Zwiebel- & Knollenpflanzen

ZWIEBEL- UND Knollenpflanzen sind eine unverzichtbare Ergänzung zu allen sonstigen Blütenstauden. Obzwar sie

Zwiebelblumen und Co bezaubern uns als Glanzlichter durch das Gartenjahr

Sonderformen darstellen, zählen sie zu den dauerhaften Stauden. Sie entwickeln ausgeprägte Speicherorgane – eben Zwiebeln oder Knollen, mit deren Hilfe sie ungünstige Jahreszeiten überstehen können. Für die Zwiebeln südli-

cher Länder sind dies trockene, heiße Sommer, den Zwiebeln gemäßigter Breiten bereiten sommerdunkle Plätze unter Waldbäumen Probleme. Darum blühen fast alle entweder im Frühjahr oder im Herbst, wenn die Standortverhältnisse für sie besser werden.

Neben dieser Eigenart weisen sie einen anderen Lebenszyklus als normale Stauden auf: Ihre Blattorgane sind meistens nur kurzzeitig vorhanden, sie erscheinen mit oder unmittelbar nach den Blüten für einige Wochen, um alsbald zu vergilben und einzuziehen. Daher gilt: Keinesfalls darf man die Blätter nach

der Blüte abmähen oder -schneiden, sie müssen in Ruhe verwelken, dann erst können sie entfernt werden.

Bei allen Zwiebeln und Knollen muss die richtige Pflanztiefe berücksichtigt werden. Meistens findet man die korrekte Pflanztiefe auf den Warentüten, wenn nicht: Nach einer Faustregel pflanzt man die Zwiebel dreimal so tief, wie ihr Durchmesser ist. Ganz genau muss das aber nicht beachtet werden, zu tief gesetzte Zwiebeln wandern allmählich nach oben, und zu flach gesetzte arbeiten sich im Lauf der Zeit nach unten in eine günstige Bodentiefe.

Allium aflatunense

Allium christophii

Allium moly

Persischer Lauch
Allium aflatunense

BLÜTEZEIT: Mai – Juni
HÖHE: 70–100 cm, **BREITE:** 40–50 cm

Herkunft: Zentral- bis Ostasien, steinige Wiesen und Grassteppen
Wuchs: eintriebige Zwiebel, Blattschopf mit einem einzigen, straff aufrechten Blütenstiel
Blüte: kugelförmiger Blütenstand mit zahllosen kleinen lila Einzelblüten
Blatt: breit, zungenförmig; bläulich grün, treibt früh aus und beginnt bereits während der Blüte an den Spitzen zu vergilben; zieht bis Ende Juni ein
Standort: sonnig; warm; für mäßig trockene bis frische, durchlässige, sandiglehmige Böden; keine schweren Lehm- und Tonböden; Pflanze ist frosthart
Pflege: Blätter erst nach dem Vergilben entfernen; Fruchtstände Ende Juni abschneiden, um das Aufkommen von Sämlingen zu vermeiden
Vermehrung: durch Aussaat
Verwendung: in Rabatten; dazwischen andere Stauden pflanzen, um die vergilbenden Blätter zu verdecken
Partner: *Alchemilla mollis, Geranium*, hochwüchsige *Nepeta* und *Paeonia*
Sorten/Verwandte:
• 'Album', weiße Blütenkugeln
• 'Purple Sensation', intensiv violett
• *Allium giganteum* (Riesen-Lauch), Grasländer im Himalaja, 120–150 cm, kugelförmig, lila, kurzlebig
• *Allium* 'Gladiator', ballförmig, lilarosa, straff aufrecht, 150 cm, Blätter graugrün

Sternkugel-Lauch
Allium christophii

BLÜTEZEIT: Juni – Juli
HÖHE: 40–60 cm, **BREITE:** 20–30 cm

Herkunft: steinige Berghänge, Grassteppen von Osteuropa bis Zentralasien
Wuchs: niedriger, ausgebreiteter Blattschopf mit aufrechtem Blütenschaft
Blüte: riesiger, runder Blütenstand mit einzelnen, strahlenförmigen Blütensternen; rosalila und metallisch schimmernd; strohige, perfekt kugelförmige Fruchtstände, hübsch als Dekoration
Blatt: schmal, graugrün, frühzeitig vergilbend
Standort: sonnig; warm; mäßig trocken bis frisch, durchlässige, sandig-steinige Lehmböden; Pflanze ist frosthart und empfindlich gegen Staunässe
Pflege: vergilbte Blätter entfernen
Vermehrung: durch Aussaat
Verwendung: im Geröllsteingarten, im Steppengarten oder Felssteppenbeeten
Partner: *Artemisia-, Limonium-, Nepeta-, Sedum-, Stipa-* und *Tanacetum*-Arten
Sorten/Verwandte:
• *Allium karataviense* (Blauzungen-Lauch), Südosteuropa bis Westasien, Blüten silbrig weiß, April bis Mai, 15–25 cm, Blätter breit zungenförmig, blaugrün gefärbt, Blattschmuck für Stein- und Steppengarten
• *Allium sphaerocephalon* (Kugel-Lauch), Mitteleuropa bis Westasien, kegeliger Blütenstand, purpurrot, Juni bis Juli, 30 90 cm hoch, für sonnig trockene Stellen, Natur- und Geröllsteingarten oder Felssteppe

Gold-Lauch
Allium moly

BLÜTEZEIT: Mai – Juli
HÖHE: 20–30 cm, **BREITE:** 20–30 cm

Herkunft: westliches Mittelmeergebiet, an schottrigen Berghängen
Wuchs: büschelig bis horstartig, bildet durch Seitenzwiebeln dichte Kolonien
Blüte: in Dolden mit hängenden Blütenglocken; gelb; angenehm duftend
Blatt: breit linealisch, bläulichgrün
Standort: sonnig, halbschattig; warm; für mäßig trockene bis frische Böden, durchlässig, sandig-kiesiger Lehm, ungünstig sind schwere Böden; Pflanze ist frosthart
Pflege: zu große Kolonien nach der Blüte mit dem Spaten abstechen und teilen
Vermehrung: Teilung, Aussaat
Verwendung: Geröllsteingarten, Felssteppenbeete, extensive Dachbegrünung
Partner: *Campanula, Geranium, Sedum* und niedrige *Veronica*
Sorten/Verwandte:
• 'Jeannine', wird größer als die Wildart
• *Allium flavum* (Gelber Lauch), Mitteleuropa bis Westasien, 20–40 cm, schotterreiche Bergwiesen; drahtartige, dünne Blütenstiele mit gelben, hängenden Blüten, Juli bis August
• *Allium pulchellum,* Alpen bis Westasien, in trockenen, sonnigen Wiesen und Berghängen; 40–60 cm, rosaviolette, hängende Blüten, Juli bis August; auf drahtartigen, dünnen Stielen; durchlässige steinige Böden; im Geröllsteingarten, für die Dachbegrünung

Anemone blanda 'Blue Shades'

Anemone coronaria 'Hollandia'

Anemone nemorosa

Strahlen-Anemone
Anemone blanda

BLÜTEZEIT: März – April
HÖHE: 10–15 cm, **BREITE:** 8–12 cm

Herkunft: Südosteuropa bis Westasien, in lichten Wäldern und schotterreichen Gebüschen
Wuchs: in lockeren Kolonien, „wandert" dank vieler Sämlinge durch den Garten
Blüte: zierliche Strahlenblüte; leuchtend blaue Blütenblätter, gelbe Staubgefäße
Blatt: dreiteilig; im Austrieb bräunlich, später frischgrün; zieht frühzeitig ein
Standort: bevorzugt lichtschattige, warme Plätze, auch kühle Lagen sind möglich; Boden neutral bis alkalisch, mäßig trocken bis feucht, durchlässig, humos, sandig-lehmig; Pflanze ist meist frosthart
Pflege: in Frostlagen im Winter mit Zweigen abdecken, die untersten Zweige tief beasteter Sträucher entnehmen, um den Anemonen mehr Licht zu geben; Herbstlaub der Büsche entfernen, sonst ersticken die Blumen
Vermehrung: sät sich selbst aus
Verwendung: im Frühlingsgarten, im Waldgarten, am Gehölzrand, an hellen Stellen im Unterwuchs, im Steingarten
Partner: *Anemone nemorosa, Anemone ranunculoides, Primula vulgaris*
Sorten/Verwandte:
• 'Atrocaerulea', tief violettblau
• 'Blue Star', leuchtend blau
• 'Pink Star', rosa, großblumig
• 'Radar', karminrosa mit weißem Auge
• 'Violet Star', violett mit weißem Auge
• 'White Splendour', weiß, großblumig

Kronen-Anemone
Anemone coronaria

BLÜTEZEIT: März – Mai
HÖHE: 10–15 cm, **BREITE:** 8–12 cm

Herkunft: Mittelmeergebiet bis Asien, in sonnigen Kiefernwäldern, Macchie, Garigue, steinige Wiesen, Felsfluren
Wuchs: in lockeren, oft ausgedehnten Kolonien
Blüte: einzelne, dicke Blütenstängel, unterhalb der Blüte mit einem Kranz grüner Hüllblätter; weit geöffnete, schalenförmige Blüte mit 5–8 cm Durchmesser, rot, rosa, weiß, blau, violett, Staubgefäße blauschwarz
Blatt: gefiedert und handförmig geteilt; frischgrün, zieht bald nach der Blüte ein
Standort: sonnig; warm; Boden mäßig trocken bis frisch, durchlässig, sandigschottriger Lehm; Pflanze ist nicht ganz frosthart
Pflege: an kälteren Plätzen Winterschutz empfehlenswert; eine frühzeitige Pflanzung im Herbst ist anzuraten
Vermehrung: nicht möglich, häufig nachpflanzen
Verwendung: im Frühlingsgarten, am Gehölzrand an sonnigen Stellen; bei jährlicher Pflanzung nach den letzten Frösten auch als Sommerblume möglich
Partner: *Muscari, Narcissus* und *Tulipa*
Sorten/Verwandte:
• 'De Caen', schöne Mischung großblütiger Sorten in leuchtenden Farben und weißer oder roter Mitte
• 'St. Brigid', Serie halbgefüllt bis nahezu vollgefüllt blühender Sorten, die intensiv gefärbten Blüten sind kleiner

Weißes Busch-Windröschen
Anemone nemorosa

BLÜTEZEIT: März – April
HÖHE: 12–15 cm, **BREITE:** 5–10 cm

Herkunft: Europa; heimische Waldpflanze in Laub- und Nadelmischwäldern
Wuchs: kriechende Rhizome mit einzelnen, kleinen Blütenstängeln; bildet allmählich ausgedehnte, dichte Kolonien
Blüte: sternförmige, weit geöffnete Blüten, 2–4 cm groß, weiß, seltener hellstes Rosa
Blatt: dreiteilige, tief eingeschnittene frischgrüne Blätter; ziehen bald nach der Blüte ein
Standort: zeitweise sonnig bis lichter Schatten; warm bis kühl; Boden frisch bis feucht, schwach sauer bis alkalisch, durchlässiger, humoser Lehm; Pflanze ist frosthart
Pflege: nicht erforderlich, Pflanze ungestört lassen
Vermehrung: durch das Abtrennen von Rhizomen, Aussaat
Verwendung: im Frühlingsgarten, Natur- und Waldgarten, an hellen Stellen im Unterwuchs, am Gehölzrand; wegen des frühen Einziehens kein Bodendecker
Partner: *Anemone blanda, Anemone ranunculoides* und *Helleborus*-Arten
Sorten/Verwandte:
• 'Blue Bonnet', hellblau, April
• 'Green Fingers', Blüten weißlich grün
• 'Robinsoniana', lila, großblumig
• 'Vestal', weiß, gefüllte Blüten im April
• *Anemone ranunculoides* (Gelbes Windröschen), heimisch, 10–15 cm, bildet Kolonien; goldgelb, März bis April

Arum italicum

Camassia cusickii

Canna Indica-Gruppe

Italienischer Aronstab
Arum italicum

BLÜTEZEIT: März – April
HÖHE: 20–50 cm, **BREITE:** 30–50 cm

Herkunft: Westeuropa und Mittelmeergebiet, an feuchten Stellen in lichten Wäldern und Gebüschen
Wuchs: vielblättrig; Kolonien bildend
Blüte: gelb; kolbenförmiger Blütenstand, umgeben von 20 cm langem, grünweißen Hüllblatt; nach dem Einziehen der Blätter zeigt sich ein 20–30 cm hoher Fruchtstand mit leuchtend roten, giftigen Beeren
Blatt: breit pfeilförmige, glänzend grüne und weißlich gemusterte Blattbüschel, die im Sommer einziehen; Neubildung im Herbst
Standort: halbschattig; warm; für schwach saure bis alkalische, frische bis feuchte, humose Lehmböden; Pflanze ist mäßig frosthart, verträgt Sommertrockenheit
Pflege: in extremen Lagen ist Winterschutz ratsam
Vermehrung: Teilung im Spätherbst
Verwendung: als Bodendecker im Waldgarten, im Unterwuchs, im schattigen Sumpfbeet und am Teichrand
Partner: *Carex morrowii, Anemone-, Bergenia-, Helleborus*-Arten und Farne
Sorten/Verwandte:
• *Arum maculatum* (Gewöhnlicher Aronstab), heimisch, in Laubmischwäldern; hellgelbe Blütenkolben, Früchte rot, Blätter bräunlich gefleckt, Boden feucht, sauer bis neutral
Hinweis: in allen Teilen stark giftig

Oregon-Präriekerze
Camassia cusickii

BLÜTEZEIT: Mai – Juni
HÖHE: 50–100 cm, **BREITE:** 60–80 cm

Herkunft: nordwestliches Nordamerika, im Regenschatten der Rocky Mountains; an wechselfeuchten Berghängen
Wuchs: horstartige Blattschöpfe mit zahlreichen aufrechten Blütenkerzen
Blüte: bis zu 70–90 cm hohe Blütenstiele mit zahllosen Blütensternen; glänzend hellblau
Blatt: bis zu 30–40 cm lang, lanzettlich blaugrün, am Rand gewellt und leicht übergeneigt; knicken im Sommer um und ziehen bis Anfang August ein
Standort: sonnig; warm; im Frühjahr frisch bis feucht, im Sommer trocken; Boden durchlässig, lehmig; Pflanze ist meist frosthart
Pflege: in extremen Lagen abdecken; um unerwünschte Aussaat zu vermeiden, Blütenstiele sofort nach dem Abblühen ausschneiden
Vermehrung: Tochterzwiebeln aufnehmen und neu pflanzen
Verwendung: in Präriestaudenflächen, im Wildnisgarten und in Rabatten
Partner: *Festuca mairei, Panicum-, Euphorbia-, Iris spuria-* und *Lupinus*-Sorten
Sorten/Verwandte:
• *Camassia quamash* (Kalifornische Präriekerze), 40–60 cm; blüht meist blau, Mai bis Juni; mit schmaleren Blättern
• 'Blue Melody', schöne, violettblaue Blüten; Blätter auffällig gelb gerandet
• 'Orion', Blütensterne groß, auffällig dunkelviolett

Indianisches Blumenrohr
Canna Indica-Gruppe

BLÜTEZEIT: Juni – Oktober
HÖHE: 70–150 cm, **BREITE:** 60–80 cm

Herkunft: Elternarten in Mittel- und Südamerika; an Flussufern, in Auenwiesen und Marschen
Wuchs: hochragender Horst
Blüte: dicht zusammensitzende, unsymmetrische, glockenförmige Blüten in Ähren; in leuchtenden Farben von Gelb, Orange und Rot oder Rosa; blüht unermüdlich
Blatt: riesig, 40–80 cm lang, elliptisch; oftmals bunt geadert; dunkel- oder gelbgrün, braun- und orangerot
Standort: sonnig; warm, auch heiß; auf nährstoffreichen, frischen bis feuchten Gartenböden; Pflanze ist nicht frosthart
Pflege: Kübelpflanzen müssen regelmäßig gegossen werden; Wurzelknolle im Herbst ausgraben und die oberirdischen Teile auf 20 cm zurückschneiden; trocken in einem kühlen Raum aufbewahren; die Knollen kann man auch eingetopft in Containern überwintern
Vermehrung: Teilen der Knollen
Verwendung: in Wechselflorbeeten, im Wintergarten, als Kübelpflanze und als Schnittblume zur Dekoration
Partner: *Antirrhinum-, Dahlia-, Lobelia-, Tagetes-, Verbena-* und *Zinnia*-Sorten
Sorten/Verwandte:
• 'Black Knight', rot, Blätter rötlich
• 'Konfetti', orange mit gelbem Saum
• 'Lucifer', nur 60–80 cm hoch; rot und gelb
• 'Prince Carneval', gelb mit rot

Chionodoxa forbesii

Colchicum autumnale

Corydalis solida

Schneeglanz, Schneestolz
Chionodoxa forbesii

BLÜTEZEIT: März – April
HÖHE: 10–15 cm, **BREITE:** 5–8 cm

Herkunft: Westasien und griechische Inseln; steinige Wiesen, Berghänge
Wuchs: bildet ausgedehnte Kolonien, durch Selbstaussaat fast rasenartig
Blüte: traubiger Blütenstand mit einem Dutzend kleiner Blüten; Einzelblüten sternförmig, weit geöffnet, leuchtend blau mit weißem Auge; zart duftend
Blatt: linealisch; frischgrün; treibt früh aus, zieht kurz nach der Blüte ein
Standort: sonnig bis schattig; warm; mäßig trockener bis frischer, durchlässiger Gartenboden; Pflanze ist frosthart
Pflege: nicht erforderlich
Vermehrung: Aufnehmen und Einpflanzen der Tochterzwiebeln, Aussaat
Verwendung: im Frühlingsgarten, am Gehölzrand, im Geröllsteingarten
Partner: *Corydalis, Crocus-, Hyacinthus-, Narcissus-* und *Scilla*-Sorten; spektakulär zu Gehölzen mit farbiger Rinde
Sorten/Verwandte:
• 'Pink Giant', blassrosa, großblütig
• *Chionodoxa luciliae* (Großer Schneeglanz), wird größer, 15–20 cm hoch; große, sternförmige Blüten, mattblau mit weißem Auge, März bis April; samt sich weniger aus
• 'Alba', reinweiß, schöne, große Blüten
• *Chionodoxa sardensis* (Türkischer Schneeglanz), 8–12 cm, stark aussamend, bildet große Kolonien; kleinblütig, rein enzianblau, blüht im April; Boden durchlässig

Herbstzeitlose
Colchicum autumnale

BLÜTEZEIT: August – Oktober
HÖHE: 8–25 cm, **BREITE:** 5–10 cm

Herkunft: Nordafrika und Europa; in feuchten Wiesen, lichte Auenwälder
Wuchs: vielzählig in lockeren Kolonien
Blüte: trichterförmig aufrecht; hell lilarosa; Fruchtkapseln erscheinen mit den Blättern im Frühjahr
Blatt: geruchlos; breit lanzettlich; glänzend grün; erscheint ab April, zieht früh im Sommer ein
Standort: sonnig bis lichtschattig; warm; auf frischen bis feuchten, schwach sauren bis schwach alkalischen, nährstoffreichen Lehmböden; Pflanze ist frosthart
Pflege: Pflanzung im Spätsommer; vergilbende Blätter einziehen lassen
Vermehrung: Teilung der Brutknollen
Verwendung: für sonnigen Gehölzrand
Partner: *Acaena microphylla,* niedrigste *Aster*-Sorten
Sorten/Verwandte:
• 'Album', zierlichere Blüten, reinweiß
• *Colchicum speciosum* (Persische Herbstzeitlose), Westasien; rosa mit weißlichem Schlund, Ende September
Großblumige Sorten:
• 'Lilac Wonder', reichblühend, lilarosa
• 'The Giant', große, becherförmige Blüten, rosaviolett mit weißem Schlund
• 'Waterlily', weit geöffnete und gefüllte Blüten, rosalila, leider nicht ganz standfest
Hinweis: Pflanze ist giftig, beim Arbeiten sollte man Handschuhe tragen

Finger-Lerchensporn
Corydalis solida

BLÜTEZEIT: März – April
HÖHE: 10–20 cm, **BREITE:** 8–15 cm

Herkunft: Nordafrika, Europa bis Westasien; in staudenreichen Auen- und Laubmischwäldern und Hecken
Wuchs: büschelig vieltriebig; ausbreitungsfreudig, bildet Kolonien
Blüte: dichte Blütentrauben mit einigen röhrenförmigen, gespornten Einzelblüten, trüblila, rosa, purpurrot oder weiß
Blatt: fingerartig eingeschnittene, mattgrüne Blätter; ziehen frühzeitig nach der Blüte ein
Standort: bevorzugt lichtschattige bis halbschattige und warme Plätze; speziell frische bis feuchte, nährstoffreiche, kalkhaltige Lehmböden; Pflanze ist frosthart
Pflege: nicht erforderlich
Vermehrung: Brutknollen aufnehmen und einpflanzen, Aussaat
Verwendung: im Natur- und Waldgarten, am schattigen Gehölzrand, für Verwilderungen in Parkanlagen
Partner: *Anemone nemorosa, Hepatica-* Arten, *Leucojum vernum, Scilla bifolia*
Sorten/Verwandte:
• *Corydalis cava* (Hohler Lerchensporn), Europa; 15–25 cm, bildet ausgedehnte Kolonien; Blüte trüb rosalila oder weiß, März bis Mai; Blätter blaugrün
• *Corydalis cashmeriana* (Blauer Lerchensporn), Nordindien, Nepal; 8–15 cm, kleine Kolonien; Blüten leuchtend blau, April bis Mai; Blätter frischgrün; kühl-feuchte Lagen; nur auf Torf; frostempfindlich

Crinum × powellii

Crocosmia × crocosmiiflora 'Lucifer'

Crocus vernus 'Pickwick' und 'Victor Hugo'

Hakenlilie
Crinum × powellii

BLÜTEZEIT: Juli – August
HÖHE: 90-120 cm , **BREITE:** 80-100 cm

Herkunft: Elternarten stammen aus Süd-afrika; dort an Berghängen und auf schotterreichen Wiesen
Wuchs: ausgebreitet horstartig
Blüte: doldenähnlicher Blütenstand mit röhrenförmigen bis glockigen großen Blüten; rosa oder weiß; leicht duftend
Blatt: horstartiger Blattschopf mit der-ben, breit riemenförmigen Blättern, 50–70 cm hoch, aufrecht bis bogenförmig übergeneigt; glänzend frischgrün; treibt früh aus; beständig bis zum Herbst
Standort: sonnig; warm; mäßig trocke-ne bis feuchte, durchlässige nährstoffrei-che Böden; Pflanze ist mäßig frosthart und spätfrostgefährdet
Pflege: Winterschutz empfehlenswert, im Herbst mit Zweigen abdecken; Pflan-zung der großen Zwiebeln gerade so tief, dass die obere Spitze der hakenförmig gekrümmten Zwiebel etwas aus der Erde schaut; das Verpflanzen älterer Zwiebeln ist schwierig, da die fleischigen Wurzeln leicht abbrechen
Vermehrung: kaum möglich, allenfalls durch Brutzwiebeln
Verwendung: im Wechselflor zu Som-merblumen, im Geröllsteingarten, in Staudenrabatten und am Uferrand
Partner: *Agapanthus-, Cosmos-, Crocos-mia-, Lobelia-, Penstemon*-Sorten
Sorten/Verwandte:
• 'Album', weit geöffnete, reinweiße Blü-ten

Garten-Montbretie
Crocosmia × crocosmiiflora

BLÜTEZEIT: Juli – September
HÖHE: 60–100 cm, **BREITE:** 15–20 cm

Herkunft: Elternarten stammen aus Süd-afrika von Berghängen und Felswiesen
Wuchs: straff aufrecht; oft zu mehreren, auch in größeren Kolonien
Blüte: lockere Ähren, die weit über die Blätter herausragen; lange blühend; Ein-zelblüte röhren- bis trichterförmig, nik-kend; gelb, orange oder rot
Blatt: schmal und lang gezogen mit aus-geprägten Blattrippen; sattgrün
Standort: sonnig; warm; mäßig trocken bis feucht; jeder durchlässige Gartenbo-den; Pflanze ist mäßig frosthart und emp-findlich gegen stauende Winternässe
Pflege: Blätter erst nach dem Vergilben abschneiden; in Frostlagen abdecken
Vermehrung: Teilung oder Aussaat
Verwendung: zu Wechselflor, in Stau-denrabatten; als Kübelpflanze am bes-ten in massiven Gefäßen, da die vielen Brutknollen einen so starken Druck aus-üben, dass dünnwandige Töpfe platzen können
Partner: *Agapanthus-, Centranthus-, Kniphofia-, Lobelia-* und *Salvia*-Sorten
Sorten/Verwandte:
• 'Citronella', sattgelbe Blüten, Laub hellgrün
• 'Emily McKenzie', orange, harte Sorte
• 'Fire Bird', orangerot mit Gelb
• 'Lucifer', grellrot, blüht bereits ab Juli
• *Crocosmia masoniorum*, breiter, gras-artiger Horst mit vielen Blüten in Gelb-orange ab Juli

Garten-Krokus
Crocus-Sorten

BLÜTEZEIT: März – April
HÖHE: 10–15 cm, **BREITE:** 4–8 cm

Herkunft: Kreuzungen des heimischen Alpen-Krokus mit mediterranen Arten
Wuchs: Zwiebelknollen mit einer Blüte und dünnem Blattschopf, durch Brut-zwiebeln und Aussaat entstehen gele-gentlich Kolonien
Blüte: becher- bis trichterförmig, langge-stielt, aufrecht; reintönig oder geadert, in vielen Farben, oft mehrfarbig, Staub-gefäße und Narbe gelb oder orange
Blatt: erscheint nach der Blüte; gras-artig; dunkelgrün mit weißem Mittelstrei-fen, zieht früh ein
Standort: sonnig; frisch bis feucht, jeder schwach saure bis alkalische und durchlässige Gartenboden, schwere Böden meiden; Pflanze ist frosthart
Pflege: Pflanzung der Zwiebeln zeitig im Herbst vornehmen; Pflanztiefe 5–8 cm
Vermehrung: Teilung der Brutzwiebel-Kolonien, Aussaat kaum möglich
Verwendung: im Frühlingsgarten, Stein-garten oder in Töpfen
Partner: *Galanthus nivalis, Iris reticula-ta, Leucojum vernum, Primula vulgaris*
Sorten/Verwandte:
• 'Gelbe Riesen', großblumig, sattgelb
• 'Grand Maître', alte Sorte, lavendelblau
• 'Großer Gelber', goldgelb, früh blühend
• 'Jeanne d'Arc', alte Sorte und die beste weiß blühende
• 'King of the Striped', violett, hell gestreift
• 'Remembrance', dunkelviolett, früh

Crocus speciosus

Pracht-Krokus, Herbst-Krokus
Crocus speciosus

BLÜTEZEIT: September – Oktober
HÖHE: 10–15 cm, **BREITE:** 4–5 cm

Herkunft: Südosteuropa bis Zentralasien; in steinigen Wiesen und alpinen Matten
Wuchs: eintriebige Zwiebelpflanze; bildet mit Brutzwiebeln und Sämlingen Kolonien
Blüte: ausgebreitet becherförmig auf dünnen Stielchen; lavendelblau mit dunkleren Adern, Schlund weiß, Narbe orange; die Blüten fallen bei heftigem Regen um
Blatt: linealisch; dunkelgrün mit weißer Mittelader, erscheint erst im Frühjahr
Standort: sonnig, auch in lichtem Schatten; warm; jeder durchlässige Gartenboden; Pflanze ist frosthart
Pflege: Zwiebeln im Sommer setzen
Vermehrung: durch Brutzwiebeln
Verwendung: im Herbstgarten, Steingarten, Geröllsteingarten und am lichten Gehölzrand, im schütteren Rasen
Partner: nur niedrigste Staudenpartner wählen, da der konkurrenzschwache Herbst-Krokus sonst erstickt; zwergige *Geranium* und *Sedum* oder *Thymus*
Sorten/Verwandte:
• 'Albus', weiß mit gelbem Schlund
• 'Artabir', mattblau, dunkel gestreift
• *Crocus kotschyanus* (Syrischer Krokus), bildet Kolonien, rosalila, September
• *Crocus pulchellus* (Oktober-Krokus), bildet Kolonien; zart lilablau, dunkel geadert
• 'Zephir', mattweiß, gelber Schlund

Crocus tommasinianus

Elfen-Krokus
Crocus tommasinianus

BLÜTEZEIT: Februar – April
HÖHE: 8–10 cm, **BREITE:** 2–3 cm

Herkunft: Südosteuropa und Westasien, auf sonnigen und steinigen Bergwiesen
Wuchs: durch starkes Aussamen entstehen ausgedehnte Kolonien mit Tausenden von dicht an dicht stehenden Blüten
Blüte: weit geöffnete Trichterblüte, bei schlechtem Wetter geschlossen; weißlich lila bis hellviolett mit gelber Narbe; zarter Duft
Blatt: grasartig; dunkelgrün mit weißem Mittelstreifen; entwickelt sich nach der Blüte, zieht im Mai ein
Standort: sonnig, auch im hellen Schatten noch möglich; warm; mäßig trocken bis feucht; durchlässige lehmige Gartenböden; Pflanze ist frosthart
Pflege: nicht erforderlich
Vermehrung: Tochterzwiebeln, Aussaat
Verwendung: im Frühlingsgarten, im schütteren Rasen, am Gehölzrand
Partner: *Eranthis hyemalis, Galanthus nivalis, Leucojum vernum*
Sorten/Verwandte: Sämlinge der Farbsorten verlieren meist ihre Farben und gleichen sich der Wildart an.
• 'Lilac Beauty', lila, Schlund violett
• 'Whitewell Purple', intensiv violett, etwas größer und dunkler als die Art
• *Crocus* 'Vanguard', Abkömmling von *Crocus tommasinianus,* wächst stärker, Blüten helllila, steril, März, entwickelt dank Brutzwiebelbildung dichte Horste
• *Crocus flavus* (Gold-Krokus), gelb; verbreitet sich durch Brutzwiebeln

Cyclamen coum

Frühlings-Alpenveilchen
Cyclamen coum

BLÜTEZEIT: Februar – April
HÖHE: 10–15 cm, **BREITE:** 20–30 cm

Herkunft: Südosteuropa bis Nordiran; in Geröllfluren, in lichten felsigen Gebüschen
Wuchs: flach polsterförmig; durch Selbstaussaat langsam ausgedehnte Kolonien; große, scheibenförmige Knolle
Blüte: Blütenblätter zurückgebogen; blüht karminrot, rosa oder weiß; duftet
Blatt: herz- oder nierenförmig mit undeutlicher heller Maserung; zieht nach der Blüte ein, Neuaustrieb im Herbst; wintergrün
Standort: halbschattig; warm; bevorzugt mäßig trocken bis frische, durchlässige alkalische Lehmböden, möglichst schotterreich-kiesig; Pflanze ist meist frosthart
Pflege: an kalten Plätzen mit Zweigen abdecken, im zeitigen Frühjahr tagsüber abdecken, abends wieder auflegen
Vermehrung: durch Knollen, Aussaat
Verwendung: im Frühlingsgarten, schattiger Steingarten oder unter lichten Gehölzen
Partner: keine konkurrenzstarken Nachbarn, *Galanthus nivalis, Hepatica transsylvanica, Leucojum vernum, Primula vulgaris*
Sorten/Verwandte:
• *Cyclamen hederifolium* (Herbst-Alpenveilchen), 8–12 cm; hellrosa, duftend; Blätter nach der Blüte, herzförmig, deutlich silbrige Zeichnung
Hinweis: schwach giftig

Dahlien
Dahlia

Die Wildarten der Dahlien stammen aus Mexiko und sind im Handel nicht erhältlich. Aber aus ihnen ist in fast 300 Jahren Züchtungsgeschichte das gesamte Dahlien-Sortiment mit einer fast unüberschaubaren Vielfalt prachtvoller Sorten entstanden. Jährlich kommen etwa 200 bis 300 neue Sorten dazu, von denen aber die allermeisten nicht lange im Angebot bleiben, entweder weil sie krankheitsanfällig sind oder weil exklusive Farbneuheiten die älteren Formen übertrumpfen. Jeder Dahlien-Produzent gibt seinen Zuchtlinien eigene Namen, was die Übersicht zusätzlich erschwert. Nicht alle erlesenen Sorten, die man in Dahlien-Gärten und -Sammlungen bewundern kann, kommen auch in den Handel. Das einzig Beständige im Dahlienangebot ist somit der permanente Wechsel. Um der wachsenden Sortenflut annähernd gerecht zu werden, teilt man sie nach ihren charakteristischen Blütenmerkmalen in Klassen ein, deren Bezeichnungen man auf den Verkaufsverpackungen findet.

DAHLIEN: EINTEILUNG NACH KLASSEN

KLASSE	BLÜTE	WEITERE INFOS
1. Einfach blühende Dahlien (oder Simplex-Dahlien)	ungefüllt, scheibenförmig, klein	meist niedrig wachsende Sorten, entfernt den Wildformen ähnelnd; hierher auch Mignon- und Zwerg-Dahlien
2. Anemonenblütige Dahlien	scheibenförmig, in der Mitte mit einem halbkugelförmigen, dichten Knopf gedrängt stehender Röhrenblüten	die kleine angedeutete Blütenfüllung ist zumeist andersfarbig als die Randblüten
3. Halskrausen-Dahlien	scheibenförmig; in der Mitte ein Kranz von zu kleinen Blütenblättern umgebildeten Staubgefäßen	die Krause zeigt eine deutlich abgesetzte, kontrastierende Farbtönung
4. Seerosen-Dahlien	scheibenförmig, einheitlich, gefüllt, mit flach angeordneten, nahezu in einer Ebene stehenden Blütenblättern	häufig einfarbig, seerosenähnliche Blüten
5. Dekorative oder Schmuck-Dahlien	halbrund, rosettenförmig, dicht gefüllt	hochgewölbte, große, beeindruckende Blüten
6. Ball-Dahlien	kugelförmig, gefüllt mit leicht eingerollten, dicht gedrängten Blütenblättern	perfekt kugelförmige Blüten, größer als ein Tennisball
7. Pompon-Dahlien	kugelförmig, extrem dicht gefüllt, Blütenblätter komplett eingerollt	nostalgisch wirkende Blüten, makellose Kugelform, etwa so groß wie ein Golfball; in der Biedermeierzeit „Georginen" genannt
8. Cactus-Dahlien	strahlenförmig, gefüllt, lange Blütenblätter, eingerollt und schmal zugespitzt; sehr wirkungsvolle, große, ausgebreitete Blütensterne	man unterscheidet Riesen-Cactus-Dahlien und Kleinblumige Cactus-Dahlien; hierzu auch „Hirschgeweih-Dahlien" mit gespaltenen Blütenblättern
9. Semi-Cactus-Dahlien	dicht gefüllter Strahlenkranz, mehr zungenförmige, kaum zugespitzte Blütenblätter	kompakte, große, teilweise riesige Blütensterne; eine Gruppe, die zwischen Cactus- und Schmuck-Dahlien steht
10. Diverse Dahlien	bizarre Blütenformen, mit einem doppelten Blütenkranz (Duplex- oder Päonienblütige Dahlien), extrem gemustert (Giraffen-Dahlien)	alle Sorten, die sich in die vorigen Klassen nicht einordnen lassen; die „Seestern-Dahlien" mit ihren strahlenförmigen Blüten zählen ebenfalls hierzu

Dahlia × *pinnata* 'Andenken an Otto Bergerhoff'   *Dahlia* × *pinnata* 'Franz Kafka'

Garten-Dahlie
Dahlia × *pinnata*

BLÜTEZEIT: Juli – Oktober
HÖHE: 25–180 cm, **BREITE:** 30–120 cm

Wuchs: horstartig wachsende Knollenpflanzen mit verzweigten Blütentrieben; zwergwüchsige oder kniehohe bis gelegentlich übermannshohe Sorten

Blüte: einfache, halbgefüllte bis vollgefüllte scheibenförmige bis vollkommen kugelige Blütenstände; Farbpalette außer reinem Blau in nahezu allen Farben; neben einfarbigen Sorten auch zwei- und dreifarbige; variieren in der Größe von kaum handtellergroßen Miniaturblüten bis zu fast fußballgroßen oder sternartigen Blütengiganten

Blatt: gefiedert; meist saftig grün oder auch rötlich oder bläulich schimmernd

Standort: sonnig; warm; für frische bis feuchte, nährstoffreiche Böden; wichtig sind durchlässige Gartenböden; in schwerem Lehm oder gar Ton versagen die Dahlien; die Knollen sind nicht frosthart sowie spät- und frühfrostempfindlich

Pflege: die Knollen pflanzt man ab Mitte April aus, etwa 3–5 cm tief; gegen Spätfröste schirmt man den Neutrieb mit darüber gestülpten Plastikcontainern ab; Austrieb von Anfang an gegen Schnecken schützen, denn abgefressene Triebe erholen sich kaum; Stützstäbe oder Stützringe für Hohe Dahlien, damit sie vom Wind nicht umgeknickt werden; an blühenden Dahlien regelmäßig verblühte Blüten oder Samenstände herausschneiden, um die seitlich in den Blattachseln stehenden Blütenknospen zum Austreiben anzuregen; wenn sich die Temperatur im Herbst dem Nullpunkt nähert

und die Dahlien oberirdisch absterben, belässt man die Knollen noch 5–10 Tage in der Erde, erst dann gräbt man die Knollen vorsichtig aus, damit die knackigen Wurzelteile nicht abbrechen; anschließend Rückschnitt der Triebe bis auf einen Rest von etwa 5 cm. Knollen sorgfältig von restlicher Erde säubern, anschließend in Behälter mit feuchten Sägespänen oder handelsüblichem Rindenhäcksel in einem kühlen und dunklen Raum aufbewahren; im Frühjahr Knollen auf Krankheiten überprüfen, nur die gesunden dürfen wieder verwendet werden; es empfiehlt sich, die Dahlien an anderer Stelle im Garten zu pflanzen als im Vorjahr

Vermehrung: Teilung der Knollen im Frühjahr, wobei an den Teilstücken eine Knospe vorhanden sein muss, einzelne Knollen ergeben keine neue Pflanzen

Verwendung: in Gruppen im Wechselflor, in Staudenrabatten, zu Rosen, in Töpfen, in speziellen Dahlien-Sondergärten

Partner: *Alcea rosea, Antirrhinum majus, Lobelia* × *speciosa, Penstemon, Salvia involucrata, Salvia uliginosa, Solenostemon scutellarioides, Verbena bonariensis, Zinnia*

Sorten/Verwandte:

Einfach blühende Dahlien:
- 'Cupido', 50 cm, weiß, Mitte karminrot
- 'Halodri', 110 cm, karminrot, weiß gestreift
- 'Sterntaler', 70 cm, orange, dunkles Laub

Anemonenblütige Dahlien:
- 'Blue Bayou', 90 cm, lilarosa, Mitte karminrot
- 'Life Style', 80 cm, rosa, Mitte lachsorange
- 'Rock'n Roll', 70 cm, rot, Mitte orange

Halskrausen-Dahlien:
- 'Pooh', 120 cm, tomatenrot, Krause hellgelb

- 'Stefanie Hertel', 130 cm, rot, Krause weiß
- 'Windrose', 110 cm, karminrot, Spitzen weiß

Seerosen-Dahlien:
- 'Cupido', 120 cm, lachsorange
- 'Royal Ivory', 120 cm, weiß, Basis hellgelb
- 'Sayonara', 90 cm, purpurkarminrot

Dekorative Dahlien:
- 'Erntedank', 120 cm, gelborange
- 'Leonard', 120 cm, seerosenblütig, lachsrosa
- 'Meteor', 100 cm, samtig schwarzrot

Ball-Dahlien:
- 'Hans Peter Cornils', 120 cm, rot
- 'L'Ancresse', 120 cm, weiß, Basis hellgelb
- 'Maren', 120 cm, lachsorange

Pompon-Dahlien:
- 'First Lady', 110 cm, zitronengelb mit Lachsfarben
- 'Stadt Würzburg', 100 cm, apricot mit Rosa
- 'Tina', 120 cm, purpurviolett

Cactus-Dahlien:
- 'Christian Deegen', 130 cm, leuchtend gelb
- 'Elga', 120 cm, außen helllila, Mitte dunkel
- 'Golden Star', 120 cm, hellapricot

Semi-Cactus-Dahlien:
- 'Claudias Herbsttraum', 110 cm, karminrot
- 'Hibernia', 130 cm, apricot
- 'Oberbergische Postkutsche', 140 cm, gelb

Diverse Dahlien:
- 'Baronesse', 130 cm, päonienblütig, karminrot
- 'Bishop of Llandaff', 100 cm, leuchtend rot, Blatt metallisch purpurgrün
- 'Hale Bopp', 140 cm, Hirschgeweih-Dahlie, gelb

Eranthis hyemalis

Eremurus × *isabellinus* 'Moneymaker'

Eremurus robustus

Winterling
Eranthis hyemalis

BLÜTEZEIT: Februar – März
HÖHE: 5–8 cm, **BREITE:** 5–6 cm

Herkunft: Südeuropa an steinigen Berghängen und lichten Waldrändern
Wuchs: eintriebige Knollenpflanze, bildet durch Selbstaussaat riesige Kolonien
mit bis zu 200–400 Blüten pro Quadratmeter
Blüte: leuchtend gelbe Schalenblüt-
chen, die bei Sonne weit geöffnet sind;
duftet angenehm
Blatt: rundlich, tief eingeschnitten,
gefingert; frischgrün; zieht unmittelbar
nach der Samenbildung im Mai ein
Standort: sonnig, halbschattig; warm;
mäßig trocken bis feucht; wächst in
jedem nicht zu schwerem Gartenboden;
Pflanze ist frosthart und anspruchslos
Pflege: Knollen sollten sehr früh, im
Spätsommer oder Frühherbst, gelegt
werden, sie sind empfindlich gegen Austrocknen; sonst keine Pflegemaßnahmen
erforderlich
Vermehrung: Selbstaussaat
Verwendung: im Frühlingsgarten, Steingarten, in schütterem Rasen und unter
locker verzweigten Sträuchern
Partner: *Crocus*-Wildarten, *Galanthus
nivalis, Hepatica transsylvanica*; schön
zu winterblühenden Sträuchern wie
Hamamelis
Sorten/Verwandte:
• *Eranthis* × *tubergenii* (Großblütiger
  Winterling), leuchtend gelbe, deutlich
  größere, aber sterile Schalenblüten,
  säen sich deshalb nicht aus

Lilienschweif, Steppenkerze
Eremurus × *isabellinus*

BLÜTEZEIT: Juli – September
HÖHE: 60–100 cm, **BREITE:** 15–20 cm

Herkunft: die Elternarten stammen aus
den Steppen und Halbwüsten Zentralasiens
Wuchs: horstartiger Blattschopf mit weit
herausragenden Blütenschäften; fleischige Wurzeln sternförmig ausgebreitet
Blüte: große, lang gezogene Blütentrauben mit vielen kleinen glockigen Blüten
in attraktiven Farben: weiß, gelb, orange, kupfrig, apricot- und rosafarben
Blatt: riemenförmig; matt graugrün, vergilbt bereits während der Blüte
Standort: sonnig; warm; trockene bis
mäßig trockene, allenfalls frische, gut
durchlässige Substrate, in Lehm- oder
Tonböden faulen die Pflanzen; Lilien-
schweif ist wärmebedürftig und mäßig
frosthart sowie spätfrostgefährdet und
anfällig gegen Nässe, speziell Winternässe
Pflege: verlangt bei der Pflanzung eine
ca. 10–15 cm Kies- oder Blähton-Dräna-
ge, um überschüssiges Wasser abzuleiten; Pflanzung frühzeitig im August
Verwendung: stets zu mehreren in Felssteppen, Geröllsteingarten, in Rabatten
Partner: *Anthemis tinctoria, Kniphofia-,
Nepeta-, Salvia-, Sedum-, Stachys*-Sorten
Sorten/Verwandte:
• 'Cleopatra', orangerosa
• 'Moneymaker', kräftig goldgelb
• 'Sulphur Beauty', hellgelb
• *Eremurus*-Gartensorten, hellgelbe bis
  bronzefarbene Züchtungen, Juni

Große Steppenkerze
Eremurus robustus

BLÜTEZEIT: Juni – Juli
HÖHE: 180-250 cm, **BREITE:** 40–50 cm

Herkunft: Zentralasien; in Steppen
Wuchs: horstartiger Blattschopf mit
mächtigem, hochragendem Blütenschaft
Blüte: riesiger Blütenstand, oft über
einen Meter lang mit dicht sitzenden
Blüten; knospig hellrosa, im Aufblühen
weiß; als Früchte entwickeln sich große,
grün glänzende Kugeln
Blatt: schwertförmig; blaugrün, zieht
bereits während der Blüte ein
Standort: sonnig; warm; Boden trocken
bis frisch, nicht nass; unbedingt nähr-
stoff- und kalkreiche, durchlässige sandig-steinige Lehmböden; Pflanze ist wärmebedürftig und meist frosthart sowie
nässeempfindlich, verfault bei reichli-
cher Winternässe
Pflege: vorsichtig pflanzen, da die fleischigen Wurzeln äußerst brüchig sind;
unter den Wurzeln eine Dränage aus
Kies oder Blähtonen anlegen, um überschüssiges Wasser abzuleiten
Vermehrung: Aussaat
Verwendung: Geröllsteingarten, Steppenpflanzungen, trockene Rabatten
Partner: *Achillea filipendulina, Asphodeline lutea, Filipendula vulgaris,* Step-
pen-*Iris, Nepeta, Salvia* und *Sedum*
Sorten/Verwandte:
• *Eremurus olgae* (Hochland-Steppenker-
  ze), Blütenschaft bis 200 cm hoch,
  weiße oder blassrosa Sternblüten ab
  Juli bis August; riemenförmige Blätter
  blaugrün und 50–60 cm lang

Erythronium 'Pagoda'

Fritillaria imperialis 'Rubra Maxima'

Fritillaria meleagris

Hundszahn
Erythronium-Sorten

BLÜTEZEIT: April – Mai
HÖHE: 20–40 cm, **BREITE:** 15–25 cm

Herkunft: die Elternarten stammen aus dem pazifischen Nordamerika; in feuchten Bergwäldern und -wiesen
Wuchs: entwickelt lockere Horste oder kleine Kolonien; bildet Brutzwiebeln
Blüte: meist in lockeren Trauben, leicht nickend, mit herausragenden Staubgefäßen; zarte Blütenfarben in Weiß, Hellgelb oder Rosa
Blatt: 10–25 cm lang, , breit zungenförmig; glänzend grün, weißlich oder bräunlich gefleckt; zieht früh ein
Standort: licht bis halbschattig; kühlluftfeuchte Plätze; Boden frisch bis feucht, für saure humusreiche Böden, Pflanze ist mäßig frosthart und sensibel gegenüber Trockenheit
Pflege: Winterschutz empfehlenswert
Vermehrung: durch Brutzwiebeln, die nach dem Ausgraben sofort gepflanzt werden sollten, da sie gegen Austrocknen empfindlich sind
Verwendung: halbschattiger Steingarten und Gehölzrand, Waldgarten
Partner: *Adiantum pedatum, Carex elata 'Aurea', Dicentra eximia, Tiarella cordifolia*
Sorten/Verwandte:
• 'Pagoda', hellgelb, braun gefleckte Blätter
• 'Pink Beauty', rosa
• 'White Beauty', cremeweiß
Erythronium dens-canis (Europäischer Hundszahn), 10–15 cm, Blüten rosa bis karmin, April, Blätter rotbraun gefleckt

Kaiserkrone
Fritillaria imperialis

BLÜTEZEIT: April – Mai
HÖHE: 60–100 cm, **BREITE:** 15–25 cm

Herkunft: West- bis Zentralasien; steinige Bergwiesen und in Mischwäldern
Wuchs: niedriger Blattschopf, später als hoch aufragender, dicker Blütenschaft
Blüte: zu mehreren in einem Kranz nickender Blütenglocken, von einem zusätzlichen Blattschopf gekrönt; orange oder gelb
Blatt: lanzettlich; glänzend grün; erscheint mit den Blüten und zieht im Sommer ein; spätfrostgefährdet
Standort: sonnig bis lichter Schatten; warm; Boden frisch bis feucht, nährstoffreich, durchlässig; der Blütenstand fällt bei Nachfrost um, richtet sich bei Erwärmung wieder auf; Pflanze ist frosthart
Pflege: faustgroße, animalisch riechende Zwiebel etwa 20–30 cm tief setzen, ist gegen Austrocknen empfindlich und sollte zeitig im Spätsommer gepflanzt werden; nach dem Verblühen Blütenstiel abschneiden, da der Samenansatz die Pflanze schwächt
Vermehrung: schwierig, da Bildung von Brutzwiebeln entfällt
Verwendung: in Gruppen im Bauerngarten, Staudenrabatten, mit Wechselflor
Partner: *Erysimum-, Narcissus-, Primula denticulata-, Tulipa-* und *Viola*-Sorten
Sorten/Verwandte:
• 'Aurora', orange, starkwüchsig
• 'Lutea Maxima', reingelb, große Blüten
• 'Rubra Maxima', ziegelrot, groß
Hinweis: Zwiebel ist schwach giftig

Schachbrettblume, Kiebitzei
Fritillaria meleagris

BLÜTEZEIT: April – Mai
HÖHE: 20–30 cm, **BREITE:** 10–15 cm

Herkunft: heimisch, in weiten Teilen Europas; gesellig in überfluteten Auen- und Sumpfwiesen
Wuchs: eintriebige Zwiebel mit aufrechtem Blütenstiel; formt durch Aussaat und Brutzwiebelbildung kleine Bestände
Blüte: einzeln, glockenförmig, hängend, schachbrettartig gemustert; purpur- bis braunrot mit viereckigen helleren Flecken oder ganz weiß; kurze Blütezeit
Blatt: schmal lineal; graugrün; entsteht mit der Blüte und zieht Ende Juni ein
Standort: sonnig; bevorzugt kühl, hohe Luft- und Bodenfeuchtigkeit, frisch bis nass, auch zeitweise überflutet, Boden schwach sauer bis neutral, Lehm oder Ton; Pflanze ist frosthart
Pflege: kurz nach der Blüte düngen
Vermehrung: durch Abnehmen und Einpflanzen der Brutzwiebeln
Verwendung: Naturgarten, feuchter Gehölzrand, Sumpfbeet und Teichrand
Partner: *Caltha palustris, Leucojum aestivum* und *Persicaria bistorta*
Sorten/Verwandte:
• 'Aphrodite', weiß, ohne jeden Flecken
• *Fritillaria pallidiflora* (Steppen-Schachbrettblume), steinige Wiesen in Sibirien, mehrblättrige Stängel mit Glockenblüten in Büscheln, grün- bis cremegelb, blüht Ende April, 20–40 cm hoch; an sonnigen, steinigen Plätzen, mäßig trocken
Hinweis: Pflanze ist giftig

Galanthus nivalis

Geranium tuberosum

Gladiolus 'Jester'

Schneeglöckchen
Galanthus nivalis

BLÜTEZEIT: Februar – März
HÖHE: 10–20 cm, **BREITE:** 15–20 cm

Herkunft: Europa in Laubmischwäldern
Wuchs: geselliges Auftreten, eintriebige Zwiebelpflanze, sät sich aus und treibt Brutzwiebel, dadurch entstehen entweder schopfartige Horste oder Kolonien
Blüte: einzeln, tropfen- bis glockenförmig, weiß mit grünlichen Flecken; leichter Duft
Blatt: linealisch, leicht übergeneigt; matt blaugrün; entsteht mit der Blüte und vergilbt nach der Fruchtbildung
Standort: halbschattig; kühl; Boden frisch bis feucht, schwach sauer bis alkalisch, locker humos, lehmig; Pflanze ist frosthart, empfindlich gegen Hitze und Trockenheit
Pflege: nicht erforderlich; Verpflanzen unmittelbar nach der Blüte in noch grünem Zustand möglich
Vermehrung: Brutzwiebeln, Aussaat
Verwendung: im Frühlingsgarten, am hellen Gehölzrand und im Naturgarten
Partner: *Crocus, Eranthis hyemalis, Helleborus, Hepatica transsylvanica*
Sorten/Verwandte:
• 'Atkinsii', besonders großblütig, blüht im Februar
• 'Lutescens', weiß mit gelben Flecken
• 'S. Arnott', Blüte kaum glockig, mehr rund
• *Galanthus elwesii* (Türkisches Schneeglöckchen), großblumig, weiß, Februar bis März; Blätter graugrün
Hinweis: Pflanze ist leicht giftig

Knollen-Storchschnabel
Geranium tuberosum

BLÜTEZEIT: Mai – Juni
HÖHE: 15–25 cm, **BREITE:** 7–10 cm

Herkunft: West- bis Zentralasien; in Wüsten, Halbwüsten und Grassteppen
Wuchs: bildet mit knollenartigen Ausläufern kleine Kolonien
Blüte: wenige, nach oben geöffnete, scheibenförmige Blüten auf drahtartig dünnen, spärlich beblätterten Blütenstängeln; lilablau bis graurosa, angedeutet dunkler geadert
Blatt: lockerer, unregelmäßiger Blattschopf, Blatt angedeutet rund, filigran, tief eingeschnitten; mattgrün; zieht im Frühsommer kurz nach der Blüte ein
Standort: sonnig, noch im Schatten lichter Gehölze möglich; warm, auch heiß; bevorzugt in trockenen bis frischen, steinigen, durchlässigen und kalkhaltigen Lehmböden oder in lehmigem Kies, auf schweren Böden verhalten sich die Pflanzen kurzlebig; Pflanze gilt als salzverträglich und ist meist frosthart
Pflege: an kalten Plätzen ist Winterschutz empfehlenswert
Vermehrung: durch Abtrennen und Einpflanzen der knolligen Rhizome oder durch Aussaat
Verwendung: im Geröllsteingarten, in trockenen Blumenwiesen und am sonnigen Gehölzrand, in günstigen Lagen auch für extensive Dachbegrünung
Partner: *Festuca glauca, Stipa pennata, Anthemis tinctoria, Artemisia-, Dianthus-* und *Linum*-Arten, *Hypericum olympicum, Origanum-, Sedum-* und *Teucrium*-Sorten

Garten- oder Edel-Gladiolen
Gladiolus-Sorten

BLÜTEZEIT: Juni – August
HÖHE: 50–120 cm, **BREITE:** 10–15 cm

Herkunft: die Elternarten der Gartensorten stammen aus Bergwiesen Südafrikas
Wuchs: eintriebige Knolle mit hochragendem Blattfächer und Blütenstand
Blüte: Blütenähren mit trichter- bis schalenförmigen Einzelblüten in vielen angenehmen oder grellen Farbtönen, oft mehrfarbig; teilweise gekräuselte Blütenblätter; manche Sorten duften
Blatt: schwertförmig mit gerippten Adern; frischgrün; zieht erst spät im Herbst ein
Standort: sonnig; warm; Boden frisch bis feucht, aber nicht nass; nur für durchlässige, nährstoffreiche sandige oder schotterreiche Lehme; Pflanze ist wind- und frostempfindlich sowie anfällig gegen stauende Nässe
Pflege: Pflanzung Anfang Mai in 8–10 cm Tiefe; hochwüchsige Sorten stützen; im Herbst Knollen aufnehmen, alle oberirdischen Teile bis auf 5 cm einkürzen und in einem dunklen, kühlen Raum frostfrei überwintern; erkrankte Knollen regelmäßig auslesen und entsorgen
Vermehrung: durch Tochterknollen
Verwendung: mit Wechselflor, in Staudenrabatten oder auch in Töpfen
Partner: *Cosmos-, Dahlia-, Penstemon-, Verbena-* und *Zinnia-* Sorten
Hinweis: das umfangreiche Sortiment ändert sich permanent, da fortlaufend neue Züchtungen und Farbvariationen in den Handel kommen

Lilien

Lilium

Seit Menschengedenken faszinieren Lilien die Pflanzenliebhaber. Um die Schönheit anderer Pflanzen besonders herauszustreichen, wurden diese oft mit Lilien verglichen und danach benannt – wie die Herzlilien, Schwertlilien oder Graslilien –, obwohl sie mit den Lilien gar nicht verwandt sind. Von den Lilien selbst existieren über 100 Wildarten in den warm bis kühl temperierten Zonen der Nordhalbkugel. Sie bevorzugen Gebiete mit ausreichenden Frühjahrs- und Sommerniederschlägen und wünschen Plätze, wo das Wasser nicht stehen bleibt, sondern rasch versickert. Die Wildarten sind nicht immer einfach zu kultivieren, die meisten Sorten hingegen sind unkomplizierter. Inzwischen gibt es mehrere Tausend Züchtungen, eine schöner als die andere. Oftmals bleiben die Selektionen kaum für längere Zeit im Handel, sie wechseln wie die Mode. Um die komplizierte Sortenvielfalt überschaubar zu machen, sind die Züchtungen mit ähnlichen Eigenschaften in Divisionen oder auch Sektionen gruppiert worden.

EINTEILUNG DER LILIEN NACH DIVISIONEN (SEKTIONEN)

DIVISION	BLÜTE	WEITERE INFOS
1. Asiatische Hybriden	weit ausgebreitet, becher- und schalenförmig, selten türkenbundähnlich; meistens nach oben geöffnet, gelegentlich leicht seitwärts gerichtet oder manchmal nickend überhängend	Blütenblätter teils gepunktet, teils reintönig, oft mit hellerem Saum und andersfarbigem Schlund; viele Sorten mit reichhaltigem Farbenspiel; manche nicht duftend; robuste Sorten; früh blühend, Mai bis Juni/Juli
2. Martagon-Hybriden	Blütenblätter weit zurückgebogen, Staubgefäße ragen weit aus dem Blütenschlund	dickfleischige Blüten meistens rötlich gefleckt, nahezu alle Farben; in blütenreichen hohen, traubigen Blütenständen; Sommerblüher, Juli bis August
3. Candidum-Hybriden	Blütenblätter leicht zurückgebogen	meist wenig Sorten im Handel; blühen im Juni
4. Amerikanische Hybriden	türkenbundähnliche Blüten, vielfach gepunktet, Staubgefäße weit herausragend	viele Farben; blühen Juli bis August; hoch spezialisierte, blühwillige Formen für den kühl-feuchten Halbschatten in torfigen Böden
5. Longiflorum-Hybriden	prächtige lange und schmale, röhrenförmige Blüten	nicht empfehlenswert für den Garten, da nicht winterhart; nur als Schnittblumen im Handel
6. Trichter- oder Trompeten-Lilien	lange, große, röhrenförmige Blüten, Blütenblätter seitwärts gebogen	Blüten von überragender Schönheit, oft gestreift, Schlund andersfarbig; ungewöhnlich stark duftend; anspruchsvoll; hierzu zählen die großblumigen Aurelian-Hybriden, allesamt Sommerblüher mit reichem Farbspiel
7. Orient-Hybriden	becherförmig oder kurz röhrenförmig; wenig-, aber großblütig	ungewöhnliches Farbspiel, häufig zwei- bis dreifarbig; betörender Duft; sehr anspruchsvoll; Spätsommerblüher
8. Interdivisionale Hybriden	schalen- und becherförmige Blüten, oft gefleckt und gestreift	äußerst bunt und häufig mehrfarbig; Sommerblüher; hierzu zählen die O.T. Hybriden, eine neuere Gruppe mit prächtigen Farben, Höhe der Stängel bis über 1,50 m; mit bis zu 50 Einzelblüten, sie entstanden aus Kreuzungen von Orient- mit Trichter-Lilien
9. Wildlilien	alle Blütenformen	nahezu alle Farben; Vorsommer- bis Herbstblüher; die Ansprüche sind je nach Art außerordentlich verschieden

Lilium 'Gran Paradiso' und 'London'

Lilium bulbiferum 'Golf'

Asiatische Lilien
Lilium-Sorten

BLÜTEZEIT: Mai – Juni/Juli
HÖHE: 40–180 cm, **BREITE:** 15–30 cm

Herkunft: zahlreiche Elternarten sind an der Entstehung der Kreuzungen beteiligt
Wuchs: eintriebige Zwiebelpflanzen mit hochragendem, reichlich beblättertem Blütenstiel mit vielen großen Blüten
Blüte: prächtig, aufrecht, schalenförmig, weit geöffnet, seitwärts gerichtet, leicht zurückgerollte Blütenblätter oder hängend, türkenbundähnlich, stark zurück gekrümmte Blütenblätter; in vielen Farbvariationen, einfarbig oder mehrfarbig, teilweise stark gefleckt oder gepunktet; im Schlund intensiver und oft dunkler; die meisten Sorten duften angenehm
Blatt: lanzettlich; grün; zieht früh ein
Standort: sonnig; warm, windgeschützt; frisch bis feucht, nicht nass; nährstoffreich, durchlässig, schwach sauer bis schwach alkalisch; Pflanze ist mäßig frosthart, auf schweren Böden nicht frohwüchsig
Pflege: so früh wie möglich pflanzen, Pflanztiefe entspricht der doppelten Zwiebelgröße, ca. 10–20 cm tief
Vermehrung: Aussaat, lohnt kaum
Verwendung: in Gruppen, lichtschattiger Gehölzrand, Staudenrabatte, im Wechselflor, in Töpfen
Partner: Rosen, *Centranthus ruber*, *Coreopsis verticillata*, *Delphinium*-, *Foeniculum*-, *Geranium*- und *Phlox*-Sorten
Sorten/Verwandte:
Blüten aufwärts:
• 'Chianti', neue Sorte, lebhaft hellrosa
• 'Connecticut King', goldgelb, vielblütig
• 'Fata Morgana', gelb, gefüllt blühend
• 'Navona', weiß, grünlicher Schimmer
Blüten mehr seitwärts gerichtet:
• 'Fireking', orangerot, dunkle Flecken
• 'Gran Paradiso', glänzend reinrot
• 'Pink Champagner', lachs, gepunktet
Blüten leicht bis deutlich überhängend:
• 'Eros', karminrot
• 'Schellenbaum', hellrosa, dunkle Punkte
• 'Talisman', leuchten rot, gepunktet
Orient-Lilien, weit geöffnete Blüten und zurückgekrümmte Blütenblätter, Juli, meist 80–120 cm hoch; sauer-humose Böden, halbschattig, etwas heikel:
• 'Acapulco', rosa, Ränder heller, gewellt
• 'Arena', weiß, braun gestreift
• 'Stargazer', karmin mit weißen Rändern
Trompeten-Lilien, Kreuzungen mit röhrenförmigen Blüten, Juli bis August, duftend; 100–180 cm, Sonne oder lichter Schatten, spätfrostgefährdet:
• 'African Queen', lachsorange, weit offen
• 'Royal Gold', gelb, ohne Flecken
Lilium regale (Königs-Lilie), weiß-gelb:
• 'Royal Gold' goldgelb, grüner Hauch
O.T.-Lilien, neue Züchtungslinie aus Kreuzungen von Orientale-Lilien mit Trompeten-Lilie; sehr robust, weit geöffnete, mehrfarbige Trompetenblüten:
• 'Conca d'Or', weiß, goldgelber Schlund
• 'Orania', cremegelb, orangegelbe Mitte
• 'Red Dutch', rote Mitte, gelbe Spitzen
Getigerte Lilien, Abkömmlinge der Tiger-Lilie *(Lilium lancifolium)*, Schalenblüten seitwärts stehend, Juli; 100–150 cm:
• 'Citronella', gelb, türkenbundähnlich
• 'Pink Tiger', rosa mit dunklen Punkten
• 'Red Twinkle', prächtig leuchtendes Rot

Feuer-Lilie
Lilium bulbiferum

BLÜTEZEIT: Mai – Juni
HÖHE: 40–120 cm, **BREITE:** 10–15 cm

Herkunft: heimisch, geschützt; Europa, Waldränder, Bergwiesen, Kalkmagerrasen und lichte montane Gebüsche
Wuchs: aufrecht wachsende, eintriebige Zwiebelpflanze; Blütenstiel in Etagen belaubt, leicht wollig behaart
Blüte: mehrere, weit geöffnete Blütenbecher, orangerot mit dunklen, rötlichen Flecken
Blatt: linealisch; grasgrün; kleine Brutzwiebeln in den Blattachseln
Standort: sonnig bis lichter Schatten; warm; Boden während der Blüte frisch bis feucht, später eher trocken; nährstoffreiche, sandig-schotterreiche Lehmböden; Pflanze ist frosthart
Pflege: während der Blütezeit in Trockenphasen wässern; Zwiebeln frühzeitig pflanzen in einer Tiefe von 20 cm
Vermehrung: Aussaat und Brutzwiebeln
Verwendung: in Blumenwiesen, im Bauerngarten, am Gehölzrand, in Rabatten
Partner: *Anemone sylvestris*, *Anthericum liliago*, *Campanula* und *Scabiosa*
Sorten/Verwandte:
• *Lilium maculatum* (Gefleckte Lilie), Japan; Blütenblätter umgebogen, gelborange, dunkel gefleckt, 60–80 cm, für saure Böden
• *Lilium × hollandicum* (Holländische Lilie), Kreuzung der vorigen Arten; orange und rot, offene Schalenblüten
• 'Orange Triumph', orange, schwarze Punkte

Lilium candidum

Lilium martagon

Muscari armeniacum

Madonnen-Lilie
Lilium candidum

Türkenbund-Lilie
Lilium martagon

Armenische Traubenhyazinthe
Muscari armeniacum

BLÜTEZEIT: Juni – Juli
HÖHE: 80–120 cm, **BREITE:** 15–20 cm

Herkunft: Südosteuropa bis Westasien; steinige Bergwiesen
Wuchs: eintriebige Zwiebelpflanze mit hochragendem Blütenschaft
Blüte: Blütenstand mit zahlreichen trichterförmigen Blütenkelchen; weiß mit auffallenden gelben Staubgefäßen; duftend
Blatt: lanzettlich; frischgrün, Stängel radial beblättert, zieht unmittelbar nach der Blüte ein; im Herbst bildet sich ein neuer bodennaher Blattschopf, der überwintert
Standort: Wurzelfuß muss beschattet sein; warm, windgeschützt; im Frühjahr frisch bis feucht, nach dem Abblühen trocken; Boden nährstoffreich, neutral bis kalkhaltig, durchlässiger sandig-steiniger Lehm; Pflanze ist mäßig frosthart und gegen Nässe empfindlich
Pflege: Zwiebel sehr flach pflanzen, nur 2–3 cm Erde dürfen die Zwiebel bedecken; Pflanzzeit im Spätsommer, August bis September; an kalten Plätzen ist ein Winterschutz erforderlich, und an windigen Plätzen sollten die Triebe gestützt werden
Vermehrung: durch Zwiebelschuppen oder Abnehmen der Brutzwiebeln
Verwendung: im Rosenbeet, im Bauerngarten, für Wechselflorbeete, in Staudenrabatten
Partner: Strauch- und Beet-Rosen, *Delphinium*-, *Euphorbia*-, *Geranium*-, *Iris*- und *Leucanthemum superbum*-Sorten

BLÜTEZEIT: Juni – Juli
HÖHE: 60–100 cm, **BREITE:** 15–30 cm

Herkunft: heimisch, Europa bis Ostasien; in krautreichen Laubmischwäldern und subalpinen Staudenmatten
Wuchs: eintriebige Zwiebel; aufstrebender Blütenstand mit bis zu 10 locker verteilten Blüten
Blüte: Blütenblätter zurückgerollt mit weit herausragenden Staubgefäßen; rötlich lila, etwas gefleckt oder nur weiß, besonders abends animalischer Geruch
Blatt: meist quirlig, lanzettlich
Standort: halbschattig; kühl; frisch bis feucht, schwach sauer bis alkalisch, nährstoffreich, lehmig, Pflanze ist auf leichten Böden nicht frohwüchsig
Pflege: Pflanztiefe 10–12 cm
Vermehrung: Aussaat
Verwendung: in Gruppen im Natur- und Waldgarten, zur Verwilderung und in schattigen Staudenrabatten
Partner: *Athyrium filix-femina*, *Campanula lactiflora*, *Campanula latifolia*-, *Geranium*-, *Polygonatum*- und *Pulmonaria*-Sorten
Sorten/Verwandte:
• 'Album', blüht reinweiß ohne Flecken
• *Lilium davidii* var. *willmottiae* (Chinesischer Türkenbund), Zentralchina, in felsigen Bergwiesen und Gebüschen; Blüte orange mit schwarzen Flecken, Juni bis Juli, 150–180 cm, Halbschatten, kühl, luft- und bodenfeucht, schwach sauer bis neutral, humoser Lehmboden; nicht immer standfest

BLÜTEZEIT: März – April
HÖHE: 10–20 cm, **BREITE:** 10–20 cm

Herkunft: Südosteuropa bis Westasien; lockere Gebüsche, felsige Wiesen
Wuchs: horstartiger Blattschopf mit etlichen Blütenstielen; größere Kolonien
Blüte: kegelförmiger Blütenstand, kleine, azurblaue Blütenglocken, am Rand weiß gesäumt, werden beim Verblühen dunkelblau; duftet sehr angenehm
Blatt: schmal linealisch; glänzend grün; zieht frühzeitig im Sommer ein, treibt im Herbst wieder aus
Standort: sonnig; warm; für mäßig trockene bis frische Böden, problemlos in jedem durchlässigen Gartenboden; Pflanze ist frosthart
Pflege: Zwiebeln frühzeitig pflanzen
Vermehrung: durch Brutzwiebeln
Verwendung: im Frühlingsgarten, Steingarten, Geröllsteingarten, extensive Dachbegrünung oder auch in Töpfen
Partner: *Narcissus*, *Primula*, *Tulipa*, frühjahrsblühende Sträucher
Sorten/Verwandte:
• 'Atlantic', intensiv blau, niedrigwüchsig
• 'Blue Spike', mattblau, gefüllte Blüten
• *Muscari azureum* (Blaue Traubenhyazinthe), Westasien, steinige Bergwiesen; 10–15 cm; hellblaue Blütentrauben, blüht von Februar bis März
• 'Alba', reinweiß blühende Sorte
• *Muscari botryoides* (Kleine Traubenhyazinthe), heimisch, in Wiesen; 10–20 cm hoch, in Kolonien; hellblau; April bis Mai

Narzissen, Osterglocken *Narcissus*

Narzissen zählen zu den anmutigsten und dankbarsten Frühlingsblühern. Als Gartenpflanzen sind sie seit der Antike bekannt. Das Hauptverbreitungsgebiet dieser Frühlingsblumen ist der Mittelmeerraum: die Hochwüchsigen zumeist in Bergwäldern, in Feuchtwiesen und Auen, während die kapriziösen Zwerg-Narzissen steinige Felsfluren bevorzugen. Es gibt nur 30 verschiedene Wildarten, wenige im Vergleich zu den nach Tausenden zählenden Züchtungen, die aus Kreuzungen der Wildarten entstanden sind.

Narzissenzüchtung

Die Zwergarten sind seltener im Handel, da sie als heikel bekannt sind und nicht immer ganz winterhart sind. Garten-Narzissen werden seit etwa 500 Jahren gezüchtet. Die Anzahl moderner Narzissen-Sorten ist inzwischen unüberschaubar, jedes Jahr kommen neue Züchtungen mit spektakulären Farben heraus. Weltweit kennt man über 20 000 Sorten. Um sich in dieser Vielfalt nicht zu verlieren, hat man die Sorten nach gemeinsamen Blütenmerkmalen geordnet und in sogenannte Klassen eingeteilt.

Farben und Formen der Blüten

Bei der komplexen Blüte unterscheidet man zwischen der stern- oder scheibenförmigen Hauptkrone, auf der unmittelbar die röhren- oder napfförmige Nebenkrone sitzt. Die Blüten sind einfach oder gefüllt blühend, ein- oder mehrfarbig. Es dominieren gelbe, weiße, rosa- und orangefarbene Töne. Die meisten Sorten duften angenehm, entweder zart, süßlich oder schwer parfümartig.

Blätter und Zwiebeln

Narzissen entwickeln aus einer oder mehreren Zwiebeln einen lockeren Blattschopf gleichzeitig mit schmalen, meist mattgrünen Blättern, aus denen schlanke Blütenstiele herausragen. Ähnlich vielen Zwiebelpflanzen zieht das Laub etwa vier Wochen nach dem Verblühen ein, es darf aber erst im verwelkten Zustand abgeschnitten werden, denn die künftige Zwiebel wird ab Mai oder Juni bereits für das nächste Jahr vorgebildet. Damit die Zwiebeln den nächstjährigen Blütenansatz entwickeln können, brauchen sie die Blätter zum Assimilieren, ein Stoffwechselvorgang, um Reservestoffe zu sammeln. Narzissen geben bald auf, wenn man die Blätter sofort nach der Blüte abschneidet oder abmäht.

Ansprüche

Die Ansprüche sind bei allen Züchtungen sehr ähnlich: Sonnige bis lichtschattige, kühle bis warme Plätze werden bevorzugt. Der Boden darf nie zu trocken werden, sie verlangen nach frischen bis feuchten, nährstoffreichen, sandig-humosen Lehmen.

Pflanzung und Pflege

Die Pflanzung der Zwiebeln muss so früh wie möglich im Herbst erfolgen, bei einer Pflanztiefe von 10–15 cm. Eine zu späte Pflanzung wirkt sich negativ auf die Winterhärte aus, die Pflanzen sind dann anfälliger gegen Bodenfrost. Nach der Blüte schneidet man die Samenstände sofort aus, damit die Samenbildung die Zwiebeln nicht schwächt. Sofern man Sorten zum Verwildern gewählt hat, beispielsweise Dichter-Narzissen, dann ist der Samenansatz eher erwünscht, da sich diese Formen gerne aussäen und ganz allmählich größere Kolonien bilden.

WILD- UND STEINGARTENNARZISSEN

SORTE	HÖHE	BLÜTE	WEITERE INFOS
Narcissus asturiensis Zwerg-Narzisse	8–12 cm	Miniaturtrompete, gelb; März bis April	Winterschutz ratsam
Narcissus bulbocodium Reifrock-Narzisse	10–15 cm	Hauptkrone unscheinbar, Nebenkrone trichterförmig, goldgelb; April	leichter Duft; Winterschutz ratsam; speziell für Steingärten
Narcissus canaliculatus Sträußchen-Narzisse	12–15 cm	Hauptkrone scheibenförmig, Nebenkrone becherförmig, weiß und gelb; Mai	mehrblütig und reichblühend
Narcissus lobularis (= Narcissus pseudonarcissus) Miniaturtrompete	15–20 cm	Hauptkrone sternförmig, hellgelb; Nebenkrone kleine Röhre, gelb	früh blühend; einblütig; nur für milde Klimabereiche; zum Verwildern geeignet
Narcissus × odorus Duft-Narzisse	20–30 cm	Hauptkrone sternförmig, Nebenkrone schalenförmig, lichtgelb; April bis Mai	spät blühend; meist einblütig, selten mehrblütig; zarter Duft; für Blumenwiesen und Rabatten
Narcissus pumilus	10–15 cm	Hauptkrone sternförmig, Nebenkrone kleinkronig	eine der ersten nach der Schneeschmelze; nur für geschützte Plätze
Narcissus × tenuior (= Narcissus × gracilis) Zierliche Narzisse	25–30 cm	Hauptkrone sternförmig, Nebenkrone schalenförmig, hellgelb bis kräftig gelb; Mai	mehrblütig; süßer Duft; für Steingärten oder Töpfe

EINTEILUNG DER NARZISSEN NACH KLASSEN

KLASSE	BLÜTENFORM	BESONDERHEITEN
1. Trompeten-Narzissen (= Osterglocken)	Hauptkrone breit sternförmig, Nebenkrone lang röhrenförmig	klassische Narzissenblüte, stets einblütig gelb, weiß oder zweifarbig; Hauptkrone weiß mit gelber Nebenkrone
2. Großkronige oder Schalen-Narzissen	Hauptkrone flach scheibenförmig, Nebenkrone eine schalenförmige Halbtrompete	einblütig in Gelb, Weiß, Rosa und Orange, zweifarbig; Hauptkrone stets heller als die kräftig gefärbte Nebenkrone; meist weiß und orange oder apricot sowie in rosa Tönen
3. Kurzkronige oder Teller-Narzissen	Hauptkrone scheibenförmig, Nebenkrone flach ausgebreitet	einblütig weiß, creme- und dunkelgelb, orange und rot; auch zweifarbige Sorten in Weiß und Gelb, Orange oder Rosa
4. Gefüllte Narzissen	Haupt- und Nebenkrone ballförmig; Mitte dicht gefüllt und meist stark gefältelt oder gewellt	ein- oder mehrblütig, weiß, hell- und dunkelgelb; auch zweifarbig mit oft deutlich dunkler Füllung in Cremeweiß, Gelb, Rosa und Orange
5. Triandrus- oder Engelstränen-Narzissen	Hauptkrone sternförmig, leicht zurückgebogen, Nebenkrone kurz becherförmig	mehrblütig, einfach oder gefüllt blühend in Gelb und Weiß, manche Sorten mit berauschendem Duft, selten gefüllt
6. Cyclamineus- oder Alpenveilchen-Narzissen	Hauptkrone wie bei Alpenveilchen stark zurückgebogen, Nebenkrone schmal oder kurz röhrenförmig	meist mehrblütig, weiß, creme- oder goldgelb, orange und lachsrosa; die meisten Sorten duften sehr stark
7. Jonquilla-Narzissen	Hauptkrone stern- oder scheibenförmig, leicht zurück- oder nach vorne gebogen, Nebenkrone napfförmig	mehrblütig, weiß, creme- und goldgelb, orange und rosa, oft sehr süß duftend, Blüten klein und zierlich
8. Tazetta-/Poetaz- oder Vielblütige Narzissen	Hauptkrone scheibenförmig, Nebenkrone napfförmig	mehrblütig, auch straußblütig genannt, meist mit 3–10 Blüten pro Stiel; weiß, creme- und goldgelb, orange und rot; wohlriechend; gut in Töpfen zu kultivieren
9. Poeticus- oder Dichter-Narzissen	Hauptkrone strahlenförmig, Nebenkrone napfförmig klein	einblütig, weiß und orange, süß duftend; eignen sich gut zum Verwildern im Freiland
10. Split-Corona (= Orchideenblütige) -Narzissen	Hauptkrone flach scheibenförmig, Nebenkrone ebenfalls flach, gekraust, gefaltet oder gewellt	stets zweifarbig, meist weiße Hauptkrone, Nebenkrone hell- bis dunkelgelb oder orange
11. Wild-Narzissen	Hauptkronen faden- oder scheibenförmig, Nebenkrone napfförmig	ein- oder mehrblütig, weiß und gelb

Narcissus 'Golden Harvest'

Trompeten-Narzissen, Osterglocken
Narcissus-Sorten

BLÜTEZEIT: April – Mai
HÖHE: 30–45 cm, **BREITE:** 15–25 cm

Herkunft: zumeist Kreuzungen diverser südeuropäischer *Narcissus pseudonarcissus*-Varianten
Wuchs: Blattschopf mit einem oder mehreren Blütenstielen, einblütig
Blüte: sternförmige Hauptkrone, auf der die weit herausragende, röhrenförmige Nebenkrone sitzt; angenehm duftend
Blatt: linealisch; matt- bis graugrün
Standort: lichter Schatten; kühl; frisch bis feucht, nährstoffreicher Lehm
Vermehrung: Brutzwiebeln
Verwendung: in Töpfen, am Gehölzrand, im Frühlingsgarten, in Staudenrabatten
Partner: *Brunnera macrophylla, Muscari*- und *Viola*-Sorten, Wechselflor
Sorten/Verwandte:
• 'Arctic Gold', hochwüchsig, gelborange
• 'Dutch Master', gelb, Trompete goldgelb
• 'Rijnvelds Early Sensation', gelb, früh
• 'Golden Harvest', lichtgelb, Trompete gelb
• 'Momus', leuchtend goldgelb, groß
• 'Mount Hood', cremefarben bis weiß
• 'Standard Value', zitronengelb, für Töpfe
• Bicolor-Narzissen, Gruppe deutlich zweifarbiger Osterglocken; Haupt- und Nebenkronen unterschiedlich getönt; Blütezeit April, Größe 30–40 cm:
• 'Foresight', Krone weiß, Trompete gelb
• 'Holland Sensation', weiß mit Dunkelgelb
• 'Spellbinder', hellgelb mit Gelb

Narcissus × incomparabilis 'Ice Follies'

Großkronige Narzissen
Narcissus × incomparabilis

BLÜTEZEIT: April – Mai
HÖHE: 30–50 cm, **BREITE:** 15–25 cm

Herkunft: Kreuzungen von *Narcissus pseudonarcissus* mit *Narcissus poeticus*
Wuchs: Blattschopf mit einem Blütenstiel und auffälligen großen Blüten
Blüte: Hauptkrone sternförmig, Nebenkrone bildet eine kurze Trompete, meist breit schalenförmig
Blatt: schmal riemenförmig; mattgrün
Standort: günstig im lichten Schatten; warm; frisch bis feucht; nährstoffreiche Lehmböden; Pflanze ist frosthart
Verwendung: in Töpfen, zum Verwildern am Gehölzrand, im Frühlingsgarten, in Staudenrabatten und Wechselflor
Partner: *Brunnera macrophylla, Fritillaria imperialis, Muscari*- und *Viola*-Sorten
Sorten/Verwandte:
• 'Chromacolor', Hauptkrone weiß, leicht zurückgebogen, Nebenkrone lachsrosa
• 'Honkey', weiß und gelb
• 'Pink Charme', weiß mit Rosa
• 'Professor Einstein', weiß mit Orangerot
• 'Salome', weiß und apricotfarben
• 'Suada', gelb und orangefarben
Kleinkronige Narzissen, eintriebige Zwiebeln, 35–45 cm, Hauptkrone sternförmig, Nebenkrone tellerförmig flach:
• 'Birma', Hauptkrone ist gelb, der Teller orange
• 'Ipi Tombi', zweifarbig gelb und orange
• 'La Riante', elfenbeinweiß mit Orange
• 'Pinza', reingelb mit Rotorange
• 'Polar Ice', weiß, gelber Teller

Narcissus poeticus 'Actaea'

Dichter-Narzissen
Narcissus poeticus

BLÜTEZEIT: Mai
HÖHE: 30–50 cm, **BREITE:** 15–20 cm

Herkunft: Südeuropa; Auengebüsche, Schluchtwälder und Bergwiesen
Wuchs: eintriebige, aber mehrblättrige Zwiebelpflanze mit einzelnen Blüten
Blüte: nickend, Hauptkrone weiß, sternförmig ausgebreitet, Nebenkrone napfartig, gelb mit orangefarbenem Saum, weitstreichender, angenehmer Duft
Blatt: riemenförmig; blaugrün
Standort: bevorzugt kühle Plätze; frisch bis feucht; schwach sauer bis schwach alkalisch, lehmig; Pflanze ist frosthart
Pflege: Blätter einziehen lassen
Vermehrung: Aussaat, Teilen der Brutzwiebeln, bildet ausgedehnte Kolonien
Verwendung: zum Verwildern geeignet in Blumenwiesen, für Staudenrabatten
Partner: Wechselflor, früh blühende *Iris*
Sorten/Verwandte:
• 'Actaea', Blütenkranz weiß, Nebenkrone grünlichgelb, Saum orangerot
• 'Plenus', weiß und gefüllt blühend
• 'Red Rim', weiß, Nebenkrone grün mit Rot
• *Narcissus tazetta* (Strauß-Narzissen), Kombination aus Dichter-Narzissen mit Strauß-Narzisse; mehrere Blüten pro Stiel, April bis Mai; duften stark; feuchte Lehmböden; meist frosthart
• 'Avalanche', weiß, Nebenkrone ist primelgelb
• 'Falconet', gelb, Nebenkrone orange
• 'Geranium', weiß mit Orange; starker Duft

Narcissus 'Orangery'

Ornithogalum umbellatum

Puschkinia scilloides var. libanotica

Split-Corona-Narzissen
Narcissus-Sorten

BLÜTEZEIT: April – Mai
HÖHE: 30–45 cm, **BREITE:** 15–25 cm

Herkunft: neuere, aparte Züchtungen
Wuchs: eintriebige Zwiebeln mit lockerem, meist vielblättrigem Blattschopf
Blüte: ungewöhnliche Blüten, Hauptkrone schalenförmig, Nebenkrone keine Röhre, sondern ähnlich flach ausgebreitet, dazu gekräuselt, gefältelt und leicht geschlitzt
Blatt: schmal; mattgrün
Standort: lichter Schatten; frisch bis feucht; lehmig, nährstoffreich; Pflanze ist frosthart
Verwendung: Frühlingsgarten, in Staudenrabatten; für Töpfe
Partner: *Brunnera macrophylla, Symphytum grandiflorum* 'Hidcote Blue'
Sorten/Verwandte:
• 'Broadway', reinweiß und goldgelb
• 'Cassata', weiß, Nebenkrone primelgelb
• 'Lemon Beauty', weiß und gelb
• 'Orangery', cremefarben und orange
Gefüllte Narzissen, wegen schwerer Blütenköpfe windgeschützter Platz; Staudenrabatten, Töpfe:
• 'Flower Drift', weiß, Füllung orange
• 'Ice King', cremegelb, Füllung hellgelb
• 'Petit Four', weiß, Füllung apricotfarben
• 'Van Sion', sehr alte Sorte, rein gelb
Mehrblütige gefüllte Narzissen, stammen von Poetaz-Narzissen ab:
• 'Bridal Crown', weiß, cremegelb
• 'Cheerfullness', rahmweiß, Basis gelb
• 'Tahiti', primelgelb, Füllung gelborange

Dolden-Milchstern
Ornithogalum umbellatum

BLÜTEZEIT: Mai – Juni
HÖHE: 10–25 cm, **BREITE:** 8–12 cm

Herkunft: Nordafrika, Europa bis Westasien; gelegentlich in Hartholzauen, offenen Gebüschen und Weinbergen
Wuchs: locker aufgebaute Zwiebelpflanze mit Brutzwiebeln; bildet Kolonien
Blüte: lockerer Blütenstand, doldenähnlich; ab dem späten Vormittag zeigen sich weit geöffnete Blütensterne, die sich am späten Nachmittag wieder schließen; weiß mit hellgrünem Mittelstreifen
Blatt: schmal linealisch; frischgrün mit heller Mittelrippe, zieht bald nach der Blüte ein
Standort: sonnig bis lichtschattig; warm; mäßig trocken bis frisch; schwach sauer bis alkalisch, durchlässig, sandig-steiniger Lehm; Pflanze ist frosthart
Pflege: nicht erforderlich
Vermehrung: Brutzwiebeln, Aussaat
Verwendung: extensive Dachbegrünung, Steppen- und Geröllsteingarten
Partner: *Festuca glauca, Euphorbia amygdaloides, Geranium, Sedum*
Sorten/Verwandte:
• *Ornithogalum nutans* (Nickender Milchstern), östliches Mittelmeergebiet, in Weinbergen, krautreichen Gebüschrändern; 20–50 cm hoch; Blütentraube mit nickenden Blütenglocken, silbrig grünlich weiß, Mai; sät sich aus und bildet Brutzwiebeln; sonnig bis lichter Schatten; mäßig trocken bis frisch, Lehm; schön in Blumenwiesen

Apollo-Zwerghyazinthe
Puschkinia scilloides var. libanotica

BLÜTEZEIT: März – April
HÖHE: 10–15 cm, **BREITE:** 5–7 cm

Herkunft: Kaukasus, Westasien; in Bergwiesen und Gebüschsäumen und schuttreichen alpinen Matten nahe schmelzender Schneeflächen
Wuchs: eintriebige Zwiebelpflanze mit wenigen Blättern; bildet durch reichliche Aussaat umfangreiche Kolonien
Blüte: in dichten kleinen Trauben, Blüten weit geöffnet, glöckchenförmig; bläulich weiß mit blauem Mittelstreifen; zarter Duft
Blatt: aufrecht, linealisch; glänzend grün, entwickelt sich mit oder kurz nach der Blüte und zieht im Frühsommer wieder ein
Standort: sonnig, am besten in hellem Schatten; warm; frisch bis feucht; schwach sauer bis alkalisch, humose Lehmböden; Pflanze ist frosthart, empfindlich gegen Trockenheit
Pflege: nicht erforderlich; Zwiebeln frühzeitig pflanzen
Vermehrung: sät sich selbst aus, Aufnehmen der Tochterzwiebeln
Verwendung: zum Verwildern unter Bäumen, im Frühlingsgarten, im Steingarten und zu frühjahrsblühenden Ziersträuchern; auch in kleinen Töpfen
Partner: *Anemone blanda, Anemone ranunculoides, Chionodoxa-, Crocus-, Muscari armeniacum-, Primula vulgaris*-Sorten sowie *Scilla*-Arten
Sorten/Verwandte:
• 'Alba', weiß, sät sich samenecht aus

Scilla siberica

Trillium grandiflorum

Trillium sessile

Russischer Blaustern
Scilla siberica

BLÜTEZEIT: März – April
HÖHE: 10–15 cm, **BREITE:** 8–12 cm

Herkunft: Südosteuropa bis Westasien; in lichten Gehölzbeständen und Bergwäldern
Wuchs: Blattschopf stets mit mehreren Blütentrieben; bildet große Kolonien
Blüte: in lockeren Trauben, weit geöffnet; leuchtendes Blau; Duft
Blatt: riemenförmig; glänzend grün; erscheint mit den Blüten, zieht im Frühsommer ein
Standort: sonnig bis halbschattig; warm bis kühlgemäßigt; für frischen bis feuchten, durchlässigen sandigen Lehm; Pflanze ist frosthart
Pflege: nicht erforderlich
Vermehrung: Brutzwiebeln, Aussaat
Verwendung: Frühlingsgarten und Steingarten, lichte Strauchpflanzungen im Unterwuchs, Wechselflor
Partner: Narzissen- und *Primula*-Sorten
Sorten/Verwandte:
• 'Alba', weiß, gut zu den blauen Formen
• 'Spring Beauty', klassische, großblumige Sorte mit intensiv blauen Blütensternen; Blüten sind fast doppelt so groß, steril
• *Scilla bifolia* (Zweiblatt-Blaustern), heimisch in Laubwäldern; kleine, blaue Blütensterne im März; zwei linealische, glänzend grüne Blätter; Halbschatten, kühle Plätze, frische humose Lehmböden; zum Verwildern unter Gehölzen; schön mit *Anemone nemorosa* und *Corydalis cava*

Wald-Dreiblattlilie
Trillium grandiflorum

BLÜTEZEIT: April – Mai
HÖHE: 25–40 cm, **BREITE:** 25–40 cm

Herkunft: Nordamerika; staudenreiche Laubmischwälder und Bergwälder
Wuchs: keine echten Knollen, sondern eine Rhizompflanze mit verdickten Wurzeln; in aufrechten Horsten; bildet kleine Kolonien
Blüte: drei gerippte, breit zungenförmige, leicht zurückgebogene Blütenblätter; anfänglich weiß, später hellrosa
Blatt: Laubblätter ebenfalls zu dritt; dunkelgrün; direkt unterhalb der Blüte
Standort: verlangt zwingend schattige Plätze; kühl, unbedingt luft- und bodenfeucht; ausschließlich Humusböden, sauer bis schwach alkalisch; Pflanze ist meist frosthart, gegen Trockenheit sehr empfindlich
Pflege: Pflanztiefe 8–10 cm; in Trockenperioden wässern; im Herbst verrotteten Laubkompost etwa 3 cm hoch über die Pflanzstellen streuen
Vermehrung: Teilung der Rhizome
Verwendung: in Gruppen im Waldgarten
Partner: *Adiantum pedatum, Luzula sylvatica, Asarum europaeum, Erythronium*
Sorten/Verwandte:
• f. *roseum*, Blüten schön rosa getönt
• 'Creme', cremeweiß, kaum rosa
• 'Snowbunting', mit gefüllten Blüten
• *Trillium catesbaei* (Carolina-Dreiblatt), Nordamerika, Laubmischwälder; hübsche nickende Blüten, Blütenblätter leicht zurückgebogen, rosa mit weißem Schimmer, blüht im Mai

Gefleckte Dreiblattlilie
Trillium sessile

BLÜTEZEIT: Mai – Juni
HÖHE: 25–35 cm, **BREITE:** 25–35 cm

Herkunft: Nordamerika; krautreiche Laubmischwälder und Bergwälder
Wuchs: horstig, Rhizompflanze mit aufrechten Blütenstielen; bildet Kolonien durch Rhizombildung oder Aussaat
Blüte: drei schmale, aufrechte Blütenblätter, braunrot bis dunkelkarminrot
Blatt: drei direkt unter der Blüte sitzende, auffällig hell- und dunkelgrün gefleckte Laubblätter, ziehen im Frühsommer ein
Standort: halbschattig bis schattig; warm bis kühl-gemäßigt, windgeschützt; frisch bis feucht; schwach sauer bis schwach alkalisch, nährstoffreiche Humusböden oder humose Lehme; Pflanze ist meist frosthart, gegen Trockenheit hochempfindlich
Pflege: gelegentlich eine dünne Schicht Laubkompost darüber streuen
Vermehrung: Rhizome abtrennen
Verwendung: in größeren Gruppen im feuchten Waldgarten, unter Sträuchern
Partner: *Adiantum*-Arten, *Carex morrowii, Dicentra eximia, Tiarella cordifolia*
Sorten/Verwandte:
• *Trillium luteum* (Gelbes Dreiblatt), Nordamerika, in Laubmischwäldern; horstartig; Blütenblätter aufrecht, gelb, April bis Mai; Blätter auffallend frischgrün, gelbgrün geadert und gestreift, 20–25 cm, Halbschatten bis Schatten, kühl, luft- und bodenfeucht; gedeiht nur in Humusböden

Tulpen
Tulipa

Es gibt über 150 Tulpen-Arten, die meist in Zentralasien beheimatet sind. Mit den ersten Tulpen, die 1550 aus Persien nach Europa kamen, setzte eine bis heute nicht endende Züchtungsmanie ein. Derzeit dürfte es über 15 000 Sorten geben, und jährlich kommen neue hinzu. Unter Botanischen Tulpen versteht man im Gegensatz zu den eigentlichen Garten-Tulpen solche Sortimente, die sich von einer bekannten Ausgangsart ableiten lassen.

Tulpen haben keine dauerhaften Zwiebeln, wie Narzissen und Hyazinthen, sie bilden sich jedes Jahr neu und entwickeln meistens nur einen Blütenstängel. Ihre Blüten sind sternförmig, schalen- oder auch becherförmig mit stets auffälligen Farben, und manche Varianten duften auch. Die derben Blätter, meist graugrün gefärbt, entwickeln sich vor oder gleichzeitig mit der Blüte. Sie ziehen etwa vier Wochen nach dem Verblühen ein. Mit einer Düngung während des Blühbeginns fördert man die Bildung neuer Zwiebeln.

DIE VERSCHIEDENEN KLASSEN IM TULPEN-SORTIMENT

KLASSE	BLÜTE	WEITERE INFOS
Frühblühende Tulpen		
Einfache Frühe Tulpen	kurze, kleine Blütenbecher	nur kurzstielig, blühen ab Anfang April
Gefüllte Frühe Tulpen	pfingstrosenähnliche, breite Blütenschalen	gedrungen wachsend, sehr kurzstielig, ab Mitte April
Mittelfrühblühende Tulpen		
Darwin-Hybrid-Tulpen	große, breite Blütenbecher	hohe Stiele; intensive Farben; ab Mitte April
Triumph-Tulpen	meist lange, schmale Blütenbecher	buntes Sortiment mit vielen Farben; hochwüchsig; Mitte bis Ende April
Spätblühende Tulpen		
Einfache Späte Tulpen	schmale Blütenbecher	äußerst umfangreiches Sortiment; ab Anfang Mai
Gefranste Tulpen	kurze Blütenbecher, am Rand gefranst	lange Stiele; Anfang bis Mitte Mai
Gefüllte Spätblühende Tulpen	pfingstrosenähnliche, breite Blütenschalen	kurzstielig; ab Mitte Mai
Lilienblütige Tulpen	Blütenbecher mit weit nach außen gebogenen Blütenblättern	lange, dünne Stiele; ab Anfang Mai
Papageien-Tulpen	Blütenschalen mit zerschlitzten Blüten	dünne Stiele, oft standschwach; Mitte Mai
Rembrandt-Tulpen	alle Sorten mit gestreiften, kleinen Blüten	kurzstielig; ab Mitte Mai
Viridiflora-Tulpen	kurze Blütenbecher, alle Sorten zweifarbig	Blüten stets mit grünem Rücken; Mitte Mai
Wildtulpen		
Fosteriana-Tulpen	riesige Blütenbecher	kurzstielig; oft grelle Farben; ab Anfang April
Greigii-Tulpen	weit geöffnete Blütenschalen	mehrfarbige Sorten, sehr gedrungen wachsend; April
Kaufmanniana-Tulpen	seerosenähnliche Blütenschalen	gedrungen wachsend; blühen als Erste ab März
Wildtulpen	kleine Blütensterne	winzige bis halbhohe Sorten; März bis April

Tulipa 'Diana'

Tulipa 'Striped Apeldoorn'

Tulipa 'Ballerina'

Einfache Frühe Tulpen
Tulipa-Sorten

BLÜTEZEIT: April
HÖHE: 25–45 cm

Herkunft: aus verschiedenen früh blühenden Wildarten und alten Sorten
Wuchs: gedrungen, Blütenstiele meist kurz
Blüte: becherförmig, eher kleinblütig
Blatt: breit zungenförmig, graugrün
Standort: sonnig; warm; frische durchlässige Lehmböden; Pflanzen sind frosthart und anspruchslos
Verwendung: Frühjahrswechselflor, Frühlingsgarten, Staudenrabatten, Töpfe
Partner: *Bellis-, Myosotis-, Viola*-Sorten
Sorten/Verwandte:
• 'Apricot Beauty', lachsrosa mit Rot
• 'Couleur Cardinal', dunkelrot mit Graublau
• 'Flair', rot mit breitem gelben Rand
• 'Kaiserkrone', leuchtend rot, gelbe Spitzen
• 'Purple Prince', intensiv purpurrot
• 'White Marvel', reinweiß
Gefüllte Frühe Tulpen, eine alte Tulpenklasse; nur 20–35 cm hoch, Wuchs gedrungen, frühe Blüte im April, Blüten schalenförmig; Farbpalette ist nicht besonders umfangreich; Zwiebeln windgeschützt pflanzen, da Pflanzen nicht immer standfest:
• 'Double Price', lilarosa
• 'Monsella', buttergelb, rötlich geflammt
• 'Schoonoorst', reinweiß
• 'Willem v. Oranje', orange, für Töpfe
• 'Yellow Baby', sehr klein, 15 cm; gelb

Darwin-Hybrid-Tulpe
Tulipa-Sorten

BLÜTEZEIT: April – Mai
HÖHE: 50–60 cm

Herkunft: Kreuzung aus den älteren Darwin-Tulpen mit *Tulipa fosteriana*
Wuchs: hochragende, kräftige Stiele
Blüte: große becherförmige Blüten, breitrunde Blütenblätter, kräftige Farben, mitunter zweifarbig oder gefleckt, gelegentlich andersfarbige Ränder
Blatt: derb und breit; mattgrün
Standort: sonnig; warm; frische, durchlässige Böden; Pflanzen sind frosthart
Verwendung: Staudenrabatten, Töpfe
Partner: Frühlingsblüher, Wechselflor
Sorten/Verwandte:
• 'Apeldoorn', alte Sorte, orangerot
• 'Apricot Impression', apricotfarben
• 'Daydream', Farbe wechselt während des Aufblühens von Hellgelb zu Lachsorange
• 'Gudoshnik', gelb mit roten Flecken
• 'Jewel of Spring', gelb, rot gesäumt
• 'Pink Impression', rosa, hellrosa Rand
Triumph-Tulpen, ein riesiges Sortiment problemloser und gartenwürdiger, bunter Tulpen, 35–55 cm hoch; becherförmige Blüte, im Umriss nahezu quadratisch, ein- oder zweifarbig, Ränder oft andersfarbig, April bis Mai:
• 'Arabian Mystery', violett und weiß
• 'Golden Melody', reingelb
• 'Havran', schwarzpurpur
• 'Meißner Porzellan', weiß mit rosa Rand
• 'Ollioules', satinrosa mit hellem Saum
• 'Snow Star', weiß

Lilienblütige Tulpen
Tulipa-Sorten

BLÜTEZEIT: Mai
HÖHE: 40–60 cm

Herkunft: meist moderne Gartensorten
Wuchs: aufrecht mit dünnen Stielen; ältere Sorten nicht immer standfest
Blüte: schlank becherförmig, bei Sonne weit geöffnet, Blütenblätter elegant spitz zulaufend, nach hinten gebogen
Blatt: schmal, spitz zulaufend; mattgrün
Standort: sonnig; warm; frische, durchlässige Böden; Pflanzen sind frosthart
Verwendung: zum Wechselflor, Rabatten
Partner: *Myosotis-* und *Viola*-Sorten
Sorten/Verwandte:
• 'Aladin', rot mit gelbem Rand
• 'Ballade', karminviolett mit weißen Spitzen
• 'China Pink', rosa, Spitzen hellrosa
• 'Marylin', karminrot geflammt, Saum weiß
• 'Queen of Sheba', samtrot, Rand gelb
• 'Westpoint', reintönig hellgelb
Einfache Späte Tulpen, teilweise aus alten englischen Gartensorten entstanden, heute ein modernes Sortiment langstieliger Tulpen, 50–70 cm hoch, mit breit becherförmigen Blüten, Blüte im Mai; manche Sorten zweifarbig oder am Rücken andersfarbig geflammt:
• 'Avignon', rot und orange, Basis gelb
• 'Grand Style', rosa, Basis gelb
• 'La Courtine', gelb, rot geflammt
• 'Mrs. John T. Scheepers', reingelb
• 'Philippe de Comines', bordeauxrot
• 'Queen of Night', schwarzviolett
• 'Sorbet', rosaweiß, karminrot geflammt

Tulipa 'Flaming Parrot'

Tulipa 'Hummingbird'

Tulipa greigii 'Plaisir'

Papageien-Tulpen
Tulipa-Sorten

BLÜTEZEIT: Mai
HÖHE: 40–70 cm

Herkunft: alte Gartensorten
Wuchs: straff aufrecht; Blütenstiele nicht immer standfest, daher auch schiefwüchsig
Blüte: unregelmäßig aufgebaute und verdrehte Blütenbecher, Blütenblätter oft zerschlitzt und auf der Rückseite häufig breite grüne Streifen; bei Sonne klappen die Blüten weit auf, der Durchmesser beträgt dann bis 20 cm; Blütenfarben intensiv bis grell
Blatt: breit; mattgrün
Standort: sonnig; warm, windgeschützt; frische, durchlässige Böden; Pflanzen sind frosthart
Verwendung: Wechselflor, Rabatten
Partner: *Myosotis*- und *Viola*-Sorten
Sorten/Verwandte:
• 'Black Parrot', schwarzes Purpurot, die dunkelste Tulpensorte überhaupt
• 'Blue Parrot', lilablau, stark geschlitzt
• 'Fantasy', karminrot, rosa und weiß
• 'Green Wave', grün mit Rosa
• 'White Parrot', große Blüte, reinweiß
Gefranste Tulpen, Crispa-Tulpen, mittelhoch, 40–65 cm; weniger exzentrisch als Papageien-Tulpen; Blüte becherförmig, Blütenblätter am Rand meist heller, gefranst oder gekräuselt:
• 'Arma', scharlachrot
• 'Fancy Frills', rosa mit weißem Rand
• 'Hamilton', gelb, Rand hellgelb
• 'Lambada', orangefarben, gelber Rand
• 'Starfighter', karminrot, weißer Rand

Grüne Tulpen
Viridiflora-Tulpen

BLÜTEZEIT: : Mai
HÖHE: 30–60 cm

Herkunft: neuere Gartensorten
Wuchs: straff und stabil aufrecht
Blüte: becherförmig, Blütenblätter zugespitzt; auf der Rückseite mit breitem grünen Streifen, in vielen Farben
Blatt: spitz zulaufend; mattgrün
Verwendung: in Staudenrabatten
Standort: sonnig; warm; frische, durchlässige Böden; Pflanzen sind frosthart
Partner: Ddiese Tulpen passen dank der grün getönten Blüten gut zu früh austreibenden Stauden
Sorten/Verwandte:
• 'Esperanto', rot mit breit dunkelgrünem Rücken, Laub weiß gerandet
• 'Greenland', rosa, weiß und grün
• 'Hollywood', rot mit Grün, Basis rosa,
• 'Hummingbird', hell zitronengelb mit breitem grünen Rücken
• 'Spring Green', weiß und grün
Päonienblütige Tulpen, Gruppe spät blühender Tulpen, dicht gefüllte Blüten, erinnern an Pfingstrosenblüten; Höhe 40–60 cm; blühen als Letzte ab Mitte Mai oder später; breite Blütenbecher, in der Sonne weit geöffnet, manche Sorten mit grün gestreiftem Rücken:
• 'Allegretto', orange mit gelbem Rand
• 'Black Hero', dunkelpurpur, wirkt schwarz
• 'Carnaval de Nice', weiß, rot gestreift
• 'Miranda', rot mit hellen Flecken
• 'Orange Princess', orange und gelb
• 'True and Fair', goldgelb und grün

Seerosen-Tulpen
Kaufmanniana-Tulpen

BLÜTEZEIT: März – April
HÖHE: 15–25 cm

Wuchs: eintriebige, botanische Tulpen, gedrungen; große Blüten im Vergleich zum kurzen Stiel
Blüte: kelchförmig, bei Sonne weit geöffnet, abends geschlossen; zweifarbig, in auffälligen Farbkombinationen
Blatt: breit, länglich elliptisch; mattgrün, bräunlich gefleckt
Standort: nur volle Sonne, warm; jeder mäßig trockene bis frische, durchlässige Gartenboden; Pflanzen sind frosthart
Pflege: Samenstand ausbrechen
Verwendung: Frühlingsgarten
Partner: *Muscari, Primula, Scilla*
Sorten/Verwandte:
• 'Early Harvest', orangerot mit gelbem Rand, eine der Ersten im März
• 'Heart's Delight', vielfarbig, außen karminrot, innen hellrosa mit Gelb
• 'Shakespeare', orangerosa, gelb geflammt
• 'Stresa', rot mit Gelb
• 'The First', rot mit Weiß, sehr früh
Fosteriana-Tulpen, niedrig bis mittelhoch, 30–40 cm, Blüte groß, kelchförmig, bei Sonne weit geöffnet, brillantrot, flammend orange und leuchtend gelb, April; Blätter sehr breit, zungenförmig, mattgrün; wärmebedürftig; durchlässiger Gartenboden; Steingarten, Wechselflor, Rabatten:
• 'Cantata', zinnoberrot, Rücken cremegelb
• 'Golden Emperor', goldgelb

Tulipa batalinii 'Bright Gem'

Tulipa sylvestris

Tulipa tarda

Seerosen-Tulpen
Kaufmanniana-Tulpen

- 'Job's Memory', hell- und intensivrosa
- 'Madame Lefeber', leuchtend rot, sehr große Blüte, bis 25 cm Durchmesser
- 'Orange Emperor', orange, innen gelb
- 'Purissima', auffallend weiß

Greigii-Tulpen, meist gedrungen; Blüten gestreift, becherförmig, bei Sonne weit geöffnet, vielfältiges Farbspiel, meist mehrfarbig, April bis Mai; Blätter breit zungenförmig, ausgebreitet, am Rand wellig; auffallend braunrot gestreift und gefleckt; Wärme liebend; in jedem durchlässigen Gartenboden; schwierig zu vergesellschaften, Frühlingswechselflor, Steingarten oder Töpfe:

- 'Cherubina', ziegelrot, gelbes Auge
- 'Pinocchio', scharlachrot, weißer Saum
- 'Plaisir', karminrot und gelb
- 'Rob Verlinden', dunkelrot, mattgrüne Blätter, weiß gerandet
- 'Rosana', karmin mit hellrosa Rand
- 'Zampa', vierfarbig: hellgelb und lilarosa, Blütenbasis bräunlich mit Grün

Tulipa humilis, Sortiment winziger Tulpen; Blüten dicht am Boden, 10–12 cm hoch, meistens kleiner als Krokusse, intensiv gefärbt, Blütenboden oft stahlblau, blühen im März; Blätter linealisch, meist rosettenartig flach ausgebreitet; Wärme liebend; frisch bis feucht; Steingarten

- 'Alba', weiß mit graublauer Mitte
- 'Persian Pearl', rosa mit gelber Mitte

Tulipa 'Little Beauty', niedrig, 10 cm, becherförmige Blüten, rot gefärbt mit schwarzer Mitte, März, Blätter schmal grasartig:

- 'Little Princess', orange, Mitte braun, gelb geflammt, März, Blatt lanzettlich

Weinberg-Tulpe, Wilde Tulpe
Tulipa sylvestris

BLÜTEZEIT: April – Mai
HÖHE: 20– 45 cm

Herkunft: Nordafrika, Europa bis Zentralasien; an Waldrändern, in steinigen Wiesen und in Weinbergen
Wuchs: eintriebige Zwiebel mit dünnen aufrechten Blütenstielen, wuchert und bildet durch Aussaat und Ausläufer rasenartige, ausgedehnte Kolonien
Blüte: glockenförmig, bei Sonne weit geöffnet, gelb mit grünlichem Schimmer; duftet angenehm
Blatt: lanzettlich, meist aufrecht, matt graugrün, zieht nach der Blüte ein
Standort: sonnig, im Schatten werden nur Ausläufer gebildet, aber keine Blüten; warm; mäßig trocken bis frisch; nährstoffreich, durchlässige, schotterreiche Lehmböden; Tulpe ist frosthart
Pflege: nicht erforderlich
Vermehrung: Aussaat oder Teilung der Horste
Verwendung: zur Verwilderung, im Naturgarten, Geröllsteingarten
Partner: *Geranium-, Geum-* und *Muscari-*Sorten, *Ornithogalum umbellatum*
Sorten/Verwandte:

- *Tulipa acuminata* (Horn-Tulpe), Kleinasien; hochwüchsige Art, 40–50 cm, mit linealischen, gekrümmten Blütenblättern, gelb und rot, April bis Mai; Blätter grasartig
- *Tulipa wilsoniana* (Berg Tulpe), West asien; nur 10–20 cm hoch, becherförmige Blüte, leuchtend rot; Blätter ausgebreitet, graugrün

Vielblütige Tulpe
Tulipa tarda

BLÜTEZEIT: März – April
HÖHE: 8–15 cm

Herkunft: West- und Zentralasien; Trockenrasen und Hochgebirgssteppen
Wuchs: mehrblütige Wildtulpe; bildet durch Aussaat und Ausläufer kleinere Kolonien
Blüte: sternförmig, bei Sonne weit geöffnet, gelb mit weißen Rändern
Blatt: linealisch; graugrün; zieht im Sommer ein; Blattrosette an den Boden gedrückt
Standort: warm; frühjahrsfeucht, im Sommer trocken; durchlässige sandigsteinige Lehmböden; Tulpe ist frosthart
Pflege: nicht erforderlich
Vermehrung: Teilen der Horste
Verwendung: Frühlingsgarten, unter lichten Sträuchern, Steingarten
Partner: *Chionodoxa, Scilla*
Sorten/Verwandte:

- *Tulipa batalinii* (Buchara-Tulpe), mehrtriebig, 10–15 cm, Blüte gelb, April bis Mai; Steingarten, Steppengarten
- *Tulipa hageri* (Izmir-Tulpe), Blattrosette mit mehrblütigen Blütenstielen, 15–20 cm; glockige Blüte, kupfrigrot mit grünem Hauch, April bis Mai; Steingarten
- *Tulipa praestans* 'Füsilier' (Vielblütige Tulpe), 20–30 cm hoch, pro Stiel 3–5 grellrote Blüten, April bis Mai; breite, mattgrüne Blätter; Steingarten
- *Tulipa urumiensis*, Blattrosetten dicht am Boden; mehrblütig, 8–10 cm hoch; Blüte gelb mit braunen Streifen, von April bis Mai

ABSENKER – flach wachsende oberirdische Sprosse, die bei Kontakt mit dem Erdreich Wurzeln bilden, z. B. Erdbeere. Die Pflanzen bilden durch Absenker größere Bestände. Durch das Abtrennen der bewurzelten Triebe lassen sich die jeweiligen Formen vegetativ vermehren. Bei einigen Gehölzen wird die Bewurzelung durch das Absenken und Fixieren junger Sprosse in der Erde gezielt ausgelöst.

ABSONNIG – Bezeichnung für Wuchsorte, an denen die Pflanzen zwar kein volles Sonnenlicht, aber indirektes Licht mit hoher Intensität erhalten. Der Himmel ist nach oben offen, z. B. auf Nordhängen oder in einem großen Innenhof, sodass man nicht von schattigen Lagen sprechen kann, wie bei Plätzen, bei denen die mehr oder weniger dicht stehenden Zweige der Gehölze sowohl das direkte als auch teilweise das indirekte Licht abschirmen.

ÄHRE – schmaler, unverzweigter Blütenstand mit unmittelbar an der Längsachse sitzenden, ungestielten Einzelblüten. Ähren kommen bei auffällig blühenden Pflanzen und besonders häufig bei Gräsern vor.

AKARIZID – Pflanzenschutzmittel zur Bekämpfung von Spinnentieren, die im Gartenbau vor allem gegen Spinnmilben eingesetzt werden. Der Name leitet sich von *Acari*, der wissenschaftlichen Bezeichnung für Milben, ab. Sie zählen, wie die Zecken, zu den Spinnentieren.

ALPINE MATTEN – rasenartige, oft buntblumige Pflanzendecke, natürlicherweise oberhalb der Baumgrenze. Derartige Pflanzengesellschaften zeichnen sich in der Regel durch großen Artenreichtum aus.

ALPINE STAUDEN – ausdauernde krautige Pflanzen, die in den verschiedensten Gebirgen der Erde (nicht nur in den Alpen) oberhalb der Baumgrenze wachsen.

ANNUELLE PFLANZE – einjährige, stets krautige Pflanze, die ihre gesamte Entwicklung von der Keimung bis zur Samenreife innerhalb einer Vegetationsperiode durchläuft und dann abstirbt.

ANTHOCYAN – aufgrund eines Zuckerbestandteils wasserlöslicher Farbstoff in der Pflanze. Dieser ist die Grundlage der Färbung zahlreicher purpurroter, violetter oder blauer Blüten und Früchte. Er verursacht die Tönung purpurfarbener, brauner und nahezu schwarzer Blätter und lässt das Herbstlaub von Gehölzen und Stauden rot leuchten.

AROMATISCHE PFLANZE – Pflanze, die erst bei Verletzung oder Zerreiben ihrer Blätter oder anderer Pflanzenteile Duftstoffe freisetzt. Häufig handelt es sich um wohlriechende ätherische Öle. Zahlreiche aromatische Halbsträucher und Stauden stammen aus warmen Regionen.

ART (PFLANZENART) – Zur besseren Erfassbarkeit und Systematisierung wird das Pflanzenreich hierarchisch geordnet. Der Grundbaustein hierfür ist die Art, die diejenigen Pflanzen vereint, die in ihren Grundmerkmalen übereinstimmen und miteinander fruchtbare Nachkommen erzeugen. Der wissenschaftliche Name einer Art setzt sich stets aus zwei Wörtern (z. B. *Alchemilla mollis*), dem Gattungsnamen (*Alchemilla*) und dem Artbegriff (*mollis*), zusammen.

AUSLÄUFER – unterirdisch kriechende Seitensprosse, die immer wieder oberirdische Triebe und auf diese Weise meist dickichtartige Bestände bilden.

AUSLESE – meist spontan in einer Eigenschaft (z. B. der Blütenfarbe) oder mehreren Merkmalen von der Art abweichende Pflanze, die durch Züchtung erhalten, benannt und oft als Sorte gehandelt wird.

AUSSAAT – die (geschlechtliche oder → generative) Vermehrung von Pflanzen durch Samen. Sie lässt sich bei Arten und Sorten praktizieren, die „echt" aus Samen fallen. Viele Züchtungen bilden nach Aussaat keine einheitliche Nachkommenschaft, sodass diese → vegetativ (ungeschlechtlich) vermehrt werden müssen.

AUWALD – natürliche Waldvegetation an Ufern von Flüssen und Bächen. Die unmittelbar an ein Fließgewässer angrenzende Weichholzaue wird häufig überschwemmt. Sie setzt sich vornehmlich aus Weiden und Erlen zusammen und geht allmählich in die Hartholzaue über, die nur selten Überschwemmungen ausgesetzt ist. Dort dominieren Harthölzer wie Esche und Ulme.

BASALFLECK – auffällige, andersfarbige und oft dunkle Zeichnung an der Basis der Blütenblätter (z. B. bei Orientalischem Mohn oder Strauch-Pfingstrosen). Dadurch erhält die Blüte ein markantes, bisweilen fast zweifarbiges Aussehen. Die häufig ultraviolette Tönung ist zwar für das Insekten-, nicht aber für das menschliche Auge wahrnehmbar.

BEETSTAUDE – von Züchtern geschaffene Prachtstauden, die durch einen reichen Flor, große und häufig gefüllte Blüten auffallen. Beetstauden werden vornehmlich in farbintensiven Rabatten verwendet.

BIENNE PFLANZE – zweijährige Pflanze, die nach der Bildung von Samen im zweiten Lebensjahr abstirbt. Häufig werden auch → winterannuelle Pflanzen den Biennen zugeordnet.

BODENDECKER – mehrjährige Pflanzen geringer Wuchshöhe, die mit ihren oberirdischen Teilen wie Blättern oder Trieben den Boden über weite Teile des Jahres möglichst lückenlos bedecken und so pflegearme Pflanzungen begründen.

BRACHFLÄCHE – nach aufgegebener Nutzung offen gelassene, unbewirtschaftete Fläche, die anfänglich keine oder eine stark gestörte Vegetationsdecke aufweist und allmählich wieder durch Pflanzen besiedelt wird. Die Ursache für Brachflächen sind z. B. aufgegebenes Ackerland, Industrie- oder Bauflächen, Abbau von Boden.

DOLDE – schirmförmiger Blütenstand aus annähernd gleich langen Blütenstielen, die der Spitze der Sprossachse entspringen. Schein- oder Trugdolden bilden unregelmäßig verzweigte Blütenstände.

EXTENSIVE DACHBEGRÜNUNG – begrünte Dachflächen mit geringer Substratauflage. Die angesiedelte Pflanzengemeinschaft sollte sich trotz eines sehr geringen Pflegeaufwands möglichst selbst erhalten. Dies erfordert anpassungs- und regenerationsfähige Pflanzen, die den extremen Standortbedingungen trotzen.

F1-HYBRIDE – die erste Tochtergeneration in der Pflanzenzüchtung. F1-Hybriden erhält man durch die Kreuzung zweier ausgewählter Elternarten, die ganz bestimmte Eigenschaften aufweisen und diese gleichmäßig an alle Nachkommen vererben. Bei der Aussaat von Saatgut erhält man bei F1-Hybriden einen einheitlichen Pflanzenbestand – alle Individuen keimen gleichmäßig und sehen identisch aus. Nimmt man jedoch von diesen Pflanzen wiederum Samen ab und sät diese aus, so zeigen die Nachkommen in der nächsten, der sogenannten F2-Generation, unterschiedliche Eigenschaften. Um Saatgut für F1-Hybriden zu erhalten, ist daher immer dieselbe, aufwendige Kreuzung zweier Elternpflanzen durchzuführen. Da diese mit der Hand getätigt wird, ist F1-Saatgut teurer als andere Sämereien.

FAMILIE (PFLANZENFAMILIE) – in der hierarchisch aufgebauten Pflanzensystematik fasst man miteinander verwandte Gattungen, die eine Reihe übereinstimmender Merkmale aufweisen, zu einer Familie zusammen. Astern, Chrysanthemen, Sonnenblumen und viele andere Arten, deren Blumen sich aus Zungen- und Röhrenblüten zusammensetzen, gehören z. B. zur Familie der Asterngewächse (*Asteraceae*).

FELSSTEPPE – baumfreie steinschuttreiche Gebiete z. T. mit salzigen Böden. Darin sind wegen der äußerst geringen Niederschläge neben dominierenden Steppengräsern wie dem Federgras nur zahlreiche → Halbsträucher verbreitet, z. B. Wermut, Blauraute oder Thymian. Die Felssteppen leiten teilweise in die Halbwüsten über; ein Gartenmotiv, das sehr nahe mit dem → Geröllsteingarten verwandt ist.

FORM, FORMA – wird als fo., in älterer Literatur auch f., abgekürzt. In der Natur treten spontan Pflanzen oder kleine Pflanzenpopulationen auf, die in einzelnen Merkmalen von anderen Individuen der Art geringfügig abweichen. Die nicht immer erbfesten Abweichungen werden als "forma" gekennzeichnet. Der Begriff Form wird im vorliegenden Buch nicht ausschließlich im Sinne natürlicher Abarten verwendet, sondern ist weiter gefasst: Es werden ebenso Kulturformen (Auslesen und Züchtungen) mit einbezogen.

FREIFLÄCHE – naturnaher Lebensbereich von Stauden, der nicht von Gehölzen beherrscht wird. Vorbilder in der Natur sind Steppen, Prärien, Trockenrasen, Wiesen.

FREMDLÄNDISCHE PFLANZEN – auch exotische Pflanzen; dabei handelt es sich um Arten, die bei uns nicht heimisch sind. Viele dieser Formen werden gerne in unseren Gärten gepflanzt. Die Verwendung fremdländischer Varianten sollte sich auf den Siedlungsbereich beschränken, in der freien Landschaft werden heimische Varianten eingesetzt.

FRÜHJAHRSFLOR – saisonale Bepflanzung von → Wechselflorflächen mit kurzlebigen Frühjahrsblühern wie Vergissmeinnicht, Goldlack, Maßliebchen, Stiefmütterchen, die häufig mit Zwiebelpflanzen (Tulpen, Hyazinthen, Narzissen) kombiniert und nach der Vollblüte Ende Mai wieder aus den Beeten genommen werden.

FUNGIZID – biologische oder chemische Pflanzenschutzmittel, die vorbeugend zur Vermeidung oder kurativ (heilend) gegen Pilzkrankheiten eingesetzt werden. Der Name leitet sich von *Fungi* (= Pilze) ab.

GARIGUE (AUCH GARRIGUE) – niedere, degenerierte, lückige Pflanzenformation im Mittelmeerraum aus kleineren Sträuchern, Halbsträuchern und krautigen Pflanzen. Die meist artenreichen Pflanzengesellschaften sind Folge der Abholzung von Wäldern und Zerstörung der → Macchie. Aufgrund erfolgter Bodenerosion ist erneute Waldbildung nicht mehr möglich.

GATTUNG (PFLANZENGATTUNG) – in der botanischen Systematik werden mehrere verwandte Pflanzenarten (z. B. *Aster amellus, Aster alpinus, Aster novi-belgii* u. a.) zu einer Gattung (*Aster*) zusammengefasst. Mitunter gibt es Gattungen, die nur eine Art enthalten. Man spricht dann von einer monotypischen Gattung.

GELBTAFEL – gelb gefärbte, mit Klebstoff versehene Tafel, die man zur Kontrolle von Schädlingspopulationen oder zur direkten Bekämpfung von Schädlingen verwendet. Im Gartenbau werden Gelbtafeln vor allem gegen Minierfliegen, Weiße Fliege und Trauermücken eingesetzt.

GENERATIVE VERMEHRUNG – geschlechtliche Vermehrung durch Aussaat. Der Samenbildung geht die Vereinigung des Erbguts der Mutter- und Vaterpflanze voraus. Dadurch kommt es zur Neukombination von Genen, so dass die durch Aussaat erzeugten Nachkommen nicht in allen Merkmalen mit den Eltern übereinstimmen.

GEOPHYT – Sonderform von Stauden, deren Überdauerungsorgane im Boden liegen; neben den Zwiebel- und Knollenpflanzen zählen Rhizom bildende Arten zu den Geophyten.

GERÖLLSTEINGARTEN – zum Bau werden Felsbrocken verwendet, die durch den Einfluss von Wasser und Abrollbewegungen am Fuß der Gebirge abgeschliffen wurden. Die Großkiesel weisen keinerlei Kanten auf, sondern sind unregelmäßig gerundet. Charakteristisch ist, dass nicht allzu viele Steingartenpflanzen verwendet werden, damit die schönen Farben und Maserungen der Steine nicht unter einem Pflanzenteppich verschwinden.

GERÜSCHTE BLÜTEN – durch stark gewellte und gefaltete Ränder auffallende Blumen, die mehrere Blütenblattkreise aufweisen.

GESTERNTE BLÜTEN – zweifarbige Blüten, bei denen aufgrund der Farbverteilung eine sternförmige Zeichnung in der Blumenmitte entsteht.

HALBSTRAUCH – in der Regel niedere, ausdauernde Pflanze, die an der Basis ein verholztes Zweiggerüst aufbaut, aus dem alljährlich krautige Triebe wachsen.

HALBTROCKENRASEN – von Gräsern dominierte, aufgrund besserer Nährstoff- und Wasserversorgung entstehende Übergangsform vom → Trockenrasen zu feuchteren Wiesen.

HEIMISCH – in den Grenzen der Bundesrepublik Deutschland natürlich vorkommende, nicht vom Menschen eingeführte oder kultivierte Arten.

HERKUNFT – Das Vorkommen und die Verbreitung einer Art in der Natur oder Entstehung durch gärtnerische Auslese oder Züchtung.

HOCHSTAUDENFLUR – Pflanzengesellschaft aus üppigen, hohen ausdauernden Kräutern auf nährstoffreichem, feuchtem Boden. Hochstaudenfluren findet man vornehmlich innerhalb von Feuchtwiesen oder in alpinen Wiesen, wo Weidevieh einen hohen Nährstoffeintrag verursacht.

HORSTARTIG – vieltriebige, klar umrissene und begrenzte Pflanzenkörper, die weder lange Ausläufer noch Absenker bilden.

HYBRIDE, auch Bastard – aus Kreuzung zweier Arten entstandene Pflanze. Die Kreuzung kann zufällig in der Natur entstanden oder vom Züchter bewusst herbeigeführt worden sein.

IMMERGRÜN – Bezeichnung für Blätter, die über mehrere Jahre, mindestens jedoch zwei Vegetationsperioden hinweg funktionsfähig bleiben. Das Absterben einzelner Blattorgane geschieht fast unmerklich, sodass die Pflanzen immer grün aussehen.

INSEKTIZID – biologisches oder chemisches Pflanzenschutzmittel zur Bekämpfung von Schadinsekten. Beim Einsatz von Insektiziden ist auf die Schonung von Nützlingen zu achten.

KAHLSCHLAGFLÄCHE – durch das Fällen sämtlicher Bäume eines Waldstücks entstandene, ursprünglich beschattete und nun der Sonne ausgesetzte Fläche.

KALTKEIMER – Pflanzen, deren Saatgut einer Kältebehandlung bedarf, damit die Samen keimen. Nach Aussaat werden die Gefäße zunächst für zwei bis drei Wochen warm gestellt, dann setzt man die Saat acht bis zehn Wochen Temperaturen von 1–5 °C

aus, bevor die Temperaturen wieder auf ca. 12–15 °C erhöht werden.

KLETTERPFLANZE, Liane – an Stützen oder in Gehölzen emporschlingende, rankende, mit Haftwurzeln oder Haftscheiben kletternde, im Boden wurzelnde, krautige oder verholzende Pflanze.

KNOLLEN – unterirdische Speicherorgane, deren Inneres nicht in Schalen gegliedert ist. Auf den Knollen sitzen die Knospen, aus denen die künftige Pflanze entsteht.

KULTURFORM – andere Bezeichnung für Sorte; sie unterscheidet sich von der Ausgangsart durch abweichende Eigenschaften oder Merkmale.

LEBENSBEREICH – Wuchsgemeinschaft von Pflanzen in Garten- und Parkanlagen. In den einzelnen Lebensbereichen werden Arten (und davon abstammende Formen) zusammengefasst, die in der Natur unabhängig von ihrer geografischen Verbreitung in ähnlichen Pflanzengesellschaften vorkommen und daher vergleichbare Standortansprüche aufweisen.

LEITSTAUDE – große dominante mehrfach wiederholt gepflanzte Staude, die in einem Beet tonangebend sind und an denen sich die Auswahl der übrigen Beetstauden orientiert.

LICHTSCHATTIG – bezeichnet eine Übergangsstufe von sonnig zu halbschattig, da es den Begriff „viertelschattig" nicht gibt. Sie zeichnet sich durch hellsten Schatten aus, der von transparent belaubten Bäumen und Sträuchern erzeugt wird. Im lichtschattigen Bereich können noch die meisten Sonne liebenden Stauden wachsen. Für echte Schattenpflanzen des Vollschattens sind derartig lichtschattige Plätze jedoch zu hell.

MACCHIE – mediterrane Gebüschformation, die sich zumeist aus winter- oder immergrünen Gehölzen zusammensetzt; sie stellt die Reste zerstörter Laubwälder dar.

MATTENPFLANZEN – große Bestände bildende, meist niedrige, alpine Stauden, die dicht gedrängt und lückenlos über Geröll oder Felsen wachsen.

MEDITERRANE PFLANZEN – Pflanzen, die nicht nur aus dem Mittelmeergebiet stammen, sondern aus ähnlichen klimatischen Bereichen anderer Kontinente.

MONOKARP – Pflanzen, die in ihrem Leben nur einmal blühen und nach der Bildung von Samen absterben. Neben ein- und zweijährigen Arten zählt eine Reihe ausdauernder Pflanzen dazu. Bekannte Beispiele sind Bambus- oder Agaven-Arten, die erst nach Jahrzehnten blühen und danach absterben. Palmlilien, Hauswurz- und einige Steinbrech-Arten sind ebenfalls monokarpe Pflanzen.

MOSAIKPFLANZUNG – abwechslungsreiche, kleinteilige Staudenpflanzung, zusammengesetzt aus vielen Arten mit sehr unterschiedlichen Wuchs- und Blattformen.

MUTTERPFLANZEN – Pflanzen, die Ausgangsmaterial für die Vermehrung (Stecklinge, Teilpflanzen oder Samen) liefern. Sie sollten stets gesund, wüchsig und sortenecht sein, damit vitale und richtig benannte Jungpflanzen erzeugt werden.

NATURSTANDORT – Wuchsort im Heimatgebiet einer Pflanze, an dem sie sich ohne Zutun des Menschen angesiedelt hat.

NEEMPRÄPARAT – natürliches und mit Ausnahme von Schwebfliegen nützlingschonendes Pflanzenschutzmittel, das aus dem in Burma und Indien beheimateten Neembaum gewonnen und gegen saugende und minierende Insekten, Spinnmilben, Gespinstmotten sowie gegen den Kartoffelkäfer eingesetzt wird.

ÖDLAND – äußerst pflanzenarme, ungenutzte Fläche mit Extrembedingungen, die nur hoch spezialisierte und besonders widerstandsfähige Pflanzen besiedeln.

PANASCHIERUNG – weiße, cremefarbene oder gelbe Flecken auf den Blättern. Ursache ist das Fehlen oder der Mangel von Chlorophyll, dem Blattgrün.

POLSTERSTAUDEN – eine spezialisierte, meist halbkugelförmige Wuchsausprägung, die durch reichliche Verzweigung bei gleichzeitiger Verkürzung der Triebe oder Stängel zustande kommt.

PRÄRIE – baumfreie, weite Grasländer in den Ebenen des mittleren Westens von Nordamerika mit einem großen Anteil spät blühender meist hochwüchsiger Stauden. Nach der von der Niederschlagsmenge beeinflussten Höhe des Aufwuchses unterscheidet man Hochgras- und Kurzgrasprärien sowie Zwischenformen dieser beiden.

RABATTE – ein lang gestrecktes Beet, in mehrfacher Wiederholung abwechslungsreich mit Prachtstauden und/oder Sommerblumen bepflanzt.

REMONTIEREN – mehrmaliges Blühen von Pflanzen mit deutlichen Blühpausen dazwischen. Das Remontieren von Pflanzen lässt sich durch Düngen, Wässern oder Rückschnitt erreichen.

RHIZOM – in der Erde befindliche, waagrecht strebende Sprosse, meist dick und gestaucht, aus denen zahlreiche neue oberirdische Triebe entstehen können.

RISPE – lang gestreckter, verzweigter Blütenstand, von dessen Hauptachse mehrere kurze, wiederum verästelte Seitentriebe wegstreben.

RISSLING – vegetative Vermehrungsmethode, bei der man ein kleines Teilstück mit Spross und Wurzeln ruckartig von der Pflanze wegreißt und anschließend in kleinen Gefäßen bis zur Pflanzreife heranzieht.

RÖHRENBLÜTEN – im Zentrum der Blütenköpfchen vieler Asterngewächse (z. B. Sonnenblume, Sonnenbraut, Zinnien) stehende kleine Einzelblüten. Röhrenblüten sind in der Regel fruchtbar (fertil), während die umgebenden größeren → Zungenblüten häufig nur Lockfunktion haben und unfruchtbar (steril) sind.

ROSETTENPFLANZEN – niedrige Gewächse mit dicht stehenden Blättern, die in konzentrischen oder spiralförmigen Ringen angeordnet sind.

SAATRASSE – durch Aussaat vermehrbare Gruppe von Zuchtformen (in der Regel mehrere ähnliche Sorten). Meist beschreibt man damit ganze → Serien generativ vermehrbarer Sorten.

SCHLUCHTWALD – Waldvegetation in schmalen und tiefen Tälern, in denen ausgeprägte Kühle, Luft- und Bodenfeuchtigkeit vorherrschen.

SELBSTAUSSAAT – Pflanzen sorgen selbst mit reichlichem Samenansatz für eine oft massenhafte, erwünschte oder unerwünschte Nachkommenschaft.

SELEKTION – von Züchtern bewusst durchgeführte Auswahl von Formen, die erwünschte und gegenüber der Art sowie bereits bestehenden Varianten abweichende Merkmale aufweisen.

SERIE – eine ganze Reihe von Sorten, die sich auf die gleichen Eltern zurückführen lassen und typische Merkmale gemeinsam haben, sich aber in wichtigen Eigenschaften wie der Blütenfarbe unterscheiden. Oft ist an den Sortennamen abzulesen, zu welcher Serie die Pflanze gehört. Beispielsweise zählen die Löwenmäulchen 'Chimes Bronze' und 'Chimes Purple and White' zu der Chimes-Serie, die nur zwergwüchsige Sorten beinhaltet.

SOLITÄRSTAUDE – einzeln stehende und herausragende Großstaude, die wegen ihrer schmückenden Eigenschaften besonders effektvoll präsentiert werden.

SOMMERBLUMEN – meist krautige Gewächse, die im Frühjahr gepflanzt werden, den ganzen Sommer bis zum Herbst durchblühen und nach den ersten Frösten absterben.

SOMMERFLOR – einjährige Pflanzen, die schwerpunktmäßig die ganzen Sommermonate ohne Pause durchblühen.

SOMMERGRÜN – die Blätter der Pflanzen werden im Frühjahr vollständig neu gebildet, sammeln in der Vegetationsperiode Reservestoffe und sterben im Herbst ab; → wintergrün.

SORTE, Kulturform, im Englischen „cultivated variety" (cv.) – durch Auslese spontan auftretender Abweichungen oder durch gezielte Kreuzungen und Züchtung entstandene Pflanzen, die stets gleich aussehen und sich von der Art und anderen Sorten mindestens in einem Merkmal unterscheiden. Die von anderen Pflanzen der Art abweichenden Eigenschaften werden häufig durch → vegetative (ungeschlechtliche) Vermehrung erhalten. Es entstehen dadurch Klone, alle Pflanzen besitzen die gleichen Erbanlagen. Es gibt jedoch auch generativ zu vermehrende Sorten, bei denen die nach Aussaat herangewachsenen Pflanzen gleich aussehen. Dafür verwenden Züchter nach

der Aussaat nur solche Pflanzen, die wieder die erwünschten Eigenschaften zeigen. Durch strenge und mehrfach wiederholte Selektion lassen sich allmählich gleichmäßig „fallende" Sorten erreichen. Ebenso sind durch Erhaltungszüchtung (→ F1-Hybriden) gleichmäßige Pflanzenbestände zu erzielen, die dann als Sorten gehandelt werden.

SPINNENFÖRMIGE BLÜTEN – Blütenblätter, die in der Breite aufs Äußerste reduziert, schmal und lang gezogen sind.

STANDORT – die Summe aller Klima- und Bodenfaktoren, die auf eine Pflanze einwirken; nicht mit → Wuchsort zu verwechseln.

STAUDE – mehrjährige, nicht verholzende, sondern krautige Pflanze, mit unterirdischen oder direkt am Boden liegenden Erneuerungsknospen.

STECKLING – Teil von Trieben einer Mutterpflanze, der abgenommen und zur Bewurzelung in Substrat gesteckt wird. Mit dieser vegetativen, d. h. ungeschlechtlichen Vermehrungsmethode erhält man eine völlig einheitliche Nachkommenschaft (Klone). Grundlage der Vermehrung durch Stecklinge ist die Fähigkeit noch nicht spezialisierter Zellen, sich verschiedenartig zu entwickeln und unterschiedlichste Aufgaben zu übernehmen. Wenn von Pflanzen Triebspitzen, sogenannte Kopfstecklinge, oder Teile des Stängels (Teilstecklinge) in Substrat gesteckt werden, bilden sich aus undifferenzierten Zellen Wurzeln, aus anderen entstehen neue Stängel und Blätter.

STEINGARTEN – Gartenmotiv, das Ende des 18. Jahrhunderts aus China nach Europa gelangte. Die Bezeichnung Steingarten ist ein Oberbegriff für mehrere Methoden, Steine mit Pflanzen zu kombinieren. Man unterscheidet den „natürlichen Steingarten", in dem die Steine unbearbeitet, so

wie sie in der Natur von den Felswänden heruntergefallen sind, verwendet werden. Daneben gibt es den „architektonischen" Steingarten, in dem ausschließlich bearbeitete Steine zu Mauern oder Steingartenbeeten aufgesetzt werden. Er stellt z. B. einen Rückgriff auf die pflanzenreichen Weinbergmauern dar. Eine Besonderheit ist der → Geröllsteingarten, in dem nur gerundetes Steinmaterial zum Einsatz kommt; das klassische Kiesbeet ist sehr nahe damit verwandt. Eine Sonderform stellt die → Felssteppe dar. Eine Spezialität sind die Troggärten, für die meist alte Steintröge mit Wasserablauf verwendet werden.

STEINSCHUTTFLUREN – Pflanzengesellschaften, die im Gebirge auf meist noch instabilen Kies- oder Schotterflächen vorkommen.

STEPPE – baumfreie Vegetationsflächen, in denen die Gräser vorherrschen; bildet sich in Trockengebieten mit weniger als 500 mm Niederschlag.

STRUKTUR – Wuchs- und Verzweigungsrichtung von Trieben oder Stängeln; unterschiedliche Strukturen werden zu Kontrastwirkungen kombiniert.

SUBSPEZIES, abgekürzt subsp., in älterer Literatur auch ssp. – wissenschaftliche Bezeichnung für eine Unterart. Diese fasst eine Gruppe von Pflanzen zusammen, die sich gegenüber anderen Gruppen oder Individuen der gleichen Art anhand äußerer Merkmale abgrenzen lässt. Die Pflanzen verschiedener Subspezies einer Art sind miteinander kreuzungsfähig und können fruchtbare Nachkommen erzeugen.

SUKKULENTEN – an Trockenheit angepasste Pflanzen, die in Blättern oder Stängeln Wasser speicherndes Gewebe aufweisen. Typische Kennzeichen sind z. B. verdickte Blätter.

TEILUNG – vegetative (ungeschlechtliche) Vermehrungsmethode bei Stauden, bei der die Mutterpflanze in mehrere Teilstücke gestochen, geschnitten oder gerissen wird. Die Teilung lässt sich bei Arten mit verzweigtem Wurzelwerk durchführen, wobei das Abstechen von Teilpflanzen mit dem Spaten bereits die einfachste Form der Teilung darstellt.

TEXTUR – die Oberflächenqualität der Belaubung. Sie berücksichtigt z. T. Blattgröße, aber auch den Umriss und die Fiederung der Blattspreiten.

TRAUBE – langer, verzweigter Blütenstand, von dessen Hauptachse mehrere kurze, nicht verzweigte Seitentriebe mit einzeln stehenden Blüten wegstreben.

TROCKENMAUER – meist aus Naturstein bestehende Mauern, deren Fugen weder durch Zement noch durch Mörtel verschlossen wurden.

TROCKENRASEN – Vegetationsflächen, in denen überwiegend an Trockenheit angepasste, niedrige Gräser wachsen, die von einigen Stauden und → Halbsträuchern durchmischt sind.

VARIETÄT, abgekürzt var. – eine Rangstufe im hierarchisch aufgebauten System des Pflanzenreichs. Innerhalb einer Pflanzenart oder einer Unterart können unterschiedliche Rassen auftreten, die sich von anderen durch äußere Eigenschaften unterscheiden. Diese Merkmale sind bei der Kreuzung zweier Individuen derselben Varietät erbfest. Fruchtbare Nachkommen resultieren ebenso aus der Kreuzung von Pflanzen zweier verschiedener Varietäten, bei denen es dann zur Neukombination von Merkmalen kommt. Als Kulturformen, im Englischen „cultivated varieties" (cv), haben → Sorten in der Systematik den gleichen Rang wie die in der Natur auftretenden Varietäten.

VEGETATIONSPERIODE – die Zeit vom Austrieb der Blätter, Stängel und Blüte bis zum Vergilben der grünen Pflanzenbestandteile im Herbst.

VEGETATIVE VERMEHRUNG – ungeschlechtliche Vermehrung, die auf verschiedene Weise (→ Teilung, → Stecklinge, → Wurzelschnittlinge etc.) durchgeführt werden kann. Bei dieser Vermehrungsart erzeugt man einheitliche, mit der Mutterpflanze genetisch identische Nachkommen (Klone); → generative Vermehrung.

VERBREITUNG, auch Herkunftsgebiet – geografisches Areal einer Pflanze, in der die Art natürlicherweise, das heißt ohne Zutun des Menschen siedelt.

VORKOMMEN – Bereiche oder Regionen, in denen sich die Pflanzen in natürlichen Pflanzengesellschaften ohne Zutun des Menschen dauerhaft angesiedelt haben.

WADI – Trockentäler in Wüstenregionen, die nur selten, meist nach Wolkenbrüchen, kurzzeitig Wasser führen.

WALDSAUM – stauden- und gräserreicher, schmaler Bereich, der an die Gehölze des eigentlichen Waldrandes angrenzt. Er bildet den Übergang zu den angrenzenden, sonnigen Freiflächen.

WECHSELFLOR – bezeichnet zeitlich unterschiedlich blühende Einjahrspflanzen, die nacheinander in Schau- oder Beetflächen ausgepflanzt werden.

WILDSTAUDE – unverzüchtete Staude, die, so, wie sie in der Natur entstanden ist, in Pflanzungen verwendet wird.

WINTERANNUELL – der besondere Lebenszyklus von Pflanzen, die im Herbst keimen und im folgenden Sommer blühen, fruchten und absterben.

WINTERGRÜN – anders als bei Sommergrünen verwelken die Blätter nicht im Herbst, sondern erst im folgenden Frühjahr, sie überdauern den Winter in grünem Zustand; → sommergrün.

WUCHSORT – damit bezeichnet man den Platz, an dem Pflanzen wachsen. Der Wuchsort ist nicht zu verwechseln mit dem → Standort.

WURZELDRUCKTOLERANT – Stauden des Unterwuchses, die dem Druck von Baumwurzeln standhalten.

WURZELSCHNITTLINGE – gärtnerische Vermehrungsmethode, bei der man die Fähigkeit von Pflanzen nutzt, aus Teilstücken der Wurzeln neue Pflanzen zu bilden. Man unterscheidet polarisierte Wurzelschnittlinge, die an der oberen Wurzelspitze austreiben, und unpolarisierte, die entlang des ganzen Wurzelstücks austreiben.

ZÜCHTUNG – durch gezielte Kreuzungen von Arten oder Sorten und Auslese der Nachkommen gewonnene erzielte Abweichungen von den Ausgangsformen.

ZUFALLSPFLANZUNG – ausgewählte Stauden werden ohne konkrete Vorplanung in ein vorbereitetes Beet nach dem Zufallsprinzip eingepflanzt.

ZUNGENBLÜTEN – lanzettlich geformte (Rand-)Blüten der Asterngewächse. Die Blumen z. B. von Löwenzahn oder Wegwarte setzen sich ausschließlich aus Zungenblüten zusammen, während der Blütenstand von Astern, Sonnenblume oder Gänseblümchen in der Mitte zusätzlich → Röhrenblüten aufweist.

ZWIEBEL – unterirdisches Speicherorgan mit auf dessen Boden vorgebildeten Trieben, Blättern und Blüten, die von fleischigen Speicherblättern umhüllt sind.

BEZUGSQUELLEN

Viele Staudengärtnereien verkaufen und versenden Stauden an Privatkunden. Adressen von Staudengärtnereien finden sich im Internet auf der Website www.stauden.de unter dem Stichwort Bezugsquellen. Ferner bieten gut sortierte Fachgartencenter und Gartenbaumschulen ein umfangreiches Staudensortiment an.

KATALOGE

Ernst Benary Samenzucht GmbH
Postfach 11 27, 34331 Hann. Münden
www.benary.de

Florensis Jungpflanzen – Saatgut
Postfach 31 17 61, 70477 Stuttgart
www.florensis.nl

Horst Gewiehs, Blumenzwiebel-Import
37285 Wehretal, Tel. (05651) 336249

S & G Flowers, Syngenta Seeds GmbH
Alte Reeser Straße 95, 47519 Kleve
www.sg-flowers.com

EMPFEHLENSWERTE BÜCHER UND CDS

Gerlach, et al.: **Krankheiten und Schädlinge an Stauden** (CD). Forschungsanstalt für Gartenbau Weihenstephan, Freising

Götz, H., und M. Häussermann: **Die Stauden-CD.** Hrsg.: Bund deutscher Staudengärtner, Verlag Eugen Ulmer, Stuttgart

Hansen, R., und F. Stahl: **Die Stauden und ihre Lebensbereiche in Gärten und Parkanlagen.** Verlag Eugen Ulmer, Stuttgart

Hensel, W., C. Jany, S. Kluth, J. Mayer und M. Späth: **Das große GU PraxisHandbuch Garten.** Gräfe und Unzer Verlag, München

Herr, E. und M. Nickig: **Gartenblumen von A bis Z.** Gräfe und Unzer Verlag, München

Jansen, C.: **Geranium für den Garten.** Verlag Eugen Ulmer, Stuttgart

Jelitto, L., W. Schacht und H. Simon: **Die Freilandschmuckstauden.** Verlag Eugen Ulmer, Stuttgart

Phillips, R. und M. Rix: **Stauden in Garten und Natur.** Droemer Knaur-Verlag, München

Simon, H.: **Gärten gestalten.** Gräfe und Unzer Verlag, München

Weber, S.: **Iris. Die besten Arten und Sorten für den Garten.** Verlag Eugen Ulmer, Stuttgart

VERWENDETE LITERATUR

Der im Buch verwendeten botanischen Nomenklatur liegen folgende Quellen zugrunde:

Stauden, Gräser, Farne:
Hoffmann, M. H. A., 2005: **List of Names of Perennials.** Applied Plant Research, Boskoop

Sauer, W., 2003: **Wildpflanzen und Sorten der Lungenkräuter.** Gartenpraxis 8/2003 und 9/2003

Einjährige und Zwiebelpflanzen:
Ehrhardt, W. et al., 2002: **Zander – Handwörterbuch der Pflanzennamen**, 17. Auflage. Verlag Eugen Ulmer, Stuttgart

weitere Quellen:
Adler, W., et al., 1994: **Exkursionsflora von Österreich.** Verlag Eugen Ulmer, Stuttgart

Bäßler, et al., 1995: **Sommerblumen.** ADAC Verlag, München

Encke, F., 1961: **Sommerblumen.** Verlag Eugen Ulmer, Stuttgart

Foerster, K., 1957: **Einzug der Gräser und Farne in die Gärten.** Neumann Verlag, Radebeul

Garcke, A., 1972: **Illustrierte Flora Deutschland und angrenzende Gebiete**, 23. Auflage. Verlag Paul Parey, Hamburg und Berlin

Grunert, C., 1967: **Gartenblumen von A bis Z**, 2. Auflage. Verlag J. Neumann-Neudamm, Melsungen

Grunert, C., 1968: **Das große Blumenzwiebelbuch.** VEB Deutscher Landwirtschaftsverlag, Berlin

Kache, P., und C. Schneider, 1928: **Einjahrsblumen.** Verlag Gartenschönheit, Berlin

Meyer, K., 1960: **Gefährten des Gartenjahrs.** Verlag Paul Parey, Hamburg und Berlin

Ohwi, J., 1965: **Flora of Japan.** Smithsonian Institution, Washington, D. C.

Rikli, M., 1943–1948: **Das Pflanzenkleid der Mittelmeerländer**, Bd. I, II, III. Verlag Hans Huber, Bern

Roth, L., M. Daunderer und K. Kormann, 1987: **Giftpflanzen – Pflanzengifte,** 3. Auflage. Verlag ecomed, Landsberg/Lech

Ruys, Mien, D. J. Ruys und Th. Ruys, 1951: **Die Stauden.** Eugen Rentsch Verlag, Erlenbach-Zürich

Schönfelder, I. und P. Schönfelder, 1994: **Mittelmeer- und Kanarenflora**, 2. Auflage. Franckh-Kosmos Verlags-GmbH, Stuttgart

Sebald, O., S. Seybold und G. Philippi, 1993: **Die Farn- und Blütenpflanzen Baden-Württembergs in 8 Bänden**, 2. Auflage. Verlag Eugen Ulmer, Stuttgart

Seyffert, W., 1970: **Stauden für Natur- und Steingärten.** VEB Deutscher Landwirtschaftsverlag, Berlin

Thomas, G. S., 1976: **Perennial Garden Plants.** J. M. Dent & Sons LTD, London

Walter, H., 1968: **Die Vegetation der Erde, Band II: Die gemäßigten und arktischen Zonen.** VEB Gustav Fischer Verlag, Jena

Gartenlust pur

GU Pflanzenratgeber – so macht Gärtnern Freude

ISBN 978-3-7742-6978-1
600 Seiten | 49,90 € [D]

ISBN 978-3-8338-0877-7
128 Seiten | 12,90 € [D]

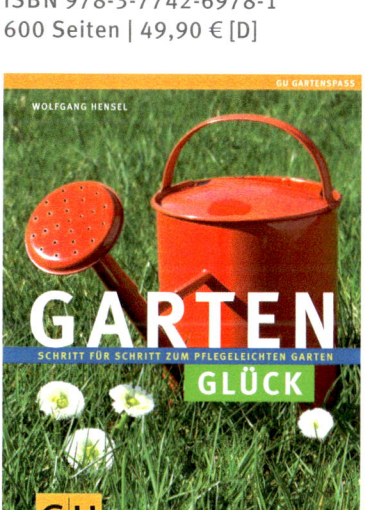

ISBN 978-3-8338-0511-0
164 Seiten | 16,90 € [D]

ISBN 978-3-7742-5594-4
240 Seiten | 19,90 € [D]

Das macht sie so besonders:

Kompetent – Alles, was Gärtner wissen müssen

Praxisnah – Profis zeigen, wie man's richtig macht

Inspirierend – So werden Gartenträume wahr

Willkommen im Leben.

Änderungen und Irrtum vorbehalten.

BILDNACHWEIS

Alle Bilder: Marion Nickig
mit Ausnahme:
Baumjohann: 65/3, 67/1; Buchter: 67/3;
GAP: U1; Hecker: 68/3, 69/6; Henseler:
65/4, 66/1, 66/6, 67/2,69/2; Kiermeier:
207re.; Kuttig: 64/3, 65/1, 67/6, 68/2; Rai-
ser: 68/4; Sachse: 64/2, 65/2, 65/5, 66/2,
66/3, 66/4, 66/5, 67/4, 67/5, 68/1, 68/5,
68/6, 69/1, 69/5; Schuster: 65/6; Zunke:
64/1, 69/3, 69/4

DANKSAGUNG

Verlag und Fotografin danken folgenden
Gärten und Parks herzlich für die Unterstüt-
zung bei der Fotoproduktion:
Reinhild Barton, Benninghausen
Belvedere Schlosspark, Weimar
Hanne Bernhard, Bönen
Brigitte von Boch, Überherrn
Botanischer Garten Göteborg, Schweden
Hildegard Caesar, Herten
Laura Dingemans, Holland
Uschi Engelhardt, Witten
Heidi und Günter Geringhoff, Bissendorf
Ineke Greve, Holland
GRUGA Park Essen
Heinz Grundmann, Steinburg
Hille und Wolfgang Haucke, Rastede
Hermannshof, Weinheim
Hessenhof Holland
Gregor Hoinkis, Essen
Birgit Hübner, Dortmund
Jo und Helmut van Huet, Sonsbeck
Sigrid Hundhausen, Dorsten
Christa und Dietrich Klinge, Weidelbach
Kreislehrgarten Steinfurt
Piet Oudolf, Holland
Overhagen Gärtnerei, Holland
Palmengarten Frankfurt
Rombergpark – Beet der Staudenfreunde,
Dortmund
Gertrud Rupp, München
Ingrid Schleithoff, Münster
Ursula Schnitzke-Spijker, Gelnhausen
Sichtungsgarten Weihenstephan, Freising
Karin Uphoff, Radevormwald
Westfalenpark Dortmund
Westpark München
Linda Zimmermann, Mülheim

Ganz besonderer Dank gilt außerdem Silke
Huber von der Staudengärtnerei Astrid von
Terzi in Niederhummel, die bei den Praxis-
aufnahmen behilflich war.

Für die Erarbeitung der Textvorlagen für das
Kapitel „Erkrankungen und Mangelerschei-
nungen" sowie einige Textentwürfe für Porträts ausgewählter Beetstauden sei Frau
Dipl.-Ing. (FH) Stephanie Reim an der Forschungsanstalt für Gartenbau Weihenstephan herzlich gedankt. Die zu jeder Zeit ver-
lässliche und reibungslose Zusammenar-
beit war sehr entgegenkommend.

IMPRESSUM

© 2008 Gräfe und Unzer Verlag GmbH,
München
Alle Rechte vorbehalten. Nachdruck, auch
auszugsweise, sowie Verbreitung durch
Film, Funk, Fernsehen und Internet, durch
fotomechanische Wiedergabe, Tonträger
und Datenverarbeitungssysteme jeder Art
nur mit schriftlicher Genehmigung des
Verlags.

Programmleitung: Christof Klocker
Leitende Redaktion: Anita Zellner
Redaktion: Dr. Michael Eppinger,
Cornelia Nunn
Lektorat: Christina Freiberg
Bildredaktion: Daniela Laußer
Umschlaggestaltung und Layout:
independent Medien-Design, München
Produktion: Susanne Mühldorfer
Satz: Cordula Schaaf
Reproduktion: Longo AG, Bozen
Druck: aprinta, Wemding
Bindung: Conzella, Pfarrkirchen
ISBN 978-3-8338-0704-6
1. Auflage 2008

GRÄFE
UND
UNZER

Ein Unternehmen der
GANSKE VERLAGSGRUPPE